컴퓨터 알고리즘의 이해

컴퓨터 알고리즘의 이해

Understanding Computer Algorithms

이상호 지음

이화출판

머리말

위키피디아에서는 알고리즘에 대한 정의를 다음과 같이 하고 있다. "알고리즘은 수학, 컴퓨팅 및 언어학과 같은 분야에서 계산이나 데이터 처리에 주로 사용되는 유한 개수의 명령어들을 순차적으로 나열한 것이다. 즉, 어떠한 일을 수행하기 위하여 잘 정의된 명령어들을 적절한 순서대로 나열하고, 그 나열된 순서대로 명령어들을 차례대로 수행하면 결국 그 일이 완성되게 하는 효과적인 방법이다."

컴퓨터 과학은 시스템 및 이론과 컴퓨팅 응용에 관련된 많은 분야가 있는데, 그중에서 가장 핵심적이고 중심이 되는 역할을 하는 분야가 바로 알고리즘이다. 이 분야는 문제 해결을 위한 일반적인 해결 방법의 설계와 분석을 통해 문제 자체에 대한 지식을 길러줄 뿐만 아니라 체계적인 사고가 가능하도록 훈련시켜준다. 즉 학생이 알고리즘 과목을 잘 이해한다면 나중에 컴퓨터 과학의 어떤 분야를 택해서 공부하거나 연구할 때 더욱 잘할 수 있게 된다. 예를 들어 인공지능 분야의 소프트웨어 개발에도, 암호학 분야의 소프트웨어 개발에도 알고리즘 분야의 연구가 반드시 필요하다.

우리가 효율적이고 좋은 알고리즘을 개발하기 위해서는 반드시 알아야 하는 핵심적이고 기본적인 내용이 있다. 예를 들어 알고리즘을 설계하는 데 사용되는 전형적인 기법이라든지 자신이 개발한 알고리즘의 수행 시간이 대략 얼마나 걸릴 것인지 또는 메모리 공간은 어느 정도 필요할지에 대한 분석이 그것이다. 이러한 내용을 잘 모르면 문제를 해결하기 위한 소프트웨어를 개발할 때 좋은 알고리즘이나 소프트웨어를 제작하기가 매우 어렵다. 우리나라의 소프트웨어 산업이 아직 미국이나 일본 등과 같은 선진국에 많이 미치지 못하는 이유 중 하나는 바로 알고리즘이나 고급 자료 구조 등 컴퓨터 이론과 관련된 새로운 지식이 국내 소프트웨어 엔지니어들에게 많이 부족하기 때문이다. 이러한 이유 때문에 필자는 대학 강단에서 수십 년간 컴퓨터 과학이나 응용수학을 공부하는 학생들에게 알고리즘을 교육하면서 경험한 것을 중심으로 가장 일반적이고 핵심적인 내용만을 골라 집필하게 되었다.

기존의 알고리즘과 관련된 책은 수학적인 기초를 다루지 않거나 그 내용이 미약한 편이었으며, 또한 암호 알고리즘이나 기하 알고리즘과 같은 내용을 다루지 않는 경우가 많았다. 이러한 점에 착안해서 과거에 계산기하학을 10여 년간 연구하였고 현재 보안 및 암호 분야를 10여 년간 연구한 경험을 바탕으로 암호 알고리즘이나 기하 알고리즘의 일반적이고 기초적인 내용을 담고자 했다.

알고리즘에는 문제를 해결하는 창의적인 아이디어가 녹아 들어가 있어야 하며, 그 창의력은 명쾌하고 정확하게 표현되어 있어야 한다. 따라서 알고리즘 설계자는 다음 두 가지의 능력을 가져야 한다. 첫째는 "문제 해결을 위한 창의적이고 효율적인 방법을 갖는 것"이고, 둘째는 "그것을 명쾌하고 정확하게 표현하는 방법을 아는 것"이다. 창의성만 있고 표현을 못하는 것은 내공만 있고 외공이 없는 것이며, 창의성은 없고 표현력만 있는 것은 내공은 없고 외공만 있는 것이다. 이 책의 집필 목적은 독자들이 이 두 가지를 모두 갖도록 하는 데 있다.

이 책의 구성은 다음과 같다.

1장은 알고리즘을 정의하고 계승과 피보나치 수, 최대공약수를 구하는 여러 알고리즘을 소개한다. 또한 알고리즘의 분석 방법을 몇 가지 예제를 통해 설명한다. 2장부터 4장까지는 전형적인 알고리즘 설계 방식에 대해 각각의 설계 원칙과 다양한 예제를 통해 설명한다. 2장은 분할 정복 방식에 의한 알고리즘 분석 방법과 그 예들에 대해 다루고, 3장에서는 욕심쟁이 방법에 의해 최적 해를 구할 수 있는 문제들을 설명하며 이러한 최적 해의 보장에 대한 증명을 몇 가지 예를 통해 소개한다. 4장은 동적 계획법의 개념과 동적 계획법에 의해 최적 해를 구할 수 있는 다양한 문제, 그에 대한 성질에 대해 설명하고 욕심쟁이 방법과의 차이점에 대해 비교한다.

5장과 6장은 컴퓨터에 의해 문제를 해결할 때 근본적으로 다루기 어려운 문제들을 논한다. 5장에서는 $\mathscr{P}$-문제, $\mathscr{NP}$-문제 및 $\mathscr{NP}$-완전 문제에 대해 정의하고 다양한 예를 살펴본다. 또한 이러한 문제들을 해결하기 위한 근사 알고리즘에 대해 몇 가지 문제를 통해서 고찰해본다. 6장에서는 $\mathscr{NP}$-완전 문제를 해결하기 위한 백트래킹과 분기 한정에 대해 다양한 예제를 통해 설명한다.

7장부터 10장까지는 알고리즘의 다양한 분야에 대해서 기술한다. 7장에서는 다양한 정렬 알고리즘에 대해서 다루고 있으며 비교 연산을 하는 정렬 문제의 하한선에 대해 증명한다. 8장에서는 순차 탐색, 이진 탐색과 이진 탐색 트리에 관련된 여러 연산들을 다루고 일반적인 선택 문제에 대해 기술한다. 9장에서는 RSA 공개키 암호 알고리즘과 디피-헬먼 키 교환 프로토콜과 함께 그를 뒷받침하기 위한 정수론 기초에 대해 설명하고, 마지막으로 10장에서는 기하 알고리즘으로서 볼록 헐을 구하는 여러 알고리즘과 선분들의 교차 탐지를 위한 평면 일소법 및 분할 정복 방식에 의해 최근접 쌍을 효율적으로 구하기 위한 알고리즘을 설명한다.

이 책의 알고리즘은 주로 C 언어를 이용하여 기술하였다. C 언어가 알고리즘을 작성하는데 가장 좋은 언어는 아니지만 학생들에게 널리 친숙한 언어라고 생각하여 선택했다. 그러나 학생들이 프로그래밍 과제를 할 때나 연습 문제를 풀 때는 파이썬(Python)이나 자바(Java)와 같은 언어를 이용해서 작성해도 무방할 것이다. 또한 이 책의 연습 문제에는 난이도에 따라 ★에 붙여 표시했으니 풀이에 참조하기 바란다. 또한 각 장의 마지막 부분에는 한국정보과학회 컴퓨터이론연구회지 교육포럼에 부산대학교 조환규 교수가 기고했던 프로그래밍에 관련된 격언을 몇 가지 발췌해서 기술했음을 밝힌다.

저자가 1년간 연구년으로 국내에 있으면서 이 책의 저술을 가능하게 해준 이화여자대학교에게 감사를 드리며, 특히 2014년도 출판부 저술 지원 사업에 선정되어 원고 집필을 빠른 시간 안에 끝낼 수 있도록 도와준 이화여자대학교출판부에도 큰 감사를 드린다. 마지막으로 이 책의 알고리즘 기술을 위해 필요한 C 프로그램을 작성하고 실제로 실행해보는 데 수고해준 이화여자대학교 컴퓨터공학과 박수진 양과 황선주 양, 그리고 파워포인트로 멋지게 그림을 그려준 대학원 컴퓨터이론및보안연구실의 박설하 양에게도 감사를 드린다. 특히 이들에 대한 지원은 컴퓨터공학과 서울어코드 활성화 사업에 의해 이루어졌음을 밝히는 바이다. 이들 모두의 수고가 컴퓨터 알고리즘을 공부하는 수많은 학생들에게 큰 도움이 되리라 생각한다.

2015년 가을

이상호

차례

1장

알고리즘 소개와 알고리즘 분석

알고리즘이라는 명칭은 9세기경 페르시아의 수학자 이름인 알콰리즈미(al-Khwārizmī)로부터 유래되었다. 그는 방정식의 체계적인 풀이 방법과 0에 대한 새로운 개념을 소개한 당대 수학 분야의 최고 학자로서 대수학, 천문학, 지리학 등의 업적은 후대의 학문에 막대한 영향을 미쳤다. 이 장에서는 컴퓨터 알고리즘을 정의하고 소프트웨어 개발과 알고리즘과의 관계를 간단하게 설명한다. 그리고 계승 및 피보나치 수, 최대공약수를 구하는 몇 가지 알고리즘을 통해 알고리즘의 설계가 그 효율성에 미치는 영향을 살펴본다. 또한 몇 가지 예를 통한 알고리즘 분석 방법을 살펴보고 차수 표기법에 대해 설명한다.

1.1 알고리즘의 정의

알고리즘은 주어진 어떤 문제를 해결하는 일반적인 방법을 말한다. 문제를 해결할 때 우리는 머리, 종이와 연필을 도구로 이용할 수도 있고 컴퓨터를 이용할 수도 있는데, 통상적으로 우리가 말하는 알고리즘이라고 하는 것은 컴퓨터(정확하게 말하면, 컴퓨터에서 동작하는 C, Java 등의 프로그래밍 언어)를 도구로 이용하는 컴퓨터 알고리즘을 의미한다. 즉 알고리즘을 설계한다는 것은 주어진 문제를 컴퓨터를 이용하여 해결하고자 할 때 프로그래밍을 하기 위한 잘 정의된 절차를 정하는 것이다.

예를 들어, 자연수 1부터 32까지 더한 결과를 계산하는 문제를 생각해보자. 첫 번째로 쉽게 생각할 수 있는 방법은 1부터 32까지 앞에서부터 차례대로 더하는 방법이다. 이를 수식으로 표현하면 $\sum_{i=1}^{32} i$가 되며 그 중간 결과들과 마지막 결과를 써보면 1, $(1+2)=3$, $((1+2)+3)=6$, $\cdots$, $((\cdots(1+2)+3)+4)+\cdots+31)+32)$이 되어 마지막 결과는 528이 된다. 두 번째 방법은 아직 더하지 않은 제일 앞 수와 뒤 수를 하나씩 차례로 더하면 그 값은 항상 33으로 같은 값을 가진다. 즉 $(1+32)=33$, $(2+31)=33$, $\cdots$, $(16+17)=33$이므로 33을 16번 더해주면 된다. 이를 수식으로 표현하면 $\sum_{i=1}^{16}(i+(32-i+1))$이므로 그 결과는 $33\times16=528$이다. 이와 같이 어떤 문제를 해결할 수 있는 방법은 한 가지만 있는 것이 아니라 여러 가지가 있을 수 있다.

다음은 위 문제를 일반적으로 해결하기 위해서 자연수 n까지 더하는 문제로 확장한 것이다.

문제 1.1 ▶ **자연수의 합**

자연수 1부터 n까지 합을 구하라. ■

문제에서 n은 특정한 값이 정해진 것은 아니고 나중에 어느 값까지 합을 구할 것인가 결정이 되면 그때 값이 정해지게 된다. 즉 n은 위 문제의 입력 파라미터이고 나중에 실제로 정해진 n이 문제의 입력값이다. 일반적으로 알고리즘이라 함은 특정한 입력값에 대해서만 그 문제를 해결하는 방법이 아니고 어떠한 값이 입력으로 정해지더라도 문제를 해결할 수 있는 일반적인 방법을 말한다. [문제 1.1]을 해결하는 알고리즘은 앞에서 서술한 두 가지 방법을 이용할 수 있는데 이를 반복(iteration) 알고리즘의 형태로 나타낼 수 있다. 아래 〈알고리즘 1.1〉은 첫 번째 방법을 이용한 것이고, 〈알고리즘 1.2〉는 두 번째 방법을 이용한 것으로서 n이 짝수일 때와 홀수일 때를 나누어서 생각하면 올바르게 해결될 수 있다.

알고리즘 1.1 ••• **자연수의 합(첫 번째 방법)**

- 입력: 자연수 n
- 출력: 자연수 1부터 n까지 합

```
int int_sum1 (int n) {
  int i, sum = 0;

  for (i=1; i<=n ; i++)
       sum = sum + i;
  return (sum);
}
```

알고리즘 1.2 ••• **자연수의 합(두 번째 방법)**

- 입력: 자연수 n
- 출력: 자연수 1부터 n까지 합

```
int int_sum2 (int n)    {
 int i, j = n;
 int sum = 0;

 for (i=1; i<=int(n/2); i++) {
    sum = sum + i + j;
    j = j - 1;
 }
 if (n%2==1) sum = sum + (int(n/2)+1);
 return (sum);
}
```

위의 알고리즘과 같이 알고리즘은 컴퓨터가 수행해야 하는 단계적 절차를 자세히 서술한 것으로서, 특정한 일을 수행하는 명령어들의 집합이라고 할 수 있다. 여기서 명령어란 컴퓨터에 의해서 수행될 수 있는 문장들을 말한다. 컴퓨터 알고리즘에 대한 정의는 여러 가지가 있으나 가장 일반적인 정의는 다음과 같다. 이 책에서 앞으로 알고리즘은 컴퓨터 알고리즘을 의미한다.

[정의 1.1] (컴퓨터) 알고리즘

알고리즘은 컴퓨터에 의해 어떤 특정한 일을 수행할 수 있는 명령어 집합으로서 다음과 같은 조건을 만족해야 한다.

(1) 입력(input): 입력은 없거나 하나 이상 존재할 수 있다.
(2) 출력(output): 출력은 반드시 하나 이상 존재해야 한다.
(3) 명확성(unambiguity): 각 명령어의 의미는 모호하지 않고 명확해야 한다.
(4) 유한성(finiteness): 반드시 유한 시간 이내에 종료되어야 한다.
(5) 효과성(effectiveness): 각 명령어는 기본적이면서 단순해야 하고 컴퓨터에 의해 실행 가능해야 한다.

따라서 알고리즘은 입력이 없어도 되지만 출력은 반드시 하나 이상 있어야 하고, 만약 어느 하나의 단계라도 모호하게 기술된 명령어가 있다면 알고리즘이라 할 수 없다. 또한 무한 루프가 있는 경우도 정의에 의해 알고리즘이 아니며, 컴퓨터에 의해 실행될 수 없는 명령어가 있다면 당연히 알고리즘이라 할 수 없다.

1.2 소프트웨어 개발과 알고리즘

여러분이 잘 알다시피 컴퓨터는 하드웨어와 소프트웨어로 구성된다. 무어(Moore)의 법칙에서 보듯이 하드웨어는 속도나 용량 면에서 매우 빠르게 발전하고 있다. 그러나 소프트웨어는 하드웨어에 비해 발전 속도가 상대적으로 느리다. 그 이유 중 하나는 소프트웨어 개발에서 주된 요구사항은 '사용자가 원하는 정확하고 효율적인 소프트웨어를 주어진 기간 내에 개발해야 하는 것'으로 이는 개발자의 능력이나 프로그래밍 기술, 개발 도구, 개발 조직 등 여러 요인들이 관련되어 있기 때문이다. 통상적인 소프트웨어 개발 단계 모델을 간단히 기술하면 아래와 같다(〈그림 1.1〉).

(1) 요구사항 분석

소프트웨어를 개발하기 전에 개발자가 사용자의 요구사항을 정확하게 파악한다. 이는 개발자가 사용자와의 대화를 통해 업무 내용과 개발 범위 등을 파악하는 과정이다.

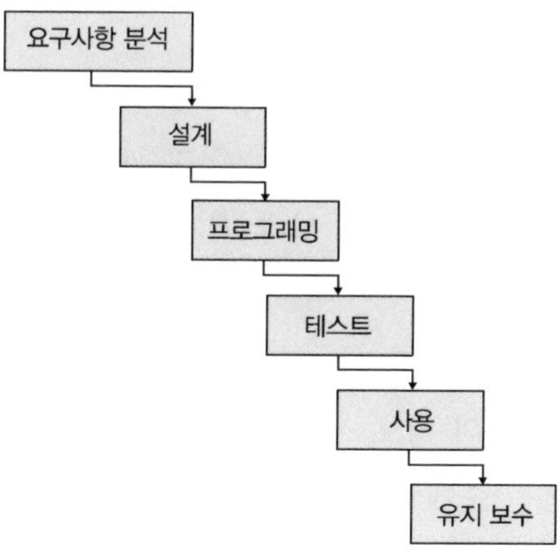

그림 1.1 소프트웨어 개발 단계

(2) 설계

개발자가 개발할 알고리즘을 설계한다. 이 단계는 요구사항 분석 단계보다는 구체적인 과정으로, 알고리즘의 흐름, 데이터의 내용에 관한 설계가 이루어진다. 데이터의 표현 방식을 선택하게 되며 각 연산에 대한 알고리즘을 작성한다.

(3) 프로그래밍

설계된 논리를 직접 프로그래밍 언어로 바꾸는 작업이며 코딩이라고도 한다. 개발되는 시스템의 용도에 따라 프로그래밍 언어를 적절히 선택해야 하며 프로그래머 개인의 능력, 개발 팀 등에 따라 개발 시간이 달라질 수 있다.

(4) 테스트

작성된 프로그램을 실제 데이터나 모의 데이터를 사용하여 검증한다. 시스템이 클수록 모든 오류를 찾는 작업은 불가능하다. 그러나 작은 오류라도 프로그램의 완성도에 매우 큰 영향을 미칠 수 있으므로 모든 경우를 다 고려하여 신중하게 해야 한다.

(5) 사용

프로그램을 사용자가 받아서 사용한다. 이를 위해서 개발자는 사용자를 교육시켜야 하며 사용법을 기록한 매뉴얼을 제공하여 사용법을 스스로 익힐 수 있도록 한다.

(6) 유지 보수

사용자가 프로그램을 사용하는 도중에 발생할 수 있는 오류를 수정하고, 기능을 새로 추가하거나 운영체제 변경에 따른 프로그램의 재개발 등의 과정을 말한다. 이때 프로그램 개발에 관한 문서화가 잘되어 있으면 유지 보수 시에 쉽게 그 내용을 파악할 수 있다.

일반적으로 소프트웨어 개발 프로젝트는 그 규모가 매우 크다. 예를 들어, 새로운 운영체제를 개발하거나 규모가 큰 회사의 정보 시스템을 개발하려면 적어도 수십 명에서 수백 명의 소프트웨어 개발자들이 짧게는 수개월에서 길게는 수년이 걸린다. 이러한 개념을 다루는 분야가 소프트웨어공학이다. 그러나 컴퓨터 알고리즘에서 다루는 문제들은 이렇게 규모가 큰 전체 시스템을 다루는 것은 아니고 시스템을 구성하는 규모가 작은 어떤 특정한 문제들을 어떻게 하면 효율적으로 해결할 것인지를 다룬다. 그러나 기본적 단위인 작은 규모의 문제라고 할지라도 그러한 문제를 해결하는 프로그램을 개발하는 과정은 매우 유사하다고 볼 수 있다.

소프트웨어를 다시 크게 나누면 프로그램과 자료(또는 데이터)로 구별할 수 있다. 프로그램은 알고리즘을 구현한 것이고, 자료는 자료 구조의 구성을 어떻게 하느냐에 따라 프로그램과의 관계가 형성된다. 따라서 알고리즘과 자료 구조는 서로 분리할 수 없는 불가분의 관계를 갖는다. 자료 구조는 프로그램이나 알고리즘이 수행하는 데 필요한 자료를 효율적으로 이용할 수 있도록 저장하는 방법을 말한다. 효과적으로 설계된 자료 구조는 수행 시간 혹은 메모리 용량과 같은 자원을 적게 사용하면서 프로그램이 효율적으로 수행되도록 해줄 수 있다. 그러므로 프로그램 설계 시 적절한 자료 구조의 선택은 반드시 필요하다.

1.3 계승 및 피보나치 수

1.3.1 계승(factorial)

음이 아닌 정수 n에 대한 계승 $n!$은 n이 0인 경우는 1이고, n이 양의 정수인 경우는 n부터 1까지의 모든 정수의 곱이다. 따라서 이를 다음과 같이 정의할 수 있다.

[정의 1.2] n의 계승, $n!$ (반복적 정의)

$$n! = \begin{cases} 1 & \text{if } n = 0 \\ n \times (n-1) \times \cdots \times 1 & \text{if } n > 0 \end{cases}$$

위의 정의를 이용하면 〈알고리즘 1.3〉과 같이 반복문 for를 사용하여 함수 fact로 쉽게 구현할 수 있다.

알고리즘 1.3 ••• **계승(반복 알고리즘)**

- 입력: 0보다 크거나 같은 정수 n
- 출력: n의 계승, $n!$

```
int fact (int n) {
  int i, f = 1;

  for (i=n; i>0 ; i--)
     f = f * i;
  return (f);
}
```

n의 계승을 정의할 때 [정의 1.3]과 같이 $(n-1)$의 계승을 이용하여 정의할 수도 있는데 이를 재귀적 정의(recursive definition)라고 한다. 이에 대해 [정의 1.2]와 같은 정의는 반복적 정의(iterative definition)라고 할 수 있다.

[정의 1.3] n의 계승, $n!$ (재귀적 정의)

$$n! = \begin{cases} 1 & \text{if } n = 0 \\ n \times (n-1)! & \text{if } n > 0 \end{cases}$$

이 정의를 이용하여 $4!$을 계산해보자. 정의에 의해 $4! = 4 \times 3!$이므로 이 값을 계산하기 위해서는 곱셈 $4 \times 3!$을 하기 전에 $3!$의 값을 먼저 계산해야 한다. 다시 $3! = 3 \times 2!$이므로 곱셈 $3 \times 2!$을 하기 전에 다시 $2!$의 값을 구해야 한다. 이 과정을 반복하면 다음과 같다.

1. $4! = 4 \times 3!$
2. $3! = 3 \times 2!$
3. $2! = 2 \times 1!$
4. $1! = 1 \times 0!$
5. $0! = 1$

각 경우는 $0! = 1$의 값을 구할 때까지 계승을 구하는 정수가 하나씩 감소하게 되며, 다음과 같이 다시 역으로 계산해가면 처음 주어진 정수 4에 대한 계승을 구할 수 있다.

5. $0! = 1$
6. $1! = 1 \times 0! = 1 \times 1 = 1$
7. $2! = 2 \times 1! = 2 \times 1 = 2$
8. $3! = 3 \times 2! = 3 \times 2 = 6$
9. $4! = 4 \times 3! = 4 \times 6 = 24$

일단, 재귀적 정의에 의해 문제를 나타낼 수 있다면 C 언어에서 재귀 함수를 허용하므로 이를 〈알고리즘 1.4〉와 같이 재귀 함수로 쉽게 구현할 수 있다.

알고리즘 1.4 ••• **계승(재귀 알고리즘)**

- 입력: 0보다 크거나 같은 정수 n
- 출력: n의 계승, $n!$

```
int fact (int n) {

   if (n==0) return (1);
   else return (n * fact (n-1));
}
```

추후 알고리즘이나 프로그램을 분석하는 기법에 대해서 자세히 설명을 하겠지만 먼저 간단하게 위의 두 알고리즘의 수행 시간에 대해서 분석해보고자 한다. 이 두 알고리즘의 수행 속도는 대략 곱셈의 횟수에 비례하게 되는데 이는 주어진 n값에 의해 달라진다. 〈알고리즘 1.3〉에서 수행하는 곱셈의 수를 $M_I(n)$이라고 할 때 $M_I(n)$은 for 문 내에서의 곱셈의 수이므로 명백히 $M_I(n) = n$이다. 〈알고리즘 1.4〉에서 수행하는 곱셈의 수를 $M_R(n)$이라고 할 때, n=0인 경우는 곱셈을 하지 않으므로 $M_R(0) = 0$이고 $n \geq 1$인 경우는 $(n-1)!$의 값을 구한 후 다시 한 번 곱셈을 해야 하므로 다음과 같은 순환 방정식으로 표시된다.

$$M_R(0) = 0,$$
$$M_R(n) = M_R(n-1) + 1, \text{ if } n \geq 1$$

따라서 위의 식을 다음과 같이 풀면,

$$\begin{aligned} M_R(n) &= M_R(n-1) + 1 \\ &= M_R(n-2) + 1 + 1 \\ &= M_R(n-3) + 1 + 1 + 1 \\ &= M_R(0) + 1 + \cdots + 1 \\ &= n \ (\because M_R(0) = 0 \text{이고, } 1 \text{이 } n \text{개임}) \end{aligned}$$

이다. 따라서 〈알고리즘 1.3〉과 〈알고리즘 1.4〉에서 수행하는 곱셈의 수는 같다.

1.3.2 피보나치 수

피보나치 수(Fibonacci number)는 13세기 이탈리아의 수학자 피보나치(Leonardo Fibonacci)에 의해 다음과 같은 문제에서 처음으로 제안되었다.

문제 1.2 피보나치 수

토끼장에 바로 막 태어난 암수 토끼 한 쌍을 넣었다. 다음의 가정하에 n번째 달 후에 이 토끼장에는 토끼 몇 쌍이 있겠는가? (〈그림 1.2〉 참조)

(가정)

(1) 토끼 한 쌍은 새로 태어난 지 한 달 후 성숙해진다.
(2) 토끼 한 쌍은 성숙해진 지 한 달 후부터 매달 새로운 암수 토끼 한 쌍을 낳는다.
(3) 토끼는 죽지 않는다. ■

이 문제에 대해 $n=6$, 즉 6개월 후 토끼 쌍을 계산해보자. 편의상 i개월 후 토끼 쌍의 수를 F_i라 하고, i번째 태어난 토끼 쌍을 r_i로 표기한다.

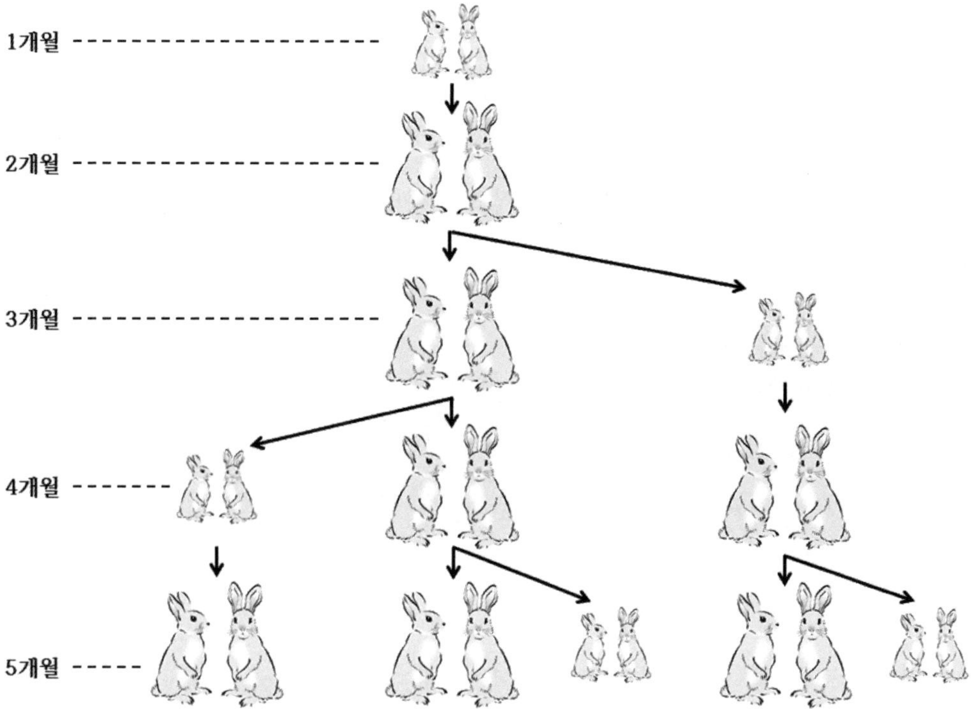

그림 1.2 $n = 5$인 경우 피보나치 수의 예

0개월: 0쌍, $F_0 = 0$.

1개월: 1쌍 (최초의 토끼 한 쌍 r_1), $F_1 = 1$.

2개월: 1쌍 (성숙해진 최초의 토끼 한 쌍 R_1), $F_2 = 1$.

3개월: 2쌍 (R_1, R_1이 처음으로 낳은 토끼 한 쌍 r_2), $F_3 = 2$.

4개월: 3쌍 (R_1, 성숙해진 토끼 한 쌍 R_2, R_1이 두 번째로 낳은 토끼 한 쌍 r_3), $F_4 = 3$.

5개월: 5쌍 (R_1, R_2, R_3, R_1이 세 번째로 낳은 토끼 한 쌍 r_4, R_2가 처음으로 낳은 토끼 한 쌍 r_5), $F_5 = 5$.

6개월: 8쌍 (R_1,R_2, R_3, R_4, R_5, R_1이 네 번째로 낳은 토끼 한 쌍 r_6, R_2가 두 번째로 낳은 토끼 한 쌍 r_7, R_3가 처음으로 낳은 토끼 한 쌍 r_8), $F_6 = 8$.

이와 같은 방법으로 각 달의 토끼의 쌍을 계산해보면 다음과 같은 수열이 됨을 알 수 있다.

$$0,\ 1,\ 1,\ 2,\ 3,\ 5,\ 8,\ 13,\ 21,\ 34,\ 55,\ \cdots$$

위의 값들을 자세히 보면 n번째 달의 토끼 쌍의 수를 F_n이라 했을 때, F_n은 n번째 달 이전에 있던 토끼 쌍의 수 F_{n-1}과 n번째 달에 새로 태어난 토끼 쌍의 수 F_{n-2}의 합으로 표현된다. 즉 F_n을 [정의 1.4]와 같은 재귀식으로 나타낼 수 있다. 이러한 수열을 피보나치 수라고 한다.

[정의 1.4] 피보나치 수, F_n

$$F_0 = 0,\ F_1 = 1,$$
$$F_n = F_{n-1} + F_{n-2} \quad \text{if} \quad n \geq 2$$

재귀적으로 정의된 문제를 재귀 알고리즘 혹은 재귀 프로그램으로 설계하는 것은 그리 어려운 일이 아니다. 따라서 피보나치 수를 정확하게 구하는 과정은 아래와 같이 간단한 재귀 알고리즘으로 나타낼 수 있다.

알고리즘 1.5 ••• **피보나치 수(재귀 알고리즘)**

- 입력: 0보다 크거나 같은 정수 n
- 출력: n번째 피보나치 수, F_n

```
int fib1 (int n) {

  if (n==0) return (0);
  else if (n==1) return (1);
      else return (fib1(n-1) + fib1(n-2));
}
```

그러나 위 알고리즘을 분석해보면 매우 비효율적이라는 것을 알 수 있다. 피보나치 수를 구할 때 필요한 연산은 주로 정수 덧셈이다. 즉 정수 덧셈의 횟수를 세어보면 수행 시간이 어느 정도 걸릴지 대략 예측할 수 있다.

위 함수 fib1이 수행하는 정수 덧셈 횟수는 n값에 따라 달라지므로 n에 대한 함수 $A_R(n)$으로 나타내보자. $n = 0$, $n = 1$일 때는 0과 1의 값을 각각 그대로 반환하므로 덧셈을 하지 않는다. 따라서

$$A_R(0) = 0,\ A_R(1) = 0$$

이고, $n > 1$일 때는 $\text{fib}(n-1)$과 $\text{fib}(n-2)$를 각각 호출하여 F_{n-1}값과 F_{n-2}값을 구한 후 이 두 값을 한 번 더해줘야 하므로 덧셈의 횟수는

$$A_R(n) = A_R(n-1) + A_R(n-2) + 1$$

이다. 위의 식 형태를 보면 $A_R(n)$값은 피보나치 수 F_n값보다 1만큼 작다. 따라서 피보나치 수 F_n을 구할 때 생성 함수(generating function)를 사용해서 풀면 그 결과는 다음과 같다(연습 문제 11).

$$F_n = \frac{1}{\sqrt{5}}\left(\left(\frac{1+\sqrt{5}}{2}\right)^n - \left(\frac{1-\sqrt{5}}{2}\right)^n\right)$$

$|\frac{1-\sqrt{5}}{2}| < 1$이므로 n이 점점 커지면 뒤쪽의 두 번째 항의 값은 매우 작아진다. 따라서 결국은 F_n이나 $A_R(n)$은 n에 대한 지수 함수, 즉 $\frac{1}{\sqrt{5}}\left(\frac{1+\sqrt{5}}{2}\right)^n \approx 2^{0.694n} \approx 1.6^n$에 비례한다. 이 값은 n이 조금만 커도 천문학적인 값이 된다. 즉 F_{30}은 1,000,000보다 큰 값이며, F_{100}은 대략 10^{21} 정도이다.

n의 계승을 구하는 문제처럼 이 문제도 현재의 피보나치 수 및 이전의 피보나치 수의 값을 저장하는 2개의 변수를 유지하면서 다음과 같이 간단한 반복 알고리즘으로 작성할 수 있다(〈알고리즘 1.6〉 참조). 아래 반복 알고리즘에서 두 피보나치 수를 더하는 정수 덧셈의 개수는 명백히 $n-1$개이다. 이는 n에 대한 일차 함수로서 앞의 지수 함수와 비교하면 매우 큰 차이가 있다.

알고리즘 1.6 ••• **피보나치 수(반복 알고리즘)**

- 입력: 0보다 크거나 같은 정수 n
- 출력: n번째 피보나치 수, F_n

```
int fib2 (int n) {
 int fn, fn2 = 0, fn1 = 1, i;

 if (n<2) fn = n;
 else {
       for (i=2; i<=n; i++) {
         fn = fn1 + fn2;
         fn2 = fn1;
         fn1 = fn;
       }
  }
  return (fn);
}
```

1.4 최대공약수

두 정수 a, b의 최대공약수 $\gcd(a,b)$는 a, b를 동시에 나누는 정수들 중에서 가장 큰 정수를 말한다. 이러한 최대공약수를 구하는 가장 간단한 방법을 먼저 소개하면, $\gcd(a,b)$는 a, b 중에서 작은 값보다 작거나 같으므로 $\min(a,b)$부터 시작하여 1씩 감소시켜가면서 a, b를 모두 나눌 수 있는지 테스트해보는 것이다(〈알고리즘 1.7〉). 이 알고리즘은 a, b가 서로 소일 때 $\min(a,b)$부터 1까지 루프를 돌면서 a, b 두 수를 모두 나누어봐야 하므로 $\min(a,b)$가 n자리의 수라면 결국 10^n번의 루프를 돌게 된다.

알고리즘 1.7 ••• **최대공약수(직관적 알고리즘)**

- 입력: 두 정수 a, b
- 출력: 최대공약수, $\gcd(a, b)$

```
int gcd (int a, int b) {
  int i;                    // loop 내에서 쓰이는 변수
  int min;                  // a, b 중 작은값

  if (a<b) min = a;
  else min = b;
  for (i=min; !(a%i==0 && b%i==0); i--);
  return i;
}
```

다음으로 생각해볼 수 있는 방법은 우리가 중고등학교 때 배웠던 인수분해 방법을 이용하는 것이다. 즉 a, b를 소인수분해하여 공통 인수들을 곱해주면 그 값이 최대공약수이다. 예를 들면, $700 = 2^2 \times 5^2 \times 7^1$이고 $120 = 2^3 \times 3^1 \times 5^1$이므로, $\gcd(700,\ 120) = 2^2 \times 5^1 = 20$이다. 이를 일반적으로 얘기하면, $p_1,\ p_2,\ \cdots,\ p_r$이 소수일 때 a, b를 각각

$$a = p_1^{e_1} p_2^{e_2} \cdots\ p_r^{e_r}$$

$$b = p_1^{f_1} p_2^{f_2} \cdots\ p_r^{f_r}$$

으로 나타내면, $\gcd(a, b) = p_1^{\min(e_1, f_1)} p_2^{\min(e_2, f_2)} \cdots\ p_r^{\min(e_r, f_r)}$이 된다. 그러나 a, b가 위의 예와 같이 3자리 수가 아니라 150자리 수나 200자리 수와 같은 큰 수이면 어떻게 될까? 이런 경우는 일반적으로 큰 자리수의 소수를 찾기가 매우 어려운 문제이므로 큰 수를 소인수 분해하는 것도 매우 어렵다. 따라서 이러한 방법으로는 a, b가 매우 큰 수일 때 최대공약수를 효율적으로 구할 수 없다.

다음으로는 최대공약수를 효율적으로 구할 수 있는 유클리드(Euclid) 알고리즘, 즉 유클리드의 호제법을 소개한다. 유클리드 알고리즘은 다음의 정리에 기반을 둔다.

[정리 1.1] a, b가 $a \geq b$인 양의 정수일 때 $\gcd(a, b) = \gcd(b, a \bmod b)$.

(증명) 9장 연습 문제 6 ■

위의 정리를 이용하면 최대공약수를 구하는 방법은 〈알고리즘 1.8〉과 같이 아주 간단한 재귀 알고리즘으로 나타낼 수가 있다.

알고리즘 1.8 ••• **최대공약수(유클리드 알고리즘)**

- 입력: 두 정수 a, b
- 출력: 최대공약수, $\gcd(a, b)$

```
int Euclid_gcd (int a, b)    {

  if (b==0) return (a);
  else return Euclid_gcd (b, a%b);
}
```

위 알고리즘의 수행 시간을 측정하려면 b가 0이 될 때까지 mod(%) 연산을 몇 번하는지 측정하면 된다. 함수의 두 파라미터 (a, b)는 첫 번째 재귀 호출 될 때 (b, $a \bmod b$)로 되고 두 번째 재귀 호출 될 때 ($a \bmod b$, $-$)로 되어 $a \bmod b$가 다시 앞으로 나오게 되는데, 이 값은 다음 정리에 의해서 $\frac{a}{2}$보다 작음을 알 수 있다.

[정리 1.2] $a \geq b$이면, $a \bmod b < \frac{a}{2}$이다.

(증명) $b \leq \frac{a}{2}$인 경우와 $b > \frac{a}{2}$인 경우로 나누어서 생각한다. (i) $b \leq \frac{a}{2}$라면 당연히 $a \bmod b < b \leq \frac{a}{2}$이고, (ii) $b > \frac{a}{2}$이면 $a \bmod b = a - b < \frac{a}{2}$이다(아래 그림 참조).

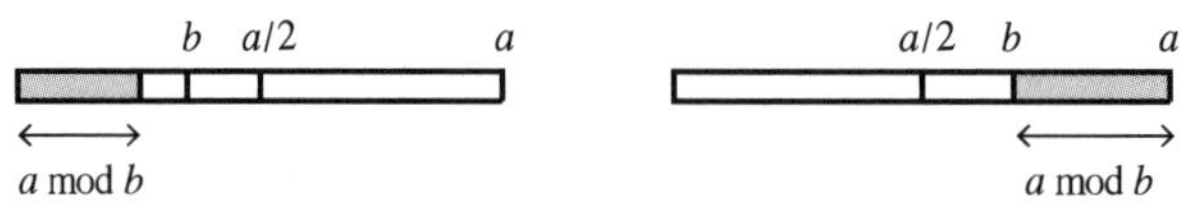

■

위의 정리는 a, b 중에서 큰 값이었던 a가 두 번의 호출 이후에 $a \bmod b$가 되는데 이 값은 당연히 b보다는 작으면서 $\frac{a}{2}$보다도 작아지게 된다. 이 말을 바꾸어 말하면 정수의 길이를 $n-$비트라고 할 때 적어도 $1-$비트 이상 줄어든다는 의미이고, 최대 $2n$번의 재귀 호출(또는 % 연산)이 일어나면 $b=0$이 되므로 최대공약수를 구할 수 있게 된다.

1.5 알고리즘 분석과 차수 표기법

1.5.1 알고리즘 분석

현재의 컴퓨터들은 옛날의 컴퓨터에 비해서 계산 속도가 매우 빠르고 기억 용량도 방대하며 계속해서 발전해가고 있다. 그렇다면 우리가 앞으로 프로그램을 작성할 때 시간이나 공간에 대해서 더 이상 고려하지 않아도 될 것인가? 당연히 그렇지 않다. 앞으로도 알고리즘이나 프로그램의 효율성은 더욱더 중요해진다. 그 이유는 우선 프로그램에서 다루는 데이터의 양이 엄청나게 많아지기 때문이다. 예를 들어서 생물정보학(bioinformatics)에서 기본적으로 다루는 사람의 유전체(GENOME)는 그 염기수가 대략 32억 개 정도이며, 우주천문학에서 다루는 우리 은하에서의 별의 개수는 대략 1,000억 개, 우주 전체의 은하의 개수는 대략 10^{22}개로 추정된다. 즉 최근 이러한 응용 문제에서 다루는 빅데이터의 크기는 대략 엑사(10^{18}) 바이트나 제타(10^{21}) 바이트 또는 요타(10^{24}) 바이트 정도이다.

알고리즘이나 프로그램의 효율성 차이는 입력 자료의 개수가 적은 경우에는 큰 차이가 없지만, 입력 자료의 개수가 많아지면 그 차이는 엄청나다. 예를 들어, 앞 절에서 피보나치수를 구하는 두 알고리즘의 수행 시간을 비교해보자.

표 1.1 피보나치 알고리즘의 수행 시간 비교

입력 자료의 개수(n)	[알고리즘 1.5]: 1.6^n(초)	[알고리즘 1.6]: n(초)
5	10.5초	5초
10	110초	10초
100	2.58×10^{20}초 $\approx$ 8.2×10^{12}년	100초

※ 기본 연산 한 번당 1초가 걸린다고 가정함.

[표 1.1]에서 보는 바와 같이 $n=5$인 경우는 〈알고리즘 1.5〉와 〈알고리즘 1.6〉의 차이는 약 2.1배이지만 $n=10$일 때는 두 알고리즘의 속도 차이는 11배가 되고 $n=100$인 경우는 서로 비교를 할 수 없을 정도가 된다.

또한 사용자들은 응답 시간이 빠른 프로그램을 선호한다. 스마트폰에서 수행 시간이 느린 앱은 경쟁 프로그램에 뒤질 수밖에 없으며 따라서 프로그램 설계자들은 하드웨어와는 별개로 효율적인 소프트웨어를 제작할 수밖에 없다. 효율적인 프로그램이란 프로그램의 수행이 시작하여 끝날 때까지 수행 시간이 짧으면서 메모리와 같은 기억공간을 덜 사용하는 프로그램을 말한다.

사실 알고리즘의 효율성을 정확하게 분석하려면 프로그래밍 언어를 선택하여 특정한 컴퓨터에서 이를 구현하고 여러 가지 입력 자료에 대해서 테스트를 해보는 것이 필요하다. 이는 알고리즘이 단순한 경우에는 쉽게 구현해서 테스트할 수 있으나 복잡한 경우에는 대단히 어려운 일이 된다. 또한 테스트에 사용된 컴퓨터, 프로그래밍 언어, 프로그래머의 프로그래밍 스타일이나 실력 등에 따라 다르고 이를 특정 컴퓨터에서만 논하는 것은 일반성이 결여되어 있다.

따라서 이러한 여러 가지 문제점이나 어려움 때문에 프로그램으로 구현하기 전에 알고리즘의 효율성을 이론적으로 따져보는 것이 바로 알고리즘의 복잡도 분석이다. 효율적인 알고리즘을 선택하기 위해서는 일반적으로 시간 복잡도(time complexity)와 공간 복잡도(space complexity)를 분석한다. 알고리즘의 시간 복잡도 분석을 위해서는 초기화, 루프 제어 변수값의 증가 등 부가적인 연산들을 대부분 무시하고 단지 알고리즘에 의해 수행되는 가장 중요한 기본 연산(basic operations)의 수를 센다. 알고리즘의 기본 연산은 보통 알고리즘의 루프를 통하여 각 패스마다 수행되므로 알고리즘의 효율성을 분석하는 데 좋은 측정치가 될 수 있다.

예를 들면, 정수값을 정렬하는 문제의 경우는 두 정수값의 비교가 기본 연산이고, 실수 행렬의 곱셈 문제는 실수의 곱셈이 기본 연산이 될 수 있다. 기본 연산을 잘 선택하면 수행되는 연산의 전체 횟수는 기본 연산수에 비례하므로, 알고리즘이 수행하는 기본 연산의 수를 셈으로써 알고리즘의 실제 수행 시간을 추정(estimate)할 수 있다. n을 입력 크기라 할 때, 알고리즘이 수행하는 기본 연산의 수는 n의 함수가 되는데, 이를 그 알고리즘의 시간 복잡도 함수(time complexity function)라 하고 보통 $T(n)$으로 표기한다.

입력 크기가 같다고 하더라도 $T(n)$은 특정 입력에 의해 영향을 받을 수 있으므로 입력 크기가 n인 문제에 대한 알고리즘을 분석할 때, 그 알고리즘에 의해 수행되는 기본 연산의 수를 최대로 하는 입력에 대한 시간 복잡도 $T_W(n)$을 다음과 같이 정의할 수 있는데, 이를 최악의 경우 시간 복잡도(worst-case time complexity) 함수라고 한다. 즉

$$T_W(n) = \max\ \{t(I) \mid I \in D_n\}.$$

여기서 D_n은 주어진 문제에 대해 입력 크기가 n인 모든 입력의 집합, I는 입력 크기가 n인 하나의 입력 예시, $t(I)$은 입력 예시 I에 대해 알고리즘이 수행하는 기본 연산의 수이다. 이는 크기가 n인 어떠한 입력에 대해 그 알고리즘을 수행시켜도 최대 $T_W(n)$만큼의 수행 시간이면 그 알고리즘에 의해서 문제를 풀 수 있다는 의미이고, 따라서 $T_W(n)$은 그 알고리즘에 의해 수행되는 시간 복잡도의 상한선(upper bound)이 된다.

알고리즘 분석 방법에는 최악의 경우 분석 기법 외에 평균적인 분석과 할부상환(amortized) 분석 기법이 있다. 평균적 분석 기법이란 알고리즘이 평균적으로 얼마만큼의 기본 연산을 수행하는가를 분석하는 것이다. 이는 알고리즘이 크기가 n인 가능한 모든 입력에 대해 수행되는 연산의 수를 계산해 평균을 취한 것이다. 실제적으로 어떤 입력은 다른 것들보다 훨씬 빈번히 일어날 수 있기 때문에 이와 같은 평균적인 분석은 의미가 많다. $p(I)$를 D_n에서 어떤 입력 예시 I가 일어날 확률이라 할 때, 알고리즘의 평균적인 경우의 시간 복잡도 $T_A(n)$을 수식적으로 표현하면 다음과 같다.

$$T_A(n) = \sum_{I \in D_n} p(I)t(I)$$

확률 $p(I)$를 경험적으로 결정하거나 알고리즘이 사용된 응용 분야에 대한 특별한 정보로부터 알아낼 수도 있고, 또한 크기가 n인 모든 입력이 똑같이 발생한다는 단순한 가정을 함으로써 결정할 수도 있으나, 이러한 확률 함수 $p(\ )$가 실제 상황에 맞지 않는 경우에는 이 분석 기법은 매우 불합리하다.

할부상환 분석은 주로 어떤 자료 구조에 대하여 연산들이 연속적으로 이루어질 때, 최악의 경우가 발생하는 연산 순서에 대해 각 연산의 평균 수행 시간을 구하는 기법이다. 여기서 최악의 경우가 발생하는 연산 순서란 연산 전체에 대한 수행 시간이 최대가 되는 연산 순서를 말한다.

예를 들어, 어떤 알고리즘이 자료 구조 D에 대하여 최악의 경우의 연산 순서 op_1, op_2, $\cdots$,

op_m을 수행할 때, 처음 $m-1$개의 각 연산에 대한 시간 복잡도 함수가 1이고, 연산 op_m에 대해서는 $m+1$이라고 가정한다. 이를 최악의 경우 분석 기법을 이용하여 분석한다면 단위 연산의 최악의 경우 시간 복잡도는 $m+1$이다. 그러나 할부상환 분석에 의해서 각 연산에 대한 평균을 구하면 $\frac{(m-1)+(m+1)}{m}=2$가 된다. 일반적으로 할부상환 분석 기법은 개념 자체는 단순하지만 분석하는 과정이 매우 복잡하기 때문에 이 책에서는 다루지 않기로 하고, 알고리즘이나 프로그램 혹은 연산에 대한 시간 분석은 주로 최악의 경우 시간 복잡도나 평균적인 시간 복잡도를 위주로 하여 다루기로 한다.

반면에 알고리즘의 공간 복잡도는 그 알고리즘이 수행되면서 필요한 기억 용량의 크기를 말하는데, 사용되는 기억 용량은 일반적으로 자료 구조 및 알고리즘의 구현을 어떻게 했느냐에 달려 있다. 프로그램은 프로그램에서 사용된 명령어, 상수, 변수 등과 입력 자료를 저장하기 위해 기억 장소가 필요하고, 수행 중간에 결과를 계산하기 위해 필요한 정보와 자료를 임시로 저장하는 데도 기억 장소가 필요하다.

보통 기계어로 번역된 프로그램 자체의 크기는 입력 자료의 개수 n과 거의 무관하므로, 프로그램에 의해 사용된 기억 공간을 계산하기 위해서는 입력 혹은 출력을 위한 저장 장소와 주어진 입력으로부터 결과를 구하는 데 필요한 여분의 공간(extra space)을 주로 계산한다. 알고리즘이 수행될 때 필요한 기억 공간의 크기도 n의 함수가 되는데 이를 그 알고리즘의 공간 복잡도 함수(space complexity function)라고 하고 보통 $S(n)$으로 표기한다. 사용되는 여분의 공간이 입력 크기에 관계없이 일정할 수도 있다. 사용된 공간이 특정 입력에 의해 종속적이면 이에 대한 최악의 경우 분석, 평균적인 경우 분석 등을 시간 분석과 마찬가지 방법으로 할 수 있다.

1.5.2 순차 탐색

가장 간단한 유형의 탐색 문제는 선형 리스트 $S=(s_1, s_2, \cdots, s_n)$와 키(key)값 x가 주어져 있을 때 x가 S에 존재하는지 판별하거나 만약 존재하는 경우라면 x의 위치를 알아내는 문제이다. 즉 선형 리스트 S가 배열 s로 구현되어 있으면 $x = s[i]$인 인덱스 i를 찾고 S가 연결 리스트로 구현되어 있으면 데이터 필드값이 x인 노드의 주소를 찾는다. 그러한 x가 없는 경우는 인덱스 0(혹은 -1)을 반환하거나 NULL을 반환한다.

이러한 탐색 문제를 해결하는 직관적인 알고리즘으로는 순차 탐색이 있다. 선형 리스트를 배열로 구현했다면 순차 탐색은 키값 x를 선형 리스트의 첫 번째 원소부터 차례로 비교하여 $x = s[i]$인 인덱스 i를 찾고 만약 그러한 i가 없다면 0을 반환한다(〈알고리즘 1.9〉). 단, 배열 원소 $s[0]$에는 원소의 개수인 n값이 저장되어 있다고 가정한다.

알고리즘 1.9 ••• **순차 탐색(배열)**

- 입력: 배열 s와 키값 x
- 출력: $x = s[i]$인 i 혹은 0

```
int seq_search (int x, int *s) {
/* 주어진 키값 x가 배열 s에 있으면 해당 원소의 인덱스를 반환하고, 없으면 인덱스값을
   0으로 반환한다. */
  int temp = 1;
  int n = s[0];

  while (temp<=n && s[temp] != x)
      temp++;
  if (temp > n) temp = 0;
  return (temp);
}
```

이 알고리즘의 시간 복잡도를 분석해보자. 순차 탐색의 기본 연산은 키값 x와 배열 원소의 비교 연산으로 정한다. 가장 빨리 끝나는 경우는 키값 x와 첫 번째 배열 원소값이 같은 경우로서 기본 연산(비교)을 한 번만 한다. 최악의 경우, 즉 비교 연산을 가장 많이 하는 경우는 x와 $s[n]$이 같거나 x가 배열 s에 없는 경우로서 n번의 비교를 하게 된다. 즉 최악의 경우 시간 복잡도 함수 $W(n) = n$이 된다. 평균 분석의 경우는 통계학적인 가정이 다르면 평균값이 달라지기 때문에 이보다 약간 복잡하다. 좀 더 간단히 분석하기 위해서 x가 s의 각 원소와 같을 확률이 모두 동일하다고 가정한 후 두 가지 경우에 대한 평균 분석을 해본다(즉, $\Pr[x = s_1] = \Pr[x = s_2] = \cdots = \Pr[x = s_n] = \frac{1}{n}$).

첫 번째는 키값 x가 s에 반드시 있는 경우이다. 따라서 나올 수 있는 경우의 수는 모두 n가지이므로 평균 복잡도 함수의 정의에 의해,

$$\begin{aligned} A(n) &= \sum_{\text{for all } I} p(I) \times t(I) \\ &= \sum_{i=1}^{n} \Pr(x = s[i]) \times t(x = s[i]) \\ &= \sum_{i=1}^{n} \frac{1}{n} \times i \\ &= \frac{1}{n} \times \frac{1}{2} n(n+1) \\ &= \frac{n+1}{2} \end{aligned}$$

이 된다. 우리가 직관적으로 봐도 이 값은 가장 적게 비교하는 경우와 가장 많이 비교하는 경우에 대한 평균으로 생각할 수 있다.

두 번째는 키값 x가 s에 없는 경우도 포함해서 생각해보자. 그러면 나올 수 있는 경우의 수는 이제 $n+1$ 가지이다. x가 s에 있을 확률과 없을 확률이 $\frac{1}{2}$로 같다고 가정하고, x가 s에 있을 때의 n가지 경우의 수가 모두 확률이 같다고 가정하면

$$\begin{aligned} A(n) &= \sum_{\text{for } all\, I} p(I) \times t(I) \\ &= \sum_{x \in S} \Pr(x = s[i]) \times t(x = s[i]) + \Pr(x \not\in S) \times t(x \not\in S) \\ &= \frac{1}{2} \sum_{i=1}^{n} \frac{1}{n} \times i + \frac{1}{2} n \\ &= \frac{1}{2n} \sum_{i=1}^{n} i + \frac{1}{2} n \\ &= \frac{3n+1}{4} \end{aligned}$$

이 된다.

1.5.3 행렬 곱셈

A와 B를 각각 $n \times n$ 행렬이라 하자. 두 행렬 A와 B의 곱인 행렬 $C = AB$를 계산할

때 다음의 방법을 이용하는 알고리즘의 시간 복잡도 분석을 해본다. 행렬 A, B, C의 각 원소를 각각 $a_{i,j}$, $b_{i,j}$, $c_{i,j}$라 할 때, 행렬 C의 각 원소 $c_{i,j}$는

$$c_{i,j} = \sum_{k=1}^{n} a_{i,k} \times b_{k,j} \quad (1 \leq i, j \leq n)$$

와 같이 계산할 수 있다.

알고리즘 1.10 ••• 행렬 곱셈

- 입력: $n \times n$ 행렬 A, B
- 출력: $n \times n$ 행렬 $C = AB$

```
void matMult (float a[][n], float b[][n], float c[][n]) {
  int i, j, k;

  for (i=1; i<=n; i++)
  for (j=1; j<=n; j++) {
        c[i][j] = 0;
        for (k=1; k<=n; k++)
            c[i][j] = c[i][j] + a[i][k] * b[k][j];
  }
}
```

위 알고리즘의 수행 시간도 결국 가장 안쪽 루프의 문장 수행 횟수에 비례하므로 기본 연산은 행렬 원소의 곱셈, 즉 a[i][k]*b[k][j]라고 할 수 있다. C의 각 원소를 계산하기 위해 n번의 실수 곱셈이 행해지고 C는 n^2개의 원소를 가지므로 위 알고리즘에 의해 행렬 C를 구하기 위해서는 n^3번의 실수 곱셈이 필요하다. 이 경우는 행렬 A, B의 각 원소가 어떤 값을 갖든지 항상 n^3번의 실수 곱셈이 필요하므로 최악의 경우와 평균적인 경우의 시간 복잡도 함수는 n^3으로 같다. 즉 이 알고리즘은 수행한 연산의 개수가 입력의 종류와는 무관한 경우로서 $W(n) = n^3$이고, $A(n) = n^3$이다.

1.5.4 최적 알고리즘

어떤 문제든 그 문제가 본질적으로 갖고 있는 어려움이 존재한다. 문제가 본질적으로 갖고 있는 어려움이란 그 문제를 해결하기 위해서는 적어도 얼마만큼의 일을 수행해야 한다는 뜻이다. 어려운 문제는 다른 문제와 비교할 때 상대적으로 기본 연산을 많이 수행해야만 해결이 되고, 쉬운 문제는 상대적으로 다른 문제에 비해 기본 연산을 적게 수행해도 해결될 수 있다. 따라서 각 문제를 해결하기 위해서 필요한 알고리즘의 일의 양이 더 이상 개선될 수 없는 그러한 한계가 존재하게 되는데 그러한 한계를 문제의 하한선(lower bound)이라고 부른다.

어떤 알고리즘이 (최악의 경우 분석에서) 최적이라는 말은 그 알고리즘보다 (최악의 경우) 기본 연산을 더 적게 수행해서 문제를 해결하는 알고리즘이 존재할 수 없다는 것을 의미한다. 즉 최적의 알고리즘이란 기존에 알려진 알고리즘들 중에서 가장 좋은 것이 아니라, 가능한 모든 알고리즘 중에서 가장 좋은 것을 의미한다. 이는 평균적인 경우의 분석에서도 그대로 적용될 수 있는데, 여기서 최적의 알고리즘이란 특별히 다른 언급이 없는 경우 최악의 경우 분석에 해당하는 것으로 한다.

그러면 어떤 알고리즘이 있을 때 그 알고리즘이 최적이라는 것을 어떻게 증명할 수 있을까? 이를 위해 우선 먼저 문제에 대한 알고리즘의 최악의 경우 시간 분석을 한다. 이 시간 복잡도 함수는 최악의 경우를 분석했으므로 알고리즘의 상한선(upper bound)이다. 이러한 상한선을 $W(n)$이라 하자. 그 다음은 위에서 언급한 문제에 대한 하한선을 이론적으로 구한다. 이를 $L(n)$이라 한다. 만약 $W(n) = L(n)$이라면 어떤 가능한 알고리즘이든 시간 복잡도가 $W(n)$보다 좋아질 수 없으므로 그 알고리즘은 최악의 경우에 있어서 최적의 알고리즘이 된다. 만약 $L(n) < W(n)$이라면 시간 복잡도가 $W(n)$보다 더 좋은 알고리즘이 존재할 가능성이 있거나 문제의 하한선에 대한 증명을 더 잘하게 되면 하한선 $L(n)$이 더 좋아질 수 있을 가능성이 있다. 그러므로 아직 그 알고리즘이 최적이라고 얘기할 수 없다.

이제 최적의 알고리즘 증명에 대한 예를 들어본다. 최대값 찾기 문제란 n개의 원소 $x_1, x_2, \dots, x_n$이 주어졌을 때, 가장 큰 원소를 찾는 문제이다. 최대값 찾기 문제를 해결하는 방법으로는 앞에서 기술한 순차 탐색과 유사한 방법과 분할 정복에 의한 방법이 있다. 첫 번째 방법은 〈알고리즘 1.11〉에서 보는 것처럼 배열의 첫 번째 원소부터 시작하여 인덱스를 증가시켜 가면서 현재까지의 원소들 중에서 최대값을 유지시켜나가는 방법이다. 이 알고리즘에서 a[i]와 max를 비교하는 원소의 비교 횟수를 세어보면 최악의 경우 $n-1$번임을 쉽게 알 수 있다. 즉 〈알고리즘 1.11〉의 최악의 경우 시간 복잡도 함수는 $W_1(n) = n-1$이다.

알고리즘 1.11 ••• **최대값 찾기(순차적 방법)**

- 입력: 배열 원소 a
- 출력: 최대값 max

```
/* 최대값 찾기(반복문 사용) */

int find_Max1(int a[]) {
  int i; int n = a[0];
  int max = a[1];                    // 최대값 초기화

  for (i=2; i<=n; i++) {
     if (a[i] > max) max = a[i]; // 현재 원소값이 max보다 크면 max값 변경
  }
  return max;                        // 최대값 반환
}
```

분할 정복에 의한 방법은 n개의 원소들을 대략 $\frac{n}{2}$개씩 두 부분으로 나누어 왼쪽 부분에서 최대값 max_left를 구하고, 다시 오른쪽 부분에서 최대값 max_right를 구한 다음, max_left와 max_right를 비교하여 이중에서 큰 값이 최대값이 된다. 아래 〈알고리즘 1.12〉는 분할 정복 방식을 이용한 재귀 함수로서 초기 호출 시 left = 1, right = n이다.

알고리즘 1.12 ••• **최대값 찾기(분할 정복)**

- 입력: 배열 원소 a
- 출력: 최대값 max

```
/* 최대값 찾기(재귀 사용) */

int find_Max2(int *a, int left, int right) {
  int mid, max, max_left, max_right;

  if (left==right) return a[left];              // 배열의 원소가 하나일 때
  else {                                        // 배열의 원소가 2개 이상일 때
        mid = (left + right)/2;
        max_left = find_Max2(a, left, mid);
        max_right = find_Max2(a, mid+1, right);
        if (max_left >= max_right) return max_left;
        else return max_right;
  }
}
```

위 알고리즘을 분석해보자. 우리가 세고자 하는 기본 연산은 원소들 간의 비교 횟수이다. 즉 원소의 개수가 n일 때 비교 횟수를 $W_2(n)$이라고 하자. $n=1$일 때, 즉 $\mathrm{left}=\mathrm{right}$일 때는 바로 a[left] 값을 반환하므로 비교를 하지 않는다. 만약 $n>1$일 때는 인덱스 mid에 의해서 배열을 대략 $\frac{n}{2}$개씩 두 부분으로 나누게 되고 각 부분 배열에서 수행하는 비교 횟수는 $W_2\left(\frac{n}{2}\right)$이 된다. 또한 각 부분 배열에서 최대값을 구한 후 원래 문제의 최대값을 구하기 위해서는 한 번의 비교(max_left>=max_right)를 추가로 해야 하므로 $W_2(n)$을 아래와 같은 식으로 나타낼 수 있다.

$$W_2(n)=\begin{cases} 0, & n=1\text{인 경우} \\ 2W_2\left(\frac{n}{2}\right)+1, & n>1\text{인 경우} \end{cases}$$

계산을 간단하게 하기 위해서 $n=2^k$(단, k는 음이 아닌 정수)라고 가정하면, 최악의 경우 시간 복잡도 함수 $W_2(n)=n-1$이 된다는 것을 쉽게 알 수 있다(연습 문제 15). 따라서 최악의 경우 비교 횟수는 순차 탐색과 같이 반복문을 사용하는 경우나 재귀 호출을 사용하는 경우 모두 같다. 다만, 공간적인 면에서는 재귀 호출 알고리즘에서 시스템 스택 공간이 추가

적으로 필요하므로 반복문을 사용하는 경우가 더 효율적이라고 하겠다.

이제 최대값 찾기 문제에 대한 하한선 $L(n)$을 구해본다. 일단 n개의 원소 $x_1,\ x_2,\ \cdots,\ x_n$이 서로 다르다고 가정한다. 만약 $x_i > x_j$라면 x_i를 승자라고 부르고 x_j를 패자라고 부르자. 또한 최대값을 찾는 과정의 알고리즘 상태를 (a, b)라고 표현하자. 여기서 a는 패배한 적이 없는 원소의 개수, b는 패배한 원소의 개수라고 하자. 그러면 알고리즘의 초기 상태는 반드시 $(n,\ 0)$이고 최종 상태는 반드시 $(1,\ n-1)$이 되어야 한다. 한 번의 원소 비교에 의해서 최대 하나의 승자와 하나의 패자가 생기는데 이 경우는 비교되는 두 원소가 반드시 패배한 적이 없는 원소들 중에서 있어야 한다. 따라서 초기 상태에서 최종 상태로 갈 수 있는 가장 빠른 경로는 아래와 같고 이는 $n-1$번의 원소 비교에 의해서 이루어진다.

$$(n,\ 0) \Rightarrow (n-1,\ 1) \Rightarrow (n-2,\ 2) \Rightarrow \cdots \Rightarrow (1,\ n-1)$$

이는 적어도 $n-1$번 이상 비교를 해야 이 문제를 풀 수 있다는 의미이고 따라서 하한선은 $L(n) = n-1$이 된다. $W_1(n) = L(n)$이고 $W_2(n) = L(n)$이므로 위 두 가지 알고리즘 모두 최적의 알고리즘이라고 할 수 있다.

앞 절에서 다루었던 행렬 곱셈 알고리즘인 〈알고리즘 1.10〉은 최악의 경우 시간 복잡도 함수가 $W(n) = n^3$이다. 그러나 행렬 곱셈 문제에 대한 하한선은 지금까지 증명된 바로는 $L(n) = n^2$임이 알려져 있다. 따라서 행렬 곱셈 시 우리가 흔히 쓰는 〈알고리즘 1.10〉은 최적의 알고리즘이 아니다. 그러므로 하한선이 n^2이 아니라 $n \log n$과 같이 더 개선될 수 있는 여지가 있을 수 있고, 〈알고리즘 1.10〉보다 더 좋은 알고리즘이 있을 수 있다. 실제로 이보다 더 좋은 알고리즘으로서 스트라센(Strassen)의 알고리즘으로 불리는 $n^{\log_2 7} (= n^{2.807})$ – 시간 알고리즘이 있으며 쿠퍼스미스-위노그라드(Coopersmith-Winograd) 알고리즘으로 불리는 $n^{2.37}$ – 시간 알고리즘도 존재한다.

1.5.5 차수 표기법

알고리즘을 분석할 때, 우리는 알고리즘이 수행하는 모든 연산의 수를 세는 것은 어려우므로 연산의 총 개수가 기본 연산의 개수와 비례하는 그러한 기본 연산을 잘 선택하여 그 수를 센다는 것은 이미 앞에서 언급한 바가 있다.

일반적으로 복잡도 함수 $T(n)$은 여러 개의 항으로 구성될 수 있고 각 항의 계수값도 다양할 수 있다. 그러나 n이 클 경우는 차수(order)가 가장 큰 항이 $T(n)$ 값에 가장 큰 영향을 미치고 차수가 낮은 다른 항들은 상대적으로 영향이 적다. 예를 들어, 다음의 시간 복잡도 함수를 고려한다.

$$T(n) = n^3 + n^2 + n + 1$$

$n = 1{,}000$일 때, $T(n) = 1{,}001{,}001{,}001$인데 이중에서 첫 번째 항인 n^3의 값이 전체의 약 99%를 차지하고 두 번째 항인 n^2의 값은 1퍼센트도 되지 않는다. 또한 차수가 그보다도 더 작은 항들은 전체값에 비해 무시될 수 있다. 따라서 입력 크기가 어느 정도 큰 경우에는 차수가 가장 큰 항이 제일 비중이 높은 것을 알 수 있으므로 보통 복잡도 함수에서는 차수가 가장 큰 항만 고려해도 충분하다.

알고리즘 A가 $3cn$번의 기본 연산을 수행하고, 알고리즘 B가 $7c'n$번의 기본 연산을 수행한다고 가정한다(여기서 c와 c'은 임의의 상수임). 이때 상수 c가 c'보다 클 수 있기 때문에 알고리즘 A가 B보다 더 빠르다고 말할 수 없다. 즉 알고리즘 A가 부가연산(overhead)을 더 많이 할 수도 있다. 그러므로 만약 두 알고리즘의 복잡도 함수가 상수 인자에 의해 차이가 난다면 이들을 구별하는 것은 무의미할 수 있다. 또한, 알고리즘 C가 $\frac{1}{2}n^3$번의 곱셈을 하고 알고리즘 D가 $5n^2$번의 곱셈을 한다고 가정하면, n이 작을 때는 알고리즘 C가 곱셈을 더 적게 하지만, $n > 10$일 경우에는 알고리즘 D가 곱셈을 더 적게 한다. 비록, 부가적인 연산을 더 하더라도 3차 함수의 증가율은 2차 함수의 증가율보다 크므로 n이 점점 커지면 계수는 그다지 중요하지 않게 된다.

위의 예들에서 볼 수 있듯이, 계수 및 차수가 작은 항들을 무시하고 복잡도 함수를 정의하여 비교하는 방법이 필요한데, 이를 차수 표기법(order notation)이라 하며 다음과 같이 정의한다.

> **[정의 1.5]** $n \geq n_0$인 모든 n에 대해서 $T(n) \leq c \times f(n)$을 만족하는 상수 c와 n_0가 존재하면, $T(n) \in O(f(n))$이다.

위의 정의에 의해 $f(n)$은 $T(n)$의 상한선(upper bound)이 되며, 다음과 같이 정의될 수도 있다. 즉 $T(n)$의 $f(n)$에 대한 비율의 극한값이 존재하고, 이 극한값이 ∞가 아니라면, $T(n)$은 $f(n)$보다 더 빨리 증가하지 않는다.

$$\lim_{n\to\infty}\frac{T(n)}{f(n)}=k, \text{ 단 } k\geq 0\text{인 상수}$$

> **[정의 1.6]** $n\geq n_0$인 모든 n에 대해서 $T(n)\geq c\times f(n)$을 만족하는 상수 c와 n_0가 존재하면, $T(n)\in\Omega(f(n))$이다.

$T(n)\in\Omega(f(n))$은 $T(n)$의 하한선(lower bound)이 $f(n)$이라고 하는 의미이며 $T(n)$이 어떤 알고리즘의 시간 복잡도 함수일 때, 그 알고리즘은 적어도 $f(n)$ 이상의 시간이 필요하다는 의미이다.

$$\lim_{n\to\infty}\frac{T(n)}{f(n)}=\infty \text{ 혹은 } \lim_{n\to\infty}\frac{T(n)}{f(n)}=k, \text{ 단 } k>0\text{인 상수}$$

> **[정의 1.7]** $n\geq n_0$인 모든 n에 대해서 $c_1\times f(n)\leq T(n)\leq c_2\times f(n)$을 만족하는 상수 c_1, c_2와 n_0가 존재하면, $T(n)\in\Theta(f(n))$이다.

이 경우는 $T(n)$은 동시에 $T(n)\in O(f(n))$과 $T(n)\in\Omega(f(n))$을 만족한다. $T(n)\in\Theta(f(n))$은 $f(n)$이 동시에 $T(n)$의 상한선과 하한선이 되므로 $O(f(n))$이나 $\Omega(f(n))$보다 매우 정확한 한계치를 나타내게 된다. 즉 $\Theta(f(n))=O(f(n))\cap\Omega(f(n))$이다.

$$\lim_{n\to\infty}\frac{T(n)}{f(n)}=k, \text{ 단 } k>0\text{인 상수}$$

예제 1.1

$T(n)=3n+2$일 때, $T(n)\in O(n)$이다.

(증명) $T(n) \in O(n)$임을 보이기 위해서는 정의에 의해 $n \geq n_0$일 때, $T(n) \leq cn$을 만족하는 상수 c와 n_0가 존재함을 보여야 한다. $c=4$라 하면 $n \geq 2$일 때, 항상 $3n+2 \leq 4n$이다. 따라서 $T(n) \in O(n)$이다. ■

〈예제 1.1〉의 함수 $T(n) = 3n + 2$는 $T(n) \in O(n)$이고, $T(n) \in \Omega(n)$이므로(연습 문제 4), $T(n) \in \Theta(n)$이다.

예제 1.2

$n^2 \in O(n^3)$이고, $n^3 \notin O(n^2)$이다.

(증명) $n \geq 0$인 모든 n에 대해 당연히 $n^2 \leq n^3$이므로, $n^2 \in O(n^3)$이다. 즉 $c=1$, $n_0=0$으로 하면 부등호가 항상 성립한다. $n^3 \notin O(n^2)$임을 보이기 위해서는 $c>0$인 어떠한 c에 대해서도 $n^3 > cn^2$를 만족하는 n이 항상 존재함을 보여야 한다. 즉 $n^3 = n \times n^2$이므로 임의의 c에 대해 $n > c$를 만족하는 n값을 항상 찾을 수 있다. ■

[정리 1.3] $f(n)$이 n에 대한 k차 다항식, 즉 $f(n) = a_k n^k + a_{k-1} n^{k-1} + \cdots + a_1 n + a_0$일 때 $f(n) \in O(n^k)$이다.

(증명) 연습 문제 4 ■

차수 표기는 아래와 같은 몇 가지 유용한 성질을 갖고 있다. 위의 정의들을 정확히 이해하고 있으면 아래 성질들을 증명하기가 별로 어렵지 않으므로 연습 문제로 남겨둔다.

성질 (1) 만약 $f(n) \in O(g(n))$이고 $g(n) \in O(h(n))$이면, $f(n) \in O(h(n))$이다.
성질 (2) $g(n) \in \Omega(f(n))$이면 $f(n) \in O(g(n))$이고, 그 역도 성립한다.
성질 (3) 만약 $f(n) \in \Theta(g(n))$이면, $g(n) \in \Theta(f(n))$이다.
성질 (4) Θ는 함수에 대한 동치 관계(equivalence relation)를 정의한다.
성질 (5) $O(f(n)+g(n)) = O(\max\{f(n), g(n)\})$이다.

성질 (1)은 Ω와 Θ에 대해서도 성립하며, 함수와 O, Ω, Θ의 관계가 각각 이행적

(transitive)이라는 것을 의미한다. 정의에서 알 수 있듯이 성질 (2)가 의미하는 것은 O와 Ω가 서로 반대가 되는 개념이고, 성질 (3)에서 함수와 Θ의 관계는 서로 대칭적(symmetric)이라는 것을 알 수 있다. 성질 (4)에서 $\Theta(f(n))$으로 표기될 수 있는 함수들의 집합은 동치 부류(equivalence class)를 이루며, 이를 복잡도 부류라고도 부른다. 전형적인 복잡도 부류는 아래와 같다.

- $\Theta(1)$ 상수 시간(constant time)
- $\Theta(\log n)$ 로그 시간(logarithmic time)
- $\Theta(n)$ 선형 시간(linear time)
- $\Theta(n \log n)$ 선형-로그 시간(linear-logarithmic time)
- $\Theta(n^2)$ 2차 시간(quadratic time)
- $\Theta(n^3)$ 3차 시간(cubic time)
- $\Theta(2^n)$ 지수 시간(exponential time)

상수 시간 즉, $\Theta(1)$-시간 알고리즘은 수행 속도가 입력 크기 n에 무관하게 일정한 상수 시간이 걸린다는 의미이다. 일반적으로 $\Theta(n^k)$-시간(단, k는 임의의 상수) 이하로 수행되는 알고리즘을 다항 시간(polynomial time) 알고리즘이라고 부르며, 위의 예에서는 $\Theta(2^n)$을 제외하고 모두 다항 시간 부류에 속한다. 성질 (5)는 Ω와 Θ에 대해서도 성립하며, 여러 단계로 구성되는 알고리즘의 분석에 유용하게 쓰인다.

이제 같은 문제를 해결하는 두 알고리즘이 있을 때 어느 알고리즘이 더 효율적인지 알아내는 방법을 살펴본다. 최악의 경우 시간 복잡도가 각각 $W_A(n) \in \Theta(n^2)$인 알고리즘 A와 $W_B(n) \in \Theta(n^3)$인 알고리즘 B가 있다고 하자. 이때 입력의 개수 n이 점점 커질수록 n^2보다 n^3의 값이 커지기 때문에 우리는 알고리즘 A가 알고리즘 B보다 더 효율적이라는 것을 쉽게 알 수 있다. 즉

$$\lim_{n\to\infty} \frac{W_A(n)}{W_B(n)} = \lim_{n\to\infty} \frac{n^2}{n^3} = \lim_{n\to\infty} \frac{1}{n} = 0$$

이제, 최악의 경우 시간 복잡도가 각각 $W_C(n) \in \Theta(\sqrt{n})$인 알고리즘 C와 $W_D(n) \in \Theta(\log_2 n)$인 알고리즘 D가 있다고 하자. 일단 표기를 간단히 하기 위해 $W_C(n) = \sqrt{n}$,

$W_D(n) = \log_2 n$이라고 가정한다. 입력 크기 n이 점점 커질수록 $\sqrt{n}$과 $\log_2 n$은 모두 천천히 증가하는 함수이다. 따라서 위의 첫 번째 예처럼 즉시 판단할 수는 없고 다른 방법을 사용해야 한다. 가장 손쉬운 방법은 아래 [표 1.2]와 같이 n값을 직접 대입하여 값을 구해보는 것이다.

[표 1.2] n값에 따른 $\sqrt{n}$과 $\log_2 n$ 값의 변화

n	16	64	256	1,024	4,096	
$\sqrt{n}$	4	8	16	32	64	⋯
$\log_2 n$	4	6	8	10	12	⋯

위의 표를 보면 n이 점점 커질 때 $\sqrt{n}$이 $\log_2 n$보다 빨리 증가한다. 따라서 알고리즘 D가 C보다 더 효율적임을 직관적으로 알 수 있다.

이러한 사실들을 이용하면 아래 로피탈(L'Hôspital)의 법칙과 같이 두 알고리즘의 효율성을 비교하는 일반적인 방법으로 확장할 수 있다.

[로피탈의 법칙] 만약 함수 $f(x)$와 $g(x)$가 미분 가능하고, 그 미분 함수를 각각 $f'(x), g'(x)$라 할 때,

$$\lim_{x\to\infty} f(x) = \lim_{x\to\infty} g(x) = \infty$$

이면,

$$\lim_{x\to\infty} \frac{f(x)}{g(x)} = \lim_{x\to\infty} \frac{f'(x)}{g'(x)}$$

이다. 단, 오른쪽 항의 극한값은 존재한다고 가정한다.

위의 알고리즘 C, D에 적용을 해본다면, $\lim_{n\to\infty} W_C(n) = \lim_{n\to\infty} W_D(n) = \infty$이며, 미분 함수인 $W'_C(n)$과 $W'_D(n)$은 다음과 같다.

$$W'_C(n) = (\sqrt{n})' = \frac{1}{2} n^{\frac{1}{2}-1} = \frac{1}{2\sqrt{n}},$$

$$W'_D(n) = (\log_2 n)' = \frac{1}{n \ln 2}$$

이므로

$$\lim_{n \to \infty} \frac{W_C(n)}{W_D(n)} = \lim_{n \to \infty} \frac{\sqrt{n}}{\log_2 n} = \lim_{n \to \infty} \frac{n \ln 2}{2\sqrt{n}} = \lim_{n \to \infty} \frac{\ln 2 \sqrt{n}}{2} = \infty$$

가 된다. 따라서 위에서 이야기한 대로 $\log_2 n$이 $\sqrt{n}$보다 더 효율적이다.

연습 문제

1. C 언어로 작성된 다음의 재귀 함수 mystery는 어떤 결과를 출력하는 함수인가? 단, 초기 호출은 mystery(*x, 1, n)이고, 함수 swap(x[i], x[k])은 배열 원소 x[i]와 x[k]의 값을 서로 교환하는 함수이다.

```
void mystery (int x[], int k, int n) {
  if (k==n)
      for (i=1; i<=n; i++)
          printf(x[i]);
  else
      for (i=k; i<=n; i++) {
          swap(x[i], x[k]);
          mystery(x, k+1, n);
          swap(x[i], x[k]);
      }
}
```

2. 크기가 n인 배열 s의 합을 배열을 반씩 나누어 재귀적으로 합을 구하는 알고리즘을 작성하고, 이 알고리즘에서 배열 원소를 더하는 덧셈 연산의 개수를 구하라.

3. 주어진 n차 다항식 $p(x) = a_0 + a_1x + \cdots + a_{n-1}x^{n-1} + a_nx^n$에서 $x = x_0$일 때, 즉 $p(x_0)$의 값을 구하고자 한다. 단, 계수는 실수이다.
   (1) 다항식의 각 항을 서로 독립적으로 계산해서 더할 때 필요한 곱셈의 수를 구하라.
   (2) 다항식의 각 항을 계산해서 더하되, x^i을 구할 때 x^{i-1}을 이용하여 구하는 경우 필요한 곱셈의 수를 구하라.
   (3) 호너(Horner)의 방법이란 $p(x) = a_0 + x(a_1 + x(a_2 + \cdots x(a_{n-1} + a_nx)\cdots))$를 사용해서 $p(x_0)$를 구하는 것이다. 이 경우 곱셈의 수를 구하라.

4. 다음을 차수 표기법의 정의에 의해 증명하라.

(1) $T(n) = 3n + 2$일 때, $T(n) \in \Omega(n)$이다.

(2) $f(n)$이 n에 대한 k차 다항식, 즉 $f(n) = a_k n^k + a_{k-1} n^{k-1} + \cdots + a_1 n + a_0$일 때 $f(n) \in O(n^k)$이다.

5. $c > 0$인 실수이고, $f(n) = 1 + c + c^2 + \cdots + c^n$일 때 다음을 증명하라.

(1) $c < 1$이면 $f(n) \in \Theta(1)$.

(2) $c = 1$이면 $f(n) \in \Theta(n)$.

(3) $c > 1$이면 $f(n) \in \Theta(c^n)$.

6. 〈알고리즘 1.8〉에 의해서 gcd(12345, 56789)를 재귀적으로 호출하는 경우 각 호출 시 변화하는 a, b의 값을 나열하고 이 두 수의 최대 공약수를 구하라.

7. $\log n! = \Theta(n \log n)$임을 증명하라(힌트: 상한선 증명을 위해서는 $n!$과 n^n을 비교하고, 하한선 증명을 위해서는 $n!$과 $(n/2)^{n/2}$을 비교한다).

8. 다음의 알고리즘 중 어느 것이 더 효율적인지 로피탈의 법칙을 이용하여 판단하라.

(1) $W_S(n) \in O(n\sqrt{n})$, $W_T(n) \in O(n \log_e n)$

(2) $W_S(n) \in O(n^{0.1})$, $W_T(n) \in O(\log_e n)$

★9. 알고리즘 S의 최악의 경우 시간 복잡도가 $W_S(n) = n^{2.81}$이고, 알고리즘 T의 최악의 경우 시간 복잡도가 $W_T(n) = \dfrac{n^3}{\log_e n}$일 때, 어느 알고리즘이 더 효율적인가?

10. 탐색 문제에서 키값 x가 선형 리스트 S에 있을 확률이 p이고 없을 확률이 q일 때(단, $p + q = 1$), 선형 탐색 알고리즘의 평균 시간 복잡도 함수를 분석하라. x가 S에 있을 때의 n가지 경우의 수는 모두 확률이 같다고 가정한다.

★★11. 피보나치 수 F_n을 닫힌 형태로 구하면 $F_n = \dfrac{1}{\sqrt{5}}\left(\left(\dfrac{1+\sqrt{5}}{2}\right)^n - \left(\dfrac{1-\sqrt{5}}{2}\right)^n\right)$임을 증명하라.

12. 다음 알고리즘에서 안쪽 while 루프의 ⟨body⟩ 부분이 수행되는 횟수를 정확하게 구하라. 단 $n = 2^k$이라고 가정한다.

```
i = n;
while (i>=1) {
    j = i;
    while (j<=n) {
        < body >
        j = 2 * j;
    }
    i = ⌊ i/2⌋
}
```

13. O, Ω, Θ의 정의를 사용하여 아래 성질을 증명하라.

(1) 만약 $f(n) \in O(g(n))$이고 $g(n) \in O(h(n))$이면, $f(n) \in O(h(n))$이다.

(2) 만약 $g(n) \in \Omega(f(n))$이면 $f(n) \in O(g(n))$이고, 그 역도 성립한다.

(3) 만약 $f(n) \in \Theta(g(n))$이면, $g(n) \in \Theta(f(n))$이다.

(4) Θ는 함수에 대한 동치 관계(equivalence relation)임을 증명하라. 즉 Θ가 반사적(reflexive), 대칭적(symmetric), 이행적(transitive)인 성질을 만족함을 보인다.

(5) $O(f(n)+g(n)) = O(\max\{f(n), g(n)\})$이다.

14. 아래 표에서 행은 함수 $f(n)$, 열은 시간 t를 의미한다. 각 함수 $f(n)$과 시간 t에 대해 그 시간에 풀 수 있는 문제의 최대 입력 크기 n을 구하여 칸을 채워라. 단, 알고리즘은 $f(n)$ 나노 초가 걸린다고 가정한다.

$f(n)$ \ t	1초	1분	1시간	1일	1달(30일)	1년	1세기
$\log_2 n$							
$\sqrt{n}$							
n							
$n\log_2 n$							
n^2							
n^3							
2^n							
$n!$							

15. $W_2(n)$이 아래와 같을 때, $W_2(n) = n-1$이 된다는 것을 증명하라. 단, 계산을 쉽게 하기 위해 $n = 2^k$(k는 음이 아닌 정수)라고 가정한다.

$$W_2(n) = \begin{cases} 0, & n = 1\text{인 경우} \\ 2W_2(n/2)+1, & n > 1\text{인 경우} \end{cases}$$

16. 유명인사(celebrity)란 n명의 사람들 $\{1, 2, \cdots, n\}$이 있을 때 그 사람을 제외한 모든 사람들이 그 사람을 알고 그 사람은 다른 모든 사람들을 모르는 그러한 사람을 지칭한다. 따라서 유명인사는 없거나 만약 있다면 최대 1명이 있을 수 있다. 당신은 사람들한테 "어떤 사람 i를 아십니까?"라는 질문을 해서 유명인사가 있으면 그를 찾아내는 임무를 가졌다고 가정한다. 당신이 i에게 j를 아는지 질문을 해서 i가 j를 안다면 i는 유명인사가 아니고 i가 j를 모른다면 j가 유명인사가 아니다. 만약 이 질문을 모든 사람에게 한다면 $n(n-1)$번의 질문을 하게 되어 $\Theta(n^2)$-시간이 걸리므로 효과적인 방법이 아니다. 이러한 질문을 $\Theta(n)$-번 하는 방법을 찾아보라.

17. 두 사람 A, B가 하는 다음 게임을 고려해보자. 게임판은 양의 정수들로 된 수열로 구성되어 있다(예: 6 4 7 2 9 5 2). 두 사람은 번갈아가면서 수열의 왼쪽 끝이나 오른쪽 끝에 있는 수를 선택하며, 선택된 수는 그 수열에서 제거된다. 게임은 모든 수가 선택되면 끝난다. A부터 게임을 시작하는데, A가 선택한 수들을 모두 합한 수가 B가 선택한 수들의 합보다 크거나 같으면 A가 이기게 된다. 물론 B도 최선을 다한다고 가정한다. 만약 게임판이 처음에 짝수 개의 수로 구성되어 있으면, A가 이기는 방법이 항상 존재한다. A가 항상 이기는 전략을 생각해보라.

프로그래밍 과제

1. 주어진 양의 정수값 n에 대해 피보나치 수 F_n을 계산하는 (a) 재귀 알고리즘과 (b) 반복 알고리즘을 각각 작성하여, 다음의 n값에 대한 피보나치 수를 출력하고 수행 시간을 조사한다(모든 정수는 32-비트 이내로 가정함).

   (a)의 경우 $n = 0, 1, 5, 10, 15, 20, \cdots$ (올바른 답이 나올 때까지 또는 수행 시간이 너무 오래 걸리지 않을 때까지 간격을 5로 해서 그 결과값과 수행 시간(μsec 또는 msec)을 출력함).
   (b)의 경우 $n = 0, 1, 5, 10, 15, 20, \cdots$ (올바른 답이 나올 때까지만 간격을 5로 해서 그 결과값과 수행 시간(μsec 또는 msec)을 출력함).

2. 주어지는 두 양의 정수 a, b에 대한 최대공약수 $\gcd(a,b)$를 구하는 (a) 직관적 알고리즘(〈알고리즘 1.7〉)과 (b) 유클리드 알고리즘(〈알고리즘 1.8〉)에 대해서 구현하고 그 수행 시간을 조사한다.
   (1) 32-비트 또는 64-비트 이내인 정수 a, b에 대해서 수행할 수 있도록 구현해보라.
   (2) 십진수로 300자리 이내인 정수 a, b에 대해서 수행할 수 있도록 구현해보라.

'두 점 머리는 두들겨라', '붙이면 제쳐라', '중앙으로 한 칸 뛰는 데 악수 없다' 등과 같은 이야기는 바둑에 대해 조금이라도 취미가 있는 사람이라면 몇 번 정도 들어보았을 것이다. 이와 같은 격언은 때로는 상반된 결정을 요구하기도 하지만 판세가 뒤엉켜 있을 때는 간결한 해결책의 실마리를 제공해준다. 우리가 살아가는 데도 전래의 격언이나 속담이 많은 것을 시사해주듯이 컴퓨터 과학이 현재까지 발전하면서 탄생시킨 신종 프로그래밍 격언이나 팁도 제법 있다. 이 책에서는 프로그래밍에 관한 격언에 관해서 유명한 컴퓨터 과학자들이 얘기한 것들, 컴퓨터 과학 관련 잡지라든지 인터넷 등에서 찾아볼 수 있는 말들을 모아서 각 장별로 하나씩 소개한다. 학생들이 프로그래밍 과제나 프로젝트 등에 참여해서 일을 진행할 때 적지 않은 도움이 될 것으로 기대한다.

프로그래밍에 관한 격언 1

코딩 작업이 빨리 시작될수록, 전체 프로그램은 늦게 끝난다.

프로그램을 작성하기 위해 1시간을 생각하고 1시간 동안 코딩을 해야지, 1분을 생각하고 하루를 코딩에 소비해서는 안 된다. 보통 중고등학생이나 학부생들한테 프로그래밍 과제를 시켜보면 처음부터 무조건 소스 코드를 키보드로 입력시키기가 바쁘다. 자료 구조나 알고리즘의 개선에 관해서 곰곰이 생각하기보다는 친구들에게 일종의 위력 과시로 얼기설기 작성한 소스 코드 출력물을 자랑스럽게 들고 다닌다. 그러나 컴퓨터 앞에서 즉흥적으로 생각한 자료 구조는 끝없는 프로그램의 수정을 요구하고 급기야는 제출 시 교수에게 눈속임을 하기에 이른다.

2장

분할 정복 방식

분할 정복 방식은 1805년 아우스터리츠 전투에서 프랑스의 황제 나폴레옹이 사용했던 전략에서 따왔다. 당시 오스트리아-러시아 연합군은 나폴레옹의 군대보다 약 15,000명 정도 많았다. 연합군은 프랑스군의 우측면에 대규모 공격을 감행했다. 공격을 예상한 나폴레옹은 연합군의 중앙으로 쳐들어가, 그들의 병력을 둘로 갈라놓았다. 둘로 나눠진 병력은 개별적으로는 나폴레옹의 군대와 상대가 되지 못했기 때문에 패하고 퇴각하지 않을 수 없었다. 이 장에서는 분할 정복의 일반적인 설계 원칙에 대해 설명하고 배열의 덧셈, 정수의 곱셈, 이진 탐색 및 정렬의 예를 설명한다. 또한 분할 정복 방식에 의한 알고리즘의 분석에 대해 공부한다.

2.1 설계 원칙

분할 정복(divide-and-conquer) 방식의 알고리즘이란 주어진 문제를 크기가 작은 여러 개의 부분 문제로 분할하여, 부분 문제들을 정복(또는 해결)한 후에 그 해들을 결합하여 원래 문제에 대한 해를 구하는 재귀 방식의 알고리즘이다. 따라서 분할 정복 방식을 사용할 수 있는 문제는 그 문제 자체가 재귀적인 성질을 가지고 있는 경우가 많다. 우리가 1장에서 다루었던 계승이나 피보나치 수를 재귀적인 알고리즘으로 구하는 문제가 바로 그러한 예이다.

원래 문제를 크기가 작은 여러 개의 부분 문제로 분할할 때는 직접 그 부분 문제를 아주 쉽게 해결할 수 있을 때까지 분할을 계속한다. 이러한 분할 정복 방식은 하향식 접근방법(top-down approach)이며, 일반적으로는 이러한 방법에 의한 재귀 알고리즘은 시간적으로나 공간적으로 효율적이지 못하기 때문에 가능하면 반복문을 사용하여 구현하는 것이 좋다. 분할 정복 방식은 보통 아래와 같은 세 단계로 구성된다.

- 분할(divide): 현재의 문제를 여러 개의 부분 문제로 분할한다.
- 정복(conquer): 각 부분 문제를 재귀적으로 해결한다. 만약 부분 문제를 간단히 해결할 수 있을 정도로 충분히 작다면 그 부분 문제의 해를 직접 구한다.
- 결합(combine): 부분 문제들의 해를 결합하여 원래 문제의 해가 되도록 한다.

알고리즘이 재귀 호출에 의한 경우 그 알고리즘의 수행 시간은 순환 방정식에 의해 표현될 수 있다. 즉 입력의 크기가 n인 문제에 대한 수행 시간을 나타낼 때, n보다 더 작은 크기의 입력에 대한 수행 시간으로 나타내는 것이다.

$T(n)$을 입력 크기가 n인 문제에 대한 시간 복잡도 함수라고 하자. 예를 들어, 문제 크기가 1일 때 직접 해를 구할 수 있다면 보통 상수 시간에 문제를 풀 수 있으므로 그 시간 복잡도 함수를 c(상수)라고 나타낸다. 또한 어떤 문제가 크기 n/b인 a개의 부분 문제들로 분할된다고 가정한다. 만약 문제를 분할하는 데 $d(n)$ 시간이 걸리고, 부분 문제들의 해를 결합해서 원래 문제의 해를 만드는 데 $c(n)$ 시간이 걸린다면 크기가 n/b인 하나의 부분 문제를 해결하기 위해서는 $T(n/b)$이 걸리므로 시간 복잡도 함수 $T(n)$은 다음과 같은 순환 방정식으로 표현될 수 있다.

$$T(n) = \begin{cases} c, & n = 1 \text{ 일 때} \\ aT\left(\dfrac{n}{b}\right) + d(n) + c(n), & n > 1 \text{ 일 때} \end{cases}$$

이제 이러한 순환 방정식을 어떻게 푸는가에 대해서는 다음 절에서 여러 예를 통해서 살펴보기로 한다.

2.2 순환 방정식

알고리즘이 재귀 호출을 포함하고 있을 때는 그 알고리즘의 수행 시간을 나타내는 시간 복잡도 함수는 주로 순환 방정식으로 표현된다. 아래의 예들에서 식의 값을 간단히 구하기 위해서 $n = 2^k$(k는 양의 정수)이라고 가정한다.

예제 2.1

다음의 $T_1(n)$이 어떤 값을 갖는지 풀어보자.

$$T_1(n) = \begin{cases} 1, & n = 1 \text{ 일 때} \\ T_1(\frac{n}{2}) + 1, & n > 1 \text{ 일 때} \end{cases}$$

$T_1(n) = T_1(n/2) + 1$

$T_1(n/2) = T_1(n/2^2) + 1$ (위 식의 n 대신에 $n/2$을 대입)

$T_1(n/2^2) = T_1(n/2^3) + 1$ (위 식의 n 대신에 $n/2$을 대입)

$\cdots$

$T_1(n/2^{k-1}) = T_1(n/2^k) + 1$ (전 식의 n 대신에 $n/2$을 대입)

위의 식 k개를 모두 더하면 좌변에는 $T_1(n)$을 제외한 모든 항이 제거되고 우변 또한 마지막 식의 항 $T_1(n/2^k)$과 각 식의 1을 제외한 모든 항이 제거되므로,

$$T_1(n) = T_1(n/2^k) + k$$

가 된다. 가정에 의해서 $n = 2^k (k = \log_2 n)$이므로 $T_1(n) = T_1(1) + \log_2 n$, 즉

$$T_1(n) = 1 + \log_2 n$$

이다. ■

예제 2.2

다음의 $T_2(n)$이 어떤 값을 갖는지 풀어보자.

$$T_2(n) = \begin{cases} 0, & n = 1 \text{ 일 때} \\ 2T_2\left(\frac{n}{2}\right) + 1, & n > 1 \text{ 일 때} \end{cases}$$

$T_2(n) = 2T_2(n/2) + 1$

$2T_2(n/2) = 2^2 T_2(n/2^2) + 2$ (위 식의 양변에 2를 곱하고 n 대신에 $n/2$을 대입)

$2^2 T_2(n/2^2) = 2^3 T_2(n/2^3) + 2^2$(위 식의 양변에 2를 곱하고 n 대신에 $n/2$을 대입)

$\cdots$

$2^{k-1} T_2(n/2^{k-1}) = 2^k T_2(n/2^k) + 2^{k-1}$ (전 식의 양변에 2를 곱하고 n 대신에 $n/2$을 대입)

위의 식 k개를 모두 더하면 좌변에는 $T_2(n)$을 제외한 모든 항이 제거되고 우변 또한 마지막 식의 항 $2^k T_2(n/2^k)$과 각 식의 상수항을 제외한 나머지 모든 항이 제거되므로,

$$T_2(n) = 2^k T_2(n/2^k) + (1 + 2 + \cdots + 2^{k-1})$$

이 된다. $n = 2^k (k = \log_2 n)$이고, $T_2(1) = 0$, $1 + 2 + \cdots + 2^{k-1} = \frac{1(2^k - 1)}{2 - 1}$이므로

$$T_2(n) = nT_2(1) + (n-1) \text{ 즉, } T_2(n) = n-1$$

이다. ■

예제 2.3

다음의 $T_3(n)$이 어떤 값을 갖는지 풀어보자.

$$T_3(n) = \begin{cases} 0, & n=1\text{일 때} \\ 2T_3\left(\frac{n}{2}\right) + (n-1), & n>1\text{일 때} \end{cases}$$

$$T_3(n) = 2T_3(n/2) + (n-1)$$
$$2T_3(n/2) = 2^2T_3(n/2^2) + 2(n/2-1)$$
$$2^2T_3(n/2^2) = 2^3T_3(n/2^3) + 2^2(n/2^2-1)$$
$$\cdots$$
$$2^{k-1}T_3(n/2^{k-1}) = 2^kT_3(n/2^k) + 2^{k-1}(n/2^{k-1}-1)$$

위의 식 k개를 모두 더하면 좌변에는 $T_3(n)$을 제외한 모든 항이 제거되고 우변 또한 마지막 식의 항 $2^kT_3(n/2^k)$과 각 식의 오른쪽 두 번째 항들을 제외한 모든 항이 제거되므로,

$$T_3(n) = 2^kT_3(n/2^k) + kn - (1+2+\cdots+2^{k-1})$$

이 된다. $n = 2^k(k = \log_2 n)$이고, $T_3(1) = 0$, $1+2+\cdots+2^{k-1} = \frac{1(2^k-1)}{2-1}$이므로

$$T_3(n) = nT_3(1) + n\log_2 n - (n-1) \text{ 즉, } T_3(n) = n\log_2 n - n + 1$$

이다. ■

예제 2.4

마지막으로 다음의 $T_4(n)$이 어떤 값을 갖는지 풀어보자.

$$T_4(n) = \begin{cases} 1, & n=1\text{일 때} \\ 2T_4(n-1) + 1, & n>1\text{일 때} \end{cases}$$

$$T_4(n) = 2T_4(n-1)+1$$

$$2T_4(n-1) = 2^2 T_4(n-2)+2 \text{(위 식의 양변에 2를 곱하고 } n \text{ 대신에 } n-1\text{을 대입)}$$

$$2^2 T_4(n-2) = 2^3 T_4(n-3)+2^2 \quad \text{(위 식의 양변에 2를 곱하고 } n \text{ 대신에 } n-1\text{을 대입)}$$

$$\cdots$$

$$2^{n-2} T_4(2) = 2^{n-1} T_4(1)+2^{n-2} \text{ (전 식의 양변에 2를 곱하고 } n \text{ 대신에 } n-1\text{을 대입)}$$

위의 식 $n-1$개를 모두 더하면 좌변에는 $T_4(n)$을 제외한 모든 항이 제거되고 우변 또한 마지막 식의 항 $2^{n-1}T_4(1)$과 각 식의 두 번째 상수항들을 제외한 모든 항이 제거되므로,

$$T_4(n) = 2^{n-1}T_4(1) + (1+2+2^2 \cdots + 2^{n-2})$$

이 된다. $T_4(1) = 1$, $1+2+\cdots+2^{n-2}+2^{n-1} = \dfrac{1(2^n-1)}{2-1}$이므로

$$T_4(n) = 2^n - 1$$

이다. ■

2.3 배열의 덧셈

정수형 원소로 구성된 선형 리스트 $A = (a_1, a_2, \cdots, a_n)$가 주어졌을 때, A의 각 원소의 합은 $s = \sum_{i=1}^{n} a_i$이다. 만약 A를 배열 a로 나타냈다면 이 문제는 모든 배열 원소들의 합, 즉 $s = a[1]+a[2]+\cdots+a[n]$의 값을 구하는 문제이다. 따라서 이 문제는 다음과 같이 반복문을 이용하여 쉽게 해를 구할 수 있다.

알고리즘 2.1 ••• **배열 원소의 덧셈(반복 알고리즘)**

- 입력: 배열 a
- 출력: 배열 a의 각 원소의 합

```
/* 배열 원소의 덧셈(반복문) */

int i_sum (int a[]) {
  int i, n=a[0];
  int sum=0;

  for (i=1; i<=n; i++)
     sum=sum+a[i];
  return sum;
}
```

위 알고리즘을 분석해보자. 우리가 세고자 하는 기본 연산은 배열 원소의 덧셈이다. 배열 원소의 덧셈은 for 문 내부의 sum = sum + a[i]에서 한 번씩 수행하므로 당연히 n번의 덧셈을 하게 된다.

이러한 배열 원소의 덧셈 문제는 분할 정복 방식을 사용해서 해결할 수도 있다. 즉 n개의 원소들의 합을 구하기 위하여 원소들을 대략 $\frac{n}{2}$개씩 두 부분으로 나누어 두 부분의 합을 다시 분할 정복 방식으로 각각 구하여 더한다. 아래 〈알고리즘 2.2〉는 분할 정복 방식을 이용한 재귀 함수로서 초기 호출시 left = 1, right = n이다.

알고리즘 2.2 ••• **배열 원소의 덧셈(분할 정복)**

- 입력: 배열 a
- 출력: 배열 a의 각 원소의 합

```
/* 배열 원소의 덧셈(재귀 호출) */

int sum (int a[], int left, int right) {
  int mid, sum_left, sum_right;
  if (left==right) return a[left];   // 배열의 원소가 하나인 경우
```

```
    else {                              // 배열의 원소가 2개 이상인 경우
        mid = (left + right)/2;
        sum_left = sum(a, left, mid);
        sum_right = sum(a, mid+1, right);
        return sum_left + sum_right;
    }
}
```

위의 알고리즘을 대략 분석해보자. 우리가 세고자 하는 연산은 배열 원소의 덧셈이다. 즉 원소의 개수가 n일 때 덧셈의 개수를 $T(n)$이라고 하자. $n=1$일 때, 즉 left = right일 때는 바로 a[left] 값을 반환하므로 덧셈은 하지 않는다. 만약 $n>1$일 때는 인덱스 mid에 의해서 배열을 대략 $n/2$개씩 두 부분으로 나누게 되고 각 부분 배열에서 필요한 덧셈의 수는 $T(n/2)$이 된다. 또한 각 부분 배열에서 합을 구한 후 원래 문제의 합을 구하기 위해서는 한 번의 덧셈(sum_left + sum_right)을 추가로 해야 하므로 $T(n)$을 아래와 같은 식으로 나타낼 수 있다.

$$T(n)=\begin{cases}0, & n=1\text{인 경우}\\ 2\,T(n/2)+1, & n>1\text{인 경우}\end{cases}$$

계산을 간단하게 하기 위해서 $n=2^k$(단, k는 음이 아닌 정수)라면, [예제 2.2]에 의해 $T(n)=n-1$이 된다는 것을 쉽게 알 수 있다. 따라서 덧셈의 횟수는 반복문을 사용하는 경우나 재귀 호출을 사용하는 경우는 같다. 다만, 공간적인 면에서는 재귀 호출 알고리즘에서 시스템 스택(stack) 공간이 추가적으로 필요하므로 반복문을 사용하는 경우가 더 효율적이다.

예제 2.5

아래의 예에 대해서 위의 ⟨알고리즘 2.2⟩가 어떻게 수행되는지 간단히 살펴보자(단, $n=10$으로서 $a[0]$에 n값이 저장되어 있다).

i	0	1	2	3	4	5	6	7	8	9	10
$a[1:10]$	10	21	3	12	15	7	32	4	25	10	18

(1) 배열 $a[1:10]$을 인덱스 mid에 의해 2개의 부분 배열로 분할한다(단, mid = (1+10)/2 = 5).

i	1	2	3	4	5
$a[1:5]$	21	3	12	15	7

i	6	7	8	9	10
$a[6:10]$	32	4	25	10	18

(2) 부분 배열 $a[1:5], a[6:10]$에 대해서 각각 배열의 합을 분할 정복 방식으로 구한다.

(3) 배열 $a[1:5]$를 인덱스 mid에 의해 2개의 부분 배열로 분할한다(단, mid = (1+5)/2 = 3).

i	1	2	3
$a[1:3]$	21	3	12

i	4	5
$a[4:5]$	15	7

(4) 부분 배열 $a[1:3], a[4:5]$에 대해서 각각 배열의 합을 분할 정복 방식으로 구한다.

(5) 배열 $a[1:3]$를 인덱스 mid에 의해 2개의 부분 배열로 분할한다(단, mid = (1+3)/2 = 2).

i	1	2
$a[1:2]$	21	3

i	3
$a[3:3]$	12

(6) 부분 배열 $a[1:2], a[3:3]$에 대해서 각각 배열의 합을 분할 정복 방식으로 구한다.

(7) 배열 $a[1:2]$을 인덱스 mid에 의해 2개의 부분 배열로 분할한다(단, mid = (1+2)/2 = 1).

i	1
$a[1:1]$	21

i	2
$a[2:2]$	3

(8) 부분 배열 $a[1:1], a[2:2]$에 대해서 각각 배열의 합을 분할 정복 방식으로 구한다.

(9) 배열 $a[1,1]$의 원소가 하나이므로 $a[1]$(=21) 값을 합으로 반환하고, 배열 $a[2,2]$의 원소도 하나이므로 $a[2]$(=3) 값을 합으로 반환한 다음, 다시 이 두 값을 더한 24를 반환한다.

(10) 배열 $a[3,3]$의 원소가 하나이므로 $a[3]$(=12) 값을 합으로 반환하고, 다시 이 두 값의 합인 36을 반환한다.

(11) 마찬가지로 배열 $a[4:5]$의 합(=22)을 재귀적으로 구한 다음, 이 두 값의 합인 58을 반환한다.

(12) 마찬가지로 배열 $a[6:10]$의 합(=89)을 재귀적으로 구하여 이 두 값(58과 89)의 합인 147을 반환하게 된다. ■

2.4 두 정수의 곱셈과 모듈러 지수승

음이 아닌 두 정수 x, y의 곱 $x \times y$는 다음과 같이 재귀적으로 정의될 수 있다.

$$\text{(i)} \;\; x \times 0 = 0 \quad (y = 0\text{인 경우})$$

$$\text{(ii)} \;\; x \times y = \begin{cases} 2(x \times \lfloor y/2 \rfloor), & y\text{가 짝수} \\ x + 2(x \times \lfloor y/2 \rfloor), & y\text{가 홀수} \end{cases} \quad (y > 0\text{인 경우})$$

위의 정의를 살펴보면 너무나도 당연하다. (i) $y = 0$인 경우는 x가 어떠한 값을 갖더라도 그 곱의 결과는 0이고, (ii) $y > 0$인 경우는 y를 2로 나누었다가 같은 값이 나오도록 다시 2를 곱해 주는데 y가 짝수인 경우와 홀수인 경우로 나누어 고려해보면 된다. 아래 〈알고리즘 2.3〉은 위의 정의를 그대로 C 프로그램으로 나타낸 것이다.

알고리즘 2.3 ••• **두 정수의 곱셈(분할 정복)**

- 입력: 두 n-비트 정수 x, y
- 출력: $x \times y$

```
/* 두 정수의 곱셈(재귀 호출) */

int multiply (int x, int y) {
 int z;

 if (y==0) return 0;              // y가 0인 경우
 z = multiply (x, int(y/2));
 if (y%2==0) return 2*z;          // y가 짝수인 경우
 else return x+2*z;               // y가 홀수인 경우
}
```

x, y가 n-비트 정수일 때 위 알고리즘은 n번의 재귀 호출을 하고나면 끝나게 된다. 왜냐하면 매 호출마다 y가 2로 나누어지는데 그 의미는 y를 오른쪽으로 한 비트를 시프트(shift)

하는 것이기 때문이다.

다음으로는 두 정수 x, y와 법(mod) N이 주어져 있을 때 모듈러 지수승의 값 $x^y \bmod N$을 계산하는 방법에 대해서 살펴본다. 우선 먼저 $\bmod N$을 고려하지 않고 x^y의 값을 구해보자. $y = 21$인 경우, 즉 x^{21}의 값을 계산할 때

$$\begin{aligned} x^{21} &= x^{16} \times x^4 \times x^1 \\ &= x^{2^4} \times x^{2^2} \times x^{2^0} \end{aligned}$$

로 표현할 수 있으므로 x^{2^i} 형태의 필요한 각 항을 계산하여 더해주면 된다. 그러나 지수의 크기인 y값이 조금이라도 크게 되면 x^y의 값은 엄청나게 큰 값이 되므로 x^y을 구한 후에 $\bmod N$ 연산을 하지 않고 아래와 같은 순서로 연산을 하게 되면 그 중간 결과들은 결코 N값을 넘을 수 없게 된다.

$$x \bmod N \rightarrow x^2 \bmod N \rightarrow x^3 \bmod N \rightarrow \cdots \rightarrow x^y \bmod N$$

그럼에도 불구하고 y값이 큰 경우에 엄청난 양의 곱셈이 필요하다. 예를 들어, y가 200-비트의 수이면 $y-1 \approx 2^{200}$번의 곱셈을 해야 하므로 이렇게 구하는 방법은 y의 비트 수에 대한 지수 알고리즘(exponential algorithm)이 된다. 그러나 x^{2^i} 형태의 각 항은 전 항을 제곱하여 구할 수 있으므로

$$x \bmod N \rightarrow x^2 \bmod N \rightarrow x^4 \bmod N \rightarrow x^8 \bmod N \rightarrow \cdots \rightarrow x^{2^{\lfloor \log y \rfloor}} \bmod N$$

의 차례로 구하면 곱셈의 수를 획기적으로 줄여서 계산할 수 있다. 예를 들어서 $x^8 \bmod N$의 값을 계산할 때 7번의 곱셈이 아니라 3번의 곱셈만 수행하면 된다. 다시 말하면 $x^y \bmod N$을 계산하는 방식은 y를 이진수로 표현하여 해당 비트가 1인 x^{2^i} 형태의 각 항을 곱하여 구하는 것으로 이해할 수 있다. 예를 들어,

$$\begin{aligned} x^{21} &= x^{10101_2} \\ &= x^{10000_2} \times x^{100_2} \times x^{1_2} \\ &= x^{16} \times x^4 \times x^1 \end{aligned}$$

이므로 y의 비트 수 n에 대한 다항 시간 알고리즘(polynomial-time algorithm)이 된다.

이러한 아이디어를 종합하면 두 정수 x, y와 법(mod) N이 주어져 있을 때 모듈러 지수승의 값 $x^y \bmod N$는 다음과 같이 재귀적으로 정의할 수 있다.

$$\text{(i)}\quad x^0 \bmod N = 1 \quad (y = 0\text{인 경우})$$

$$\text{(ii)}\quad x^y \bmod N = \begin{cases} (x^{\lfloor y/2 \rfloor})^2 \bmod N & y\text{가 짝수} \\ x \times (x^{\lfloor y/2 \rfloor})^2 \bmod N & y\text{가 홀수} \end{cases} \quad (y > 0\text{인 경우})$$

$x^y \bmod N$의 계산 형태는 암호학에서 자주 나타난다. 예를 들어 가장 유명한 공개키 암호 알고리즘의 하나인 RSA(Rivest-Shamir-Adleman)에서 암호화를 하거나 복호화를 할 때 이러한 계산 형태가 나타나며 이 경우 x, y, N은 보통 수백 비트의 길이의 정수이기 때문에 효율적으로 이 값을 계산하는 것이 매우 중요하게 된다.

알고리즘 2.4 ••• **모듈러 지수승(분할 정복)**

- 입력: 정수 x, y와 법 N (x, N은 n-비트 정수, y는 지수)
- 출력: $x^y \bmod N$

```
/* 모듈러 지수승(재귀 호출) */

int mod_exponent (int x, int y, int N) {
  int z;

  if (y==0) return 1;                  // y가 0인 경우
  z = mod_exponent (x, int(y/2), N);
  if (y%2 == 0) return (z*z)%N;        // y가 짝수인 경우
  else return (x*z*z)%N;               // y가 홀수인 경우
}
```

x, y, N의 비트 길이를 n이라 할 때 두 정수의 곱셈 알고리즘인 〈알고리즘 2.3〉과 같이 n번의 재귀 호출을 하고, 각 호출당 n-비트 정수를 곱하므로 $O(n^3)$번의 비트 연산이 필요하다.

앞에서 언급한 바와 같이 모듈러 지수승의 값을 구하는 방법은 재귀 호출을 이용하지 않고 반복문을 사용해도 구할 수 있다. 반복문을 사용하는 방법은 여러분들이 연습 문제에서 직접 해보기 바란다.

2.5 이진 탐색

이 절에서는 원소값이 정렬된 선형 리스트 $A=(a_1, a_2, \cdots, a_n)$에서 최악의 경우 탐색 수행 시간이 $O(n)$-시간보다 작은 분할 정복 알고리즘을 설계해본다. 탐색 키값 x를 선형 리스트의 매 다섯 번째 원소마다 비교한다고 가정한다. 만약 x값과 같은 원소 a_i를 찾았다면 인덱스 i를 반환하고 수행은 끝난다. 만약 x값이 a_i보다 크다면 a_i보다 작은 원소들 중에는 x값과 일치하는 원소는 없으므로 다음으로 x는 a_{i+5}와 비교한다. 만약 x가 a_i보다 작다면, x는 마지막으로 비교된 2개의 원소인 a_{i-5}와 a_i 사이에 존재할 가능성이 있으므로 a_{i-1}, a_{i-2}, a_{i-3}, a_{i-4}에 대해서 선형 탐색을 수행하면 된다. 결과적으로 이 알고리즘의 최악의 경우 수행 시간은 대략 $\frac{n}{5}+4$ 정도이다.

이 방법을 이용하면, 적절히 큰 값 k를 선택하여 매 k번째 원소와 비교하는 알고리즘을 설계할 수 있다. 이는 결국 x를 포함하고 있는 부분을 알아내기 위해 대략 $\frac{n}{k}+(k-1)$번의 비교를 한다. 그러나 k가 상수이면 이 알고리즘의 시간 복잡도가 여전히 n에 대한 일차 함수이다.

이진 탐색 알고리즘은 키값 x와 리스트의 원소를 한 번 비교하여 남아 있는 원소의 반을 제거한다. 다만 특정 상수 k를 선택하여 매 k번째 원소와 x를 비교하는 것이 아니라 남아 있는 리스트의 중앙 위치(mid)의 원소(a_{mid})와 비교한다. 만약 x가 a_{mid}와 같은 경우는 mid 값을 반환한다. 또한 만약 x가 a_{mid}보다 더 클 경우 x는 a_{mid}보다 작은 부분 리스트에는 없으며 반대로 x가 a_{mid}보다 작은 경우는 x가 a_{mid}보다 큰 부분 리스트에는 없으므로 나머지 반쪽에서 탐색을 한다. 이러한 과정은 x를 리스트에서 찾거나 x가 리스트에 없다고 결정될 때까지 반복된다.

효율적인 이진 탐색을 위해서 리스트의 구현은 반드시 배열을 이용해야 한다. 그 이유는 연결 리스트의 경우는 임의의 두 노드에 대한 중앙 노드의 위치를 구하기가 쉽지 않기 때문이다. 이는 선형 리스트에 대한 빠른 탐색 시간과 삽입 또는 제거 연산의 용이함 사이에는 서로 상충관계(trade-off)가 존재한다는 것을 의미한다. 즉 순서화된 리스트에서 빠른 탐색을 위해서는 배열을 이용해야 하지만 삽입 및 제거 연산에 대해서는 원소의 이동 때문에 시간이 오래 걸리고, 연결 리스트를 이용하면 삽입 및 제거 연산은 쉽지만 임의의 노드에 대한 접근이 쉽지 않기 때문에 탐색이 오래 걸리게 된다.

다음의 〈알고리즘 2.5〉와 〈알고리즘 2.6〉은 이진 탐색 알고리즘을 분할 정복 방식으로 나타낸 것으로서 〈알고리즘 2.5〉는 재귀 호출을 이용했고 초기 호출은 binary_search(a, 1, n, x)이며, 〈알고리즘 2.6〉은 반복문을 사용했다. 여기서 a는 크기가 $n+1$인 배열로서 $a[0]$에 원소의 개수 n이 저장되어 있고 실제 원소들은 $a[1]$부터 $a[n]$까지 정렬이 된 배열이고, x는 찾고자 하는 키값이다. x가 a에 있으면 $x = a[i]$인 i값을 반환하고 x가 a에 없으면 0을 반환한다.

알고리즘 2.5 ••• **이진 탐색(분할 정복)**

- 입력: 배열 a, 왼쪽 인덱스 left, 오른쪽 인덱스 right, 탐색키 x
- 출력: $x = a[i]$인 인덱스 i 혹은 0

```
/* 이진 탐색(재귀 호출) */

int binary_search(int a[], int left, int right, int x) {
 int mid;                          // 중앙 인덱스값

 if (left<=right) {
     mid = (left + right)/2;
     if (x==a[mid]) return mid; // 탐색 성공
     else if (x<a[mid]) return binary_search(a, left, mid-1, x);
          else return binary_search(a, mid+1, right, x);
 }
 return 0;                         // 탐색 실패
}
```

알고리즘 2.6 ••• **이진 탐색(반복 알고리즘)**

- 입력: 배열 a, 왼쪽 인덱스 left, 오른쪽 인덱스 right, 탐색키 x
- 출력: $x = a[i]$인 인덱스 i 혹은 0

```
/* 이진 탐색(반복문) */

int binary_search(int a[], int left, int right, int x) {
  int mid;        // 중앙 인덱스값

  while (left<=right) {
      mid = (left + right)/2;
      if (x==a[mid]) return mid;                // 탐색 성공
      else if (x<a[mid]) right = mid-1;     // 배열의 왼쪽 탐색
          else left = mid+1;                    // 배열의 오른쪽 탐색
  }
  return 0;       // 탐색 실패
}
```

위 두 알고리즘의 최악의 수행 시간 $T(n)$을 분석해본다. 여기서 수행 시간을 측정하는 기본 연산은 키값 x와 배열 a의 원소를 비교하는 것으로 한다. 〈알고리즘 2.5〉의 재귀 함수 또는 〈알고리즘 2.6〉의 while 문 안을 보게 되면 x와 배열 a의 원소의 비교는 $\mathrm{x} \neq \mathrm{a[mid]}$일 때 최대 2번(즉, x==a[mid]와 x<a[mid]) 일어나게 된다. 또한 처음에 크기가 n인 배열에서 다음의 재귀 호출이나 while 문이 수행될 때는 탐색 대상이 되는 원소의 수가 대략 반으로 줄어들게 되는데 그 개수를 정확하게 구하면 아래 표와 같다.

표 2.1 이진 탐색에서 다음의 탐색 대상이 되는 원소의 개수

	앞쪽 원소 개수	비교되는 원소	뒤쪽 원소 개수
n이 짝수일 때	$\frac{n}{2}$	$a[\lfloor \frac{n}{2} \rfloor]$	$\frac{n}{2}-1$
n이 홀수일 때	$\lfloor \frac{n}{2} \rfloor$	$a[\lfloor \frac{n}{2} \rfloor]$	$\lfloor \frac{n}{2} \rfloor$

따라서 최악의 경우 시간 복잡도 함수 $T(n)$을 아래와 같이 나타낼 수 있다.

$$T(n) = \begin{cases} 2, & n = 1\text{인 경우} \\ 2 + T(\lfloor n/2 \rfloor), & n > 1\text{인 경우} \end{cases}$$

여기서 이 $T(n)$의 값을 간단히 구해보면,

$$\begin{aligned} T(n) &= 2 + T(\lfloor n/2 \rfloor) = 2 + 2 + T(\lfloor n/2^2 \rfloor) \\ &= 2 + 2 + 2 + T(\lfloor n/2^3 \rfloor) = 2 + 2 + 2 + \cdots + T(\lfloor n/2^k \rfloor) \end{aligned}$$

계산을 간단히 하기 위해서 대략 $n = 2^k$이라고 가정하면, 마지막 항이 $T(1)$이므로 $2\log_2 n + 2$가 된다(2.1절의 [예제 2.1] 참고). 따라서 $T(n) = 2\log_2 n + 2 \in \Theta(\log n)$이다.

2.6 병합 정렬

2개의 정렬된 리스트 L_1과 L_2가 있을 때 이들을 합쳐 하나의 정렬된 리스트 L로 만드는 작업을 병합(merging)이라고 한다. 병합 정렬에서는 이러한 병합 과정을 연속적으로 사용하게 된다. 병합의 과정을 다음과 같이 설명할 수 있다. 즉 L_1과 L_2의 첫 번째 원소를 비교하여 만약 L_2의 첫 번째 원소가 작다면 L_2의 첫 번째 원소를 L의 첫 번째 원소의 위치로 이동시키고, 다시 L_1의 첫 번째 원소와 L_2의 두 번째 원소를 비교하여 작은 값을 L의 그 다음 원소의 위치로 이동시킨다. 만약 L_1의 첫 번째 원소가 작았다면 L_1의 첫 번째 원소를 L의 첫 번째 원소의 위치로 이동시키고, 다시 L_1의 두 번째 원소와 L_2의 첫 번째 원소를 비교하여 작은 값을 L의 그 다음 원소의 위치로 이동시킨다. 이러한 과정을 반복하여 L_1 혹은 L_2의 원소를 모두 이동시켰으면 다른 쪽 리스트의 나머지 원소들은 그대로 L에 이동시킨다.

예를 들어 $L_1 = (1, 3, 4, 7)$이고, $L_2 = (2, 5, 9)$라면 merge(L_1, L_2) 연산을 수행한 후의 리스트 $L = (1, 2, 3, 4, 5, 7, 9)$가 된다.

다음은 2개의 정렬된 리스트 L_1과 L_2가 각각 a[left:mid]와 a[mid+1:right]에 저장되어 있을 때 이를 병합하여 임시 배열 sorted에 저장한 다음, 다시 배열 a에 복사하는 알고리즘이다. 만약 left = 1, right = n이라면 최대 $n-1$번의 원소 비교가 이루어지며, 원소의 이동 횟수는 비교 횟수에 관계없이 n번이 된다.

알고리즘 2.7 ••• **병합(merging)**

- 입력: 2개의 정렬된 리스트 L_1, L_2 ($L_1 = a$[left:mid], $L_2 = a$[mid+1:right])
- 출력: 정렬된 리스트 L ($L = a$[left:right])

```
/* 병합 */

void merge (int a[], int left, int mid, int right) {
 int sorted[n];                          // 정렬된 결과를 저장할 임시 배열
 int left1 = left, left2 = mid+1;        // 병합할 두 리스트의 시작 인덱스
 int i = left, j;                        // 배열의 인덱스

 /* 두 리스트의 원소 중 더 작은 값을 sorted에 저장 */
 while (left1 <= mid && left2 <= right) {
      if (a[left1] <= a[left2]) {
         sorted[i] = a[left1];
         i++;
         left1++;
      }
      else {
         sorted[i] = a[left2];
         i++;
         left2++;
      }
 }
 /* 남아 있는 원소들을 복사하여 sorted에 저장 */
 if (i<=right) {                   // 원소가 남아 있으면
      if (left1 <= mid) {          // 왼쪽 리스트의 원소가 남아 있는 경우
         for (j=left1; j<=mid; j++) {
              sorted[i] = a[j];
```

```
                i++;
            }
        }
        else if (left2<=right) {     // 오른쪽 리스트의 원소가 남아 있는 경우
                for (j=left2; j<=right; j++) {
                    sorted[i] = a[j];
                    i++;
                }
        }
    }
    /* sorted 원소를 a에 모두 복사*/
    for (i=left; i<=right; i++) a[i] = sorted[i];
}
```

병합 정렬은 리스트를 둘로 나누어 이를 각각 정렬한 뒤 이를 다시 병합하는 방법으로 진행된다. 알고리즘 자체는 매우 간단하지만 나누어진 리스트를 정렬하기 위해 또다시 병합 정렬을 사용하기 때문에 매우 재귀성이 강한 알고리즘이다. 병합 정렬을 위한 알고리즘은 다음과 같다.

알고리즘 2.8 ··· **병합 정렬(분할 정복)**

- 입력: 배열 a, 왼쪽 인덱스 left, 오른쪽 인덱스 right
- 출력: 정렬된 배열 a

```
/* 병합 정렬(재귀 호출) */

void merge_sort(int a[], int left, int right) {
  int mid;                  // 중간 인덱스값

  if (left < right) {
      mid = (left+right)/2;
```

```
        merge_sort(a, left, mid);
        merge_sort(a, mid+1, right);
        merge(a, left, mid, right);
    }
}
```

예제 2.6

병합 정렬이 이루어지는 예를 살펴보면 다음과 같다. 초기 호출은 $\text{left} = 1$, $\text{right} = n$이다. $(n = 10)$

i	0	1	2	3	4	5	6	7	8	9	10
$a[1:10]$	10	21	3	12	15	7	32	4	25	9	18

(1) 배열 a[1:10]를 인덱스 mid에 의해 2개의 부분 배열로 분할한다(단, mid = (1+10)/2 = 5).

i	1	2	3	4	5
$a[1:5]$	21	3	12	15	7

i	6	7	8	9	10
$a[6:10]$	32	4	25	9	18

(2) 부분 배열 $a[1:5]$에 대해서 병합 정렬을 한다.

(3) 배열 $a[1:5]$를 인덱스 mid에 의해 2개의 부분 배열로 분할한다(단, mid = (1+5)/2 = 3).

i	1	2	3
$a[1:3]$	21	3	12

i	4	5
$a[4:5]$	15	7

(4) 부분 배열 $a[1:3]$에 대해서 병합 정렬을 한다.

(5) 배열 $a[1:3]$를 인덱스 mid에 의해 2개의 부분 배열로 분할한다(단, mid = (1+3)/2 = 2).

i	1	2
$a[1:2]$	21	3

i	3
$a[3:3]$	12

(6) 부분 배열 $a[1:2]$에 대해서 병합 정렬을 한다.

(7) 배열 $a[1:2]$을 인덱스 mid에 의해 2개의 부분 배열로 분할한다(단, mid = (1+2)/2 = 1).

i	1
$a[1:1]$	21

i	2
$a[2:2]$	3

(8) 부분 배열 $a[1:1]$, $a[2:2]$을 병합한다.

i	1	2
$a[1:2]$	3	21

(9) 부분 배열 $a[1:2]$, $a[3:3]$을 병합한다.

i	1	2	3
$a[1:3]$	3	12	21

(10) 배열 $a[4:5]$를 인덱스 mid에 의해 2개의 부분 배열로 분할한다(단, $\text{mid} = (4+5)/2 = 4$).

i	4
$a[4:4]$	15

i	5
$a[5:5]$	7

(11) 부분 배열 $a[4:4]$, $a[5:5]$을 병합한다.

i	4	5
$a[4:5]$	7	15

(12) 부분 배열 $a[1:3]$, $a[4:5]$을 병합한다.

i	1	2	3	4	5
$a[1:5]$	3	7	12	15	21

(13) 마찬가지 방법으로 부분 배열 $a[6:10]$를 병합 정렬한다.

i	6	7	8	9	10
$a[6:10]$	4	9	18	25	32

(14) 부분 배열 $a[1:5], a[6:10]$을 병합한다.

i	1	2	3	4	5	6	7	8	9	10
$a[1:10]$	3	4	7	9	12	15	18	21	25	32

■

n개의 자료에 대해 병합 정렬을 하기 위해서 같은 크기의 두 리스트로 분할을 하면 리스트의 크기는 대략 $n/2$이 된다. 병합 정렬의 전체 수행 시간 $T(n)$을 원소의 비교 횟수로 센다면

$$T(n) = \begin{cases} 0, & n = 1\text{인 경우} \\ 2T(n/2) + (n-1), & n > 1\text{인 경우} \end{cases}$$

이다. 이 식은 2.2절의 [예제 2.3]과 같은 식이므로

$$T(n) = n\log_2 n - n + 1 \in \Theta(n\log n)$$

이다.

병합 정렬의 한 가지 문제점은 위에서 본 것처럼 재귀 호출을 하여 시스템 스택 공간을 사용하던지 아니면 재귀 호출을 하지 않는 경우는 병합 과정에서 결과를 저장하기 위한 사용자의 스택 공간이 추가로 필요하게 된다. 이를 해결하기 위하여 몇 가지 방법이 제안되고 있는데 그중 하나는 리스트의 각각의 자료를 연결 리스트 구조로 만들어 병합 과정에서는 단지 링크 부분만을 변화시켜주는 것이다. 그러나 이 방법도 분할하기 위한 리스트의 중앙 노드를 쉽게 찾을 수 없다는 단점이 있다.

2.7 퀵 정렬

퀵 정렬은 일종의 교환 정렬 방식으로 매 패스마다 정렬하고자 하는 리스트를 2개의 부분 리스트로 분할하고 각 부분 리스트에 퀵 정렬 방식을 다시 적용하는 재귀적인 방법이다. 이 두 부분 리스트는 분할될 때 정렬된 리스트는 아니지만 어떤 축값(pivot value)을 중심으로 한쪽 부분 리스트에는 그보다 작은 값들이, 다른 부분 리스트에는 그보다 큰 값들이 들어가게 된다. 축값은 임의로 정할 수 있는데 우선 편의상 리스트의 처음 값으로 정하기로 한다. 뒤에서 보겠지만 퀵 정렬의 효율성은 매 패스마다 얼마만큼 균형이 있는 분할이 이루어지는가에 달려 있다. 그러므로 그에 적절한 축값을 설정하는 것이 매우 중요하다.

리스트를 분할하는 방법은 여러 가지가 있지만 여기서는 개념적으로 이해하기 쉬운 한 가지 방법을 소개한다. 분할 작업은 2개의 인덱스를 이용하는데, 하나는 왼편에서 오른편으로 훑어나가며 축값보다 큰 값을 찾고, 다른 하나는 오른편에서 왼편으로 훑어나가며 축값보다 작은 값을 찾는다. 이렇게 찾아낸 값들은 위치가 잘못되어 있는 값들이므로 서로 교환을

해서 위치를 바꾸어주고 두 인덱스는 다시 위치가 잘못되어 있는 다음 값들을 찾아내기 위하여 검색을 계속한다. 결국 두 인덱스는 서로 교차되어 위치가 서로 역전이 되는데 바로 그 위치가 리스트가 분할되는 곳이다.

알고리즘 2.9 ••• **분할(partition)**

- 입력: 배열 a, 왼쪽 인덱스 left, 오른쪽 인덱스 right
- 출력: 정렬된 배열 a

```
/* 분할 */

void partition(int left, int right, int *pivot_index) {
  int pivot = a[left];                    // 축값
  int i=left+1, j=right;                  // 인덱스 변수

  do {
       while (i<=right && a[i]<pivot) i++;     // i를 축값보다 작을 때까지 증가시킴
       while (j>=left && a[j]>pivot) j--;      // j를 축값보다 커질 때까지 감소시킴
       if (i<j) swap(&a[i], &a[j]);            // 서로 값을 바꾸어줌
  } while (i<j);
  swap(&a[left], &a[j]);                  // 축값과 a[j] 값의 위치를 바꿈
  *pivot_index = j;
  return j;                               // 축값의 인덱스인 j를 리턴
}
```

예제 2.7

맨 처음 분할이 이루어지는 예를 살펴보면 다음과 같다. 초기 호출은 left = 1, right = n 이다. ($n = 10$)

i	0	1	2	3	4	5	6	7	8	9	10
$a[1:10]$	10	21	3	12	15	7	32	4	25	9	18

(1)

		left ↓									right ↓
	i	0	1	2	3	4	5	6	7	8	9	10
	$a[1:10]$	10	21	3	12	15	7	32	4	25	9	18
								↑ i				↑ j

(2)

		left ↓									right ↓
	i	0	1	2	3	4	5	6	7	8	9	10
	$a[1:10]$	10	21	3	12	15	7	18	4	25	9	32
										↑ i	↑ j	

(3)

		left ↓									right ↓
	i	0	1	2	3	4	5	6	7	8	9	10
	$a[1:10]$	10	21	3	12	15	7	18	4	9	25	32
										↑ i	↑ j	

(4)

		left ↓									right ↓
	i	0	1	2	3	4	5	6	7	8	9	10
	$a[1:10]$	10	9	3	12	15	7	18	4	21	25	32
										↑ pivot		

■

이렇게 분할을 하고 나면 축값은 원소의 순서상 제 위치에 있게 되고 축값보다 왼쪽에 있는 부분 리스트에는 축값보다 작은 원소들만 모여 있게 되고, 축값보다 오른쪽에 있는 부분 리스트에는 축값보다 큰 원소들만 모여 있게 된다. 퀵 정렬은 이러한 분할 과정을 축값보다 작은 부분 리스트 및 축값보다 큰 부분 리스트에 대해서 다시 재귀적으로 적용한다. 만약 원소의 개수가 n인 경우 위의 〈알고리즘 2.9〉에 의해 분할을 하려면 축값에 대해서 나머지 $n-1$개의 각 원소들과 한 번씩 비교를 해야 축값보다 큰지 작은지를 판단할 수 있다.

알고리즘 2.10 ••• 퀵 정렬(분할 정복)

- 입력: 배열 a, 왼쪽 인덱스 left, 오른쪽 인덱스 right
- 출력: 정렬된 배열 a

```
/* 퀵 정렬(재귀 호출) */

void quick_sort(int a[], int left, int right) {
  int pivot_index;

  if (right>left) {          // 해당 배열의 원소 개수가 2개 이상일 때
      partition(left, right, pivot_index); // 축값
      quick_sort(a, left, pivot_index-1);
      quick_sort(a, pivot_index+1, right);
  }
}
```

예제 2.8

퀵 정렬이 이루어지는 예를 몇 단계만 살펴보면 다음과 같다. 초기 호출은 left = 1, right = n이고, 초기 축값은 $a[1] = 21$이다. $(n = 10)$

i	0	1	2	3	4	5	6	7	8	9	10
$a[1:10]$	10	21	3	12	15	7	32	4	25	9	18

(1) 축값 21에 의해서 분할이 되었음을 알 수 있다. 21보다 작은 왼쪽 부분 리스트에 대해 다시 분할을 시작하게 되면 left = 1, right = 7이고, 새로운 축값은 9가 된다.

(left ↓ at i = 1, right ↓ at i = 10)

i	0	1	2	3	4	5	6	7	8	9	10
$a[1:10]$	10	9	3	12	15	7	18	4	21	25	32

(↑ pivot at i = 8)

(2) $a[1:7]$이 축값 9에 의해서 분할된 결과이다. 그러면 축값 9는 정렬 순서상 제 위치에

있게 되고 다시 $a[1:3]$와 $a[5:7]$을 재귀적으로 분할하면 된다.

left (↓ 1), right (↓ 7)

i	0	1	2	3	4	5	6	7	8	9	10
$a[1:10]$	10	7	3	4	9	15	18	12	21	25	32

pivot (↑ 4)

(4) 이러한 분할은 원소의 개수가 하나일 때까지 계속된다. 원소의 개수가 하나일 때는 더 이상 분할할 수 없고 그 위치가 순서상 올바른 위치가 된다.

(5) 축값 21의 왼쪽 부분 리스트에 대해 더 이상 분할을 수행할 수 없으면 21보다 큰 오른쪽 부분 리스트인 $a[9:10]$에 대해서도 재귀적으로 분할을 한다. ■

퀵 정렬에서 가장 바람직한 것은 리스트 분할 시 양쪽으로 균등하게 분할되는 것이다. 그러기 위해서는 중앙값을 갖는 축값을 선정하는 것이 바람직하다. 최악의 경우는 정렬하려는 리스트가 이미 한쪽으로 정렬되어 있는 상태이다. 이 경우 위의 알고리즘에서처럼 리스트의 첫 번째 값을 축으로 잡으면 다음과 같이 왼쪽 리스트는 텅 빈 불균형 분할이 발생하게 된다.

i	0	1	2	3	4	5	6	7	8	9	10
$a[1:10]$	10	3	5	9	12	15	21	25	32	43	48

(1)

left (↓ 2), right (↓ 10)

i	0	1	2	3	4	5	6	7	8	9	10
$a[1:10]$	10	3	5	9	12	15	21	25	32	43	48

pivot (↑ 1)

(2)

left (↓ 3), right (↓ 10)

i	0	1	2	3	4	5	6	7	8	9	10
$a[1:10]$	10	3	5	9	12	15	21	25	32	43	48

pivot (↑ 2)

(3)

left ↓ (i = 4), right ↓ (i = 10)

i	0	1	2	3	4	5	6	7	8	9	10
$a[1:10]$	10	3	5	9	12	15	21	25	32	43	48

↑ pivot (i = 3)

이와 같은 상황에서 퀵 정렬의 시간 복잡도 $T(n)$을 분석하기 위한 순환 방정식은 다음과 같다. 즉 $n=1$인 경우는 원소에 대한 비교를 하지 않으므로 $T(1)=0$이고, $n>1$인 경우 초기 분할을 위해서 $n-1$번의 비교가 필요하게 된다. 그러나 축값보다 작은 부분 리스트는 없고 축값보다 크고 원소의 개수가 $n-1$인 부분 리스트만 있게 되어 다시 이 부분을 재귀적으로 분할한다. 따라서

$$T(n)=\begin{cases}0, & n=1\text{인 경우}\\ T(n-1)+(n-1), & n>1\text{인 경우}\end{cases}$$

이 되어 $T(n)=(n-1)+(n-2)+\cdots+1=n(n-1)/2$임을 알 수 있다. 그러므로 $T(n)\in\Theta(n^2)$이다.

그러나 만일 축값이 아주 이상적으로 선정되어 매 패스마다 거의 균등한 크기로 분할이 된다면 훨씬 더 좋은 결과를 기대할 수 있다. 즉

$$T(n)=\begin{cases}0, & n=1\text{인 경우}\\ 2T(n/2)+(n-1), & n>1\text{인 경우}\end{cases}$$

이므로 $T(n)\in\Theta(n\log n)$이 된다. 그러나 이렇게 이상적으로 분할되는 경우는 거의 없으므로 분할이 극단적으로 되는 것을 방지하려면 다음과 같은 방법들이 사용될 수 있다.

(1) a[left], a[(left+right)/2], a[right]의 세 수 중에서 중앙값을 선택하여 축값으로 사용한다. 예를 들어,

i	0	1	2	3	4	5	6	7	8	9	10
$a[1:10]$	10	21	3	12	15	7	32	4	25	9	18

의 경우 $a[1] = 21$, $a[5] = 7$, $a[10] = 18$에서 중앙값은 18이므로 18을 초기 축값으로 사용한다.

(2) a[left]와 a[right] 사이에 있는 값을 랜덤하게 택하여 축값으로 사용한다. 따라서 위의 예에서 각 원소가 초기 축값으로 선택될 확률은 각각 1/10이다.

참고로 퀵 정렬에서는 재귀적인 호출을 이용하기 때문에 스택을 관리하기 위한 메모리가 별도로 필요하다. 스택에 소모되는 메모리는 재귀 함수의 깊이(연속으로 호출되는 횟수)와 비례하게 된다. 그러므로 분할이 이상적으로 이루어진 경우 $O(\log_2 n)$의 스택 메모리가 소요되고 최악의 경우, 즉 분할이 한쪽으로만 이루어지는 경우 $O(n)$의 스택 메모리가 필요하다.

연습 문제

1. 다음의 $T(n)$ 값을 각각 정확하게 구하라.

   (1) $T(n)=\begin{cases}1, & n=1\text{인 경우}\\ 3T(n/2)+3(n-1), & n>1\text{인 경우}\end{cases}$, 단 $n=3^k$이라고 가정한다(k는 음이 아닌 정수임).

   (2) $T(n)=\begin{cases}2, & n=1\text{인 경우}\\ 2T(n-1)+2, & n>1\text{인 경우}\end{cases}$

2. 다음의 순환 방정식을 풀어서 Θ 표기로 나타내어라. 단, $n=1$ 일 때 각 $T(n)=1$이다.

   (1) $T(n)=2T(n/3)+1$
   (2) $T(n)=6T(n/5)+n$
   (3) $T(n)=8T(n/8)+n$
   (4) $T(n)=9T(n/3)+n^2$
   (5) $T(n)=8T(n/2)+n^3$
   (6) $T(n)=T(n-1)+2$
   (7) $T(n)=2T(n-1)+1$

3. 크기가 n인 배열 a에 저장되어 있는 정수값 중 가장 큰 값(max)과 작은 값(min)을 동시에 구하는 분할 정복 방식의 알고리즘을 작성하고자 한다. 단, 배열 a는 광역 변수라고 가정한다.

   (1) 배열의 크기가 1일 때까지 분할하여 구하는 재귀 함수 MaxMin1을 작성하고, 최악의 경우 시간 복잡도 함수를 정확하게 구하라.

   (2) 배열의 크기가 1 또는 2(2인 경우 더 이상 분할 안 함)일 때까지 분할하는 재귀 함수 MaxMin2를 작성하고, 최악의 경우 시간 복잡도 함수를 정확하게 구하라.

4. 크기 n인 배열 a에 $a[1]<a[2]<\cdots<a[n]$의 조건을 만족하도록 서로 다른 정수값이 저장되어 있을 때, $a[i]=i$를 만족하는 인덱스 i를 찾는 문제에 대하여 분할 정복(divide and conquer) 방식으로 해결하는 재귀 함수를 작성하라. 만약 그러한 인덱스 i가 없는 경우는 0을 반환한다.

5. [예제 2.7]의 퀵 정렬 과정을 단계별로 끝까지 수행해보라.

6. 주어진 정수값 x, n, N에 대해서 $x^n \bmod N$을 효율적으로 구하고자 할 때 이를 반복문을 사용하여 기술하고, 반복문을 사용한 알고리즘과 재귀 호출을 사용한 알고리즘의 시간 복잡도와 공간 복잡도를 각각 비교해보라.

7. 재귀 호출이 아닌 반복문과 스택을 이용하여 퀵 정렬 알고리즘을 기술하라.

8. 퀵 정렬에서는 축값의 선택이 매우 중요하다. 각각의 분할된 리스트에 대해서 그 구간의 첫 번째와 마지막 값, 그리고 중간에 위치한 값을 골라서 그들의 중앙값(median)을 구해 그 값을 축값으로 하는 퀵 정렬 알고리즘을 작성하라. 이때 분할된 리스트의 원소의 개수가 세 개 미만인 경우도 고려해야 한다.

★9. 본문에서 설명한 병합 정렬은 재귀 함수로 이루어져 있다. 만약에 재귀 함수를 사용하지 않는다면 어떻게 하겠는가?

10. 크기가 서로 다른 n개의 디스크 원판과 3개의 말뚝 A, B, C로 이루어진 하노이탑 문제를 아래 함수 towerHanoi를 이용해서 해결하고자 한다. 함수 towerHanoi는 4개의 파라미터를 갖는데, from은 디스크가 현재 쌓여 있는 말뚝, to는 디스크를 이동시키려고 하는 말뚝, aux는 이를 위한 보조 말뚝을 각각 의미한다. 초기 호출에서는 from$=A$, to$=C$, aux$=B$이다.

```
void towerHanoi (char from, char to, char aux, int n) {
 if (n==1) printf("Move disc 1 from peg %c to peg %c", from, to);
 else {
        towerHanoi (from, aux, to, n-1);
        printf("Move disc %d from peg %c to peg %c", n, from, to);
        towerHanoi(aux, to, from, n-1);
     }
}
```

(1) $S(n)$을 디스크를 움직이는 횟수라 할 때 $S(n)$을 순환 방정식 형태로 표시하라.

(2) $S(n) = 2^n - 1$임을 증명하라.

11. 연결 리스트로 구현되어 있는 이진 트리의 높이를 구하는 재귀 함수 b_height( )를 설계하라.

★★12. 이진 트리를 아래와 같이 분할 정복 방식에 의해서 폭이 w 이고 높이가 h 인 윈도우에 드로잉(drawing)하는 알고리즘을 설계하라.

(i) 루트는 윈도우의 센터에 위치한다.

(ii) 왼쪽 부분 트리는 윈도우의 왼쪽 반에 드로잉한다.

(iii) 오른쪽 부분 트리는 윈도우의 오른쪽 반에 드로잉한다.

프로그래밍 과제

1. [스카이라인 문제] 대도시의 야경은 높은 건물들이 서로 잘 구분되지 않을 만큼 어두워서 잘 보이진 않지만, 그 윤곽선들이 모여서 스카이라인을 이루게 된다. 아래의 왼쪽 그림은 각 건물의 배치를 나타내며 오른쪽 그림이 바로 이 건물들의 스카이라인을 나타낸다.

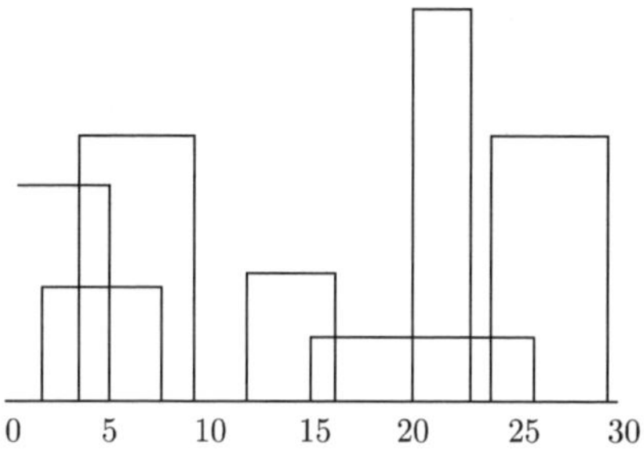

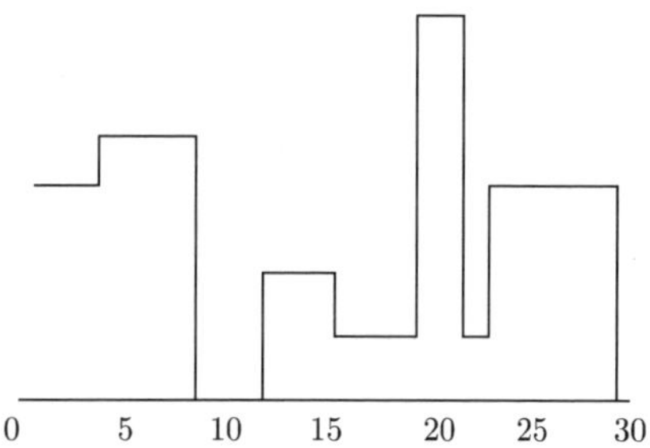

각 건물의 위치와 높이를 입력받아 전체 스카이라인을 출력하는 분할 정복 방식의 프로그램을 작성하라. 입력 파일은 건물의 개수 n, 각 건물의 시작 좌표, 끝 좌표 및 높이 (l_i, r_i, h_i)가 주어진다. 단, 각 건물의 높이는 0~1,000, 좌표는 0~5,000 사이의 정수이다.

- 입력: 건물의 개수 n, 각 건물의 시작 좌표, 끝 좌표, 높이 (l_i, r_i, h_i)

```
8            // 건물의 개수
 0  5 12     // 각 건물의 시작 좌표, 끝 좌표, 높이
 2  8  6
 4 10 14
12 16  7
15 26  4
20 22 18
23 30 14
24 29  5
```

- 출력: 각 구간 및 구간에 대한 건물의 높이를 다음과 같은 형태로 출력한다.

  0 12 4 14 10 0 12 7 16 4 20 18 22 4 23 14 30

맨 처음 0은 건물이 나타나는 가장 왼쪽 좌표이고, 0 12 4는 좌표 0~4 구간의 스카이라인 높이가 12라는 것을 의미한다. 마찬가지로 4 14 10은 좌표 4~10 구간의 스카이라인 높이가 14, 마지막 23 14 30은 좌표 23~30 구간의 스카이라인의 높이가 14임을 의미한다.

2. **[최대 연속 구간합 문제]** 다음의 최대 연속 구간합 문제를 분할 정복 방식에 의해서 해결하는 프로그램을 작성하고, 여러 크기의 테스트 데이터에 대해서 실제 수행 시간을 측정해 본다. 최대 연속 구간합 문제란 크기가 n인 정수 배열 a가 있을 때, 인덱스 i부터 j까지의 연속된 구간의 합, 즉 $s_{i,j}=\sum_{k=i}^{j} a_k$이 최대가 되는 구간 $[i, j]$를 찾고 그 최대값을 구하는 문제이다. 단, $1 \le i \le j \le n$이다.

- 입력: 크기가 n인 정수 배열 a
- 출력: 연속된 구간의 최대값 및 그 구간의 인덱스
- 예 :

```
31  -41  59  26  -53  58  97  -93  -23  84
          ↑                 ↑
          3                 7
```

최대합 = 187, 구간 [3, 7]

3. **[테니스 경기]** 지역 예선을 거쳐 본선에 출전한 테니스 선수의 경기 시간표를 작성하고자 한다. 본선에 출전한 선수는 다른 모든 선수와 경기를 가져 승률이 가장 높은 선수를 우승자로 정하고 있다. 해마다 본선에 출전하는 선수의 수는 다를 수 있지만, 항상 본선 출전 선수 수는 4, 8, 16, 32 등 2의 거듭제곱 수를 지키고 있다. 출전 선수가 모두 하루에 한 경기씩, 매일 하루도 거르지 않고 $n-1$일 동안 경기를 가지도록 경기 시간표를 완성하라.

- 입력: 본선 출전 선수의 수 n(단, $n=2^k$ 형태의 정수).
- 출력: 본선 출전 선수를 1부터 n까지 번호를 붙인다. k번째 줄에는 k번 선수의 경기 일정임을 나타내기 위해서 k:를 출력하고 이후로 k번 선수가 첫날부터 마지막 날까지

경기를 가질 선수를 차례로 출력한다. 따라서 출력은 모두 n줄로 이루어진다. 예를 들어 $n=4$인 경우 출력 예는 다음과 같다. 1번 선수는 첫날 2번 선수와 둘째 날 3번 선수, 그리고 마지막 날 4번 선수와 경기를 가진다.

```
1:  2  3  4
2:  1  4  3
3:  4  1  2
4:  3  2  1
```

프로그래밍에 관한 격언 2

프로그래밍 과제를 글로써 잘 기술할 수가 없다면, 그것은 결코 프로그램으로서 완성되지 못한다.

즉 문제가 무엇인지 정확하게 알고 있어야 한다. 입력의 종류에 따른 출력은 어떤 것들이며 에러 메시지는 몇 가지가 준비되어야 하는지 먼저 알기 쉬운 글로서 종이에 적어본다. 이해되지 못하면 표현되지 못한다. 자신한테 말할 수 없는 것을 컴퓨터에게 강요하지 말자.

3장

욕심쟁이 방법

3.1 설계 원칙

욕심쟁이 방법 또는 욕심쟁이 알고리즘은 최적화 문제에 대해 해를 구하고자 할 때 주로 사용된다. 이 방법은 앞 장에서 배운 분할 정복 방식과는 달리 문제를 작은 부분 문제로 나누어서 해결하는 것이 아니고 단계별로 연속된 선택을 함으로써 문제에 대한 해 백터(solution vector)를 구해나간다. 또한 각 단계별 선택은 '전체적으로 최적인(globally optimal)' 선택을 하는 것이 아니라 정해진 어떤 선택 기준에 의해 그 단계에서 가장 최선의 선택, 즉 '국지적으로 최적인(locally optimal)' 선택을 하는 것이다.

이러한 알고리즘의 설계 방법은 매우 단순하고 직관적이며 간단하다. 욕심쟁이 방법에 의해서 구한 해는 최적의 해를 보장해줄 수도 있고 아닐 수도 있다. 만약 최적의 해를 보장한다면 그에 대한 증명을 반드시 해야 알고리즘으로서 의미가 있으며, 최적의 해를 보장해주지 못하는 경우는 소위 근사치의 해를 구하는데, 이 경우라도 최적의 해와 근사치의 해에 대한 비율이나 그 상한선(또는 하한선)을 분석해야 그 의미가 있다.

보통 욕심쟁이 알고리즘은 다음과 같은 단계로 이루어져 있다. 초기 해 벡터의 값은 비어 있는 상태로부터 시작하여 선택 및 해의 가능성 체크 등의 과정을 해가 구해질 때까지 반복적으로 수행한다.

- 선택(selection): 선택 기준을 정하고 그 기준에 의해 '국지적으로 최적인' 항목을 선택한다.
- 해 가능성 체크(solution feasibility check): 선택한 항목을 현재의 해 백터에 추가로 넣었을 때 해가 될 수 있는 조건에 만족하는지 체크한다.

'국지적으로 최적인' 선택을 하기 위한 선택 기준은 일반적으로 매우 직관적이지만 그 기준이 무엇이냐에 따라 해의 질(quality)이 달라질 수 있으므로 주의 깊게 정해야 한다. 해가 될 수 있는 조건에 만족하지 않으면 해당 항목은 버리고 다음 선택 단계로 넘어간다. 이제 몇 가지 예를 들어보기로 한다.

3.2 동전 교환 문제

어떤 국가의 화폐 시스템에서 동전 n개의 액면가를 $c_1, c_2, \cdots, c_n$이라고 하자. 이때 $c_1 > c_2 > \cdots > c_n$이고, 해가 반드시 존재해야 하므로 c_n의 단위를 항상 1이라고 가정한다. 우리나라의 경우는 $n = 6$으로서 500원, 100원, 50원, 10원, 5원, 1원짜리 동전으로 이루어져 있고, 미국의 경우도 $n = 6$으로서 1달러, 50센트, 25센트, 10센트, 5센트, 1센트짜리 동전으로 이루어져 있다.

동전 교환 문제란 주어진 동전 시스템에서 거스름돈 y원을 동전으로 거슬러주고자 할 때 동전의 개수를 최소화해서 주는 방법과 최소 동전의 개수를 구하는 문제이다. 즉 이 문제의 해는 다음과 같이 해 벡터 X와 전체 동전의 개수 r로 나타낼 수 있다.

$X = (x_1, x_2, \cdots, x_n)$, 단 x_i는 액면가가 c_i인 동전의 개수

전체 동전의 개수 $r = \sum_{i=1}^{n} x_i$

예제 3.1

우리나라의 경우 동전의 종류가 6개이므로 해 벡터 $X = (x_1, x_2, x_3, x_4, x_5, x_6)$ 형태로 나타낼 수 있다. 거스름돈 $y = 1{,}237$원일 때 가능한 해 벡터는 $(0, 0, 0, 0, 0, 1237)$, $(0, 0, 0, 123, 0, 7)$, $\cdots$, $(2, 2, 0, 3, 1, 2)$ 등이 있으나 동전의 개수가 가장 최소가 되는 해는 $(2, 2, 0, 3, 1, 2)$이고 그 개수는 10개이다. 동전의 개수를 10개보다 더 줄일 수 있는 해는 존재하지 않는다. ■

동전의 개수를 최소화할 수 있는 방법을 직관적으로 생각해보면 거스름돈으로 줄 수 있는 가장 큰 액면가의 동전을 가능한 한 많이 주는 것이다. 즉 거스름돈 $y = 1{,}237$원이면 거스름돈으로 줄 수 있는 가장 큰 액면가의 동전인 500원짜리를 2개 줄 수 있고, 그렇게 되면 237원이 남으니까 다시 그다음 큰 액면가의 동전인 100원짜리를 2개 줄 수 있다. 이러한 방식으로 해를 구하는 방식이 바로 욕심쟁이 방법이다. 이러한 과정을 〈알고리즘 3.1〉과 같이 나타낼 수 있다.

알고리즘 3.1 ··· **동전 교환**

- 입력: 거스름돈 y, 동전 종류의 개수 n, 액면가 $c_1, c_2, \cdots, c_n$
- 출력: 전체 동전의 개수 $r = \sum_{i=1}^{n} x_i$

```
/* 동전 교환 */

int coin_change (int y, int n, int c[]) {
 int i, q, r=0;                          // r: 전체 동전의 개수

 for (i=1; i<=n; i++) {
   q = int(y / c[i]);                    // 액면가 c_i의 동전 개수
   r = r + q;
   y = y % c[i];                         // 나머지 거스름돈
 }
 return r;
}
```

위의 〈알고리즘 3.1〉에서 보듯이 이 알고리즘은 매우 단순하다. for 루프가 n번 수행되는데 그 안에서는 나머지 거스름돈 y를 c_i로 나눈 몫과 나머지를 구하므로, 기본 연산을 나눗셈으로 한다면 이 알고리즘은 $\Theta(n)$-시간의 시간 복잡도를 갖는다.

이러한 욕심쟁이 방법은 우리나라 동전 시스템이나 미국의 동전 시스템에 대해서는 항상 최적의 해를 제공한다. 그렇지만 일반적인 동전 시스템에 대해서는 항상 최적의 해를 제공하지 못한다. 다음의 [예제 3.2]를 보자.

예제 3.2

동전들의 액면가를 $c_1 = 25$센트, $c_2 = 20$센트, $c_3 = 10$센트, $c_4 = 5$센트, $c_5 = 1$센트라고 가정하고, 거스름돈 $y = 65$센트라고 하자. 그러면 〈알고리즘 3.1〉에 의해 욕심쟁이 방법으로 해를 구하면 $X = (2, 0, 1, 1, 0)$이고 동전의 개수 $r = 4$가 된다. 그렇지만 최적의 해는

$X = (1, 2, 0, 0, 0)$이고 최적의 동전의 개수는 3개이다. ■

일반적인 동전 교환 문제는 4장에서 공부할 동적 계획법을 사용하면 항상 최적의 해를 구할 수 있다.

3.3 테이프 장치에서의 최적 공간 배정 문제

컴퓨터 테이프 장치에서 동작하는 길이 L의 테이프에 n개의 프로그램 1, 2, …, n을 저장하려고 한다. 각 프로그램 i의 길이를 l_i라 할 때, 아래 그림과 같이 프로그램들이 1, 2, …, n의 순열인 $i_1, i_2, \cdots, i_n$의 순서대로 테이프에 저장되어 있다고 가정한다.

l_{i_1}	l_{i_2}	…	l_{i_j}	…	l_{i_n}

테이프는 순차적인 장치이므로 j번째 저장된 프로그램 i_j를 테이프의 맨 앞에서부터 검색하기 위한 시간은 $t_j = \sum_{k=1}^{j} l_{i_k}$에 비례한다. 이러한 테이프 장치에서의 최적 공간 배정 문제는 모든 프로그램에 대한 평균 검색 시간(MRT; Mean Retrieval Time)을 최소화하는 프로그램의 저장 순서를 결정하는 문제이다. 즉

$$MRT = \frac{1}{n}\sum_{j=1}^{n} t_j$$

이 되고 이를 프로그램의 길이로 다시 표현하면 i_k번째 프로그램은 MRT 값을 계산할 때 k번 나타나므로,

$$MRT = \frac{1}{n}\sum_{j=1}^{n} t_j = \frac{1}{n}\sum_{j=1}^{n}\sum_{k=1}^{j} l_{i_k}$$

로 나타낼 수 있다.

예제 3.3

$n = 3$이고 $l_1 = 6$, $l_2 = 12$, $l_3 = 3$일 때 프로그램들을 테이프에 배정하는 방법은 다음과 같이 $3! = 6$가지가 있으며, 각 방법에 대한 평균 검색 시간은 다음과 같다. 아래에서 $(l_{i_1}, l_{i_2}, l_{i_3})$는 프로그램을 i_1, i_2, i_3의 순서대로 테이프에 저장했을 때, 각 프로그램의 길이를 의미한다.

(1) (6, 12, 3): $\text{MRT} = (6 + (6 + 12) + (6 + 12 + 3))/3 = 45/3 = 15$

6	12	3

(2) (6, 3, 12): $\text{MRT} = (6 + (6 + 3) + (6 + 3 + 12))/3 = 36/3 = 12$

6	3	12

(3) (3, 6, 12): $\text{MRT} = (3 + (3 + 6) + (3 + 6 + 12))/3 = 33/3 = 11$

3	6	12

(4) (3, 12, 6): $\text{MRT} = (3 + (3 + 12) + (3 + 12 + 6))/3 = 39/3 = 13$

3	12	6

(5) (12, 3, 6): $\text{MRT} = (12 + (12 + 3) + (12 + 3 + 6))/3 = 48/3 = 16$

12	3	6

(6) (12, 6, 3): $\text{MRT} = (12 + (12 + 6) + (12 + 6 + 3))/3 = 51/3 = 17$

12	6	3

따라서 최적의 순서는 (3)에서 프로그램을 (3, 1, 2)의 순서대로 저장하는 것이며, 이때 최소의 평균 검색 시간은 11이 된다. ■

테이프의 뒷부분에 프로그램이 저장되어 있으면 그 프로그램을 검색하기 위해서 당연히 앞에 있는 프로그램들을 순차적으로 지나가야 한다. 따라서 직관적으로 생각하면 테이프의 앞부분에는 길이가 짧은 프로그램들이 저장되어야 하고 뒤로 갈수록 길이가 긴 프로그램들을 저장해야 한다. 이러한 선택 원칙에 의한 욕심쟁이 방법은 항상 최적의 값을 제공하며 이를 [정리 3.1]과 같이 증명할 수 있다.

[정리 3.1] 만약 $l_1 \le l_2 \le \cdots \le l_n$이라면 프로그램을 $(1,\ 2,\ \cdots,\ n)$의 순서대로(즉, $i_k = k$) 테이프에 저장할 때 최소의 평균 검색 시간을 갖는다.

(증명) 프로그램 $(1,\ 2,\ \cdots,\ n)$을 임의의 순서로 배열한 프로그램의 인덱스를 $I = (i_1,\ i_2,\ \cdots,\ i_n)$라고 하자. 이때 n은 정해져 있으므로 MRT를 n배 한 값인 $D(I) = \sum_{j=1}^{n} \sum_{k=1}^{j} l_{i_k}$라고 한다면 이 값을 최소로 하는 프로그램의 저장 순서가 $(1, 2, \cdots, n)$임을 밝히면 된다.

만약 $a < b$이면서 $l_{i_a} > l_{i_b}$인 인덱스 a, b가 존재한다면 I에서 i_a와 i_b를 바꾼 인덱스 순서를 I'이라 하자. 그러면

$$D(I) = \sum_{j=1}^{n} \sum_{k=1}^{j} l_{i_k} = \sum_{k=1}^{n} (n-k+1) l_{i_k}$$

이므로,

$$D(I') = \Bigg(\sum_{\substack{k=1 \\ (k \neq a, b)}}^{n} (n-k+1) l_{i_k} \Bigg) + (n-a+1) l_{i_b} + (n-b+1) l_{i_a} \Bigg)$$

으로 나타낼 수 있다. 따라서

$$\begin{aligned} D(I) - D(I') &= (n-a+1)(l_{i_a} - l_{i_b}) + (n-b+1)(l_{i_b} - l_{i_a}) \\ &= (b-a)(l_{i_a} - l_{i_b}) \\ &> 0 \end{aligned}$$

이 된다. 만약 $a < b$이면서 $l_{i_a} > l_{i_b}$인 인덱스 a, b가 존재한다면 그러한 인덱스 쌍을 계속 바꾸면서 D값을 줄일 수 있으므로 프로그램들이 그 길이에 대해 오름차순으로 저장되어 있으면 최소의 D값을 갖는 것을 알 수 있다. ■

위 정리를 다시 얘기하면 프로그램을 그 길이에 의해 정렬한 다음 그 인덱스 순서대로 테이프에 저장하면 최소의 평균 검색 시간을 가진다. 그러므로 전체 수행 시간은 정렬 알고리즘의 시간 복잡도인 $\Theta(n \log n)$-시간이 된다.

3.4 분수 배낭 문제

일반적인 배낭 문제는 다음과 같이 정의된다. 물건 n개의 집합 $S=\{1, 2, \cdots, n\}$와 $W=\{w_1, w_2, \cdots, w_n\}$, $P=\{p_1, p_2, \cdots, p_n\}$가 주어져 있다. 여기에서 $w_i(>0)$는 각 물건 i의 무게, $p_i(>0)$는 물건 i를 시장에서 팔았을 때 얻을 수 있는 이윤이다. 배낭의 크기 즉, 어떤 사람이 배낭을 짊어질 수 있는 최대 무게를 M이라고 할 때, 배낭에 이러한 물건들을 넣어 시장에 파는 경우 얻을 수 있는 최대 이윤을 구한다. 즉 이를 수식으로 쓰면 조건 $\sum_{i=1}^{n} w_i x_i \le M$ 을 만족시키면서 이윤의 총합인 $\sum_{i=1}^{n} p_i x_i$의 값을 최대화하는 문제이다.

이 배낭 문제는 x_i값의 범위에 따라서 크게 두 가지 문제 유형으로 나눌 수 있다. 만약 x_i값이 0 또는 1일 때만 허용하는 경우를 $0-1$ 배낭 문제라고 하고, x_i값이 $0 \le x_i \le 1$인 경우를 분수 배낭 문제(fractional knapsack)라고 한다. 따라서 $0-1$ 배낭 문제는 물건 i를 가져가거나($x_i=1$) 가져가지 않는($x_i=0$) 경우만을 허용하며, 분수 배낭 문제는 물건 i를 분할하여 가져갈 수 있는 것을 의미한다. 예를 들어 $x_i=1/3$는 물건 i를 $1/3$만 배낭에 넣어 가져가는 것이고, $x_j=0.5$는 물건 j를 반만 가져가는 것이다. 이 두 문제는 문제 자체의 유형은 아주 비슷하지만 $0-1$ 배낭 문제를 효율적으로 해결하는 다항 시간의 알고리즘은 아직 존재하지 않는 아주 어려운 문제이며, 그와는 대조적으로 분수 배낭 문제는 욕심쟁이 알고리즘에 의해 아주 간단하게 해결되는 문제이다.

예제 3.4

$n=3$일 때 $W=\{10, 20, 30\}$, $P=\{60, 100, 120\}$, $M=50$이라고 하자. 이 문제가 $0-1$ 배낭 문제라면 가능한 해가 (1) $X=\{1, 1, 0\}$, 이윤$=160$, (2) $X=\{1, 0, 1\}$, 이윤$=180$, (3) $X=\{0, 1, 1\}$, 이윤$=220$이 되므로, 최대 이윤은 220이 된다. 만약 이 문제가 분수 배낭 문제라면 $X=\{1, 1, 2/3\}$, 이윤$=60+100+120\times 2/3=240$일 때 최대 이윤을 갖는다. ■

분수 배낭 문제에 대한 욕심쟁이 전략은 아주 간단하다. 우리가 원하는 것은 배낭에 물건을 가져가되 최대 이윤을 내야 하므로 물건이 남아 있다면 무조건 배낭을 꽉 채워야 한다.

만약 배낭을 꽉 채우지 않는다면 무슨 물건이든 더 채워서 이윤을 더 낼 수 있다. 그럼 이제 어떤 물건들을 채워야 할지의 선택은 어떻게 하는가? 직관적으로 생각하면 배낭에 같은 무게의 물건을 채워서 이윤을 최대로 낼 수 있는 방법은 당연히 단위 무게당 이윤이 큰 물건을 채워야 한다. 따라서 욕심쟁이 전략은 단위 무게당 이윤이 제일 큰 물건을 다 채우고, 그 다음 단위 무게당 이윤이 큰 물건을 채우고, 더 이상 하나의 물건 전체를 채울 수 없는 상태까지 채운 다음, 그 다음으로 단위 무게당 이윤이 큰 물건을 남아 있는 배낭의 비율만큼 채우는 것이다.

이를 알고리즘으로 표현하면 ⟨알고리즘 3.2⟩와 같다. 이 알고리즘의 입력은 아래와 같이 단위 무게당 이윤이 큰 순서로 물건들이 정렬되어 있다고 가정한다.

$$p_i/w_i \geq p_{i+1}/w_{i+1} \ (\text{단, } 1 \leq i \leq n-1)$$

알고리즘 3.2 ••• 분수 배낭

- 입력: 물건의 개수 n, $p[i]/w[i] \geq p[i+1]/w[i+1]$ (단, $1 \leq i \leq n-1$)의 순서로 된 배열 p 및 w, 배낭의 크기 M
- 출력: 최대 이윤

```
/* 분수 배낭 */

int fractional_knapsack (int num, int weight[], int profit[], float x[], int capacity) {
  int cu = capacity;               // 남아 있는 배낭 크기
  int max_profit = 0;              // 최대 이익
  int i;                           // 인덱스 변수

  for (i=1; i<=num; i++) {
    if (weight[i]>cu) break     // 물건의 무게가 남아 있는 배낭 크기보다 크면 루프 종료
    /* 배낭에 더 넣을 수 있으면 */
    x[i] = 1.0;                 // 현재 물건을 배낭에 모두 채움
    cu = cu - weight[i];        // 남은 배낭의 크기 갱신
    max_profit = max_profit + profit[i];
```

```
  }
  if (i<=num) {                    // 현재 물건을 남은 배낭의 비율만큼 채움
    x[i] = (float)cu/weight[i];
    max_profit = max_profit + profit[i]*x[i];
  }
  return max_profit;
}
```

위 알고리즘은 for 루프 안의 문장이 n번 수행되지만 그 이전에 $p[i]/w[i]$ 값에 의해 각 물건들을 정렬해놓아야 하므로 전체 수행 시간은 $\Theta(n\log n)$-시간이라고 볼 수 있다.

> **[정리 3.2]** 알고리즘 fractional_knapsack에 의해 항상 분수 배낭 문제에 대한 최적의 해를 구할 수 있다.

(증명) $X=(x_1, x_2, \cdots, x_n)$을 알고리즘 greedy_knapsack에 의한 해 벡터라고 하자. 그러면 다음 두 가지 경우로 나누어서 증명할 수 있다

(i) 모든 i에 대해서 $x_i=1$이라면, X는 당연히 최적의 해 백터이다.

(ii) 모든 i에 대해서 $x_i \neq 1$이라면, x_j를 1이 아닌 첫 번째 원소라고 하자. 그러면 $X=(1, 1, \cdots, 1, x_j, 0, \cdots, 0)$의 형태로 해 벡터가 표현될 수 있다. 단, $0 \le x_j < 1$이다. 만약 이러한 X가 최적의 해가 아니라면 $\sum p_i y_i > \sum p_i x_i$인 다른 해 $Y=(y_1, \cdots, y_k, \cdots, y_n)$가 존재한다. 단, k는 $y_k \neq x_k$인 가장 작은 인덱스이며, 당연히 $\sum_{i=1}^{n} w_i x_i = \sum_{i=1}^{n} w_i y_i = M$ 이다. 이는 $y_k < x_k$를 의미한다. 왜냐하면,

(i) $k<j$라면 $x_k=1$이므로 $y_k \neq x_k$는 $y_k < x_k$를 의미한다.

(ii) $k=j$라면 $\sum_{i=1}^{n} w_i x_i = M$이므로 $1 \le i < j$인 모든 i에 대해 $y_i = x_i$이다. 따라서 이는 $y_k < x_k$이거나 $\sum_{i=1}^{n} w_i y_i > M$이어야 하므로 당연히 $y_k < x_k$이다.

(iii) $k>j$라면 $\sum_{i=1}^{n} w_i y_i > M$가 되므로 그러한 경우는 발생하지 않는다.

이제 y_k값을 x_k값으로 증가시키되 전체 배낭의 크기 값이 M을 유지하도록 나머지 $(y_{k+1}, \cdots, y_n)$에서 y_i를 감소시킨다. 그렇게 해서 구한 해 벡터를 $Z=(z_1, z_2, \cdots, z_n)$라고 하자. 즉

$$\sum_{i=k+1}^{n} w_i y_i - \sum_{i=k+1}^{n} w_i z_i = w_k(z_k - y_k)$$

이다. 그러면 Z에 대해서

$$\begin{aligned}\sum_{i=1}^{n} p_i z_i &= \sum_{i=1}^{n} p_i y_i + (z_k - y_k)p_k - \sum_{i=k+1}^{n}(y_i - z_i)p_i \\ &= \sum_{i=1}^{n} p_i y_i + (z_k - y_k)w_k \frac{p_k}{w_k} - \sum_{i=k+1}^{n}(y_i - z_i)w_i \frac{p_i}{w_i} \\ &\geq \sum_{i=1}^{n} p_i y_i + \underline{[(z_k - y_k)w_k - \sum_{i=k+1}^{n}(y_i - z_i)w_i]\frac{p_k}{w_k}} \\ &\qquad\qquad\qquad\qquad = 0 \qquad (\because k < i \leq n \text{인 } i\text{에 대해 } \frac{p_k}{w_k} \geqq \frac{p_i}{w_i} \text{ 임}) \\ &= \sum_{i=1}^{n} p_i y_i\end{aligned}$$

이다. ■

3.5 최소 스패닝 트리

이 절에서는 가중치 그래프의 최소 스패닝 트리를 정의하고, 주어진 가중치 그래프의 최소 스패닝 트리를 구하기 위한 두 가지 욕심쟁이 알고리즘을 소개하기로 한다. 연결 그래프 $G = (V, E)$에 대한 스패닝 트리(spanning tree)란 G의 부분 그래프로서, G의 모든 정점들을 포함하는 트리를 말한다. 다시 말하면 G의 스패닝 트리 $T = (V_T, E_T)$는 $V = V_T$이면서 연결되어 있고 사이클이 없는 G의 부분 그래프를 의미한다. T는 트리이므로 당연히 $|E_T| = |V_T| - 1$이다.

부분 그래프를 구성하는 모든 에지들의 가중치 합을 부분 그래프의 가중치라고 정의하면, 최소 스패닝 트리(minimum spanning tree)란 스패닝 트리 중에서 최소의 가중치를 갖는 스패닝 트리이다. 예를 들어 〈그림 3.1〉의 (a)가 주어진 가중치 그래프일 때 (b), (c), (d), (e)는 (a)의 가능한 스패닝 트리들이다. 이때 각 스패닝 트리의 가중치는 각각 8, 9, 6, 7이므로 (a)의 최소 스패닝 트리는 (d)가 된다. 최소의 가중치를 갖는 스패닝 트리는 유일하지 않고 여러 개가 있을 수 있다. 일반적으로 최소 스패닝 트리를 구하는 문제는 최소 가중치를 갖는 스패닝 트리 중에서 하나를 구하는 문제이다.

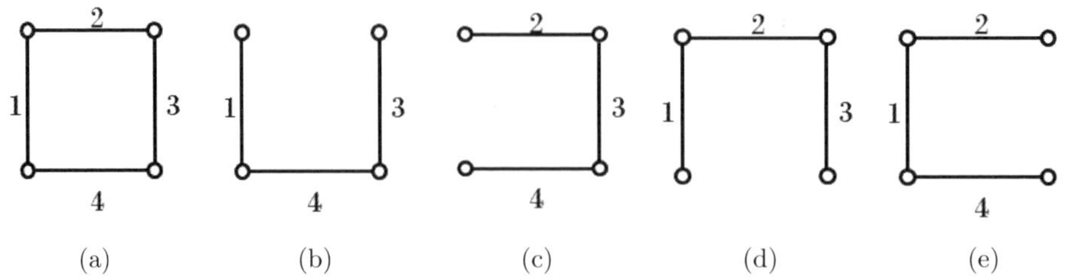

그림 3.1 스패닝 트리와 최소 스패닝 트리

이러한 문제의 응용은 통신 네트워크의 설계에서 찾을 수 있다. 즉 도시를 그래프의 정점으로 표현하고 각 도시를 연결할 수 있는 통신선을 그래프의 에지로 표현한다. 통신선을 설치하는 비용을 그 통신선에 대응되는 에지의 가중치라 할 때 최소 스패닝 트리는 모든 도시를 연결할 때 비용이 가장 적게 드는 통신 네트워크라고 생각할 수 있다. 만약 그래프 G가 연결되어 있지 않다면 스패닝 트리가 여러 개 모인 최소 스패닝 포리스트(forest)가 존재한다. 이 절에서는 알고리즘을 간단히 설명하기 위해 그래프 G가 연결되어 있다고 가정하겠다. 이 알고리즘을 확장하여 연결되지 않은 그래프에서 최소 스패닝 포리스트를 찾는 알고리즘을 설계하는 작업은 그리 어려운 문제가 아니다.

다시 언급하지만 욕심쟁이 방법은 최적화 문제(즉, 어떤 목적 함수의 값을 최소화 또는 최대화시키는 문제)를 해결하기 위한 하나의 방법으로 사용될 수 있다. 이러한 알고리즘 설계 방식은 일반적으로 각 단계마다의 최적의 선택이 전체적으로 항상 최적의 해를 얻지는 못하지만 여기에서 설명할 프림의 알고리즘과 크러스컬의 알고리즘은 항상 최적의 해, 즉 최소 스패닝 트리를 구할 수 있다는 것이 증명되어 있다.

3.5.1 프림의 알고리즘

프림(Prim)의 알고리즘은 가중치 그래프 G에서 임의의 한 정점을 선택하여 시작한다. 그리고 각 반복 과정마다 그때까지 구성된 최소 스패닝 트리의 부분에 새로운 정점과 에지를 선택하여 첨가한다. 알고리즘이 진행되는 동안 G의 각 정점들은 다음과 같은 세 가지의 범주로 나누어진다.

(1) 트리 정점: 지금까지 구성된 스패닝 트리 내의 정점들의 집합

(2) 인접 정점: 트리 정점에 인접해 있는 정점들의 집합

(3) 나머지 정점: 트리 정점과 인접 정점을 제외한 그래프의 나머지 정점들의 집합

이 알고리즘에서 가장 중요한 단계는 현재까지 구한 트리 정점에 부착된 에지 및 인접 정점들 중에서 하나를 선택하는 것이다. 가중치는 에지상에 있으므로 선택의 초점은 에지이지 정점이 아니다. 프림의 알고리즘은 항상 트리 정점들과 인접 정점들 사이의 에지들 중 최소의 가중치를 갖는 에지를 선택한다. 따라서 알고리즘의 개괄적 구조는 다음과 같다. 이 알고리즘은 $V_T = V$로 끝나고 E_T의 속한 에지들은 최소 스패닝 트리를 형성한다.

알고리즘 3.3 ••• **개괄적인 프림의 알고리즘**

- 입력: 가중치 그래프 $G=(V, E)$
- 출력: 최소 스패닝 트리 $T=(V_T, E_T)$

```
/* 개괄적인 프림의 알고리즘 */

E_T = { };                    // 스패닝 트리의 에지 집합
V_T = {v_1};                  // 스패닝 트리의 정점 집합
while (E_T contains fewer than n-1 edges) {
    let (x, y) be the least weight edge such that x ∈ V_T and y ∉ V_T;
    add x to V_T;
    add (x, y) to E_T;
}
```

알고리즘의 while 루프가 수행되면 V_T에 새로운 트리 정점들이 첨가되므로 다음 선택을 위한 에지들의 집합도 변한다. 〈그림 3.2〉에서 보듯이 트리 정점들과 인접 정점들 간의 모든 에지들을 고려하지 않아도 된다. 예를 들어 (c)에서 (v_1, v_2)가 최소 스패닝 트리의 에지로 선택되면 v_2가 V_T에 들어오게 되므로 에지 (v_2, v_3)은 잠재적인 선택 대상이 된다. 그러나

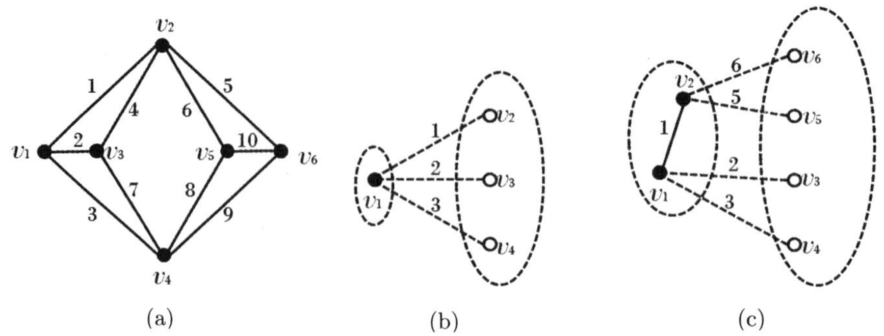

그림 3.2 〈알고리즘 3.3〉의 작동 예

(v_1, v_3)의 가중치가 (v_2, v_3)의 가중치보다 작으므로 v_3에 인접한 에지로서 (v_2, v_3)은 그 대상에서 제외되고 (v_1, v_3)만 고려하면 된다. 따라서 각 인접 정점에 대해서 가중치가 최소인 단 하나의 에지만 고려하면 된다. 이를 실제로 구현하기 위해서는 V_T에 속하지 않는 각 정점에 대해서 가중치가 최소이고 인접한 다른 정점이 V_T에 속한 하나의 에지에 대한 가중치 값만을 저장한다. 이렇게 하면 한 번의 while 루프를 수행하기 위해서 $\Theta(n)$-시간이 걸리므로 전체 수행 시간은 $\Theta(n^2)$이다. 단, $n=|V|$, 즉 정점의 개수이다.

다음의 〈알고리즘 3.4〉는 개략적인 〈알고리즘 3.3〉을 좀 더 상세히 기술한 것이다.

알고리즘 3.4 ••• 프림의 알고리즘

- 입력: 가중치 그래프 $G=(V, E)$
- 출력: 최소 스패닝 트리 $T=(V_T, E_T)$의 에지 집합 E_T

```
/* 프림의 알고리즘 */

void prim_mst (int n, float weight[][], set_of_edge *E_T) {
  int i, j, minpos, min;
  int nearest[n+1]; length[n+1];
  edge e;
  E_T= Ø;
```

```
  length[1] = 0;
  for (i=2; i<=n; i++) {
    nearest[i] = 1;
    length[i] = weight[1][i];
  }
  for (i=1; i<=n-1; i++) {
    min = INT_MAX;
    for (j=2; j<=n; j++)
      if (0<=length[j] && length[j]<min) {
          min = length[j];
          minpos = j;
      }
  e = an edge (minpos, nearest[minpos]);
  add e to E_T;
  for (i=2; i<=n; w++)
     if (weight[minpos][i]<length[i]) {
         length[i] = weight[minpos][i];
         nearest[i] = minpos;
     }
 }
}
```

[정리 3.3] 〈알고리즘 3.3〉 및 〈알고리즘 3.4〉에서 기술한 프림의 알고리즘은 항상 가중치 그래프의 최소 스패닝 트리를 생성한다.

(증명) $G=(V, E)$를 연결된 가중치 그래프, T를 그래프 G의 최소 스패닝 트리라고 하자. 또한 증명을 간단히 하기 위해서 에지들의 가중치가 모두 다르다고 가정한다. T_1을 아래 〈그림 3.3〉과 같이 T의 부분 트리라고 하고, T_1의 정점의 집합을 V_1 그리고 $V_2 = V - V_1$이라고 한다. 에지 (x, y)를 $x \in V_1$이고 $y \in V_2$인 가중치가 가장 작은 에지라고 했을 때, 에지 (x, y)가 최소 스패닝 트리 T의 에지임을 밝히고자 한다. 만약 (x, y)가 T의 에지가 아니라고 가정한다. 그러면 트리는 연결되어 있으므로 정점 x에서 y로 가는 다른 경로가 반드시 존재한다. 그 경로상에 있는 에지 중에서 한 정점은 V_1에 있고 다른 정점은 V_2에 있는 에지를 (s, t)라 하자. 즉 $s \in V_1$

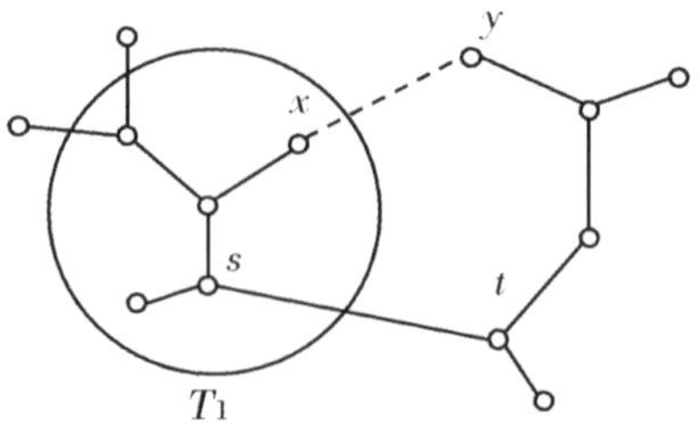

그림 3.3 프림의 알고리즘 증명을 위한 그림

이고 $t \in V_2$) 가정에서 (s,t)를 $s \in V_1$이고 $t \in V_2$인 가중치가 가장 작은 에지라고 했으므로 (s,t)의 가중치는 (x,y)의 가중치보다 당연히 크다. 따라서 우리는 스패닝 트리에서 (s, t)를 제거하고 (x, y)를 삽입하면 기존의 스패닝 트리의 가중치보다 더 작은 가중치를 갖는 스패닝 트리를 만들 수 있다. 따라서 T는 최소 스패닝 트리가 아니다. 이는 가정이 잘못된 것이므로 에지 (x, y)는 최소 스패닝 트리의 에지에 반드시 속해야 한다는 의미이다. 따라서 프림의 알고리즘은 최소 스패닝 트리를 생성한다. ■

3.5.2 크러스컬의 알고리즘

앞 절에서 살펴본 프림의 알고리즘은 임의의 정점에서 시작해서 현재까지 구성된 트리 정점들과 인접 정점들 사이에 가장 작은 가중치를 갖는 에지들을 하나씩 선택하면서 스패닝 트리를 확장해나간다. 이 절에서는 욕심쟁이 방법에 의한 다른 알고리즘인 크러스컬(Kruskal)의 알고리즘을 살펴보기로 하겠다.

크러스컬 알고리즘의 각 단계에서는 그래프의 모든 에지 중에서 최소의 가중치를 갖는 에지를 선택한다. 다만 이 선택된 에지를 기존에 선택된 에지들에 삽입했을 때 사이클이 생기면 선택했던 그 에지는 버리게 된다. 알고리즘의 중간 과정에서 기존에 선택된 에지들은 스패닝 포리스트를 형성하며, 반드시 하나의 연결된 트리를 형성하지는 않는다. 이 알고리즘은 $E_T = \varnothing$에서 시작하여 $|E_T| = |V| - 1$이 될 때까지 E_T에 에지를 더해나간다.

G의 부분 그래프 H의 정점 집합 V_H에 대해 관계 $\equiv$을 다음과 같이 정의한다. 즉 정점 v와 w가 H에서 같은 연결 성분 내에 있을 때 $v \equiv w$라고 한다. 이러한 관계 $\equiv$이 동치 관계(equivalence relation)임은 쉽게 증명할 수 있다. 이 의미는 만약 $v \equiv w$일 때 H에 에지 (v, w)를 첨가하면 사이클이 형성된다는 것이다. 그러므로 에지 (v, w)는 $v \equiv w$가 아닐 때만

선택한다. 어떤 에지가 최소 스패닝 트리의 에지로 선택될 때마다 부분 그래프 H와 동치 관계 ≡을 변화시켜나간다. 즉 새로 선택된 에지를 기존의 스패닝 트리의 에지에 삽입하면 2개의 연결 성분(혹은 동치 클래스)이 하나의 연결 성분이 되는 것이다. 〈그림 3.4〉는 〈그림 3.2〉의 가중치 그래프 (a)에 대하여 〈알고리즘 3.5〉에 의해 구성되는 최소 스패닝 트리를 각 단계별로 나타낸 것이다.

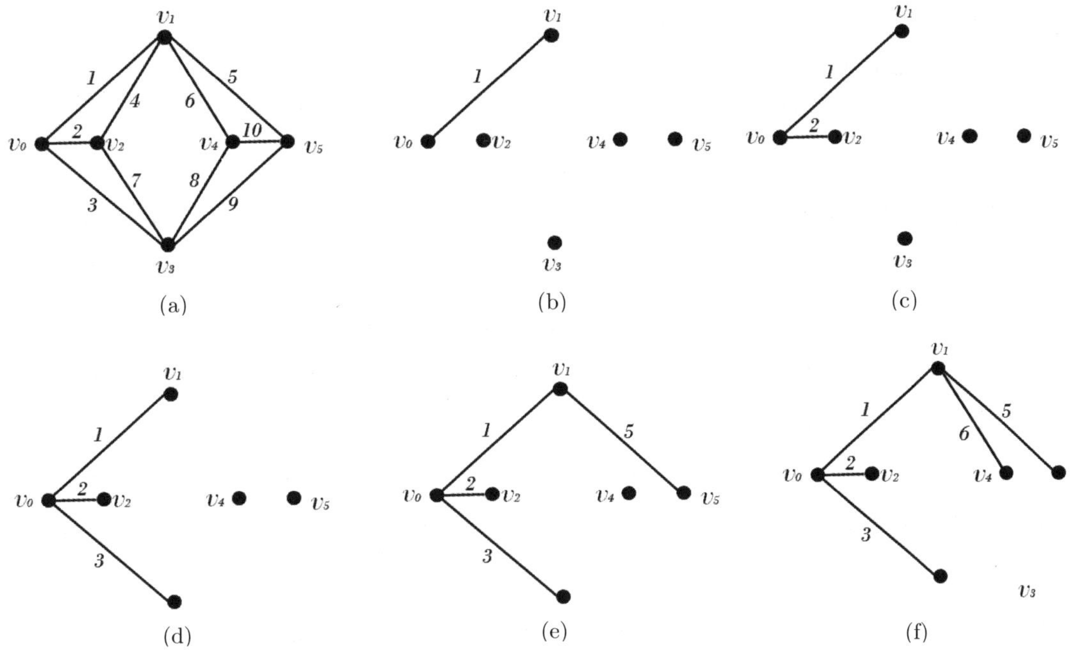

그림 3.4 〈알고리즘 3.5〉의 작동 예

알고리즘 3.5 ••• **개괄적인 크러스컬의 알고리즘**

- 입력: 가중치 그래프 $G=(V, E)$
- 출력: 최소 스패닝 트리 $T=(V_T, E_T)$

/* 개괄적인 크러스컬의 알고리즘 */

```
Sort the m edges in E by weight in nondecreasing order;
E_T = { };                // 최소 스패닝 트리의 에지 집합
while (E_T contains fewer than n-1 edges and E is not empty) {
    choose the least weight edge (x, y) from E;
    delete (x, y) from E;
    if (not x≡y in T)
        add (x, y) to E_T;
    else
        discard (x, y);
}
```

E로부터 가중치가 가장 작은 에지 $(x,\ y)$를 선택하고, 그 에지를 E로부터 제거하기 위해서는 〈알고리즘 3.5〉와 같이 E의 에지들을 가중치에 의해 미리 정렬하여 사용할 수도 있고, E의 가중치를 최소 힙으로 구축하여 운영할 수도 있다. $|V| = n$, $|E| = m$이라고 할 때, 에지들을 가중치에 의해 정렬하기 위해서는 적어도 $\Theta(m\log m)$번의 비교 연산이 필요하고, $x \equiv y$의 테스트는 스패닝 포리스트의 구현을 union-find 연산 및 그에 관련된 자료 구조를 이용하면 $\Theta(\log n)$-시간 이내로 수행할 수 있다. G가 연결 그래프일 때, while 루프에서 최대 m개의 에지를 선택하여 $v \equiv w$를 테스트한 후 그 중에서 $n-1$개의 에지가 T에 삽입되므로 전체 수행 시간은 최악의 경우 $\Theta(m\log m)$-시간과 $\Theta(m\log n)$-시간을 더한 것이 된다. 연결 그래프의 경우 $m \geq n$이므로 전체 수행 시간은 $\Theta(m\log m)$이라 할 수 있다. E를 최소 힙으로 운영하는 경우를 살펴보면 while 루프를 들어가기 전에 힙을 구축하는 데 $\Theta(m)$-시간이 걸리고 while 루프 내에서 최소 가중치를 갖는 에지를 선택하여 제거할 때마다 최대 $\Theta(\log m)$-시간이 필요하다. 따라서 이 경우도 전체 수행 시간은 $\Theta(m\log m)$이 된다.

앞 절에서 살펴본 프림의 알고리즘은 최악의 경우 $\Theta(n^2)$-시간이었다. 그러므로 어느 알고리즘이 더 효율적인가는 n과 m의 크기에 따라 달라질 수 있다. 연결 그래프에서는 $n-1 \leq m \leq \dfrac{n(n-1)}{2}$이므로, 에지의 수가 적은 그래프에서는 크러스컬의 알고리즘이 더 빠르고 에지의 수가 많은 그래프에서는 프림의 알고리즘이 더 효율적이다. 또한 G의 에지들을 가중치에 의해 이미 정렬해놓은 상태라면 크러스컬의 알고리즘이 더 효율적이라고 할 수 있다.

> **[정리 3.4]** 〈알고리즘 3.5〉에서 기술한 크러스컬의 알고리즘은 항상 가중치 그래프의 최소 스패닝 트리를 생성한다.

(증명) [정리 3.3]과 같이 증명을 간단하게 하기 위해서 모든 에지들의 가중치가 다르다고 가정하고, $|e_1| < |e_2| < \ldots < |e_m|$이라고 한다. 단, $m = |E|$이고, $|e_i|$는 에지 e_i의 가중치를 의미한다. 이제 T를 크러스컬의 알고리즘에 의해 생성된 스패닝 트리라고 하고, T'을 최소 스패닝 트리라고 하자. 여기서 우리가 증명하고가 하는 것은 $T = T'$이다. 만약 $T \neq T'$라고 가정한다. 그렇다면 T에는 속하지만 T'에 속하지 않는 에지가 존재하게 되는데 이중에서 최소 가중치를 갖는 에지를 e_i라고 한다. 여기에서 e_1은 T와 T'에 모두 있으므로 당연히 $i \neq 1$이다. 이런 e_i를 T'에 삽입하면 T'에는 사이클이 생기게 된다(〈그림 3.5〉 참조).

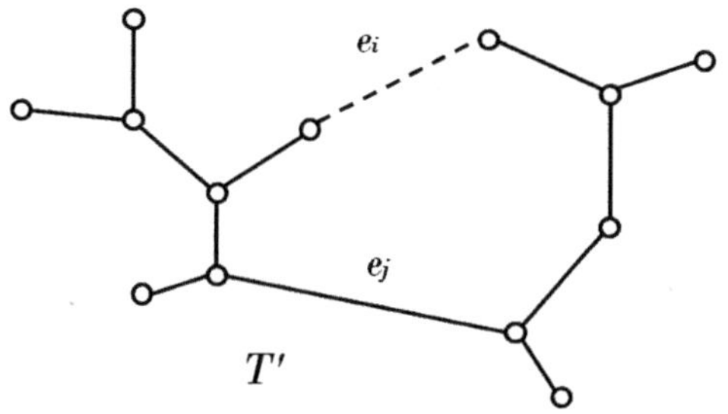

그림 3.5 크러스컬의 알고리즘의 정확성을 증명하기 위한 그림

이제 T에는 속하지 않으면서 이 사이클에 있는 에지를 e_j라 한다. 이러한 에지 e_j는 반드시 존재한다. 왜냐하면 만약 모든 에지가 T에 속해 있다면 T에 사이클이 있다는 의미인데 T는 트리이므로 불가능하다. 이러한 에지 e_j의 가중치는 e_i의 가중치보다 클 수밖에 없다. 그 이유는 크러스컬의 알고리즘이 e_j보다 e_i를 먼저 고려해서 e_i가 T에 들어갔다면 당연히 e_i의 가중치는 e_j의 가중치보다 작다. 이 때 T'에서 e_j를 제거하고 e_i를 삽입한다면 가중치가 더 작은 새로운 스패닝 트리가 생기게 된다. 따라서 $T= T'$일 수밖에 없다. ■

크러스컬의 알고리즘은 프림의 알고리즘과 함께 여러분들이 프로그래밍 과제에서 직접 구현하여 여러 종류의 그래프에 대해 수행시켜보기 바란다.

3.6 최단 경로 문제

주어진 가중치 그래프나 가중치 유향 그래프에서 2개의 정점 사이의 최단 경로를 찾는 문제는 많은 응용 분야에서 자주 일어날 수 있는 문제이다. 가중치 유향 그래프 $G=(V, E)$에서 유향 경로(이후 경로라고 표기함) $P=< v_{i_1}, v_{i_2}, \cdots, v_{i_k} >$의 가중치 $W(P)$를 경로 P 상에 있는 에지들의 가중치의 합으로 정의한다. 최단 경로는 그 경로의 가중치보다 더 작은 가중치를 갖는 경로가 없다는 것을 의미한다. 최단 경로는 유일하지 않을 수도 있다. 최단 경로를 찾는 해결책 중 하나는 모든 가능한 경로를 고려하여 그 가중치들을 비교해서 구할 수 있지만 정점이나 에지의 수가 아주 많은 경우 시간이 오래 걸릴 수 있다.

이 절에서는 가중치 유향 그래프 $G=(V, E)$의 한 출발 정점 v에서 시작해서 나머지 모든 정점들로 가는 최단 경로를 찾는 데이크스트라(Dijkstra)의 알고리즘에 대해 소개한다. 이 문제를 해결하기 위해 만약 v에서 시작하여 최소 스패닝 트리를 찾는 프림의 알고리즘을 사용한다고 가정해보자. 이 알고리즘에 의해 만들어지는 트리상에서 v로부터 임의의 정점까지 모든 경로가 항상 최단 경로라고 할 수 있을까? 그렇지 않다. 예를 들어 〈그림 3.6〉에서 보듯이 v_1부터 v_4까지의 최단 경로는 최소 스패닝 트리의 경로인 $\langle v_1, v_2, v_3, v_4\rangle$가 아니라 $\langle v_1, v_4\rangle$이다.

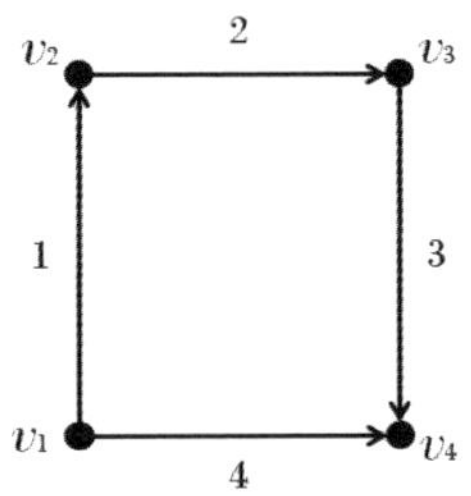

그림 3.6 최단 경로에 대한 예

정점 v에서 정점 w까지의 거리 $d(v, w)$를 v에서 w까지의 최단 경로의 가중치라고 정의한다. 데이크스트라의 최단 경로 알고리즘은 출발점인 v로부터 다른 모든 정점들까지 증가하는 거리의 순서로 최단 경로를 찾을 수 있다. 이 알고리즘은 3.5.1절의 최소 스패닝 트리를 구하는 프림의 알고리즘과 거의 비슷하게 출발 정점 v에서 시작하여 가장 가까운 거리를 갖는 정점으로의 에지를 선택하면서 분기해나간다. 또한 프림의 알고리즘처럼 수행 도중에 정점들은 다음과 같이 세 가지의 범주로 분류된다.

(1) 트리 정점: 지금까지 구성된 최단 경로 트리 내의 정점들의 집합
(2) 인접 정점: 트리 정점에 인접해 있는 정점들의 집합
(3) 나머지 정점: 트리 정점과 인접 정점을 제외한 그래프의 나머지 정점들의 집합

또한 프림의 알고리즘과 같이 각 인접 정점에 대해 트리 정점에 있는 정점과 연결된 오직 하나의 후보 에지만을 추적한다. 인접 정점들의 각 정점 z에 대해서 시작 정점 v로부터 z의 바로 전 정점 v_{i_k}까지 최단 경로 $\langle v(=v_{i_1}),\ v_{i_2},\ \cdots,\ v_{i_k}\rangle$가 존재하므로 z에 대한 후보 에지는 이러한 최단 경로의 가중치와 에지 $\langle v_{i_k},\ z\rangle$의 가중치를 더한 값 중 가장 작은 것으로 결정된다.

G가 유향 그래프이든 아니든 트리 내의 에지와 후보 에지는 방향이 있는 것으로 생각하는 것이 좋다. 만약 에지를 (x, y) 또는 $\langle x,\ y\rangle$라고 한다면 y보다 x가 출발 정점 v에 더 가까이 있는 것으로 간주한다. 비록 G가 유향 그래프가 아닐지라도 x를 $tail(x,y)$, y를 $head(x,y)$라고 표시한다. 〈그림 3.7〉의 (b)와 같은 상황이 주어졌을 때, 다음 단계는 후보 에지와 인접 정점을 선택하는데, 이때 $d(v,\ tail(e))+w(e)$가 최소인 후보 에지 e를 선택한다. $d(v,\ tail(e))+w(e)$는 에지 e를 지금까지의 최단 경로에 연결시켜서 얻은 경로의 가중치이다. 후보 에지 e에 대한 $d(v,\ tail(e))+w(e)$의 값은 반복적으로 사용될 수 있으므로 한번 계산하여 저장한다. e가 처음으로 후보 에지가 될 때 위의 값들을 효율적으로 계산하기 위해서 최단 경로를 구성하는 트리의 각 정점 y에 대한 $d(v,\ y)$의 값은 배열 dist를 사용하여 저장한다.

$\text{dist[y]} = d(v,\ y)$,	y가 트리 정점인 경우
$\text{dist[z]} = d(v,\ y)+w(y,\ z)$,	z가 트리 정점 y에 대해 인접 정점인 경우 (단, (y,z)는 후보 에지임)

인접 정점과 후보 에지를 선택한 후에는 자료 구조에 있는 정보를 갱신해야 한다. 〈그림 3.7〉의 (c)에서 정점 v_6과 에지 $(v_2,\ v_6)$이 선택되었다면 v_2에 대한 후보 에지는 $(v_2,\ v_3)$이

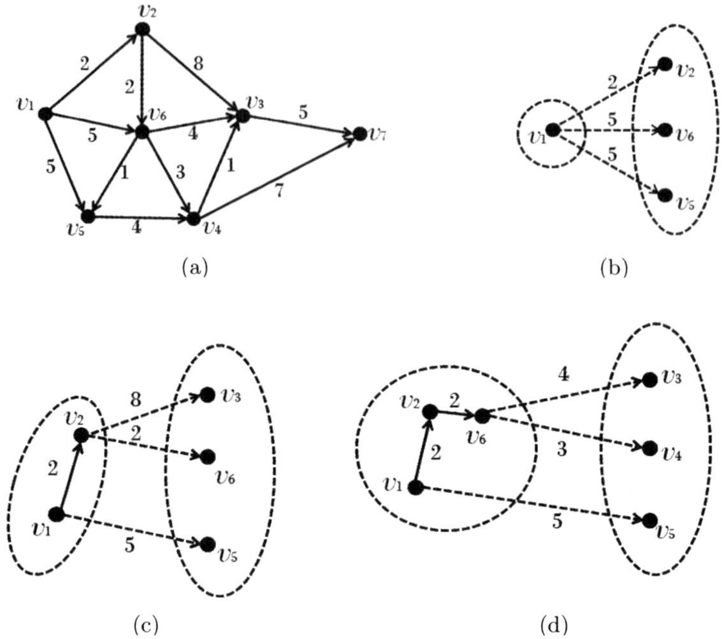

그림 3.7 최단 경로 알고리즘에 대한 예

었지만 이젠 (v_2, v_3)는 (v_6, v_3)으로 대치된다. 왜냐하면, (v_6, v_3)이 v_3까지 더 짧은 경로를 만들기 때문이다. 이때 dist$[v_3]$도 다시 계산한다. 〈그림 3.7〉의 (d)에서 정점 v_4는 이제 새로운 인접 정점이 된다. 따라서, 에지 (v_6, v_4)가 후보가 되고 또한 새로운 인접 정점들에 대한 dist의 값을 계산한다.

가장 문제가 되는 단계는 다음의 인접 정점과 그 후보 에지를 선택하는 것이다. 임의의 후보 에지 e에 대해 $d(v, tail(e)) + w(e)$은 $d(v, head(e))$와 같을 필요는 없다. 왜냐하면, $head(e)$로의 최단 경로는 반드시 $tail(e)$를 통과하지 않을 수도 있기 때문이다. 만일 모든 후보들에 대해 $d(v, tail(e)) + w(e)$를 최소화시키는 e를 선택했다면 e는 $head(e)$까지의 최단 경로를 나타낸다.

최단 경로를 찾는 데이크스트라의 알고리즘은 에지의 가중치로 음수를 허용하는 경우에 항상 올바른 결과를 내지는 못한다. 이러한 반례를 찾는 문제는 연습 문제를 통해 직접 해보길 바란다. 위의 알고리즘은 사실상 최소 스패닝 트리를 찾는 프림 알고리즘의 자료 구조와 거의 동일한 자료 구조를 사용할 수 있다. 단, 에지의 가중치를 경로의 가중치로 대치한 것이다. 이 알고리즘도 최소 스패닝 트리를 구하는 알고리즘처럼 최악의 경우 $\Theta(n^2)$의 수행 시간을 갖는다.

알고리즘 3.6 ••• **데이크스트라의 알고리즘**

- 입력: 가중치 유향 그래프 $G=(V, E, W)$, 출발 정점 v_1
- 출력: 출발 정점 v_1에서 나머지 정점들까지의 최단 경로

```
/* 데이크스트라의 알고리즘 */

void shortest_path (int n, int w[][], set_of_edge *E_T) {
 int i, j, minpos, min;
 int touch[1:n]; distance[1:n];
 edge e;

 E_T = ∅;
 distance[1] = 0;
 for (i=2; i<=n; i++) {
   touch[i] = 1;
   distance[i] = w[1][i];
 }
 for (i=1; i<=n-1; i++) {
   min = INT_MAX;
   for (j=2; j<=n; j++)
     if (0<=distance[j] && distance[j]<min) {
        min = distance[j];
        minpos = j;
     }
 e = a directed edge of vertices indexed by <touch[minpos], minpos>;
 add e to E_T;
 for (i=2; i<=n; i++)
    if (distance[minpos]+w[minpos][i]<distance[i] && w[minpos][i]>=0) {
```

```
            distance[i] = distance[minpos] + w[minpos][i];
            touch[i] = minpos;
        }
    distance[minpos] = -1;
  }
}
```

> **[정리 3.5]** 〈알고리즘 3.6〉에서 기술한 데이크스트라의 알고리즘은 항상 주어진 가중치 유향 그래프에서 출발 정점 v로부터 나머지 모든 정점들까지의 최단 경로를 생성한다.

(증명) [정리 3.2]의 프림 알고리즘의 정확성 증명과 유사하게 증명한다. $G=(V,\ E)$를 연결된 가중치 그래프, T를 그래프 G의 최단 경로 트리라고 하자. 또한 증명을 간단히 하기 위해서 에지들의 가중치가 모두 다르다고 가정한다. T_1을 아래 〈그림 3.8〉과 같이 T의 부분 트리라고 하고, T_1의 정점의 집합을 V_1, 그리고 $V_2 = V - V_1$이라고 한다.

$y \in V_1$이고 $z \in V_2$인 에지 $(y,\ z)$를 데이크스트라 알고리즘의 수행 도중에 선택된 에지라고 하고, $v,\ x_1,\ \cdots,\ x_r,\ y$를 출발 정점 v에서 y로 가는 최단 경로라고 하자. 경로 $P=v,\ x_1,\ \cdots,\ x_r,\ y,\ z$라 할 때 경로 P의 가중치 $w(P)=d(v,y)+w(e)$이다. 경로 $P'=v,\ z_1,\ \cdots,\ z_{l-1},\ z_l,\ \cdots,\ z$을 출발 정점 v에서 z로 가는 다른 경로라고 했을 때, $w(P) \le w(P')$임을 보이면 된다. $z_{l-1} \in V_1$이라 하고 $z_l \in V_2$라 했을 때 에지 $<z_{l-1}, z_l>$은 $<y,z>$가 선택될 당시 데이크스트라 알고리즘이 고려했던 에지이다. 그러나 이 당시에는 에지 $<y,z>$의 가중치가 $<z_{l-1}, z_l>$의 가중치보다 작았으므로 데이크스트라 알고리즘에 의해서 $e=<y,z>$가 선택되었다. 따라서

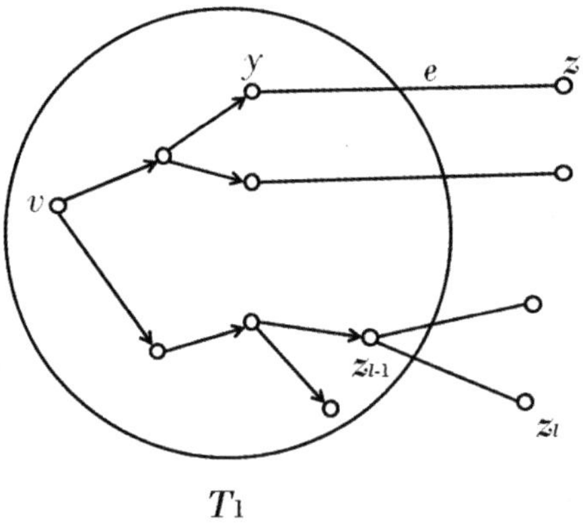

그림 3.8 데이크스트라의 알고리즘 증명을 위한 최단 경로 트리

$$
\begin{aligned}
w(P) &= d(v,\ y) + w(e) \\
&< d(v,\ z_{l-1}) + w(z_{l-1},\ z_l) \\
&< w(P')
\end{aligned}
$$

가 된다. ■

이 알고리즘의 시간 복잡도는 프림의 알고리즘과 동일하게 $\Theta(n^2)$-시간임을 쉽게 알 수 있다. 데이크스트라 알고리즘은 출발 정점에서 나머지 모든 정점까지의 최단 경로를 구하는 알고리즘이지만 이를 약간 변형하여 최악의 경우 $O(n^2)$-시간에 출발 정점에서 지정된 도착 정점까지의 최단 거리를 구할 수도 있고, 복잡하지만 출발 정점을 바꿔가면서 데이크스트라 알고리즘을 n번 적용하면 모든 쌍의 최단거리 문제도 $\Theta(n^3)$-시간에 해결될 수 있다.

3.7 허프만 코드

파일을 저장하기 위한 방법으로 이진 코드(binary code)가 가장 많이 쓰인다. 이진 코드란 파일의 각 문자를 소위 코드 워드(codeword)라고 부르는 유일한 비트 스트링으로 대응시켜 표현한 것이다. 이러한 이진 코드에는 고정 길이 이진 코드와 가변 길이 이진 코드가 있다. 고정 길이 이진 코드는 각 문자를 같은 길이의 비트 스트링으로 표현한다. 예를 들어 문자의 집합이 $\{a,\ b,\ c,\ d\}$일 때 이를 고정 길이 이진 코드로 나타내면 각 문자를 부호화하기 위해 2개의 비트가 필요하다. 예를 들면, 각 문자를

a: 00 b: 01 c: 10 d: 11

로 부호화할 수 있다. 이러한 표현 방법으로 파일

$bbabcbbbcd$

를 코드화하여 나타내면

01010001100101011011

로 되어 이 파일 전체를 저장하기 위해서는 $2 \times 10 = 20$ 비트가 필요하다.

가변 길이 이진 코드는 각 문자를 나타내는 비트 스트링의 길이가 다를 수 있다는 것이다. 즉 어떤 문자는 1 비트, 또 다른 문자들은 2 비트 혹은 3 비트 등으로 길이가 서로 다르게 표현될 수 있다. 여기서 우리가 직관적으로 생각해보면 파일에 나오는 문자들 중에서 빈도수가 많은 문자를 나타낼 때는 가능하면 적은 비트 수로 부호화하고 빈도수가 적은 문자를 나타낼 때는 비트 수를 길게 부호화하는 것이 전체 파일의 크기를 줄일 수 있다는 것을 알 수 있다. 예를 들면, 각 문자를

a: 010 b: 1 c: 00 d: 011

로 부호화했을 때, 위의 파일을 코드화하여 나타내면

1101010011100011

이 되어 전체 $3\times1+1\times6+2\times2+3\times1=16$ 비트가 필요하게 된다. 따라서 고정 길이 이진 코드 보다는 전체 필요한 비트 수가 줄어드는 것을 알 수 있다.

이와 같이 파일이 주어져 있을 때 기본 구성 요소인 각 문자를 어떤 이진 코드로 나타내는 것이 파일을 저장할 때 공간이 가장 적게 필요한지 찾아내는 문제를 최적 이진 코드(optimal binary code) 문제라고 한다. 이러한 최적 이진 코드 문제를 욕심쟁이 방법으로 풀 수 있는 한 가지 방법이 이 절에서 소개하는 허프만의 알고리즘이다.

허프만 코드를 찾는 허프만의 알고리즘을 기술하기 전에 먼저 접두사 코드(prefix code)에 대해서 설명한다. 만약 가변 길이 이진 코드가

a: 010 b: 1 c: 01 d: 11

으로 구성되어 있다고 가정해보자. 이때 파일 $bbabcbbbcd$를 코드화해서 나타내면

110101011110111

이 된다. 하지만 이 경우 이러한 이진 코드를 보고 파일을 복원하는 경우 다른 추가적인 정보 없이는 앞의 두 비트인 11이 d인지 아니면 bb인지 또는 중간에 나오는 0101이 cc인지 아니면 ab인지 구별을 할 수 없게 된다. 따라서 이를 구별하기 위해서 어떤 문자의 이진 코드가 다른 문자의 이진 코드의 앞부분 즉 접두사(prefix)가 되어서는 안 된다는 것이다. 이러한 성질을 만족하는 가변 길이 이진 코드를 접두사 코드라고 부른다. 예를 들어, 이진

코드

$$a: 010 \qquad b: 1 \qquad c: 00 \qquad d: 011$$

를 살펴보면 b의 코드인 1은 a, c, d를 나타내는 이진 코드의 접두사가 아니고 또한 c의 코드인 00도 a, d의 접두사가 아니다. 따라서 이러한 이진 코드는 접두사 코드의 성질을 만족한다. 따라서 그러한 이진 코드는 모호성이 없이 쉽게 복호화(decode)하여 각 문자를 복원할 수 있다.

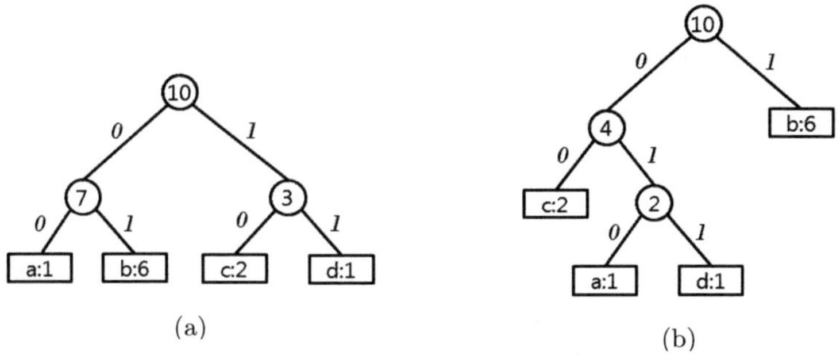

그림 3.9 고정 길이 이진 코드와 가변 길이 이진 코드에 대응되는 이진 트리

이렇게 각 문자를 복호화하는 과정을 나타내기 위해서 이진 트리를 이용하면 쉽게 표현될 수 있다. 〈그림 3.9〉의 (a), (b)는 위에서 설명한 고정 길이 이진 코드와 가변 길이 이진 코드를 각각 이진 트리로 나타낸 것이다. 이 이진 트리의 각 단말 노드는 그에 대응되는 문자를 나타낸다. 단말 노드의 숫자는 대응되는 문자의 빈도수를 나타내고 내부 노드의 숫자는 그 노드를 루트로 하는 부분 트리에 있는 단말 노드들의 빈도수의 합을 의미한다. 그리고 각 문자에 대한 이진 코드는 루트로부터 각 단말 노드까지 가는 경로에 의해 표현되는데, 왼쪽 자식 노드로 가면 0, 오른쪽 자식 노드로 가면 1로 해석한다. 그림에서 볼 수 있듯이 내부 노드는 항상 자식 노드의 개수가 2이다.

이러한 이진 트리 T에 의해서 이진 코드로 부호화해 표현할 때 필요한 전체 비트는 아래와 같다.

$$bit(T) = \sum_{i=1}^{n} freq(v_i) \times depth(v_i)$$

여기서 $\{v_1, v_2, \cdots, v_n\}$은 파일에서 사용하는 문자의 집합이고, $freq(v_i)$는 문자 v_i가 파

일에 나오는 빈도수, $depth(v_i)$는 이진 트리 T에서 루트 노드의 레벨을 0이라고 할 때 단말 노드 v_i의 깊이이다.

이러한 이진 트리 T를 생성하여 전체 비트 수를 최소화하는 욕심쟁이 알고리즘이 허프만에 의해 개발되었는데, 이러한 허프만(Huffman) 알고리즘에 의해서 만들어진 코드를 허프만 코드라고 한다. 〈알고리즘 3.7〉은 이진 트리 T를 생성하는 허프만 알고리즘을 함수 호출을 사용해서 개괄적으로 나타낸 것이다. 따라서 함수 구현을 위해서는 좀 더 구체적인 프로그래밍이 필요하다. 여기에서는 이진 트리 T가 동적으로 생성되므로 포인터를 사용했으며 빈도수가 적은 문자들을 차례로 알아내고 제거하기 위해서 우선순위 큐를 사용했다.

알고리즘 3.7 ••• **허프만의 알고리즘**

- 입력: 각 문자의 빈도수에 의해서 생성된 우선순위 큐 PQ
- 출력: 허프만 트리 T

```
/* 허트만의 알고리즘 */

typedef struct node {
    int freq;                    // 빈도수
    struct node *left;           // 왼쪽 노드
    struct node *right;          // 오른쪽 노드
} node

*node huffman (int n, node PQ) {
 node *a, *b, *r;
 int i;

 for (i=1; i<n; i++) {
    remove(PQ, a);                        // 우선순위 큐에서 노드 제거
    remove(PQ, b);                        // 우선순위 큐에서 노드 제거
    r = (node*)malloc(sizeof(node));
    r->left = a;
```

```
        r->right = b;
        r->freq = a->freq + b->freq;
        insert(PQ, r);                              // 우선순위 큐에 노드 r을 삽입
    }
    remove(PQ, r);                                  // 허프만 트리의 루트를 반환
    return r;
}
```

만약 우선순위 큐로 힙(heap)이 사용된다면 초기에 힙을 구성하는 데 $\Theta(n)$-시간이 걸리며 최소값 제거 및 새로운 원소의 삽입 등 힙 연산은 $\Theta(\log n)$-시간이 걸리게 된다. for-루프가 $n-1$번 수행되므로 알고리즘의 전체 수행 시간은 $\Theta(n\log n)$이다. 다음은 이 알고리즘에 의한 예를 보여준다.

예제 3.5

어떤 파일에서 사용된 문자 집합이 $V=\{a, b, c, d, e, f\}$이고 각 문자의 빈도수가 $freq(v_i)=\{15, 9, 12, 14, 42, 8\}$일 때 알고리즘 for 루프의 각 패스마다 생성된 이진 트리 T를 차례로 구성해보자. (1)의 이진 트리는 for 루프로 들어가기 전의 상태를 나타내며, (6)의 이진 트리가 최적의 이진 코드를 생성하는 허프만 트리가 된다.

(1)

(2)

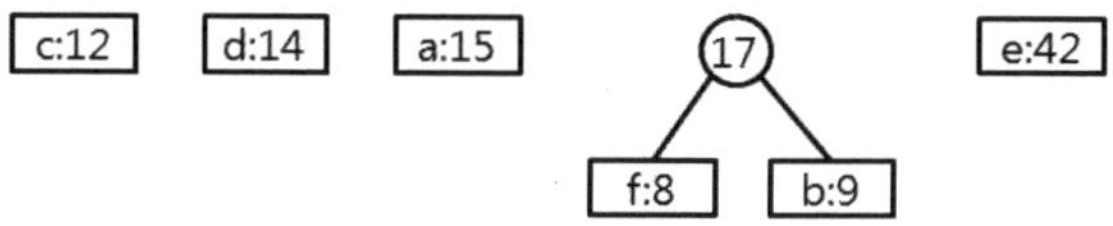

(3)

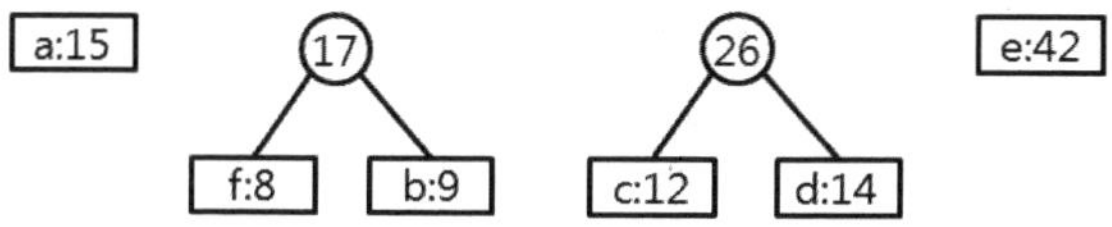

(4)

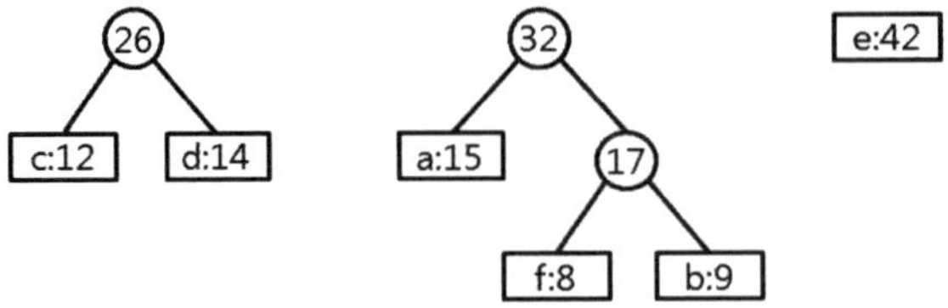

(5)

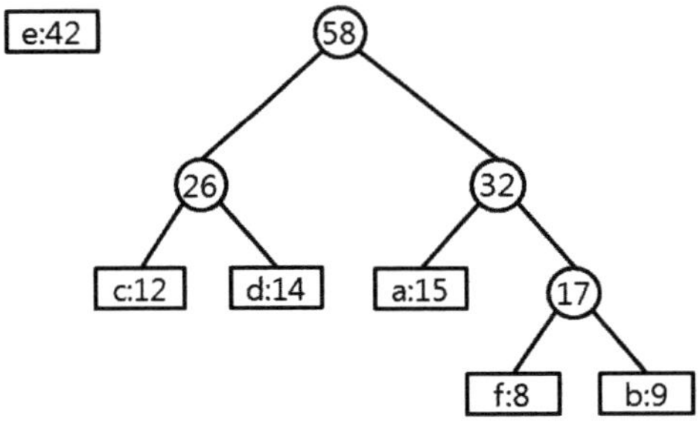

(6)

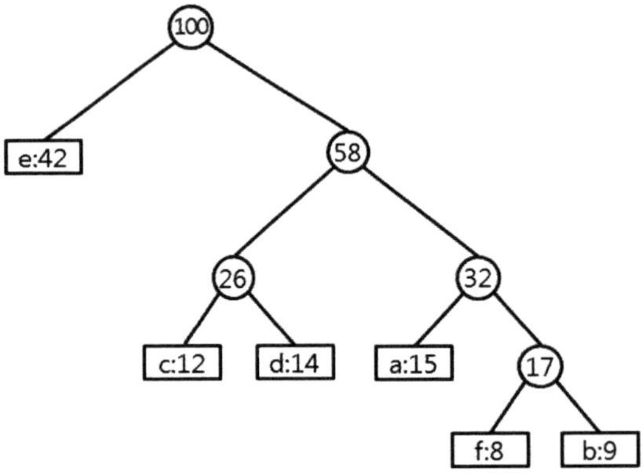

■

[정리 3.6] 허프만 알고리즘인 〈알고리즘 3.7〉은 최적의 이진 코드를 생성한다.

(증명) 허프만 알고리즘에 대한 정확성 증명은 여러 가지 방법이 있으나 여기서는 귀납법으로 증명하고자 한다. 즉 i 번째 스텝에 의해서 만들어진 이진 트리들이 최적의 이진 코드에 대응되는 이진 트리의 부분 트리라는 것을 가정하고, $(i+1)$ 번째 스텝에 의해서 만들어진 이진 트리들도 최적의 이진 코드에 대응되는 이진 트리의 부분 트리라는 것을 증명한다. 그러면 마지막 $(n-1)$ 번째 스텝에

의해서 만들어진 이진 트리가 바로 최적의 이진 코드에 대응되는 이진 트리가 되는 것이다.

(i) 귀납 기초: $n=2$인 경우, $V=\{a, b\}$라 하자. 그러면 빈도수에 따라 a에 0, b에 1 또는 a에 1, b에 0이 배정된다. 어느 경우나 1 비트이므로 이는 당연히 최적의 이진 코드이다.

(ii) 귀납 가정: i번째 스텝에 의해서 만들어진 이진 트리의 집합이 최적의 이진 코드에 대응되는 이진 트리의 부분 트리들이라는 것을 가정한다. 그러한 최적의 이진 트리를 T라고 하자.

(iii) 귀납 단계: u와 v를 각각 허프만 알고리즘의 $(i+1)$번째 스텝에 의해서 병합된 이진 트리의 루트라 하자. 만약 u와 v가 T에서 형제 노드라면 허프만 알고리즘의 $(i+1)$번째 스텝에 의해서 만들어진 이진 트리들은 당연히 최적의 이진 코드에 대응되는 이진 트리의 부분 트리가 된다. 이제 u와 v가 T에서 형제 노드가 아니라고 하고, T에서 u의 레벨이 v의 레벨보다 크거나 같다고 가정한다. 내부 노드들은 자식 노드가 항상 2개이므로 u는 어떤 형제 노드 w를 갖는다. 허프만 알고리즘의 i번째 단계가 수행되고 난 후 이진 트리의 집합을 S라 하자. 그러면 당연히 T에서 루트가 w인 부분 트리는 S의 이진 트리 중 하나이거나 S의 어떤 이진 트리 내에 포함되는 부분 트리이다. 어느 경우이든 v가 루트인 트리는 허프만 알고리즘에 의해 이 단계에서 선택되었으므로

$$freq(v) \le freq(w)$$

이고, T에서는

$$depth(v) \le depth(w)$$

가 된다. 따라서 T에서 v가 루트인 부분 트리와 w가 루트인 부분 트리를 서로 교환해서 만들어진 이진 트리를 T'이라 한다면 다음과 같은 식이 만족한다는 것을 쉽게 알 수 있다 (〈그림 3.10〉 참조).

$$\begin{aligned} bit(T') &= bit(T) + [depth(w) - depth(v)][freq(v) - freq(w)] \\ &\le bit(T) \end{aligned}$$

위 식은 T'에 대응되는 이진 코드가 최적이라는 것이므로 허프만 알고리즘의 $(i+1)$번째 단계에서 얻어진 이진 트리들은 T'의 부분 트리이다.

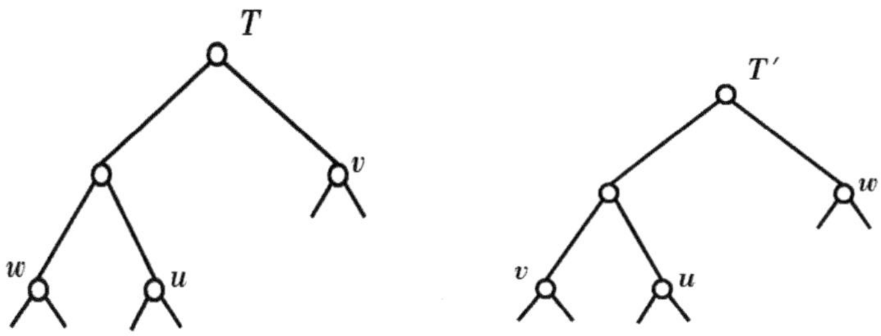

그림 3.10 v가 루트인 부분 트리와 w가 루트인 부분 트리의 교환

■

연습 문제

1. 동전 교환 문제에서 동전 n개의 액면가가 k^{n-1}, k^{n-2}, …, k^0 (단, $k>1$)인 경우 〈알고리즘 3.1〉의 욕심쟁이 방법이 항상 최적의 해를 구할 수 있다는 것을 증명하라.

2. 아래의 예에 대해서 분수 배낭 문제의 답을 구하라.
   $n=5$, $M=30$,
   $(p_1, p_2, p_3, p_4, p_5) = (70, 40, 45, 45, 18)$,
   $(w_1, w_2, w_3, w_4, w_5) = (20, 8, 10, 15, 3)$

3. $0-1$ 배낭 문제에 대해서 다음 물음에 답하라.
   (1) 이윤 p_i가 큰 순서로 고려하는 욕심쟁이 방법이 항상 최적의 해를 구할 수 없다는 것을 반례를 통해 밝혀라.
   (2) 무게 w_i가 작은 순서로 고려하는 욕심쟁이 방법이 항상 최적의 해를 구할 수 없다는 것을 반례를 통해 밝혀라.
   (3) 단위 무게당 이윤 $\frac{p_i}{w_i}$가 큰 순서로 고려하는 욕심쟁이 방법이 항상 최적의 해를 구할 수 없다는 것을 반례를 통해 밝혀라.

4. 다음의 문자 집합 및 빈도수를 이용하여 허프만 알고리즘을 수행할 때 최종 허프만 트리를 그리고, 각 문자의 허프만 코드를 나타내어라. 단, 빈도수가 작은 노드를 왼쪽 자식 노드로 한다.

문자	a	b	c	d	e	f	g	h	i
빈도	25	15	16	12	32	7	3	9	22

5. 다음의 9개 문자 집합 및 피보나치 수로 이루어진 빈도수를 이용하여 허프만 알고리즘을 수행할 때 최종 허프만 트리를 그리고, 각 문자의 허프만 코드를 나타내어라. 단, 빈도수가 작은 노드를 왼쪽 자식 노드로 한다.

문자	a	b	c	d	e	f	g	h	i
빈도	1	1	2	3	5	8	13	21	34

6. 다음 물음에 답하라.

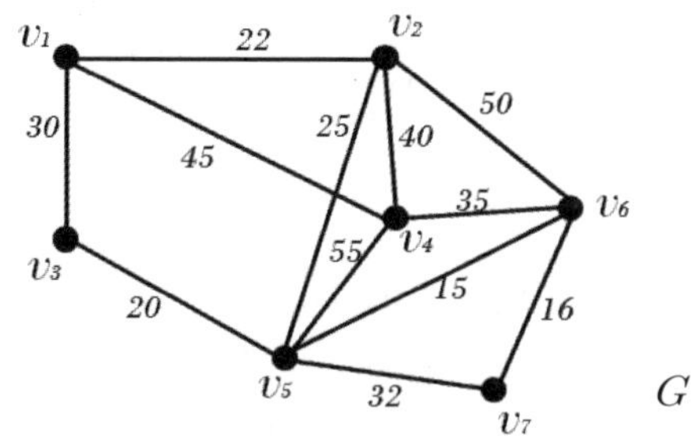

(1) 프림의 알고리즘에 의해서 그래프 G의 MST(Minimum Spanning Tree)를 구하기 위한 각 단계별 상태를 그림으로 나타내고, 최종 MST와 그 가중치를 각각 구하라.

(2) G의 v_1을 출발점(source)으로 하여 데이크스트라의 알고리즘에 의해 나머지 모든 정점까지의 최단 경로를 구할 때 그 과정을 배열 distance[2..n] 및 단계별로 그림으로 나타내고, 최종 결과인 최단 경로 트리(shortest path tree)를 그려라.

7. 그래프 색칠하기(Graph Coloring)는 주어진 그래프 $G=(V, E)$의 인접한 정점들이 서로 같은 색깔을 갖지 않도록 정점들에 색깔을 부여하는 방법을 말한다. 이 때 필요한 최소의 색깔의 수를 $\chi(G)$라고 한다. 단, $|V|=n$이고 $|E|=m$이다.

(1) 사이클이 없고 연결된 그래프(즉, 트리)의 경우 $\chi(G)$는 얼마인가? 또한 G가 완전 그래프인 경우 $\chi(G)$는 얼마인가?

(2) 일반적인 그래프 G에 대해서 $\chi(G)$를 구하는 문제는 다항 시간 알고리즘이 아직 알려지지 않았다(즉, $\mathscr{NP}$-hard 문제임). 이 문제를 욕심쟁이 방법으로 근사 해를 구하는 순차 색칠하기(sequential coloring) 알고리즘을 기술해보라.

(3) $\chi(G)$는 2가 되지만 정점들의 번호 매김 순서에 따라 (2)의 방법에 의해 그래프 색칠을 하게 되면 최악의 경우 필요한 색의 개수가 $\frac{n}{2}$이 되는 그래프 G의 예를 들어라.

8. 에지의 가중치에 음수를 허용할 때 데이크스트라 알고리즘이 올바른 결과를 내지 못하는 간단한 유향 그래프의 예제를 하나만 들고 그 이유를 설명하라.

9. 2개 이상의 서로 다른 최소 스패닝 트리를 갖는 가중치 그래프의 예를 하나 들어보라.

10. 크러스컬 알고리즘을 제대로 구현하기 위해서는 분리 집합(disjoint set)에 대한 union 연산과 find 연산을 효율적으로 구현해야 한다. 아래 프로그래밍 과제 2번을 하기 위해서도 필요하므로 분리 집합에 대한 union 및 find 연산을 위한 자료 구조와 알고리즘을 설명하라.

11. 그래프 $G=(V, E)$가 인접 행렬이 아닌 인접 리스트로 표현되어 있을 때 프림의 알고리즘을 다시 기술해보라.

12. 그래프 $G=(V, E)$의 정점 커버(vertex cover)란 정점 집합 V의 부분 집합 U로서 E의 모든 에지가 적어도 U에 있는 하나 이상의 정점에 부착되어(incident) 있어야 한다. 최소 정점 커버는 이러한 정점 커버 중에서 정점의 수가 최소인 것을 말한다. 이 문제에 대한 다음의 욕심쟁이 알고리즘이 항상 최소 정점 커버를 구할 수 있는지를 밝혀라.

```
void vertex_cover (V, E) {
 U= ∅;
 repeat
    let v∈ V be a vertex with maximum degree;
    U= U ∪ {v};
    V= V− {v};
    E= E− {(u, w) | u = v or w = v};
 until E= ∅
 return (U)
}
```

★★13. 에지의 가중치에 음수를 허용할 때, 주어진 하나의 출발 정점에서 나머지 모든 정점까지의 최단 거리를 올바르게 구할 수 있는 알고리즘을 작성해보라.

★14. 연결 그래프의 에지 집합 E에 대한 관계 R을 다음과 같이 정의한다. 즉 임의의 두 에지 e_1, e_2에 대해서 $e_1 R e_2 \Leftrightarrow e_1 = e_2$이거나 e_1, e_2가 같은 사이클에 있다.

(1) R이 동치 관계(equivalence relation)임을 증명하라.

(2) 동치 클래스가 그래프의 이중 연결 성분(biconnected component)임을 증명하라. 단, 그래프의 이중 연결 성분이란 그래프의 최대 이중 연결 부분 그래프(maximal biconnected subgraph)를 말한다.

프로그래밍 과제

1. [데이크스트라의 알고리즘] n개($1 \le n \le 100$)의 정점 v_1, v_2, $\cdots$, v_n으로 구성된 가중치 그래프 또는 가중치 유향 그래프가 인접 행렬로 표현되어 있다. 단, 가중치의 유효 범위는 정수 1~1,000까지이고 에지가 없는 경우는 가중치가 1,000,000으로 주어진다. 출발점을 v_1이라 할 때, 이 점에서 나머지 모든 정점까지의 최단 경로(shortest path)를 구하는 데이크스트라의 알고리즘을 구현하라.

   • 입력의 예 (n = 5인 경우)

   ```
   5                          // 정점의 개수 n
   0 4 1000000 25 12          // n×n 인접 행렬
   4 0 32 11 1
   1000000 32 0 100 7
   25 11 100 0 60
   12 1 7 60 0
   ```

2. [최소 스패닝 트리와 제2 스패닝 트리] n개($1 \le n \le 1{,}000$)의 정점 v_1, v_2, ..., v_n 으로 구성된 그래프가 인접 행렬로 표현되어 있다. 단, 가중치의 유효 범위는 정수 1~10,000까지이고 에지가 없는 경우는 가중치가 $2^{31}-1$로 주어진다.
   (1) 프림 알고리즘과 크러스컬 알고리즘을 각각 구현하여 에지의 개수에 따른 여러 가지 그래프에 대해서 테스트한 후 그 결과와 수행 시간을 분석해보라.
   (2) 최소 스패닝 트리를 T_1이라 할 때, T_1이 아닌 스패닝 트리 중에서 가중치의 합이 최소인 트리를 제2 스패닝 트리라고 한다. 이러한 제2 스패닝 트리를 구하는 알고리즘과 프로그램을 작성하라.

3. 허프만의 알고리즘을 실제로 구현해보라. 단, 우선순위 큐는 최소 힙(minimum heap)을 사용한다.

프로그래밍에 관한 격언 3

만일 코드와 설명문이 일치하지 않는다면, 둘 다 틀린 것이다.

흔히 우리는 디버깅 시에 옆에 써둔 설명문을 보고서 도움을 받는다. 그러나 설명문에 막상 오류가 생겼을 때는 그 의미가 없어지므로 지나치게 의존해서는 안 된다. 예를 들어 '절대 에러 없음'이라는 설명문은 다소 위험스럽다. 그리고 남이 알아보기 쉽게 코딩해야 한다. 알아보기 어려운 소스는 누구나 쉽게 짠다. 알아보기 쉽게 소스를 짜는 것은 자기 생각에 대한 정리가 뛰어난 것을 의미한다. 내가 남이 작성한 소스를 잘 이해했다면 내 실력이 뛰어나서가 아니라 그 소스를 짠 사람이 뛰어나서이다.

4장

동적 계획법

4.1 설계 원칙

분할 정복 방식이 주어진 문제를 크기가 작은 여러 개의 부분 문제로 분할하여 부분 문제들의 해를 구한 후에 그 해들을 결합하여 원래 문제에 대한 해를 구하는 것처럼, 동적 계획법(dynamic programming)도 크기가 작은 부분 문제들의 해들을 결합하여 문제를 해결한다.

다만 두 방법의 차이점을 보면, 분할 정복 방식은 문제를 크기가 작은 부분 문제로 분할하고 분할된 부분 문제들을 서로 독립적으로 해결한 후 그 해들을 결합하여 원래 문제의 해를 구한다. 하지만 동적 계획법은 부분 문제를 해결하여 그 해를 테이블에 저장한 후에 다시 그 부분 문제를 풀어야 할 때 다시 풀지 않고 테이블에 저장된 결과를 사용하는 방법이다. 따라서 분할 정복 방식에서는 서로 공유되는 같은 부분 문제가 있다고 하더라도 독립적으로 반복적인 계산을 하지만 동적 계획법에서는 이러한 반복적인 계산을 피할 수 있으므로 아주 효율적으로 문제를 해결할 수 있다.

이러한 동적 계획법은 상향식 접근 방법(bottom-up approach)이라고 볼 수 있으며, 다음과 같은 설계 원칙에 따라 알고리즘을 개발한다.

- 문제의 해를 구할 수 있는 재귀적인 성질을 설정한다.
- 상향식 접근 방법에 의해 크기가 작은 문제를 먼저 해결한 후 크기가 큰 문제를 나중에 해결한다.
- 크기가 큰 문제의 해결을 효율적으로 하기 위하여 크기가 작은 문제의 해는 테이블에 저장을 한다(이는 같은 크기의 문제의 해를 다시 계산하는 과정을 피하기 위해서이다).

동적 계획법은 보통 최적화 문제에 적용되지만 개념을 좀 더 쉽게 이해하기 위해서 최적화 문제가 아닌 이항 계수를 구하는 간단한 예제부터 살펴보기로 한다.

4.2 이항 계수

a, b가 실수이고 n을 음이 아닌 정수라 할 때 이항 정리(binomial theorem)에 의해 $(a+b)^n$을 펼친 식은 아래와 같다.

$$(a+b)^n = \binom{n}{0}a^0b^n + \binom{n}{1}a^1b^{n-1} + \cdots + \binom{n}{i}a^ib^{n-i} + \cdots \binom{n}{n}a^nb^0$$
$$= \sum_{k=0}^{n} \frac{n!}{k!(n-k)!}a^kb^{n-k}$$

n개의 물건에서 중복을 허락하지 않고 k개를 꺼내는 조합의 수가 바로 항 a^kb^{n-k}의 계수이므로 $\binom{n}{k}$를 이항 계수(binomial coefficient)라고 부르며, 이 값은 $\binom{n}{k} = \frac{n!}{k!(n-k)!}$이 된다. 그러나, 이 방법에 의해서 이항 계수의 값을 구하려면 $n!$와 $k!$을 계산해야 하기 때문에 n과 k가 조금만 커지더라도 값을 구하기가 대단히 어려워진다. 따라서 아래와 같이 계승의 값을 구하지 않는 다른 재귀적인 성질을 이용해서 이항 계수의 값을 구할 수 있다.

$$\binom{n}{k} = \begin{cases} 1, & k=0 \text{ 혹은 } k=n\text{인 경우} \\ \binom{n-1}{k-1} + \binom{n-1}{k}, & 0<k<n\text{인 경우} \end{cases} \qquad \text{(식 4.1)}$$

알고리즘 4.1 ••• **이항 계수(재귀 알고리즘)**

- 입력: 정수 n, k
- 출력: 이항 계수, $\binom{n}{k}$

```
/* 이항 계수(재귀 호출) */

int bin_1 (int n, int k) {

   if (k==0 || k==n) return 1;
   else if (k>0 || k<n)
```

```
        return (bin_1 (n-1,k-1) + bin_1 (n-1,k));
}
```

앞에서 언급한 것처럼 위 알고리즘은 각 재귀 호출마다 같은 부분 문제들을 풀어야 하므로 매우 비효율적이다. 예를 들어, 함수값 bin_1(n-1, k-1)과 bin_1(n-1, k)을 구하기 위해서는 모두 bin_1(n-2, k-1)의 계산이 필요한데, 〈알고리즘 4.1〉에서는 각 재귀 호출마다 서로 독립적으로 해를 구해야 한다. 따라서 n과 k가 조금이라도 커지면 이러한 중복 계산이 많아져 알고리즘의 수행 시간이 많이 걸리게 된다. 실제로 〈알고리즘 4.1〉이 $\binom{n}{k}$의 값을 구할 때 계산해야 하는 항의 개수를 살펴보면 $2\binom{n}{k}-1$개가 된다.(연습 문제 증명) 이 값은 $k=n/2$일 때 가장 크며 n이 점점 커질 때 스털링(Stirling) 공식에 의해 $n! \approx \sqrt{2\pi n}\left(\frac{n}{e}\right)^n$이므로

$$2\binom{n}{n/2}-1 = 2\frac{\sqrt{2\pi n}\,(n/e)^n}{(\sqrt{2\pi n/2}\,(n/2e)^{n/2})^2}-1 = \frac{2^2}{\sqrt{2\pi n}}2^n-1$$
$$\in \Theta(2^n/\sqrt{n})$$

이 되어 결국 지수 시간 알고리즘이 된다.

동적 계획법의 개념을 이용하면 이보다 훨씬 효율적인 알고리즘을 설계할 수 있다. 즉 재귀적인 성질인 (식 4.1)을 이용하되 2차원 배열 B을 사용하여 B[i][j]가 $\binom{i}{j}$의 값을 저장하도록 한다. 그렇게 되면 재귀적인 성질인 (식 4.1)은 다음과 같이 B의 배열 원소들의 항으로 표현할 수 있다. 즉

$$B[i][j] = \begin{cases} 1, & j=0 \text{ 혹은 } j=i\text{인 경우} \\ B[i-1][j-1]+B[i-1][j], & 0<j<i\text{인 경우} \end{cases}$$

이다. 이는 $B[i][j]$의 값을 구하기 위해 필요한 모든 값들이 이미 배열 B에 저장되어 있으므로 한 번의 덧셈 연산에 의해서 쉽게 계산 가능하다. 구하는 과정을 아래 〈그림 4.1〉을 보면 쉽게 알 수 있다.

〈그림 4.1〉과 같이 B[i][j]를 계산하는 과정은 우리가 이항 계수를 구하기 위해서 고등학교에서 배웠던 파스칼의 삼각형을 만들어나가는 과정과 유사하다. 따라서 최종적으로 구한 B[n][k]의 값이 바로 우리가 원하는 이항 계수인 $\binom{n}{k}$가 된다.

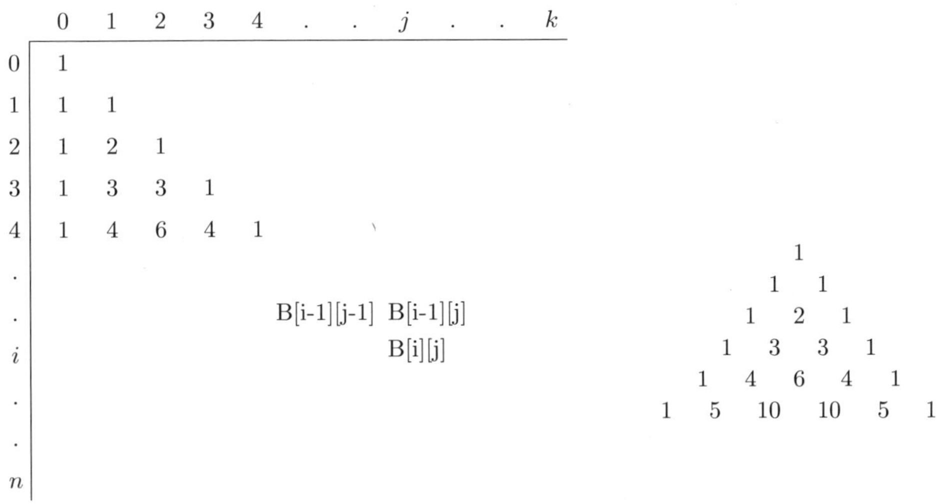

그림 4.1 동적 계획법에 의한 이항 계수 계산과 파스칼의 삼각형

알고리즘 4.2 ••• 이항 계수(동적 계획법)

- 입력: 정수 n, k
- 출력: 이항 계수, $\binom{n}{k}$

```
/* 이항 계수(동적 계획법) */

int bin_2 (int n, int k) {
 int i, j;
 int B[MAX][MAX];                          // MAX는 배열 B의 최대 크기

 for (i=0; i<=n; i++)
     for (j=0; j<=min(i, k); j++)          // #define min(a, b) (((a)<(b))?(a):(b))
         if (j==0 || j==i) B[i][j] = 1;
         else B[i][j] = B[i-1][j-1] + B[i-1][j];

 return B[n][k];
}
```

예제 4.1

예를 들어 〈알고리즘 4.2〉에 따라 B[4][2]의 값은 다음과 같은 순서로 계산된다.

(1) 행 0
- B[0][0]=1

(2) 행 1
- B[1][0]=1
- B[1][1]=1

(3) 행 2
- B[2][0]=1
- B[2][1]=B[1][0]+B[1][1]=2
- B[2][2]=1

(4) 행 3
- B[3][0]=1
- B[3][1]=B[2][0]+B[2][1]=3
- B[3][2]=B[2][1]+B[2][2]=3
- B[3][3]=1

(4) 행 4
- B[4][0]=1
- B[4][1]=B[3][0]+B[3][1]=4
- B[4][2]=B[3][1]+B[3][2]=6

■

이제 n과 k값에 따라 for 문 안에 있는 if 문이 몇 번 수행되는지 보기로 한다. $i=0$부터 $i=n$일 때까지 j가 0부터 얼마까지 변할 수 있는지 살펴보면 다음 〈표 4.1〉과 같다.

표 4.1 〈알고리즘 4.2〉의 if 문 수행 횟수

i	0	1	2	3	⋯	k	$k+1$	⋯	n
if 문 수행 횟수	1	2	3	4	⋯	$k+1$	$k+1$	⋯	$k+1$

따라서 if 문 전체 수행 횟수는

$$1+2+3+\ldots+k+\underbrace{(k+1)+(k+1)+\ldots+(k+1)}_{n-k+1}$$

$$= k(k+1)/2 + (n-k+1)(k+1) = (2n-k+2)(k+1)/2$$
$$\in \Theta(nk)$$

이다. 만약 $k = n$이라면 이는 n에 대한 2차식이므로 분할 정복 방식에 의한 알고리즘보다 훨씬 효율적으로 계산할 수 있다.

4.3 최장 증가 부분 수열

정수로 구성된 수열(sequence) $S = (a_1, a_2, \cdots, a_n)$가 주어졌을 때, S의 부분 수열(subsequence)이란 S에서 임의로 k개의 원소를 순서적으로 선택한 수열로서 인덱스가 $1 \le i_1 < i_2 < \cdots < i_k \le n$의 조건을 만족하는 수열 $(a_{i_1}, a_{i_2}, \cdots, a_{i_k})$을 말한다. 수열의 길이 k는 수열을 구성하는 원소의 개수이다. 증가 부분 수열(increasing subsequence)이란 이러한 부분 수열 중에서 $a_{i_1} < a_{i_2} < \cdots < a_{i_k}$의 조건을 만족하는 수열이다. 최장 증가 부분 수열(longest increasing subsequence) 문제는 이러한 증가 부분 수열 중에서 길이가 가장 긴 증가 부분 수열과 그 길이를 구하는 것이다.

예를 들어, 주어진 정수 수열 (25, 12, 18, 6, 13, 16, 29, 17)에서 최장 증가 부분 수열 중 하나는 (12, 13, 16, 29)이며 그 길이는 4이다. 길이가 4보다 큰 증가 부분 수열은 없다. 물론 최장 증가 부분 수열은 여러 개 있을 수 있다. 위의 예에서 (12, 13, 16, 17)도 길이가 4인 최장 증가 부분 수열이다. 여기에서는 최장 증가 부분 수열이 여러 개 존재하는 경우라도 임의의 답을 하나만 구하는 문제라고 가정한다.

만약 우리가 주어진 수열의 모든 부분 집합으로 구성된 수열을 다 고려하여 각 수열이 증가 부분 수열인가를 체크하고 증가 부분 수열들 중에서 가장 긴 부분 수열을 고르면 바로 그 부분 수열이 답이 된다. 이러한 방법은 원소의 개수가 n인 수열의 부분 집합의 개수가 2^n이므로 적어도 $O(2^n)$ 이상의 시간이 걸린다. 따라서 이렇게 답을 구하는 것은 바람직한 방법이 아니다.

이 문제를 동적 계획법으로 해결하기 위해서는 우선 재귀적인 공식을 수립해야 한다. h_i를 원소 a_i로 끝나는 최장 증가 부분 수열의 길이라고 정의하자. 그렇다면 우리가 원하는 최장 증가 부분 수열의 길이 h는 a_1으로 끝나는 최장 증가 부분 수열의 길이 h_1, a_2로 끝나는 최장 증가 부분 수열의 길이 h_2, ⋯, a_n으로 끝나는 최장 증가 부분 수열의 길이 h_n 중에서 가장 큰 값이 될 것이다. 여기에서 a_i로 끝나는 최장 증가 부분 수열이란 a_i보다 먼저 나오는 원소들 중에서 a_i보다 작은 원소값으로 끝나는 최장 증가 부분 수열에 a_i를 하나 추가하여 만든 부분 수열들 중에서 가장 긴 부분 수열이다. 이를 좀 더 간단하게 표현하기 위해서 가상적인 아주 작은 값 a_0가 있다고 가정하면,

$i = 0$인 경우, $h_0 = 0$

$i \geq 1$인 경우, $h_i = \max_{0 \leq j \leq i-1} h_j + 1$ (단, $a_j < a_i$)

이 되므로, 최장 증가 부분 수열의 길이는 $h = \max_{1 \leq i \leq n} h_i$이다.

예제 4.2

정수 수열 $S = (9, 5, 2, 8, 7, 3, 1, 6, 4)$의 최장 증가 부분 수열을 구하는 과정을 표로 나타내면 다음과 같다. 여기서 전 값 p_i의 인덱스란 a_i로 끝나는 최장 증가 부분 수열에서 a_i 바로 전에 나오는 원소의 인덱스를 말한다. 예를 들어, $i = 8$인 경우 6으로 끝나는 최장 증가 부분 수열에서 6 바로 전에 나오는 값은 인덱스 6에 있는 3이다.

i	0	1	2	3	4	5	6	7	8	9
수열 a_i	$-\infty$	9	5	2	8	7	3	1	6	4
길이 h_i	0	1	1	1	2	2	2	1	3	3
전 값 p_i의 인덱스					2	2	3		6	6

따라서 우리가 구하는 최장 증가 부분 수열의 길이는 3이고, 그 수열은 (2, 3, 4) 또는 (2, 3, 6)이다. ■

위의 방법을 분석해보면, 각 $h_i (1 \leq i \leq n)$를 구하기 위해서는 a_i와 그 앞에 있는 $(i-1)$개의 원소들 $a_{i-1}, \cdots, a_1$과 비교해야 하므로 전체 시간 복잡도는 $O(n^2)$이 되며, 공간 복잡도는 수열 a_i, 길이 h_i 및 바로 전 값인 p_i의 인덱스를 저장해야 하므로 $O(n)$이 필요하다.

알고리즘 4.3 ••• **최장 증가 부분 수열**

- 입력: 정수 수열 $S = (a_1, a_2, \ldots, a_n)$이 저장된 배열 a (단, $a[0]$에는 가상의 작은 값 a_0 이 저장됨)
- 출력: 최장 증가 부분 수열 및 그 길이

```
/* 최장 증가 부분 수열 */

int longest_increasing_subseq (int s[]) {
  int i, j;
  int h[MAX] = {0, }, p[MAX];   // h는 부분 수열의 길이, p는 전 값의 인덱스
  int max = 0, index;

  for (i=1; i<MAX; i++)
      for (j=0; j<i; j++)
          if (s[i]>s[j] && h[i]<h[j]+1) {
              h[i] = h[j] + 1;
              p[i] = j;              // 전 원소의 인덱스를 저장
          }
  for (i=1; i<MAX; i++) {           // 최대 부분 수열의 길이 찾기
      if (max<h[i]) {
          max = h[i];
          index = i;
      }

  int lis[MAX];                     // 최대 부분 수열을 저장하는 배열
  i = max;
  while (index!=0) {                // index가 0이 될 때까지 탐색
      lis[--i] = s[index];
      index = p[index];
  }
  printf("longest increasing subseq: ");
  for (i=0; i<max; i++) printf("%d ", lis[i]);
```

```
    printf("₩n");
    return max;
}
```

4.4 숫자 삼각형

음이 아닌 정수들로 이루어진 숫자 삼각형은 〈그림 4.2〉와 같이 맨 위의 레벨 1에 하나의 숫자, 레벨 2에 2개의 숫자, …, 레벨 k에 k개의 숫자가 있는 삼각형 형태의 숫자들의 모임이다. 숫자 삼각형 문제란 이러한 숫자 삼각형의 레벨 1에서 시작하여 마지막 레벨 k에 있는 임의의 정수까지 내려오는 최적의 경로와 그 경로의 값을 찾는 문제이다. 여기에서 경로는 항상 위로부터 대각선 왼쪽으로 내려오거나 대각선 오른쪽으로 내려올 수 있다. 최적의 경로란 이러한 경로를 구성하는 정수의 합이 최대인 경로를 말한다.

아래 〈그림 4.2〉는 레벨이 5인 숫자 삼각형의 예이다. 이 예에서 최적의 경로는 ($7 \to 3 \to 8 \to 7 \to 5$)이며 그 값은 30이다. 정수들의 합이 30보다 큰 경로는 존재하지 않는다.

레벨이 k인 숫자 삼각형 문제에서 모든 경로의 수를 다 체크해서 문제를 해결하는 경우를 생각해보자. $k=1$인 경우 경로의 수는 당연히 한 가지이고, $k=2$인 경우도 두 가지밖에 없다. $k=3$인 경우, 〈그림 4.2〉에서 보면 ($7 \to 3 \to 8$), ($7 \to 3 \to 1$), ($7 \to 8 \to 1$), ($7 \to 8 \to 0$)의 네 가지가 존재한다. 이와 같이 해당 숫자까지 오는 경로의 방법은 왼쪽 위 숫자까지 오는 방법의 수와 오른쪽 위 숫자까지 오는 방법의 수를 더한 것이다. 아래 〈그림 4.3〉과 〈그림 4.2〉를 함께 보자. 레벨 4의 7까지 올 수 있는 경로의 수는 레벨 3의 숫자 8까지

```
        7            <----- 레벨 1
      3   8          <----- 레벨 2
    8   1   0
  2   7   4   4
4   5   2   6   5    <----- 레벨 k
```

그림 4.2 레벨(k)이 5인 숫자 삼각형의 예

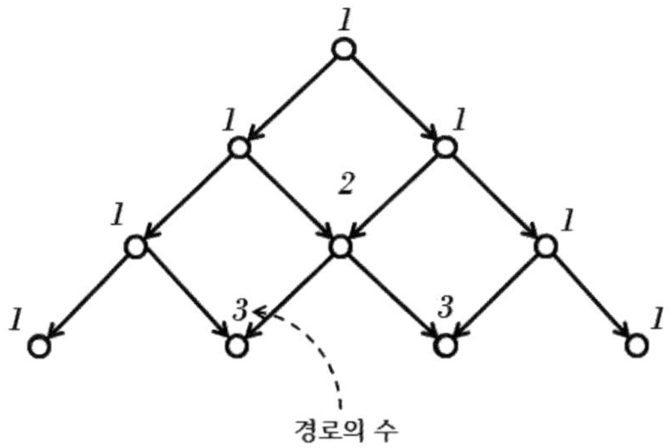

그림 4.3 숫자 삼각형의 경로의 수

오는 경로의 수(1)와 레벨 3의 1까지 올 수 있는 경로의 수(2)를 더한 값인 세 가지이다.

따라서 레벨이 4인 숫자 삼각형 문제에서 고려해야 하는 모든 경로의 개수는 $1+3+3+1=8$가지이다. 즉 $T(k)$를 레벨이 k인 숫자 삼각형의 경로의 개수라고 하면 이 값은 아래와 같이 이항 계수들의 합이 된다.

$$T(k)=\sum_{i=0}^{k-1}\binom{k-1}{i}=2^{k-1}$$

숫자 전체의 개수를 n이라 한다면 $n=(1+2+\cdots+k)=k(k+1)/2$이므로 k와 n과의 관계는 $k=\Theta(\sqrt{n})$이다. 따라서 $T(k)=2^{k-1}\in\Theta(2^k)$이며, 이를 n에 대한 시간 복잡도 함수로 나타내면 $\Theta(2^{\sqrt{n}})$이다. 따라서 모든 경로를 다 고려하여 구하는 방법은 지수 시간 알고리즘이 되어 매우 비효율적이다.

이 문제를 동적 계획법으로 해결하기 위해서 재귀 공식을 설정해보도록 한다. $best(r, c)$를 레벨 1에 있는 원소부터 시작하여 레벨 r의 c번째 원소에서 끝나는 최적 경로의 값이라고 하자. 여기서 r과 c의 범위는 각각 $1\le r\le k$이고 $1\le c\le r$이다. $a_{r,c}$를 레벨 r의 c번째 원소라고 한다면, 원소 $a_{r,c}$까지 오는 경로는 원소 $a_{r-1,c-1}$ 혹은 원소 $a_{r-1,c}$를 통해서만 올 수 있으므로 그중에서 큰 값을 갖는 경로를 택하면 된다. 즉

$$best(r,c)=a_{r,c}+\max(best(r-1,\ c-1),\ best(r-1,\ c))$$
$$best(1,1)=a_{1,1}$$

이다. 여기서 구한 $best(k, 1)$, $best(k, 2)$, $\cdots$, $best(k, k)$ 값 중에서 가장 큰 값이 우리가 원하는 최적의 값이다.

예제 4.3

```
        7
      3   8
    8   1   0
  2   7   4   4
4   5   2   6   5
```

$best(r, c)$

r \ c	1	2	3	4	5
1	7, “”				
2	10, “R”	15, “L”			
3	18, “R”	16, “R”	15, “L”		
4	20, “R”	25, “L”	20, “L”	19, “L”	
5	24, “R”	30, “R”	27, “L”	26, “L”	24, “L”

위 표는 $best(r, c)$를 나타낸다. 최적의 값은 $r=5$, $c=2$일 때 30이다. 각 엔트리에 있는 “L”, “R”의 값은 해당 원소까지의 최적의 경로가 왼쪽 위 대각선으로부터 내려왔는지(“L”) 혹은 오른쪽 위 대각선으로부터 내려왔는지(“R”)를 나타낸다. 따라서 이를 거꾸로 탐색해가면 그 경로를 알 수 있다. 즉 최적의 경로의 마지막 원소인 $r=5$, $c=2$인 원소 5의 바로 전 원소는 오른쪽 위 대각선으로부터 내려왔으므로 7이 되고, 7의 전 원소는 왼쪽 위 대각선으로부터 내려왔으므로 8이 된다. 이러한 방식으로 최적의 경로를 구하면 $(7 \rightarrow 3 \rightarrow 8 \rightarrow 7 \rightarrow 5)$이다. ■

알고리즘 4.4 ··· 숫자 삼각형

- 입력: $k \times k$ 2차원 배열 $a[]$, 최대 레벨 k
- 출력: 최적의 경로값

```
/* 숫자 삼각형 */
```

```
int number_triangle (int a[][MAX], int k) {
  int best[MAX][MAX] = {0, };
  int i, j;
  int max_result = 0;

  for (i=1; i<=k; i++)
     for (j=1; j<=i; j++)           // #define max(a, b) (((a)>(b))?(a):(b))
        best[i][j] = a[i][j] + max(best[i-1][j-1], best[i-1][j]);
  for (i=1; i<=k; i++)
     if (max_result<best[k][i]) max_result = best[k][i];
  return max_result;
}
```

위 알고리즘을 간단히 분석해보자. $best(r,c)$의 각 엔트리값을 구하려면 $best(r-1, c-1)$과 $best(r-1, c)$를 비교하여 큰 값을 찾고 그 값에 $a_{r,c}$의 값을 더해주면 된다. 이러한 엔트리의 개수가 $(1+2+\cdots+k)=k(k+1)/2$이므로 시간 및 공간 복잡도가 $\Theta(k^2)$이 되고 이를 n에 대한 차수로 나타내면 $\Theta(n)$이다.

4.5 최적성의 원리

동적 계획법을 모든 최적화 문제에 다 적용할 수 있을 것 같이 생각되지만 사실은 그렇지 않다. 동적 계획법은 다음과 같은 최적성의 원리(principle of optimality)가 적용되는 문제에 대해서만 사용할 수 있다.

[정의 4.1] 최적성의 원리

어떤 문제의 최적 해가 그 문제의 부분 문제들의 최적 해로 구성되는 경우 그 문제는 최적성의 원리를 만족한다.

동적 계획법을 정확하게 알고 있다면 위의 정의가 쉽게 이해되지만 만약 그렇지 않다면 이해하기가 쉽지 않으므로 한 가지 예와 반례를 통해서 설명한다.

우선 숫자 삼각형 문제에 대해 살펴보면, 〈그림 4.2〉의 최적 해는 $(7 \to 3 \to 8 \to 7 \to 5)$이다. 이 최적 해는 부분 문제의 최적 해로 구성되어 있다. 즉 부분 문제인

$$\begin{array}{ccc} & 7 & \\ 5 & & 2 \end{array}$$

의 최적 해는 $(7 \to 5)$로서 $(7 \to 3 \to 8 \to 7 \to 5)$에 포함되어 있으며, 부분 문제인

$$\begin{array}{ccccc} & & 8 & & \\ & 2 & & 7 & \\ 4 & & 5 & & 2 \end{array}$$

의 최적 해는 $(8 \to 7 \to 5)$로서 $(7 \to 3 \to 8 \to 7 \to 5)$에 포함되어 있다. 이와 같이 숫자 삼각형 문제는 최적성의 원리가 적용된다. 이러한 최적성의 원리가 적용되는 문제에 대해서는 재귀적인 성질에 의해 재귀 공식을 설정할 수 있게 된다. 자세히 살펴보면 이는 사실 당연한 얘기이기도 하다.

가중치 그래프 혹은 유향 그래프에서 최단 거리를 구하는 문제는 아주 잘 알려진 최적화 문제이다. 즉 그래프의 시작점 v_s에서 끝점 v_t까지 최단 거리란 v_s에서 v_t까지 가는 경로 중에서 그 경로를 구성하는 에지의 가중치 합이 가장 최소인 것을 말한다. 만약 v_s에서 v_t까지의 최단 경로가 v_k를 통과한다고 가정한다. 그렇다면 그 최단 경로는 부분 문제의 최적 해인 v_s에서 v_k까지의 최단 경로 및 부분 문제의 최적 해인 v_k에서 v_t까지의 최단 경로를 반드시 포함하고 있어야 한다. 만약 그렇지 않다면 v_k를 통과하는 최단 경로는 최단 경로가 아니다. 따라서 최단 경로문제는 최적성의 원리가 적용되어 동적 계획법이 사용될 수 있다.

다음은 최장 경로(longest path) 문제를 고려해보자. 최장 경로란 시작점 v_s에서 끝점 v_t까지 가는 경로 중에서 그 경로를 구성하는 에지의 가중치 합이 가장 최대인 것을 말한다. 여기서 경로는 당연히 단순 경로(simple path), 즉 정점을 한 번씩만 방문하는 경로이다. 〈그림 4.4〉에서 보면 정점 v_1에서 v_4까지의 최장 경로는 $\langle v_1, v_3, v_2, v_4 \rangle$로서 그 값은 9이다. 이 경로는 중간 정점으로 v_3를 통과하게 되는데, v_1에서 v_3까지의 최장 경로는 $\langle v_1, v_3 \rangle$

이 아니고 $\langle v_1, v_2, v_3 \rangle$이 된다. 따라서 이 문제는 최적성의 원리가 작용되는 문제가 아니므로 동적 계획법을 이용해서 풀 수가 없는 문제이다.

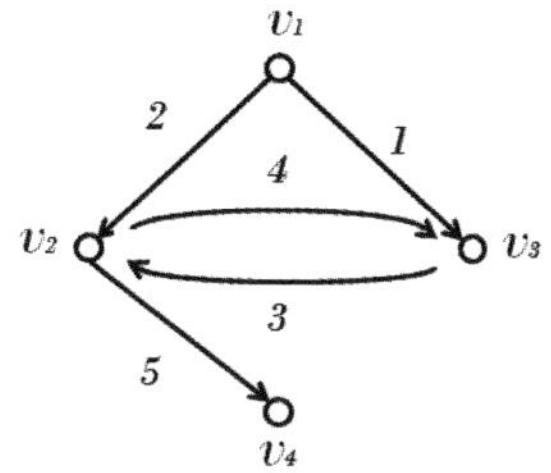

그림 4.4 최적성의 원리가 적용되지 않는 예

4.6 편집 거리

두 문자열 $S = s_1 s_2 \cdots s_n$와 $T = t_1 t_2 \cdots t_m$가 있을 때, 문자열 S와 T에 대한 편집 거리는 S를 T로 변환하기 위해서 필요한 최소의 편집 연산의 개수로 정의된다. 여기에서 편집 연산이란 문자 하나를 삽입하는 연산(insert), 제거하는 연산(delete) 또는 다른 문자로의 치환 연산(substitute)으로 구성된다. 따라서 편집 거리 문제는 S를 T로 변환하기 위해서 필요한 최소 편집 연산의 수 및 그 연산 순서를 구하는 문제이다.

예제 4.4

$S=$ '$agaatgca$', $T=$ '$acaagtga$'라고 할 때 S를 T로 변환하는 연산 순서의 한 예를 다음 테이블과 같이 나타낼 수 있다.

S	a	g	a	a	t	g		c	a
T	a	c	a	a		g	t	g	a
편집 연산		치환			제거		삽입	치환	

즉 이 표에 나오는 예는 (1) S의 g를 c로 치환, (2) t를 제거, (3) g 다음에 t를 삽입, (4) c를 g로 치환하는 4번의 편집 연산의 순서를 의미한다. [예제 4.5]에서 보겠지만 이 문제의 편집 거리는 4가 아니고 3이다. ■

편집 거리 문제에 최적성의 원리가 적용되는 이유는 연습 문제에서 설명해보기 바란다. 이 문제를 동적 계획법으로 풀기 위해서 다음과 같이 재귀 공식을 설정하고자 한다. 즉 $d_{i,j}$를 부분 문제인 $S_i = s_1 s_2 \cdots s_i$와 $T_j = t_1 t_2 \cdots t_j$의 편집 거리로 정의하면,

$d_{i,0} = i$, (i번의 제거 연산)

$d_{0,j} = j$, (j번의 삽입 연산)

$d_{i,j} = \min(d_{i-1,j}+1, d_{i,j-1}+1, d_{i-1,j-1}+t_{i,j})$, ($t_{i,j}$의 값은 $s_i = t_j$인 경우 0, $s_i \neq t_j$인 경우 1임)

의 값을 차례로 계산하여 마지막으로 $d_{n,m}$의 값을 구하면 편집 거리가 된다. 여기에서 $d_{i,0} = i$가 의미하는 바는 $S_i = s_1 s_2 \cdots s_i$를 NULL로 바꾸기 위해서 S_i의 각 문자 i개를 제거하는 것이고, 마찬가지로 $d_{0,j} = j$는 NULL을 $T_j = t_1 t_2 \cdots t_j$로 바꾸기 위한 최소 편집 연산을 의미하므로 T_j의 각 문자 j개를 삽입하는 것이다.

이제 일반적으로 생각해보면, 부분 문제인 S_i와 T_j의 편집 거리인 $d_{i,j}$의 값을 구하기 위해서는 네 가지 상황을 고려해야 한다. 즉 첫 번째 경우는 s_i를 제거하여 S_i를 T_j로 변환하는 것으로서 S_{i-1}과 T_j의 편집 거리인 $d_{i-1,j}$에 제거 연산 하나를 추가하는 것이며 이의 편집 연산의 수는 $d_{i-1,j}+1$가 되고, 두 번째 경우는 t_j를 삽입하여 S_i를 T_j로 변환하는 것으로서 이는 S_i과 T_{j-1}의 편집 거리인 $d_{i,j-1}$에 삽입 연산 하나를 추가하는 것을 의미하므로 편집 연산의 수는 $d_{i,j-1}+1$이 된다. 또한 만약 $s_i = t_j$라면 편집 연산을 할 필요가 없으므로 $d_{i,j} = d_{i-1,j-1}$이 될 것이고 $s_i \neq t_j$이라면 s_i를 t_j로 치환하면 되므로 $d_{i-1,j-1}$에 치환 연산 하나만을 추가하면 된다. 따라서 S_i를 T_j로 변환하기 위한 최소 편집 연산의 수(편집 거리) $d_{i,j}$는 이 값들 중 최소값이다.

예제 4.5

[예제 4.4]와 같이 $S = 'agaatgca'$, $T = 'acaagtga'$라고 할 때 S를 T로 변환하는 편집 거리를 구하는 과정은 다음과 같다.

$d_{i,j}$

i \ j		0	1	2	3	4	5	6	7	8
		T	a	c	a	a	g	t	g	a
0	S	**0**	1	2	3	4	5	6	7	8
1	a	1	**0**	1	2	3	4	5	6	7
2	g	2	1	**1**	2	3	3	4	5	6
3	a	3	2	2	**1**	2	3	4	5	5
4	a	4	3	3	2	**1**	**2**	3	4	5
5	t	5	5	4	3	2	2	**2**	3	4
6	g	6	6	6	4	3	2	3	**2**	3
7	c	7	7	6	5	4	3	3	**3**	3
8	a	8	7	7	6	5	4	4	4	**3**

즉 이 표에서 편집 거리 $d_{8,8}$의 값은 3이고 이 값을 결정하는 연산을 역으로 추적하여 $i=0$, $j=0$일 때까지 올라가 보면 (1) S의 g를 c로 치환, (2) g를 삽입, (3) g 다음의 c를 제거하는 3번의 편집 연산의 순서임을 알 수 있다. 이를 아래 표와 같이 나타낼 수 있다.

S	a	g	a	a		t	g	c	a
T	a	c	a	a	g	t	g		a
편집 연산		치환			삽입			제거	

■

알고리즘 4.5 ••• 편집 거리

- 입력: 배열 s와 t에 저장된 두 문자열 $S=s_1s_2\cdots s_n$와 $T=t_1t_2\cdots t_m$
- 출력: 편집 거리

```
/* 편집 거리 */

int edit_distance (char s[], char t[]) {
 int d[MAX][MAX], n, m;
 int i, j;
```

```
    n = strlen(s);              // 문자열 s의 길이
    m = strlen(t);              // 문자열 t의 길이

    for (i=0; i<=n; i++)
        for (j=0; j<=m; j++)
            if (j==0) d[i][j] = i;
            else if (i==0) d[i][j] = j;
                else {
                        d[i][j] = min(d[i-1][j] + 1, d[i][j-1] + 1,
                        d[i-1][j-1] + get_t(s[i], t[j]));
                        // #define min(a, b, c)((a)<(b))?(((a)<(c))?(a):(c)):(((b)<(c))?(b):(c)))
                        // #define get_t(a, b) (((a)==(b))?(0):(1))
                }
    return d[n][m];
}
```

위의 알고리즘을 간단히 분석해보자. 우선 공간 복잡도를 살펴보면 모든 $0 \le i \le n$, $0 \le j \le m$에 대해서 $d_{i,j}$ 값과 그 값을 결정하는 방향을 저장해야 하므로 $\Theta(nm)$의 공간이 필요하다. 또한 시간 복잡도의 경우도 각 $d_{i,j}$의 값을 결정하기 위해서 상수 번의 비교 및 덧셈 연산이 필요하므로 $\Theta(nm)$이 된다.

4.7 연속 행렬 곱셈 순서

연속 행렬 곱셈 순서 문제는 아래 식과 같이 n개의 행렬 A_1, A_2, $\cdots$, A_n을 곱할 때 필요한 최소 원소 곱셈의 수와 최적의 행렬 곱셈 순서를 구하는 문제이다. 연속 행렬 곱셈의 최적의 순서란 어떤 순서로 행렬 곱셈을 하면 전체 원소 곱셈의 수를 최소로 할 수 있는지 그 행렬 곱셈의 순서를 의미한다.

$$A = A_1 \times A_2 \times \cdots \times A_n \text{ (각 } A_i\text{의 차원을 } d_{i-1} \times d_i\text{라고 가정함)}$$

행렬 곱셈은 결합 법칙이 성립한다. 즉 $(A_1 \times A_2) \times A_3 = A_1 \times (A_2 \times A_3)$이다. 따라서 어떠한 순서로 계산을 하든지 수학적으로 곱셈 결과는 같지만 행렬 곱셈의 순서가 달라지면 원소 곱셈의 수가 달라진다(아래 [예제 4.6] 참조).

예제 4.6

$n = 4$인 경우, A_1의 차원을 30×1, A_2의 차원을 1×40, A_3의 차원을 40×10, A_4의 차원을 10×25라고 가정하고, $A = A_1 \times A_2 \times A_3 \times A_4$를 구하는 최적의 행렬 곱셈 순서와 최소 원소 곱셈의 수를 구해본다. 두 행렬을 곱할 때 우리가 흔히 사용하는 표준 관용 알고리즘(〈알고리즘 1.10〉)을 사용한다고 가정하면 모든 가능한 행렬 곱셈의 순서와 원소 곱셈의 수는 다음과 같다.

(1) $((A_1 \times A_2) \times A_3) \times A_4$: $30 \times 1 \times 40 + 30 \times 40 \times 10 + 30 \times 10 \times 25 = 20{,}700$

(2) $A_1 \times ((A_2 \times A_3) \times A_4)$: $1 \times 40 \times 10 + 1 \times 10 \times 25 + 30 \times 1 \times 25 = 1{,}400$

(3) $A_1 \times (A_2 \times (A_3 \times A_4))$: $40 \times 10 \times 25 + 1 \times 40 \times 25 + 30 \times 1 \times 25 = 11{,}750$

(4) $(A_1 \times A_2) \times (A_3 \times A_4)$: $30 \times 1 \times 40 + 40 \times 10 \times 25 + 30 \times 40 \times 25 = 41{,}200$

(5) $(A_1 \times (A_2 \times A_3)) \times A_4$: $1 \times 40 \times 10 + 30 \times 1 \times 10 + 30 \times 10 \times 25 = 8{,}200$

따라서 최적의 곱셈의 수는 1,400이고 그 곱셈 순서는 $A_1 \times ((A_2 \times A_3) \times A_4)$이다. ■

참고로, 이렇게 모든 경우를 다 따져서 최적의 행렬 곱셈 순서를 구하는 방법의 수는 $n = 2$인 경우 한 가지, $n = 3$인 경우는 두 가지임을 쉽게 알 수 있다. $n = 4$인 경우는 [예제 4.6]에서 보는 바와 같이 다섯 가지이다. 일반적으로 $n + 1$개의 행렬을 곱하는 순서의 개수는 $\frac{1}{n+1}\binom{2n}{n}$임이 알려져 있으며, 이 수를 카탈란 수(Catalan mumber)라고 부른다. 이 수를 차수 표기법으로 나타내면 $\Theta(4^n / n\sqrt{n})$이며 지수값을 다항식값으로 나눈 것이므로 이 역시 지수 함수에 비례함을 알 수 있다. 결국 모든 경우를 다 따져서 구하는 방법은 지수 알고리즘이므로 매우 비효율적이다.

이 문제를 동적 계획법으로 해결하기 위해서 다음과 같이 재귀 공식을 설정해본다. 일반적으로 $m_{i,j}$를 부분 문제 $A_i \times A_{i+1} \times \cdots \times A_j$를 곱하기 위해 필요한 최소 원소 곱셈의 수라고 하자. 단 $1 \le i \le j \le n$이다. 그러면 우리가 구하고자 하는 값은 $m_{1,n}$이 되는데 이때 마지막으로 곱한 두 행렬은 아래 식과 같이 어떤 k에 대하여 $A_1 \times \cdots \times A_k$의 행렬 곱셈 결과와 $A_{k+1} \times \cdots \times A_n$의 행렬 곱셈 결과일 것이다.(단 $1 \leq k \leq n-1$임)

$$A = (A_1 \times \cdots \times A_k) \times (A_{k+1} \times \cdots \times A_n)$$

즉, 우리가 원하는 것은 원소 곱셈의 수가 최소가 되는 그러한 k를 선택해야 한다. 부분 문제 $A_1 \times \cdots \times A_k$의 최적의 해는 $m_{1,k}$이고 부분 문제 $A_{k+1} \times \cdots \times A_n$의 최적의 해는 $m_{k+1,n}$이므로 필요한 전체 원소 곱셈의 수는 이 두 값을 더한 다음, 마지막 행렬 2개를 곱하는데 필요한 원소 곱셈의 수를 더해주어야 한다. 앞 행렬의 차원이 $d_0 \times d_k$이고, 뒤 행렬의 차원이 $d_k \times d_n$이므로 〈알고리즘 1.10〉의 행렬 곱셈 알고리즘을 사용하면 추가적인 원소 곱셈의 수가 $d_0 \times d_k \times d_n$이므로 필요한 전체 원소 곱셈의 수는

$$m_{1,n} = \min_{1 \leq k \leq n-1}(m_{1,k} + m_{k+1,n} + d_0 \times d_k \times d_n)$$

이다. 이를 일반적인 부분 문제인 $A_i \times A_{i+1} \times \cdots \times A_j$로 확장하면

$$i < j\text{일 때, } m_{i,j} = \min_{i \leq k \leq j-1}(m_{i,k} + m_{k+1,j} + d_{i-1} \times d_k \times d_j)$$
$$i = j\text{일 때, } m_{ii} = 0$$

이다.

예제 4.7

[예제 4.6]에 대해서 동적 계획법을 이용하여 문제를 풀어서 최적의 해가 맞는지 확인해보자. $n = 4$인 경우이므로 아래 표를 위로부터 아래로 채워나가면서 $m_{1,4}$의 값을 구한다.

$j-i$ \ i	1	2	3	4
0	$m_{1,1}$	$m_{2,2}$	$m_{3,3}$	$m_{4,4}$
1	$m_{1,2}$	$m_{2,3}$	$m_{3,4}$	
2	$m_{1,3}$	$m_{2,4}$		
3	$m_{1,4}$			

$j-i$ \ i	1	2	3	4
0	0	0	0	0
1	1,200	400	10,000	
2	700	650		
3	1,400			

(1) $m_{1,1} = m_{2,2} = m_{3,3} = m_{4,4} = 0$

(2) $m_{1,2} = m_{1,1} + m_{2,2} + d_0 d_1 d_2 = 30 \times 1 \times 40 = 1{,}200 \ \ (k{=}1)$

$m_{2,3} = m_{2,2} + m_{3,3} + d_1 d_2 d_3 = 1 \times 40 \times 10 = 400 \ \ (k{=}2)$

$m_{3,4} = m_{3,3} + m_{4,4} + d_2 d_3 d_4 = 40 \times 10 \times 25 = 10{,}000 \ \ (k{=}3)$

(3) $m_{1,3} = \min(m_{1,1} + m_{2,3} + d_0 d_1 d_3, \ (= 0{+}400{+}30 \times 1 \times 10 = 700, \ k{=}1)$

$m_{1,2} + m_{3,3} + d_0 d_2 d_3) \ (= 1{,}200{+}0{+}30 \times 40 \times 10 = 13{,}200, \ k{=}2)$

$= 700 \ \ (k{=}1)$

$m_{2,4} = \min(m_{2,2} + m_{3,4} + d_1 d_2 d_4, \ (= 0{+}10{,}000{+}1 \times 40 \times 25 = 11{,}000, \ k{=}2)$

$m_{2,3} + m_{4,4} + d_1 d_3 d_4) \ (= 400{+}0{+}1 \times 10 \times 25 = 650, \ k{=}3)$

$= 650 \ \ (k{=}3)$

(4) $m_{1,4} = \min(m_{1,1} + m_{2,4} + d_0 d_1 d_4, \ (= 0{+}650{+}30 \times 1 \times 25 = 1{,}400, \ k{=}1)$

$m_{1,2} + m_{3,4} + d_0 d_2 d_4, \ (= 1{,}200{+}10{,}000{+}30 \times 40 \times 25 = 41{,}200, \ k{=}2)$

$m_{1,3} + m_{4,4} + d_0 d_3 d_4) \ (= 700{+}0{+}30 \times 10 \times 25 = 8{,}200, \ k{=}3)$

$= 1{,}400 \ \ (k{=}1)$

따라서 [예제 4.6]의 결과와 마찬가지로 원소 곱셈의 최소값은 1,400이다. 또한 이 값을 결정하는 k값들을 거꾸로 추적하면 행렬 곱셈의 순서를 알 수 있다. 즉 (4)에서 최소값을 결정하는 k가 1이므로 마지막 행렬 곱셈은 $A_1 \times (A_2 \times A_3 \times A_4)$이어야 하고 $m_{2,4}$를 결정하는 k는 3이므로 뒤 부분이 $(A_2 \times A_3) \times A_4$의 순서로 행렬 곱셈이 이루어진다. 따라서 최적의 행렬 곱셈의 순서는 $A_1 \times ((A_2 \times A_3) \times A_4)$이 됨을 알 수 있다. ■

알고리즘 4.6 ··· 연속 행렬 곱셈 순서

- 입력: 행렬의 개수 n, 각 행렬의 차원 $d_0, d_1, d_2, \cdots, d_n$
- 출력: 원소 곱셈의 최소 개수

```
/* 연속 행렬 곱셈 순서 */

int chained_matrix_mult (int d[ ], int n) {
  int m[MAX][MAX] = {0, };
```

```
    int diagonal, i, j, k;

    for (diagonal=1; diagonal<n; diagonal++) {
        for (i=1; i<=n-diagonal; i++) {
            j = i + diagonal;
            int min = 0;
            for (k=i; k<=j-1; k++) {
                if (min==0 || min>m[i][k] + m[k+1][j] + d[i-1] * d[k] * d[j])
                    min = m[i][k] + m[k+1][j] + d[i-1] * d[k] * d[j];
                m[i][j] = min;
            }
        }
    return m[1][n];
}
```

이제 위 알고리즘을 분석해본다. 필요한 공간은 m_{ij}값 및 각 m_{ij}에 대한 k값을 저장하기 위한 공간이 필요하므로 공간 복잡도는 $(1+2+\cdots+n)=n(n+1)/2 \in \Theta(n^2)$이다. 시간 분석을 위한 기본 연산은 각 k값에 대해 수행되는 연산으로서 최소값을 구하기 위한 비교 연산으로 설정한다. 알고리즘을 살펴보면 인덱스가 $diagonal$인 for 루프 안에 인덱스가 i인 for 루프가 중첩되어 있고 또 그 안에서 최소값을 구해야 하므로 인덱스가 i인 for 루프 안에 또 하나의 루프(인덱스가 k)가 중첩되어 있는 형태이다. $j=i+diagonal$이므로 k 루프의 수행 횟수는

$$j-1-i+1 = i+diagonal-1-i+1 = diagonal$$

이다. 각 $diagonal$ 값에 대해 i 루프의 수행 횟수는 $n-diagonal$이고 $diagonal$값의 범위는 1부터 n-1이므로 수행되는 전체 기본 연산의 수는

$$\sum_{diagonal=1}^{n-1} (n-diagonal) \times diagonal = n(n-1)(n-2)/6 \in \Theta(n^3)$$

이다(연습 문제 4).

참고로 추후 야오(F. Frances Yao, 1982)에 의해 동적 계획법을 사용하는 개선된 $\Theta(n^2)$-시간의 알고리즘이 개발되었으며, 후와 싱(Te C. Hu & Man-tak Shing, 1984)에 의해 $\Theta(n\log n)$-시간의 알고리즘이 개발되었다.

4.8 모든 쌍 최단 경로

모든 쌍 최단 경로 문제는 주어진 가중치 그래프 혹은 가중치 유향 그래프에서 모든 정점들 사이의 최단 경로와 그 가중치를 구하는 문제이다. 경로의 가중치는 그 경로를 구성하고 있는 에지들의 가중치의 합을 말한다. 3.6절에서 언급한 데이크스트라의 알고리즘을 n^2번 적용하여 모든 쌍 최단 경로 문제를 해결할 수도 있지만 여기서 소개하는 동적 계획법에 의한 방법이 훨씬 간단하다.

여기에서 다루는 그래프는 가중치 유향 그래프 $G_D = (V, E, W)$라고 가정하고 각 유향 에지의 가중치를 2차원 $n \times n$ 행렬 $W = (w_{ij})$로 아래와 같이 표현한다. 즉

$$w_{i,j} = \begin{cases} w(v_i, v_j), & < v_i, v_j > \in E \text{인 경우} \\ \infty, & < v_i, v_j > \notin E \text{인 경우} \\ 0, & v_i = v_j \text{인 경우} \end{cases}$$

정점 v_i에서 v_j로 유향 에지가 있으면 행렬 원소 $w_{i,j}$는 에지의 가중치, 유향 에지가 없으면 매우 큰 값(∞), 행렬의 대각선은 0의 값을 각각 갖는다.

예제 4.8

$n = 3$인 경우, 가중치 유향 그래프와 행렬 W의 예

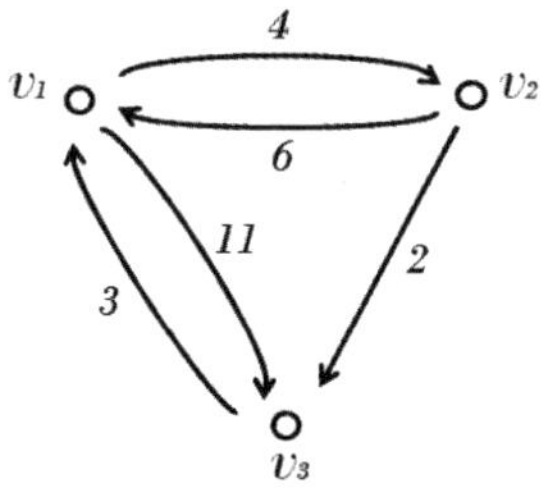

G_D

W	1	2	3
1	0	4	11
2	6	0	2
3	3	∞	0

■

모든 쌍 최단 경로는 2차원 $n \times n$ 행렬 $D = (d_{i,j})$로 표현될 수 있다. 여기에서 $d_{i,j}$는 임의의 정점 v_i에서 v_j로 가는 최단 경로의 가중치이다.

이 문제를 동적 계획법을 이용해서 해결하려면 부분 문제를 잘 정의하고 재귀 공식을 설정해야 한다. 이를 위해서 행렬 $D^{(k)}$를 다음과 같이 정의한다. 즉 행렬 $D^{(k)}$의 원소 $d_{i,j}^{(k)}$는 중간 정점으로서 $v_1, v_2, \cdots, v_k$만을 통과해서 정점 v_i에서 v_j로 가는 최단 경로의 가중치라고 한다. 따라서 $d_{i,j}^{(0)}$는 정점 v_i로부터 v_j로 직접 가는 최단 경로로서 v_i와 v_j 이외의 다른 정점들을 통과해서는 안 되므로 $D^{(0)} = W$이다. 또한, $d_{i,j}^{(n)}$는 정점 v_i로부터 v_j로 가는 최단 경로로서 $v_1, v_2, \cdots, v_n$의 모든 정점을 통과해서 갈 수 있으므로 $D = D^{(n)}$이 된다. 따라서 이 문제를 풀기 위해서는

(1) $D^{(k-1)}$로부터 $D^{(k)}$를 구할 수 있는 재귀 공식을 설정하고,

(2) 다음과 같은 순서로 행렬 D의 값을 차례로 구해나가면 된다. 여기에서 $D^{(0)} = W$이고 $D = D^{(n)}$이다.

$$D^{(0)} \to D^{(1)} \to \cdots \to D^{(k-1)} \to D^{(k)} \to \cdots \to D^{(n)}$$

$D^{(k-1)}$로부터 $D^{(k)}$를 구하는 재귀 공식은 다음과 같이 구할 수 있다. 즉 $d_{i,j}^{(k-1)}$값을 갖는 경로는 중간 정점으로 $v_1, v_2, \cdots, v_{k-1}$의 통과가 허용된 최단 경로이고 $d_{i,j}^{(k)}$값을 갖는 경로는 이제 $v_1, v_2, \cdots, v_{k-1}$외에 v_k의 통과가 추가로 허용되므로 $d_{i,j}^{(k)}$값을 갖는 최단 경로는 v_k를 포함하지 않거나 포함하는 두 가지 경우이다. 따라서 이 두 가지 경우에 대한 경로의 가중치 중에서 작은 값이 $d_{i,j}^{(k)}$가 된다. 따라서

(1) v_k가 $d_{i,j}^{(k)}$값을 갖는 경로에 포함되지 않는 경우, $d_{i,j}^{(k)} = d_{i,j}^{(k-1)}$

(2) v_k가 $d_{i,j}^{(k)}$값을 갖는 경로에 포함되는 경우, $d_{i,j}^{(k)} = d_{i,k}^{(k-1)} + d_{k,j}^{(k-1)}$

이 되므로 $d_{i,j}^{(k)} = \min(d_{i,j}^{(k-1)}, d_{i,k}^{(k-1)} + d_{k,j}^{(k-1)})$이다.

예제 4.9

[예제 4.8]의 예

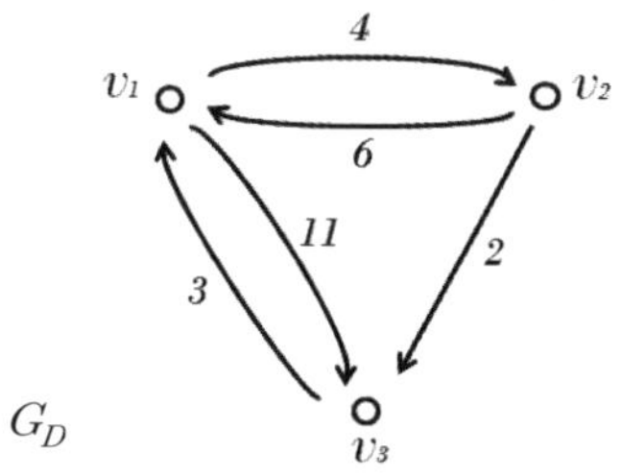

$D^{(0)}$	1	2	3
1	0	4	11
2	6	0	2
3	3	∞	0

$D^{(1)}$	1	2	3
1	0	4	11
2	6	0	2
3	3	⑦	0

$D^{(2)}$	1	2	3
1	0	4	⑥
2	6	0	2
3	3	7	0

$D^{(3)}$	1	2	3
1	0	4	6
2	⑤	0	2
3	3	7	0

■

알고리즘 4.7 ••• 모든 쌍 최단 경로

- 입력: 가중치 유향 그래프 G_D의 가중치 행렬 W
- 출력: 모든 쌍 최단 경로 D

```
/* 모든 쌍 최단 경로 */

void all_pair_shortest_paths (int w[ ][MAX], int n) {
  int d[MAX][MAX][MAX];
  int i, j, k;

  for (i=1; i<=n; i++)
       for (j=1; j<=n; j++)
            d[0][i][j] = w[i][j];
  for (k=1; k<=n; k++)
       for (i=1; i<=n; i++)
            for (j=1; j<=n; j++)
```

```
            if (d[k-1][i][j] > d[k-1][i][k] + d[k-1][k][j])
                d[k][i][j] = d[k-1][i][k] + d[k-1][k][j];
            else
                d[k][i][j] = d[k-1][i][j];
}
```

4.9 욕심쟁이 방법과 동적 계획법

욕심쟁이 방법과 동적 계획법 모두 최적화 문제를 풀 때 사용될 수 있다. 만약 욕심쟁이 방법이 최적화 문제를 해결한다면 그 알고리즘은 매우 간단하고 또한 동적 계획법보다 효율적일 가능성이 매우 크다. 그렇지만 앞의 예들에서 보았듯이 욕심쟁이 방법이 최적화 문제를 해결한다면 항상 최적 해를 구할 수 있다는 사실을 증명해야 한다.

동적 계획법은 최적성의 원리를 만족하는 문제들에 대해서만 적용할 수 있고 그러한 문제들에 대해서는 항상 최적의 해를 구할 수 있다. 또한 동적 계획법은 일반적으로 분할 정복 방식에 의한 알고리즘보다는 효율적이다.

연습 문제

1. 〈알고리즘 4.1〉에서 $\binom{n}{k}$의 값을 구할 때 계산해야 하는 항의 개수가 $2\binom{n}{k}-1$개임을 n에 대한 수학적 귀납법을 사용하여 증명하라.

2. 2.4절에서 언급한 모듈러 지수승을 구하는 알고리즘을 반복문을 이용하여 작성해보라. 또한 반복문을 사용한 알고리즘과 재귀 호출을 사용한 알고리즘의 시간 복잡도와 공간 복잡도를 비교해보라.

3. 편집 거리 문제에 최적성의 원리가 적용되는 이유를 설명하고, X = GATTCAGA, Y = GGATCA일 때, 편집 거리와 그 연산의 순서를 구하라.

4. $\sum_{diagonal=1}^{n-1}(n-diagonal)\times diagonal = n(n-1)(n-2)/6$ 임을 증명하라.

5. 아래 가중치 유향 그래프의 모든 쌍 최단 경로와 최단 경로의 가중치를 구하라.

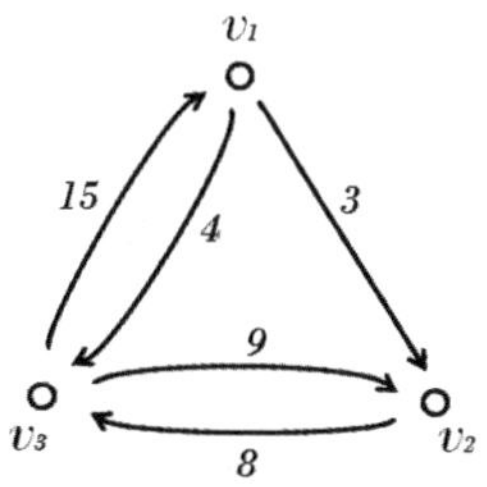

6. 숫자 삼각형 문제를 삼각형의 아래부터 위로 올라가면서 답을 구하고자 할 때, 다음 물음에 답하라. 단, 삼각형의 레벨을 위부터 1, 2, …, k라 한다.

$$
\begin{array}{c}
a_{1,1} \\
a_{2,1}\ a_{2,2} \\
a_{3,1}\ a_{3,2}\ a_{3,3} \\
\cdots \\
a_{k,1}\ a_{k,2}\ a_{k,3} \cdots\ a_{k,k}
\end{array}
\qquad
(예)\quad
\begin{array}{c}
3 \\
10 \quad 7 \\
12 \quad 14 \quad 13 \\
20 \quad 19 \quad 23 \quad 16
\end{array}
$$

(1) $best(r,\ c)$를 $a_{r,c}$를 맨 위 꼭짓점으로 하는 부분 숫자 삼각형 문제에 대한 최적의 해라고 할 때, 위 문제는 $best(1,\ 1)$ 값을 구하는 문제이다. 아래 식의 빈칸을 채워라.

$best(1,1) =$ (　　　　　　　　　　　)
$best(r,c) =$ (　　　　　　　　　　　), 단, $1 \le r \le k, 1 \le c \le r$
$best(k,i) =$ (　　　　　　　　　　　), 단, $i = 0,\ 1,\ \cdots,\ k$

(2) (1)에 의해 위의 오른쪽 (예)에 대한 경로와 그 합을 구하라.

7. 행렬 A_1의 차원이 8×5, A_2가 5×4, A_3가 4×12, A_4가 12×3일 때, $A_1 \times A_2 \times A_3 \times A_4$를 동적 계획법을 이용해서 해결하고자 한다. 이때 최소 행렬 원소 곱셈의 수와 최적의 곱셈 순서를 각각 구하라.

★★8. n개의 노드를 갖는 서로 다른 이진 트리의 개수가 $\frac{1}{n+1}\binom{2n}{n}$임을 증명하라.

9. 물건 $i(1 \le i \le n)$의 무게가 w_i, 이윤이 p_i, 배낭의 크기가 M인 $0-1$ 배낭 문제에 대해 다음 물음에 답하라.

(1) $0-1$ 배낭 문제가 최적성의 원리를 만족하는 이유를 설명하라.

(2) $0-1$ 배낭 문제를 동적 계획법으로 풀기 위해 남아 있는 배낭의 크기 y에 대해 물건 j부터 물건 n까지의 최대 이윤을 $knap(j,\ y)$라고 할 때, 재귀적인 공식을 나타내기 위한 다음의 빈칸을 채워라.

$w_1 \le M$이라면 $knap(1, M)$ = maximum(　　　　　　,　　　　　　)이고,
$w_j \le y$라면 $knap(j,y)$ = maximum(　　　　　　,　　　　　　)이다.

(3) (2)에 의해 이 문제를 해결하려면 최악의 경우 $O(nM)$-시간이 되는 예를 들어라.

10. 연속 행렬 곱셈 문제를 해결할 때 서로 인접한 두 행렬들 중에서 원소 곱셈이 가장 작은 두 행렬을 선택하여 순서를 정하는 욕심쟁이 방법은 항상 최적의 해를 생성하지 못한다는 것을 반례를 이용하여 밝혀라.

11. 다음의 순서열에 대해서 최장 증가 순서열(longest increasing sequence) 및 그 최대 길이를 동적 계획법을 사용하여 구하라.

8, 4, 12, 2, 10, 6, 14, 1, 9, 5, 13, 3, 11, 7, 15

12. 두 수열 $x = x_1x_2 \cdots x_n$과 $y = y_1y_2 \cdots y_m$이 주어져 있을 때 최장 공통 부분 수열(longest common subsequence)를 구하고자 한다. 여기서 최장 공통 부분 수열이란 공통 부분 수열 중에서 그 길이가 가장 긴 것을 말한다. 즉 $x_{i_1}x_{i_2} \cdots x_{i_k} = y_{j_1}y_{j_2} \cdots y_{j_k}$이면서 인덱스가 $i_1 < i_2 < \cdots < i_k$이고 $j_1 < j_2 < \cdots < j_k$인 조건을 만족하고 k가 가장 큰 것을 말한다. 이러한 최장 공통 부분수열을 동적 계획법에 의해 $\Theta(nm)$-시간에 구할 수 있음을 보여라.

13. 2차원 평면상에 n개의 정점 $p_1, p_2, \cdots, p_n$을 갖는 볼록 다각형(볼록 n-각형) P가 주어져 있다(볼록 다각형에 대한 정의는 10장 참조). P의 삼각분할(triangulation)이란 P의 내부에 서로 교차하지 않는 $n-3$개의 대각선(diagonal)을 삽입하여 P의 내부를 $n-2$개의 삼각형으로 나누는 것을 말한다. 아래 그림 (a)와 (b)는 같은 볼록 다각형에 대해 서로 다른 삼각분할을 보여준다.

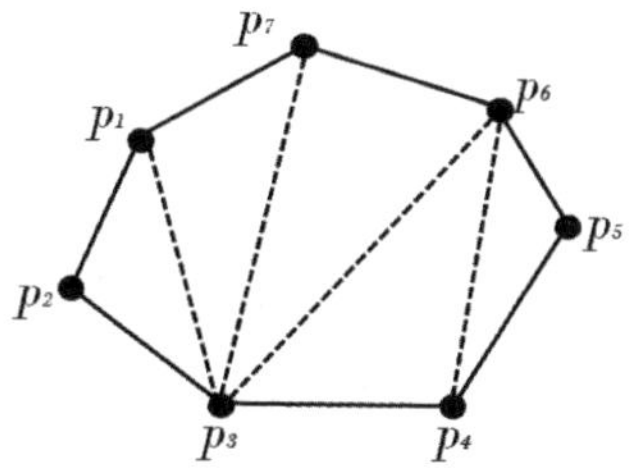

(a)

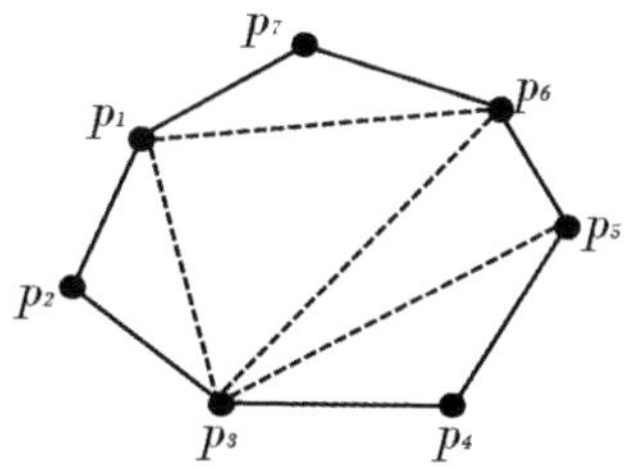

(b)

★(1) 볼록 n-각형에서 서로 다른 삼각분할의 개수를 n에 대한 식으로 표시하라(참고로 $n = 3$인 경우는 1, $n = 4$인 경우는 2, $n = 5$인 경우는 5, $n = 6$인 경우는 14임).

★(2) 볼록 n-각형에 대한 삼각분할의 비용을 대각선들의 길이의 합으로 정의할 때, 최소 비용을 갖는 삼각분할을 동적 계획법에 의해 구하라(힌트: $1 \le i < j \le n$에 대

하여 정점 p_i, p_{i+1}, …, p_j로 구성된 부분 문제의 답인 $\cos t(i, j)$를 재귀식으로 표현한다).

14. 새로운 유전자를 발견했을 때 그 유전자의 기능을 예측하는 가장 일반적인 방법은 기존의 알려진 유전자들과 유사도가 가장 높은 유전자를 찾는 것이다. 두 유전자의 유사도는 길이가 같게끔 양쪽을 맞춘 다음(유전자 서열의 정렬: alignment), 같은 위치의 염기를 서로 비교하여 점수를 부여하여 합산한다. 예를 들어 $x = atgcc$, $y = tacgca$라 할 때,

$$\begin{array}{ccccccc} - & a & t & - & g & c & c \\ t & a & - & c & g & c & a \end{array}$$

와 같이 두 서열을 정렬할 수 있다. 여기에서 "-"는 빈 곳(gap)을 의미한다. 이러한 정렬에 대한 유사도는 점수 함수 σ에 의해 결정된다. $\sigma(s, t)$는 빈 곳을 포함한 문자(염기) s와 t가 같은 위치로 정렬될 때의 점수를 나타낸다. 따라서 위의 정렬에 대한 유사도값은 $\sigma(-, t) + \sigma(a, a) + \sigma(t, -) + \sigma(-, c) + \sigma(g, g) + \sigma(c, c) + \sigma(c, a)$이다. 주어진 두 유전자 서열 $x = x_1x_2 \cdots x_n$, $y = y_1y_2 \cdots y_m$ 및 점수 함수 σ가 주어져 있을 때 유사도의 최대값 및 두 유전자 서열의 정렬을 동적 계획법에 의해서 구하라.

15. 2차원 $n \times n$ 배열 A의 각 원소 $a_{i,j}$ $(0 \leq i, j \leq n-1)$는 양의 정수로서 다음 그림($n = 6$인 경우의 예)과 같은 실린더 표면의 셀(cell)에 저장되어 있다.

$$\begin{array}{cccccc} a_{0,0} & a_{0,1} & a_{0,2} & a_{0,3} & a_{0,4} & a_{0,5} \\ a_{1,0} & a_{1,1} & a_{1,2} & a_{1,3} & a_{1,4} & a_{1,5} \\ & & \cdots & & & \\ a_{5,0} & a_{5,1} & a_{5,2} & a_{5,3} & a_{5,4} & a_{5,5} \end{array}$$

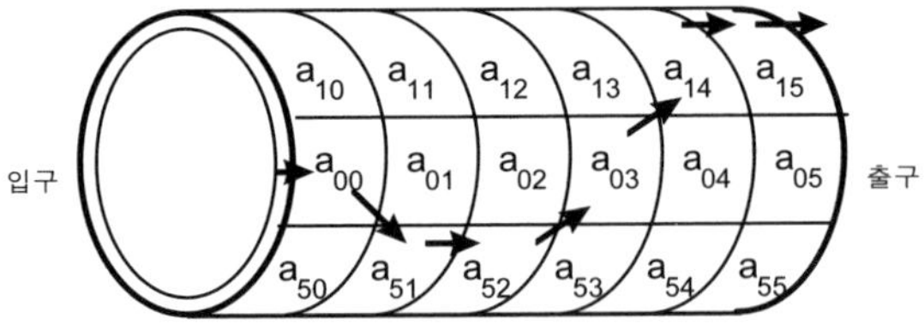

실린더 경로(cylinder path)는 실린더 입구 쪽의 임의의 첫 번째 셀로부터 시작하여 왼쪽에서 오른쪽으로 움직이면서 출구 쪽의 마지막 셀에서 끝나게 된다. 다음 셀로의 이동은

오른쪽에 인접한 세 셀로만 가능하다. 예를 들어, 위 그림에서 경로의 현재의 위치가 $a_{0,0}$ 이 저장되어 있는 셀이라면 실린더 경로 중의 다음 셀은 $a_{1,1}$, $a_{0,1}$, $a_{5,1}$이 저장된 셀 중 하나이다. 실린더 경로의 비용(cost)은 그 경로가 통과하는 셀에 저장되어 있는 정수의 총합으로 정의된다. 또한, 최소 실린더 경로(minimum cylinder path)란 비용이 최소인 실린더 경로를 의미한다.

(1) 실린더 경로의 개수를 n에 대한 식으로 표현하라.

(2) 위 문제가 최적성의 원리를 만족함을 밝혀라.

(3) 최소 실린더 경로와 그 비용을 동적 계획법으로 구하기 위한 재귀 식을 구하라.

프로그래밍 과제

1. [최대 연속 구간 합] 최대 연속 구간 합 문제를 해결할 때 동적 계획법에 의한 프로그램을 작성하라. 동적 계획법을 위한 재귀적인 공식을 구하기 위해서는 오른쪽 끝이 a_k로 끝나는 부분 문제의 답, 즉 a_1, a_2, $\cdots$, a_k에 대한 최대 부분 합을 m_k라 했을 때 m_k를 재귀적인 공식으로 표현해야 하며, 또한 이 m_k들을 이용해서 최대 부분 합 m을 구할 수 있어야 한다. 여기서 최대 연속 구간 합 문제란 크기가 n인 정수형 배열 a가 있을 때, 인덱스 i부터 j까지의 연속된 구간의 합 $s_{i,j} = \sum_{k=i}^{j} a_k$이 최대가 되는 구간 $[i, j]$를 찾고 그 최대값을 구하는 문제이다. 단, $1 \le i \le j \le n$이다.

   - 입력: 크기가 n인 정수형 배열 a
   - 출력: 연속된 구간의 최대값 및 그 구간
   - 예:

   $$\begin{array}{cccccccccc} 31 & -41 & 59 & 26 & -53 & 58 & 97 & -93 & -23 & 84 \\ & & \uparrow & & & & \uparrow & & & \\ & & 3 & & & & 7 & & & \end{array}$$

   최대합 = 187, 구간 [3, 7]

2. [스트링 나누기] 어떤 프로그래밍 언어에서 주어진 스트링을 2개의 부분으로 나누는 연산이 가능하다고 가정한다. 이 연산을 실행하는 데 드는 시간은 스트링의 길이에 비례한다. 주어진 스트링을 여러 개의 조각으로 분할하고자 하는 경우에는 이 연산을 여러 번 이용해야 한다. 이 경우에 분할하는 순서에 따라 전체 시간이 달라진다. 예를 들어, 길이가 20인 스트링을 세 번째 문자 바로 다음, 여덟 번째 문자 바로 다음, 열 번째 문자 바로 다음에서 분할하여 세 부분으로 나누고자 하는 경우를 생각해보자. 세 번째, 여덟 번째, 열 번째의 순서로 분할하면 모두 49단위 시간이 소요되고($20 + 17 + 12 = 49$), 열 번째, 여덟 번째, 세 번째의 순서로 분할하면 모두 38단위 시간이 소요된다($20 + 10 + 8 = 38$). 주어진 분할을 가장 빨리 수행하고자 할 때 소요되는 시간을 구하는 프로그램을 작성하라.

   - 입력: 입력 파일은 3줄로 이루어진다. 첫째 줄은 스트링의 길이 L이 들어 있다($2 \le L \le$

100). 둘째 줄은 몇 번 분할하고자 하는가를 나타내는 분할 횟수 N이 들어 있다($1 \leq N \leq L-1$). 셋째 줄은 1이상 $L-1$ 이하의 서로 다른 정수 N개가 증가하는 순서로 정렬되어 들어 있다. 이 정수들은 분할 위치를 나타낸다. 여기서 정수 k는 k번째 문자와 $k+1$번째 문자 사이에서 분할함을 뜻한다.

- 출력: 출력 파일은 주어진 분할을 가장 빠른 시간에 수행할 때 얼마나 걸리는가를 나타내는 정수 하나로 이루어져야 한다.
- 입 · 출력의 예

입력

```
20
3
3  8  10
```

출력

```
37
```

3. **[고지 점령]** 2차원 $n \times n$ 행렬 $M[1:n, 1:n]$으로 지형도가 표시된 정사각형 모양의 고지가 있다(단, n은 홀수). 행렬의 각 원소값은 양의 정수로서 그 지점에서의 높이를 나타내며, 고지의 정상은 항상 $M[(n+1)/2, (n+1)/2]$이라고 가정한다. 또한, 여기에 표시되지 않은 지역, 즉 산악 지역이 아닌 곳은 모두 높이가 0이다. 아군 탱크가 고지의 가장자리로부터 정상까지 올라가 고지를 점령하기 위해 가장 연료가 적게 드는 공격로를 찾는 프로그램을 작성하라. 탱크가 고지에 오르기 시작하는 지점은 고지의 가장자리 어디라도 괜찮은데, 여기서는 높이가 0인 지점부터 올라간다고 가정한다. 예를 보면서 설명하자. 다음은 행렬 $M[1:5,1:5]$로 표시된 산악 지형이다. 고지의 정상은 $M[3, 3]$의 위치에 있으며 높이는 6이다.

$$M[1:5,1:5] : \begin{matrix} 1 & 2 & 4 & 3 & 2 \\ 1 & 3 & 5 & 4 & 4 \\ 2 & 3 & 6 & 5 & 1 \\ 3 & 1 & 4 & 1 & 3 \\ 2 & 3 & 3 & 5 & 3 \end{matrix}$$

탱크는 어떤 한 지역에서 인접한 네 방향(위, 아래, 오른쪽, 왼쪽)으로만 움직일 수 있다. 인접한 지역으로 이동하는 경우는 (1) 평지로 이동할 경우, (2) 내려가는 경우, (3) 올라가는 경우의 세 가지가 있다. 이 세 가지 경우에 필요한 연료의 양은 다음과 정의된다.

(1) 인접한 같은 높이의 지역을 수평 이동하는 경우에는 그냥 평지로 이동하므로 필요한

연료의 양은 1이다. 예를 들어, $M[5,2]=3$에서 $M[5,3]=3$으로 이동하는 경우에 드는 연료의 양은 1이다.

(2) 내려갈 경우는 두 지역의 높이 차만큼 연료가 든다. 예를 들면, $M[2,3]=5$에서 $M[2,2]=3$으로 가는 경우는 $(5-3)=2$만큼의 연료가 든다.

(3) 올라갈 경우는 두 지역의 높이 차의 제곱만큼의 연료가 든다. 예를 들어, $M[1,2]=2$에서 $M[1,3]=4$로 이동하는 경우는 $(2-4)^2=4$만큼의 힘이 든다.

예를 들어, 공격로가 $M[3,1]$, $M[4,1]$, $M[4,2]$, $M[4,3]$, $M[3,3]$이라면 이때 필요한 연료의 양은 $(0-2)^2+(2-3)^2+(3-1)+(1-4)^2+(4-6)^2=20$이다.

- 조건

(1) 고지(산)의 크기 n값은 30 이하이다.

(2) 고지의 각 지역의 높이는 최대 20이다.

(3) 입력은 고지의 크기 M과 산악의 지형도인 $n \times n$ 행렬값이다.

(4) 항상 높이가 0인 지점부터 올라가기 시작한다.

(5) 출력은 정상까지 올라가는 데 필요한 최소 연료량과 공격로를 다음과 같이 표현한다. 즉 공격로(path)에서 괄호 안은 지나가는 지점의 인덱스 좌표를 나타내고 그 앞의 숫자는 해당 지역의 높이를 나타낸다.

```
Answer:
The minimum gasoline to climb the mountain is 8.
The path is 2(1,5)-3(1,4)-4(2,4)-5(3,4)-6(3,3).
```

(6) 공격로는 올라갔다가 다시 내려가는 부분 경로를 포함할 수 있다는 것에 주의해야 한다.

(7) 가장 연료가 적게 드는 공격로가 하나 이상인 경우에는 그중 하나만 출력한다.

- 처리 조건

(1) 프로그램을 수행시키면 화면에 다음과 같이 출력된다.

```
Input the mountain size n between 1 and 30:
```

(2) 고지의 크기인 n값을 입력하고 Enter↵를 치면, 다음과 같은 메시지가 출력되어야 하며 다음 줄부터 차례로 각 행렬식의 행(row)들을 입력한다.

Input the mountain size n between 1 and 30: 5 [Enter↵]

Input the heights for each row in a line :

1 2 4 3 2 [Enter↵]

1 3 5 4 4 [Enter↵]

2 3 6 5 1 [Enter↵]

3 1 4 1 3 [Enter↵]

2 3 3 5 3 [Enter↵]

(3) 위의 자료 입력이 끝나면 다음과 같은 형식에 의하여 답을 출력한다.

Answer:
The minimum gasoline to climb the mountain is 8.
The path is 2(1,5) − 3(1,4) − 4(2,4) − 5(3,4) − 6(3,3).

(4) 답에 대한 출력이 끝나면 프로그램의 실행 반복 여부를 묻기 위해서 다음과 같은 메시지를 출력한다. 이때 “y”를 누르면 (1)부터 다시 수행을 시작하고, “n”을 누르면 프로그램의 수행을 중지한다.

Continue? (y/n)

프로그래밍에 관한 격언 4

파멸로 이르는 길은 'if-then-else'로 잘 포장되어 있다.

프로그래밍에 처음 입문하는 사람에게는 if-then-else는 좋은 무기이다. 그러나 문제가 발생할 때마다 if-then-else로 살짝 살짝 빠져나가는 것은 매우 좋지 않다. 지나치게 깊은 레벨로 if-then-else가 내려가는 것도 알고리즘 자체에 문제가 있을 수 있다. 되도록이면 통일된 입장이 좋다. 생활에서도 마찬가지이다. 하루에 처리해야 할 스케줄이 지나치게 많다면 뭔가 생활이 조화롭지 못하다는 것을 나타낸다. 왜냐하면 원칙은 복잡하지 않기 때문이다.

5장

$\mathcal{NP}$ 이론의 소개와 근사 알고리즘

우리가 앞에서 다루었던 문제들은 대부분 다항 시간 알고리즘을 갖는다. 즉 최악의 경우 알고리즘의 시간 복잡도가 $\Theta(n^k)$인 문제들을 다루었다. 그러나 튜링이 제시했던 정지 문제(halting problem)와 같이 아무리 많은 시간이 주어져도 근본적으로 풀 수 없는 문제도 있고, 풀 수는 있지만 최악의 경우 $\Theta(n^k)$-시간 이내에 풀 수 없는 문제들도 있다. 아직까지 $\Theta(n^k)$-시간 이내에 풀 수 있는지조차 알 수 없는 문제들도 많이 있다. 이 장에서 다루는 문제들은 주로 $\mathscr{NP}$-완전 문제라는 판단 문제들의 집합으로서 여기에 속한 하나의 문제라도 다항 시간 알고리즘이 존재하게 되면 $\mathscr{NP}$에 속한 모든 문제가 다항 시간 알고리즘이 존재하게 되는 그러한 성질을 가지는 문제들을 다룬다. 또한 대표적 $\mathscr{NP}$-완전 문제인 외판원 여행 문제와 상자 포장 문제에 대해서는 근사의 해를 구하는 다항 시간 알고리즘을 제시한다.

5.1 $\mathscr{P}$-문제와 $\mathscr{NP}$-문제

우리가 1.5절에서 언급했듯이 알고리즘 분석을 위해서는 시간 복잡도나 공간 복잡도를 입력 크기에 대한 함수로 나타낸다. 대부분의 알고리즘에서 입력 크기는 알고리즘에 입력되는 원소의 개수를 의미한다. 예를 들어 〈알고리즘 1.9〉의 순차 탐색 알고리즘이나 〈알고리즘 7.2.2〉의 삽입 정렬 알고리즘은 탐색되는 원소의 개수 또는 정렬되는 원소의 개수 n이 입력 크기가 된다. 또한 입력 크기는 하나가 아니고 2개 이상으로 나타낼 수 있다. 예를 들어서 그래프가 알고리즘의 입력이라면 정점의 개수 n과 에지의 개수 m이 입력 크기가 되고 그에 대한 복잡도 함수는 n과 m에 대한 함수로 표현될 수 있다. 크기가 $l \times m$, $m \times n$인 두 행렬의 곱셈 알고리즘은 두 행렬의 행 및 열의 개수인 l, m, n이 입력 크기가 되고 그에 대한 복잡도 함수는 l, m 및 n에 대한 함수로 표현된다.

그러나 어떤 경우는 입력값과 입력 크기는 구별되어야 한다. 예를 들어 n번째 피보나치 수 F_n을 구하는 〈알고리즘 1.5〉나 〈알고리즘 1.6〉에서 n은 입력값이지 입력 크기는 아니다. 또한 최대공약수를 구하는 〈알고리즘 1.7〉이나 〈알고리즘 1.8〉에서 입력으로 들어오는 두 수 a, b는 입력값이지 입력 크기는 아니다. 이러한 알고리즘에서 입력 크기는 입력값을 부호화하기 위한 문자의 개수이다. 예를 들어 F_{17}을 찾는다면 $n = 17$이라는 값은 입력 크기가 아니고 이 값을 0과 1의 이진수로 부호화할 때 $17 = 10001_{(2)}$이므로 5가 입력 크기가 된다. 또한, a, b가 이진수로 150자리의 수라면 2^{150}이 입력 크기가 아니라 150이 입력 크기이다. 따라서 이러한 경우 입력값을 n이라 할 때 입력값과 입력 크기 사이에는 $\log_2 n$의 관계가 성립한다.

이제 다항 시간 알고리즘을 정의해보자.

> **[정의 5.1] 다항 시간 알고리즘**
> 다항 시간 알고리즘이란 최악의 경우 시간 복잡도 함수가 입력 크기에 대한 다항식에 의해 한정되는 알고리즘을 말한다. 즉 만일 n이 입력 크기라면 최악의 경우 시간 복잡도 함수 $W(n) \in O(p(n))$인 다항식 $p(n)$이 존재한다는 것을 말한다.

예를 들어, 차수 표기가 $O(1)$, $O(\log n)$, $O(n)$, $O(n\log n)$, $O(n^2)$, $O(n^3)$인 알고리즘들은 모두 다항 시간 알고리즘이며, $O(2^n)$, $O(n!)$, $O(n2^n)$, $O(2^{\sqrt{n}})$인 알고리즘들은 모두 다항 시간 알고리즘들이 아니다. 여기에서 $\log n$, $n\log n$은 엄밀히 말해 다항식은 아니지만 $\log n < n$, $n\log n < n^2$과 같이 다항식에 의해 한정되므로 다항 시간 알고리즘의 정의에는 부합되는 것을 알 수 있다.

보통 난해한 문제(intractable problem) 또는 난제는 다항 시간으로 풀기가 불가능한 아주 어려운 문제를 말한다. 즉 난제는 그 문제를 해결하는 다항 시간 알고리즘이 존재하지 않는다. 이러한 난해성은 문제에 해당하는 성질이고 알고리즘에 해당하는 성질은 아니다.

보통 $\mathscr{P}$와 $\mathscr{NP}$ 이론에서 다루는 문제는 판단 문제로 한정하여 다룬다. 판단 문제란 출력이 "Yes" 혹은 "No"인 문제를 말한다. 우리가 앞에서 다루었던 최적화 문제의 형태는 그에 대응되는 판단 문제로 항상 변환할 수 있다. 다음의 예를 보자.

예제 5.1

0–1 배낭 문제

- 최적화 문제
  - 입력: n개의 물건 $\{1, 2, \cdots, n\}$, 각 물건의 무게 $\{w_1, w_2, \cdots, w_n\}$, 각 물건의 이윤

$\{p_1, p_2, \cdots, p_n\}$, 배낭의 최대 크기 M

- 문제: $\sum_{i=1}^{n} w_i x_i \leqq M$의 조건하에서 이윤 $\sum_{i=1}^{n} p_i x_i$의 최대값은 얼마인가?

• 판단 문제

- 입력: n개의 물건 $\{1, 2, \cdots, n\}$, 각 물건의 무게 $\{w_1, w_2, \cdots, w_n\}$, 각 물건의 이윤 $\{p_1, p_2, \cdots, p_n\}$, 배낭의 최대 크기 M, 양의 정수 k
- 문제: $\sum_{i=1}^{n} w_i x_i \leqq M$의 조건하에서 이윤 $\sum_{i=1}^{n} p_i x_i \geq k$인 해가 존재하는가? ■

예제 5.2

외판원 여행 문제

• 최적화 문제

- 입력: 가중치 그래프 $G = (V, E, W)$
- 문제: 임의의 정점에서 출발하여 모든 정점을 한 번씩 방문해서 다시 출발한 정점으로 돌아오는 경로의 최소 가중치는 얼마인가?

• 판단 문제

- 입력: 가중치 그래프 $G = (V, E, W)$, 양의 정수 k
- 문제: 임의의 정점에서 출발하여 모든 정점을 한 번씩 방문해서 다시 출발한 정점으로 돌아오는 경로의 가중치가 k보다 작거나 같은 그러한 경로가 존재하는가? ■

위에서 예로 든 $0-1$ 배낭 문제나 외판원 여행 문제는 최적화 문제 유형이든 판단 문제 유형이든 다항 시간 알고리즘이 현재로서는 존재하지 않는다. 그러나 만약 최적화 문제 유형이 다항 시간에 풀리게 되면 그에 대응되는 판단 문제 유형도 다항 시간에 아주 쉽게 풀 수 있다. 그렇지만 판단 문제를 다항 시간에 해결했다고 해서 그에 대응되는 최적화 문제가 다항 시간에 해결되지는 않는다. 따라서 일반적으로 최적화 문제보다는 그에 대응되는 판단 문제가 더 쉽다고 말할 수 있다. 그러므로 상대적으로 쉬운 판단 문제를 먼저 해결한 다음 어려운 최적화 문제를 다루는 것이 문제를 해결하는 순서상 맞다고 할 수 있다.

우선 먼저 다항 시간 알고리즘에 의해서 해결될 수 있는 판단 문제를 고려해보자.

> **[정의 5.2]** $\mathscr{P}$와 $\mathscr{P}$–문제
>
> $\mathscr{P}$는 다항 시간 알고리즘에 의해서 해결되는 판단 문제의 집합을 말한다. 또한 $\mathscr{P}$-문제란 $\mathscr{P}$에 속하는 임의의 판단 문제를 말한다.

그렇다면 과연 어떤 문제들이 $\mathscr{P}$에 속해 있는가? 당연히 다항 시간 알고리즘이 존재하는 판단 문제들은 모두 $\mathscr{P}$에 속해 있다. 예를 들면 임의의 배열이나 순서화된 배열에 주어진 키값이 존재하는지를 판단하는 문제는 $\mathscr{P}$-문제이다. 또한 다항 시간 알고리즘이 존재하는 최적화 문제에 대응되는 판단 문제들도 모두 $\mathscr{P}$에 속해 있다. 그러나 [예제 5.1]이나 [예제 5.2]와 같이 아직 다항 시간 알고리즘이 존재하지 않는 판단 문제들은 $\mathscr{P}$에 속해 있을지 속해 있지 않을지 아직은 모른다. 어떤 판단 문제가 $\mathscr{P}$에 속해 있지 않다는 것을 확신하려면 그 문제에 대해 다항 시간 알고리즘이 존재할 수 없다는 것을 이론적으로 증명해야 한다. 0-1 배낭 문제나 외판원 여행 문제에 대해 다항 시간 알고리즘이 존재할 수 없다는 것은 아직까지 증명된 상태가 아니므로 이 문제들이 $\mathscr{P}$에 속해 있지 않다고 아직 확실하게 얘기할 수 없다.

$\mathscr{P}$에 속해 있는 문제들의 개수는 무한하게 많은데 우리가 이러한 문제의 집합을 다루는 이유를 다음과 같이 설명할 수 있다. 첫째, 만약 어떤 문제가 $\mathscr{P}$에 속해 있지 않다면 그 문제를 해결하기 위해서는 시간이 많이 걸리거나 실제적으로 그 문제를 해결하기가 불가능할 수도 있다는 얘기가 된다. 둘째, 이러한 다항 시간은 "닫힘(closure)" 성질을 갖는다. 즉 어떤 알고리즘이 여러 단계로 이루어져 있을 때 각 단계가 다항 시간에 수행된다면 전체 알고리즘도 다항 시간에 수행될 수 있다. 셋째, $\mathscr{P}$는 계산 이론 모델에 독립적이다. 즉 계산 이론 모델이 튜링(Turing) 기계이든 RAM(Random Access Machine) 기계 혹은 포인터 기계이든 상관없이 어떤 문제가 한 모델에서 $\mathscr{P}$에 속해 있으면 다른 모델에서도 $\mathscr{P}$에 속해 있게 된다.

이제 $\mathscr{NP}$-문제를 정의하기 위해서 비결정적(non-deterministic) 알고리즘의 개념에 대해 간단히 소개한다. 우리가 앞에서 다루었던 대부분의 알고리즘은 모두 결정적(deterministic) 알고리즘으로서 같은 입력에 대해서는 항상 같은 출력이 보장된다. 그러나 비결정적 알고리즘은 반드시 같은 출력이 보장되지는 않는다. 비결정적 알고리즘은 다음의 두 단계로 구성된다.

(1) 추측 단계: 이 단계는 문제의 입력 예시가 주어졌을 때 그에 대한 해 또는 답을 임의로 추측하는 단계이다.
(2) 확인 단계: 이 단계는 추측 단계에서 추측한 해가 주어진 문제에 대한 답인지를 결정적 알고리즘으로 확인하는 단계이다. 만약 주어진 문제에 대한 답인 경우에는 "Yes"를 출력하고 답이 아닌 경우에는 "No"를 출력한다.

[정의 5.3] 비결정적 다항 시간 알고리즘

비결정적 다항 시간 알고리즘이란 확인 단계를 다항 시간에 수행할 수 있는 비결정적 알고리즘을 말한다.

이는 예를 들어, 외판원 여행 문제에 대해서 어떤 사람이 어떤 입력 예시에 대한 답을 알고 있다고 주장했을 때 그 사람의 주장이 맞는지 확인하는 것을 다항 시간에 수행할 수 있다는 의미이다. 그러나 최적의 경로를 다항 시간에 찾을 수 있다는 의미는 아니다.

[정의 5.4] $\mathcal{NP}$와 $\mathcal{NP}$–문제

$\mathcal{NP}$는 비결정적 다항 시간 알고리즘에 의해서 해결되는 판단 문제의 집합을 말한다. 또한 $\mathcal{NP}$-문제는 $\mathcal{NP}$에 속하는 임의의 판단 문제를 말한다.

$\mathcal{NP}$는 비다항 시간(Not Polynomial time)이 아니라 비결정적 다항 시간(Non-deterministic Polynomial time)을 의미한다. 따라서 어떤 판단 문제가 $\mathcal{NP}$-문제에 속해 있다면 확인 단계를 다항 시간 안에 수행할 수 있는 알고리즘이 존재한다는 뜻이다. 다음 예를 살펴보자.

예제 5.3

탐색 문제(배열)

- 입력 예시: 배열 $s = \{3, 9, 12, 5, 8, 10, 7\}$, 키값 $x = 8$
- 추측 단계: 인덱스 $i = 3$

• 확인 단계: $s[3]=12$이므로 $s[3] \neq x$임. 출력 = "No"

위의 예에서는 추측 단계에서 임의로 추측한 인덱스 i에 대해서 확인 단계에서 $s[i]=x$인지 $\Theta(1)$-시간에 확인할 수 있으므로 이 문제는 $\mathcal{NP}$에 속한다. ■

예제 5.4

외판원 여행 문제(판단 문제)

• 입력 예시: 〈그림 5.1〉의 가중치 그래프 $G=(V, E, W)$, 양의 정수 $k=13$
• 추측 단계: $(v_1, v_2, v_3, v_4, v_5)$
• 확인 단계: $3+3+4+3+2=15$, $15>13$이므로 출력 = "No"

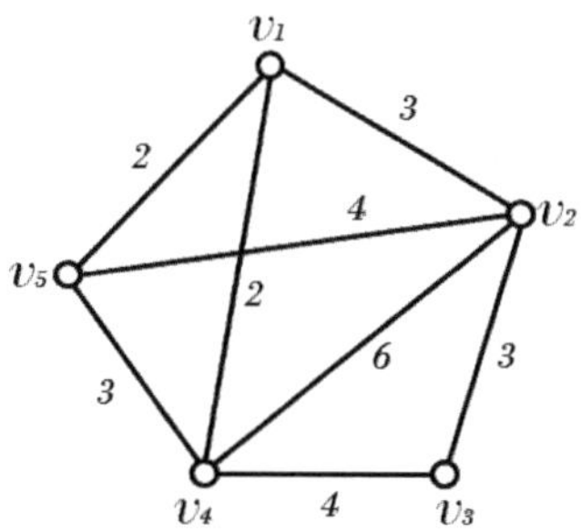

그림 5.1 외판원 여행 문제

위의 외판원 여행 문제에서는 추측 단계에서 추측한 임의의 경로 $(v_{i_1}, v_{i_2}, \cdots, v_{i_n})$이 있을 때 n개의 가중치 $w(v_{i_1}, v_{i_2})+w(v_{i_2}, v_{i_3})+\cdots+w(v_{i_{n-1}}, v_{i_n})+w(v_{i_n}, v_{i_1})$를 더한 값이 주어진 양의 정수 k보다 작거나 같은지를 $\Theta(n)$-시간에 판단할 수 있으므로 이 문제는 $\mathcal{NP}$에 속한다. ■

그러면 과연 어떤 문제들이 $\mathcal{NP}$에 속할까? 위에서 언급한 판단 문제로서 $0-1$ 배낭 문제, 외판원 여행 문제 등이 $\mathcal{NP}$에 속하며, 그밖에도 매우 유명한 $\mathcal{NP}$-문제들에 대한 몇 가지 예를 들면 다음과 같다.

예제 5.5

그래프 색칠 문제(판단 문제)

- 입력 예시: 그래프 $G=(V,\ E)$, 양의 정수 $k(\leq |V|)$
- 문제: G가 k개의 색으로 색칠 가능한가? 즉, $(u,v)\in E$일 때 $f(u)\neq f(v)$인 함수 $f:\ V\rightarrow\{1,\ 2,\ \cdots,\ k\}$가 존재하는가?

아래 〈그림 5.2〉의 그래프를 색칠하기 위해서는 2개의 색으로는 불가능하고 적어도 3개 이상의 색이 필요함을 알 수 있다.

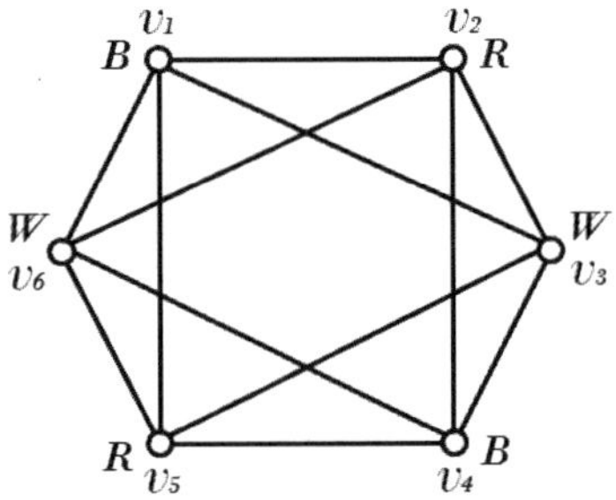

그림 5.2 그래프 색칠의 예

그래프 색칠 문제에 대한 비결정적 알고리즘의 추측 단계에서 그래프 G의 각 정점에 $\{1,\ 2,\ \cdots,\ k\}$의 색 중에서 임의로 색을 배정한 다음, 확인 단계에서는 그러한 색 배정이 $(u,v)\in E$일 때 $f(u)\neq f(v)$인 함수 f인가를 에지의 개수만큼만 확인해보면 되므로 $\Theta(n^2)$-시간에 수행 가능하다. 따라서 이 문제는 $\mathcal{NP}$에 속해 있다. ■

예제 5.6

해밀토니언 사이클(Hamiltonian cycle) 문제(판단 문제)

- 입력 예시: 그래프 $G=(V,\ E)$
- 문제: G가 해밀토니언 사이클을 가지고 있는가?

그래프 G의 해밀토니언 사이클이란 임의의 출발 정점에서 시작하여 모든 정점을 한 번씩만 방문하고 다시 출발 정점으로 돌아오는 닫힌 경로를 의미한다. 아래 〈그림 5.3〉에서 (a)는 해밀토니언 사이클이 있고, (b)는 없다.

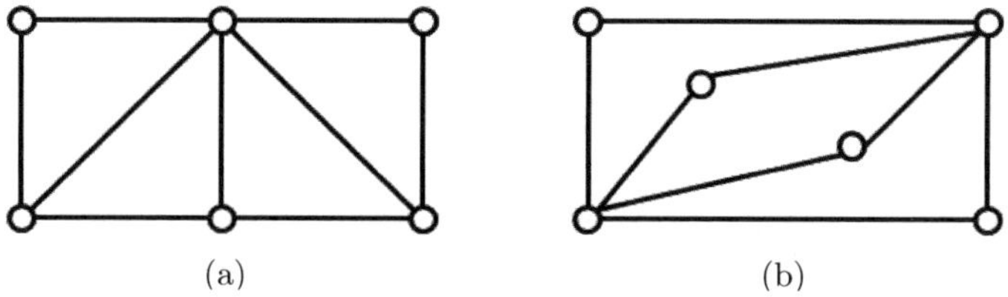

그림 5.3 해밀토니언 사이클

해밀토니언 사이클 문제에 대한 비결정 알고리즘의 추측 단계에서 모든 정점을 한 번씩 포함하는 임의의 정점 순열 $(v_{i_1}, v_{i_2}, \cdots, v_{i_n})$을 추측하면 확인 단계에서는 인접한 정점 쌍 $(v_{i_1}, v_{i_2}), \cdots, (v_{i_{n-1}}, v_{i_n}), (v_{i_n}, v_{i_1})$이 그래프 G의 에지에 속하는가를 판단하면 되므로 $\Theta(n)$-시간에 수행 가능하다. 따라서 이 문제는 $\mathcal{NP}$에 속해 있다. ■

예제 5.7

부분 합 문제(판단 문제)

- 입력 예시: n개의 양의 정수 집합 $S = \{s_1, s_2, \cdots, s_n\}$, 양의 정수 M
- 문제: 집합 S의 부분 집합들 중에서 원소들의 합이 M인 부분 집합이 존재하는가?

입력 예시가 $n = 5$, $S = \{2, 5, 7, 10, 12\}$이고 $M = 17$이면 부분 집합 $\{2, 5, 10\}$ 및 $\{7, 10\}$의 합이 17이므로 답은 "Yes"이다. 따라서 임의로 추측한 부분 집합에 대해 그 합을 구하여 M과 같은지를 체크하면 되므로 추측한 해에 대한 확인은 다항 시간에 수행될 수 있다. 따라서 이 문제도 $\mathcal{NP}$-문제이다. ■

예제 5.8

상자 포장 문제(판단 문제)

- 입력 예시: 크기가 각각 $s_1, s_2, \cdots, s_n$인 n개의 물건(단, $0 < s_i \le 1$), 양의 정수 $k(\le n)$
- 문제: 크기가 1인 k개의 상자를 이용하여 n개의 물건을 모두 포장할 수 있는가?

입력 예시에서 $n = 7$, 물건의 크기가 $\{0.3, 0.2, 0.2, 0.2, 0.2, 0.4, 0.5\}$이고 $k = 2$라면, 이 문제의 답은 "Yes"이다(〈그림 5.4〉 참조). 따라서 k개의 각 상자에 임의로 추측한 물건들이

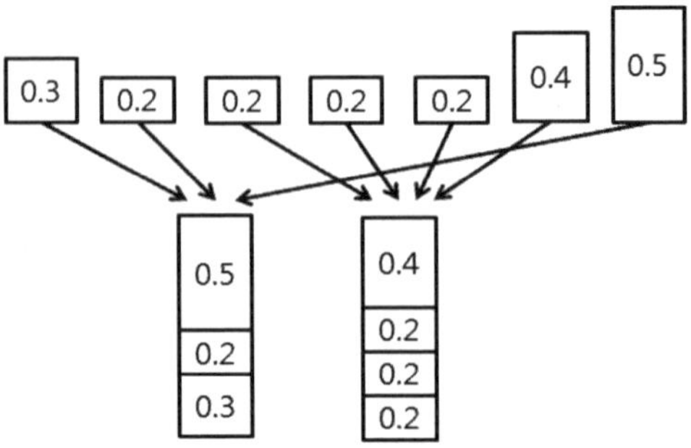

그림 5.4 상자 포장 문제의 예

들어간다고 했을 때 그 크기의 합이 0보다 크고 1보다 작거나 같은지를 체크하면 되므로 추측한 해에 대한 확인은 다항 시간에 수행될 수 있다. 따라서 이 문제도 $\mathscr{NP}$-문제이다. ■

예제 5.9

CNF-만족(Satisfiability) 문제

- 입력 예시: n개의 논리 변수로 이루어진 논리곱 표준형 논리식(CNF; Conjunctional Normal Form)
- 문제: n개의 논리 변수들로 이루어진 논리곱 표준형 논리식이 주어졌을 때 그 논리식이 참이 되는 논리 변수값의 배정이 존재하는가?

논리식은 참 또는 거짓값을 갖는 논리 변수 x_1, x_2, $\cdots$ 등과 논리 연산자들의 결합에 의해 만들어지는 유한 길이의 식이다. 여기서 사용되는 논리 연산자는 논리 부정($\overline{x}$), 논리합($x_1 \vee x_2$), 논리곱($x_1 \wedge x_2$)이다. 논리식에서 $x, \overline{x}$를 리터럴(literal)이라고 부르고, 여러 리터럴의 논리합, 즉 $x_1 \vee \overline{x_2} \vee x_3 \vee \ldots \vee \overline{x_i}$ 등의 형태로 이루어진 식을 절(clause)이라고 부른다. 또한 여러 절의 논리곱으로 표현되어 있는 논리식을 논리곱 표준형(CNF; Conjunctional Normal Form)이라고 부른다.

예를 들어, 논리곱 표준형 논리식인 $(x_1 \vee \overline{x_2}) \wedge (\overline{x_2} \vee \overline{x_3}) \wedge x_2$에 대한 답은 "Yes"이다. 왜냐하면 $x_1 = \text{true}$, $x_2 = \text{true}$, $x_3 = \text{false}$이면 위 논리식은 true가 되기 때문이다. 또한 논리곱 표준형 논리식인 $(x_1 \vee x_2 \vee x_3) \wedge \overline{x_1} \wedge \overline{x_2} \wedge \overline{x_3}$에 대해서는 이 식을 true로 하는 x_1, x_2, x_3의 값이 없으므로 답은 "No"이다. 따라서 추측한 각 논리 변수의 값에 의해서 논리곱 표준형 논리

식의 값이 true가 되는지 다항 시간 안에 쉽게 확인할 수 있으므로 이 문제는 $\mathcal{NP}$-문제이다. ■

그러면 어떤 판단 문제들이 $\mathcal{NP}$에 속하지 않을까? 현재까지 증명된 이러한 종류의 문제들은 정지 문제, 프레스버거(Presburger) 산술 문제 등 판단 불가능 문제들이다. 판단 불가능 문제들은 이러한 문제를 해결하는 알고리즘이 존재하지 않는다고 증명된 문제들이다. 이중에서 컴퓨터 과학과 관련된 가장 유명한 문제가 바로 정지 문제(Halting problem)이다. 정지 문제란 간단히 말해서 어떤 임의의 알고리즘과 그 알고리즘에 대한 입력이 주어져 있을 때 그 알고리즘이 정지할 것인가 아니면 무한 루프를 돌 것인가를 판단하는 문제이다. 1936년에 튜링(Alan Turing)은 이러한 정지 문제는 판단 불가능하다는 것을 증명했다.

〈그림 5.5〉는 판단 문제들의 관계를 보여준다. 그림에서 $\mathcal{P}$가 $\mathcal{NP}$의 진부분 집합으로 표현되어 있지만 이는 사실이 아닐 수 있다. 현재까지 $\mathcal{NP}$에는 속해 있지만 $\mathcal{P}$에는 속해 있지 않은 문제가 한 문제도 발견되지 않았다. 따라서 $\mathcal{NP}-\mathcal{P}$가 공집합인지 아닌지 아직 확실하지 않다. $\mathcal{NP}=\mathcal{P}$인지를 판단하는 문제는 컴퓨터 과학 분야의 매우 중요한 문제로서 아직 미해결 문제로 남아 있다. 만약 $\mathcal{NP}=\mathcal{P}$라면 앞에서 열거한 각 $\mathcal{NP}$-문제들에 대해서 다항 시간에 해결하는 알고리즘들을 찾을 수 있게 된다. $\mathcal{NP}\neq\mathcal{P}$를 증명하기 위해서는 $\mathcal{NP}$에는 속해 있지만 $\mathcal{P}$에는 속해 있지 않은 그러한 문제의 존재성을 밝혀야 한다.

만약 $\mathcal{NP}=\mathcal{P}$인 경우라면 $\mathcal{NP}$에 속한 모든 문제들에 대해 다항 시간 알고리즘을 찾을 수 있는데 이러한 문제를 아주 간단하게 취급할 수 있는 아이디어를 아래 5.2절에서 설명한다. 즉 $\mathcal{NP}$에 속한 문제들 중에서 일부($\mathcal{NP}$-완전 문제)는 여기에 속한 문제 중에서 하나라도 다항 시간에 해결하는 알고리즘이 존재하게 되면 $\mathcal{NP}$에 속한 모든 문제를 다항 시간에 해결할

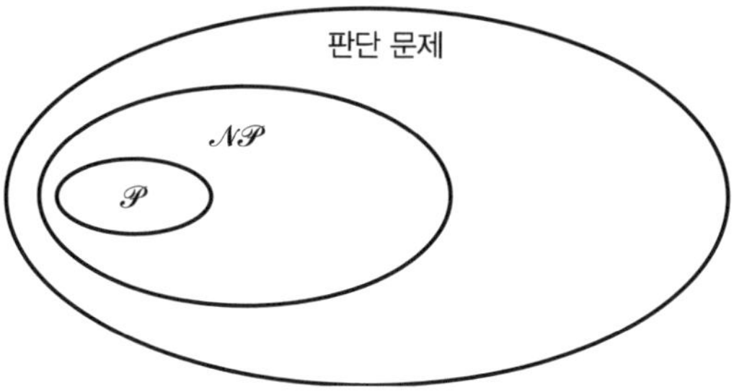

그림 5.5 판단 문제들의 관계

수 있게 된다. 그럼에도 불구하고 $\mathscr{NP} = \mathscr{P}$에 대해서는 부정적으로 생각하는 사람들이 많다. 지난 2012년 컴퓨터 과학자 150명을 대상으로 한 설문조사에서는 $\mathscr{NP} \neq \mathscr{P}$라고 생각하는 사람이 대략 81퍼센트 정도였다.

5.2 문제 변환과 $\mathscr{NP}$-완전 문제

$\mathscr{NP}$-완전 문제를 설명하기 전에 먼저 문제 변환에 대해서 설명한다. 판단 문제 A를 풀기 위한 새로운 알고리즘을 설계하기 위해서 판단 문제 B에 대한 알고리즘을 이용한다고 가정한다. 문제 A의 입력 예시를 x라고 하고 문제 B의 입력 예시를 y라 하자. 만약 다음 조건과 같이 문제 A의 입력 예시 x로부터 문제 B의 입력 예시 y를 항상 만들어낼 수 있다면 그러한 함수 T를 변환(transformation)이라고 한다.

- 조건
  - (i) 입력 예시 x에 대한 문제 A에 대한 답이 "Yes" $\Leftrightarrow$ 입력 예시 y에 대한 문제 B에 대한 답이 "Yes"
  - (ii) 입력 예시 x에 대한 문제 A에 대한 답이 "No" $\Leftrightarrow$ 입력 예시 y에 대한 문제 B에 대한 답이 "No"

이러한 변환 함수 T와 문제 B의 알고리즘이 문제 A에 대한 알고리즘이 된다. 다음 예제를 살펴보자.

예제 5.10

문제 변환

- 문제 A: 주어진 n개의 논리 변수 $x_1, x_2, \cdots, x_n$에 대해서, 이들 중 적어도 하나가 true값을 갖는가? (즉, $x_1 \vee x_2 \vee \cdots \vee x_n$을 계산)
- 문제 B: 주어진 n개의 정수 $y_1, y_2, \cdots, y_n$에 대해서, 이들 중 최대값이 양수인가?

문제 A의 입력 예시를 문제 B의 입력 예시로 바꾸어주는 변환 함수 T는 다음과 같다. 즉 T는 문제 A의 논리 변수 x_i에 대해 x_i가 true이면 y_i를 1로 하고 x_i가 false이면 y_i를 0으로 한다. 그렇게 하면 문제 A의 x_i들 중에서 하나 이상 true라면 문제 B의 y_i들 중에서 하나 이상 1이므로 그 답은 서로 "Yes"가 되고, 문제 A의 x_i가 모두 false라면 문제 B의 y_i들 모두가 0이므로 그 답은 서로 "No"가 된다. 따라서 알려진 문제 B의 알고리즘과 변환 함수 T를 이용하여 문제 B를 해결할 수 있다(〈그림 5.6〉 참조).

더구나 변환 함수 T를 다항 시간에 수행할 수 있다면 문제 A를 문제 B로 다항 시간 문제 변환 가능하다고 말하고 다음과 같이 표기한다.

$$A \propto B$$

만약 문제 A를 문제 B로 다항 시간 문제 변환 가능하고 문제 B의 알고리즘이 다항 시간 알고리즘이라면 문제 A도 다항 시간에 해결될 수 있으므로 $\mathscr{P}$에 속하게 된다.

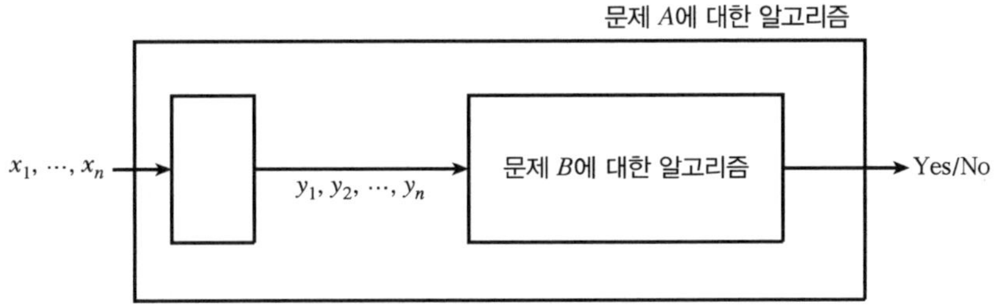

그림 5.6 문제 변환

> **[정의 5.5] $\mathscr{NP}$–완전($\mathscr{NP}$–complete) 문제**
> 어떤 문제 Π가 다음 성질을 만족하면 $\mathscr{NP}$-완전 문제에 속한다.
> (1) 문제 Π는 $\mathscr{NP}$에 속한다.
> (2) $\mathscr{NP}$에 속해 있는 모든 문제 Π'에 대해서, $\Pi' \propto \Pi$이다.

따라서 만약 $\mathscr{NP}$-완전 문제에 속해 있는 문제 중 하나라도 다항 시간 알고리즘이 발견된다면 $\mathscr{NP} = \mathscr{P}$라고 결론 내릴 수 있다.

$\mathcal{NP}$에 속해 있는 문제 중에서 맨 처음에 $\mathcal{NP}$-완전 문제라고 알려진 문제가 CNF-만족 문제이며 이는 쿡(Stephen Arthur Cook, 1971)에 의해 증명되었다.

> **[정리 5.1] 쿡의 정리**
> CNF-만족 문제는 $\mathcal{NP}$-완전 문제이다.

CNF-만족 문제가 $\mathcal{NP}$-완전 문제임이 증명됨에 따라 $\mathcal{NP}$에 속하는 다른 문제들이 $\mathcal{NP}$-완전 문제라고 하는 것을 다음의 정리에 의해 쉽게 증명할 수 있게 되었다.

> **[정리 5.2]** 어떤 문제 P가 다음 성질을 만족하면 $\mathcal{NP}$-완전 문제에 속하게 된다.
> (1) 문제 P가 $\mathcal{NP}$에 속한다.
> (2) $\mathcal{NP}$-완전 문제에 속해 있는 임의의 한 문제 Π에 대해서, $\Pi \propto P$이다.

(증명) 문제 변환은 이행성(transitivity)을 갖는다. 즉 A, B, C를 판단 문제라 할 때 $A \propto B$이고 $B \propto C$이면, $A \propto C$ 임을 정의에 의해 쉽게 증명할 수 있다(연습 문제 3). 문제 Π가 $\mathcal{NP}$-완전 문제라면 $\mathcal{NP}$에 속해 있는 임의의 문제로부터 다항 시간에 문제 변환이 가능하다. 따라서 문제 변환의 이행성에 의해서 $\mathcal{NP}$에 속해 있는 임의의 문제로부터 문제 P로 다항 시간에 문제 변환이 가능하게 된다. ■

다시 말하면 어떤 문제 P가 $\mathcal{NP}$-완전 문제라는 것을 증명하기 위해서는 우선 P가 $\mathcal{NP}$에 속해 있다는 것을 증명하고, 그 다음으로 $\mathcal{NP}$-완전 문제에 속해 있는 임의의 문제로부터 문제 P로 다항 시간에 문제 변환이 가능하다는 것을 보여주어야 한다. 이와 같은 문제 변환에 의해서 현재까지 밝혀진 $\mathcal{NP}$-완전 문제는 1,000개가 훨씬 넘는다.

예제 5.11

외판원 여행 문제(TSP)가 $\mathcal{NP}$-완전 문제라는 것을 증명하기 위해서는 (1) TSP가 $\mathcal{NP}$에 속해있다는 것을 증명해야 하고, (2) 기존의 알려진 $\mathcal{NP}$-완전 문제 하나를 선택하여 그 문제에서 TSP로 다항 시간에 문제 변환이 가능하다는 것을 보여야 한다. TSP가 $\mathcal{NP}$에 속해 있다는 것은 [예제 5.4]에서 이미 밝힌 바 있다. 이제 기존의 알려진 $\mathcal{NP}$-완전 문제로서 [예제 5.6]의 해밀토니언 사이클 문제(HC)를 선택한다고 가정한다(HC가 $\mathcal{NP}$-완전 문제라는 증명은 생략함). 즉

$$\text{HC} \propto \text{TSP}$$

HC의 입력 예시는 그래프 $G=(V,\ E)$이고 TSP의 입력 예시는 가중치 그래프 $G_W = (V,\ E_W)$이므로 HC의 입력 예시를 TSP의 입력 예시로 다음과 같이 변환한다. 즉 변환 함수 T는

$$(u, v) \in E_W\text{의 가중치} = \begin{cases} 1,\ (u,\ v) \in E\text{인 경우} \\ 2,\ (u,\ v) \notin E\text{인 경우} \end{cases}$$

이러한 변환의 예를 들면 아래 〈그림 5.7〉과 같다.

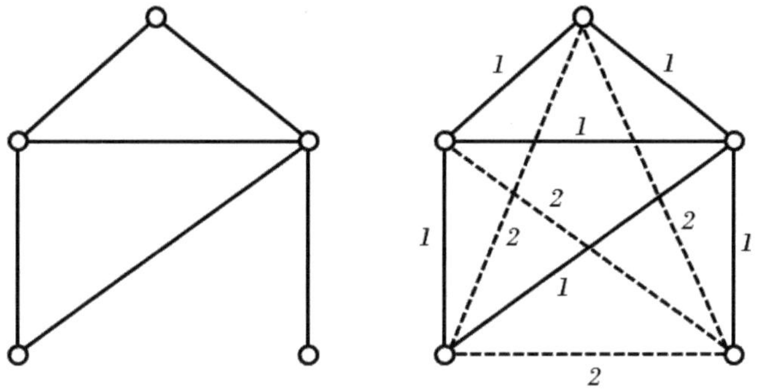

(a) (b)

그림 5.7 HC에서 TSP로의 입력 예시 변환의 예

만약 그래프 G가 해밀토니언 사이클을 가지고 있다면 가중치 그래프 G_W에서는 길이가 n인 외판원 경로를 갖고 있으며, 반대로 가중치 그래프 G_W에서 길이가 n인 외판원 경로를 갖고 있으면 그래프 G가 해밀토니언 사이클을 가지고 있다는 것을 쉽게 알 수 있다. 여기서 n은 정점의 개수이다. 그러나 만약 그래프 G가 해밀토니언 사이클을 갖고 있지 않다면 가중치 그래프 G_W에서는 외판원 경로의 길이가 n을 넘을 수밖에 없는 것을 알 수 있다. 이러한 변환 T는 에지의 개수만큼 처리해야 하므로 다항 시간인 $\Theta(n^2)$-시간에 가능하다. ■

이제 다음의 유사한 두 문제를 보자.

예제 5.12

소수 판별 문제

양의 정수 n이 주어졌을 때, n이 소수인가? ■

예제 5.13

합성수 판별 문제

양의 정수 n이 주어졌을 때, n이 합성수인가? 즉, $n = pq$인 정수 $p(>1)$과 $q(>1)$가 존재하는가? ■

이 두 문제는 서로 상보(complementary) 문제이다. 즉 원래의 문제에 대한 답이 "Yes"이면 그에 대응되는 상보 문제의 답은 "No"이고, 원래의 문제에 대한 답이 "No"이면 그에 대응되는 상보 문제의 답은 "Yes"이다. 소수 판별 문제와 합성수 판별 문제는 다항 시간에 해결 가능한 문제로서 $\mathscr{P}$에 속하는 문제임이 최근에 밝혀진 바 있다(AKS 알고리즘 참조). 그러나 다음 문제를 보자.

예제 5.14

소인수분해 문제

양의 정수 n이 주어졌을 때, $n = pq$인 정수 $p(>1)$과 $q(>1)$를 찾아라. ■

소인수분해 문제는 지금까지 보아온 문제들과는 약간 다른 성질을 갖는다. 소인수분해 문제는 판단 문제의 유형이 아니고 실제로 계산하는 문제이다. [예제 5.12]의 소수 판별 문제가 소인수분해 문제에 대한 판단 문제 유형이라고 볼 수 있다. 만약 소인수분해 문제를 해결하게 되면 소수 판별 문제와 합성수 판별 문제는 아주 쉽게 해결될 수 있다. 소수 판별 문제는 $\mathscr{P}$에 속하는 문제이나 소인수분해 문제를 다항 시간에 해결할 수 있는 알고리즘은 현재로서는 존재하지 않는 아주 어려운 문제이다. 현대 암호에서 소인수분해 문제의 어려움은 아주 중요한 기준으로서, RSA와 같은 공개키 암호 알고리즘의 핵심적인 부분이 된다.

지금까지는 문제의 해가 "Yes" 혹은 "No" 형태의 판단 문제를 주로 다루었다. 이러한 판단 문제를 일반화하여 최적화 문제 및 계산 문제로 개념을 확장한 문제의 부류가 $\mathscr{NP}$-난해($\mathscr{NP}$-hard) 문제이다. $\mathscr{NP}$-난해 문제는 $\mathscr{NP}$에 속해 있는 어려운 문제들보다는 어려움의 강도가 적어도 같거나 더 어려운 문제들의 집합이다. 따라서 마찬가지로 $\mathscr{NP}$-난해 문제에 속해 있는 문제를 다항 시간에 풀게 되면 $\mathscr{NP}$에 속해 있는 모든 문제를 다항 시간에 풀 수 있게 된다. 즉 $\mathscr{P} = \mathscr{NP}$가 된다. 앞에서 말했듯이 $\mathscr{NP}$-난해 문제는 판단 문제인 $\mathscr{NP}$-완전 문제들을 포함하며, 이러한 $\mathscr{NP}$-완전 문제에 대응되는 최적화 문제들도 모두 포함한다.

이러한 $\mathscr{NP}$-난해 문제를 해결하는 방법은 여러 가지가 있을 수 있다. 첫 번째 방법은 백트래킹(또는 퇴각 검색, backtracking) 알고리즘이나 분기 한정(branch-and-bound) 알고리즘과 같이 모든 경우를 다 체크하되, 해가 없을 것이라고 확신하는 부분을 제외하는 방법을 이용해서 해결하는 것이다. 이는 최악의 경우 다항 시간 알고리즘은 아니지만 해를 찾는 좋은 전략과 좋은 한정 함수를 사용하면 대부분의 경우 해를 효율적으로 찾을 수 있다. 두 번째 방법은 문제에 대한 입력을 제한하는 방법이다. 예를 들면 일반적인 그래프를 다루는 것보다 평면 그래프를 다루는 것이 좀 더 쉬울 수 있으며, 평면 그래프를 다루는 것보다는 사이클이 없는 연결 그래프, 즉 트리로 입력을 제한하는 것이 문제를 쉽게 풀 수 있다. 세 번째로는 근사 알고리즘을 설계하는 것이다. 근사 알고리즘은 비록 최적의 해를 보장하지는 못하지만 최적의 해에 가까운 근사 해를 구할 수 있다. 더구나 근사 알고리즘은 앞 장에서 배운 욕심쟁이 방법과 유사하게 경험적이고 직관적인 방법이다. 이 경우 중요한 것은 근사 해의 최적 해에 대한 비율이므로 그에 대한 증명을 반드시 해야 한다. 그밖의 최적화 방법으로는 유전자 알고리즘, 의사 담금질(simulated annealing), 인공 신경망 등이 있으나 이 장에서는 먼저 근사 알고리즘에 의해 $\mathscr{NP}$-난해 문제를 해결하는 방법을 다루고, 다음 장에서 백트래킹과 분기 한정에 대해 다루기로 한다.

5.3 근사 알고리즘

근사 알고리즘(approximation algorithm)이란 최적화 문제에 대한 근사치의 해를 구하는 알고리즘이다. 이 알고리즘은 최적인 해를 항상 구할 수는 없지만 비교적 빠른 시간 안에 어느 정도 근사 비율이 보장된 근사치의 해를 구할 수 있다. 근사 알고리즘은 $\mathcal{NP}$-완전 문제 등 현재 알려진 실용적인 다항 시간 알고리즘이 없거나 최적의 해를 반드시 구할 필요가 없을 때 사용된다.

어떤 최적화 문제에 대해 항상 최적 해보다 근사 비율인 ρ배를 벗어나지 않는 근사 해를 구하는 알고리즘이 존재할 경우 그 알고리즘을 ρ-근사 알고리즘이라고 부른다. 즉 최적 해를 opt라 할 때 근사 알고리즘의 해 $appr$는

$\rho > 1$일 경우(최소화 문제), $opt \le appr \le \rho \times opt$이거나

$\rho < 1$일 경우(최대화 문제), $\rho \times opt \le appr \le opt$

를 만족해야 한다.

5.3.1 외판원 여행 문제

[예제 5.6]에서 기술한 바와 같이 그래프 G의 해밀토니언 사이클은 G의 각 정점을 한 번씩 방문해서 출발한 정점으로 다시 돌아오는 사이클을 말한다. 당연히 모든 그래프가 해밀토니언 사이클을 갖는 것은 아니며 주어진 그래프가 해밀토니언 사이클을 갖는가를 결정하는 문제는 $\mathcal{NP}$-완전 문제로 알려져 있다.

G가 완전 그래프인 경우는 해밀토니언 사이클을 갖는다는 것을 쉽게 알 수 있다. 만약 G가 각 에지에 가중치가 있는 완전 그래프라면 해밀토니언 사이클을 구성하는 모든 에지의 가중치의 합이 가장 작은 해밀토니언 사이클을 찾는 문제를 정의할 수 있다. 이러한 문제를 외판원 여행 문제(TSP; Traveling Salesman Problem)라고 부른다. 외판원 여행 문제도 $\mathcal{NP}$-완전 문제 및 $\mathcal{NP}$-난해 문제로 알려져 있다. 따라서 이 문제에 대한 다항 시간 알고리즘은 알려져 있지 않으며 근사 알고리즘에 대해서 많은 연구가 있다. 이 절에서는 그래프 G가 2차원 평면상에서 정의된 그래프로서 각 정점이 평면상의 점이고 각 에지의 가중치가 실제 거리(유클리드 거리)로 주어질 때 두 가지의 간단한 근사 알고리즘에 대해서 소개하기로 한다. 이러한 문제를 특별히 유클리드 TSP 문제라고 하는데 여기서는 간단히 TSP로 부르기로 하자.

이러한 TSP 문제는 〈그림 5.8〉에서 보는 바와 같이 다음의 삼각 부등식을 만족한다.

$$w(u,\ w) \le w(u,\ v) + w(v,\ w)$$

이 식의 의미는 정점 u에서 w로 바로 가는 거리는 중간 정점인 v를 통과해서 가는 거리보다는 크지 않다는 것이다. 이러한 성질을 이용하면 2-근사 알고리즘을 쉽게 설계할 수 있고, 이를 조금 더 발전시키면 $\rho = 1.5$인 근사 알고리즘도 설계할 수 있다.

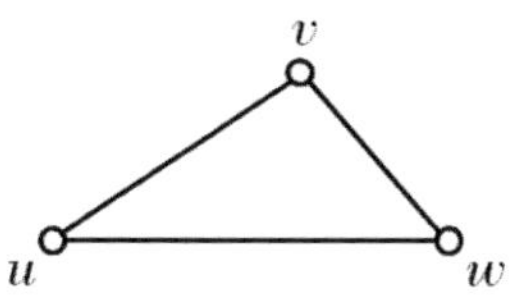

그림 5.8 삼각 부등식

> **[정리 5.3]** $G = (V, E)$가 삼각 부등식을 만족하는 그래프이고, $(v_1,\ v_2,\ \cdots,\ v_k)$를 G에서의 임의의 경로라고 하자. 그러면 $w(v_1,\ v_k) \le w(v_1,\ v_2,\ \cdots,\ v_k)$이다.

(증명) k에 대한 수학적 귀납법으로 증명한다. 만약 $k=2$라면 당연히 참이므로 $k>2$라고 가정한다. 귀납 가정에 의해 $w(v_1,\ v_{k-1}) \le w(v_1,\ v_2,\ \cdots,\ v_{k-1})$임을 알 수 있다. 또한 삼각 부등식에 의해서 $w(v_1, v_k) \le w(v_1, v_{k-1}) + w(v_{k-1}, v_k)$이다. 따라서,

$$\begin{aligned} w(v_1, v_k) &\le w(v_1, v_{k-1}) + w(v_{k-1}, v_k) \\ &\le w(v_1, v_2, \cdots, v_{k-1}) + w(v_{k-1}, v_k) \\ &\le w(v_1, v_2, \cdots, v_k). \end{aligned}$$

■

우리가 앞에서 공부했던 스패닝 트리와 해밀토니언 사이클은 구조적으로 매우 유사한 점이 있다. 스패닝 트리는 트리이므로 사이클이 없으면서 모든 정점이 연결되어 있는 연결 그래프이고, 해밀토니언 사이클 또한 모든 정점을 연결하는 사이클이므로 해밀토니언 사이클에서 어느 하나의 에지만을 제거하면 스패닝 트리가 된다. 그러나 유사한 구조임에도 불구하고 이들을 구하는 알고리즘의 계산 복잡도 측면에서는 매우 큰 차이가 있다. 즉 최소 스패닝 트리를 구하는 알고리즘은 프림의 알고리즘이나 크러스컬의 알고리즘과 같이 다항 시간 안에 쉽게 구할 수 있지만 TSP는 $\mathcal{NP}$-난해 문제로서 현재까지 다항 시간 알고리즘이 존재하지 않는다.

앞에서 얘기한 대로 해밀토니언 사이클에서 어느 하나의 에지만을 제거하면 스패닝 트리가 되므로, 최소 스패닝 트리의 가중치가 바로 해밀토니언 사이클 가중치의 하한선(lower bound)이 된다.

> **[정리 5.4]** 그래프 G에서 해밀토니언 사이클의 최소 가중치를 opt라고 하고, G의 최소 스패닝 트리의 가중치를 mst라고 하면, $opt \geq mst$이다.

(증명) Γ를 그래프 G에서 해밀토니언 사이클이라고 하자. Γ에서 임의의 에지 e를 하나 제거하면 경로가 된다. 따라서

$$w(\Gamma - e) \leq w(\Gamma) = opt.$$

경로 $\Gamma - e$는 트리의 특수한 경우이므로 당연히 $mst \leq w(\Gamma - e) \leq opt$를 만족한다. ■

〈그림 5.9〉에서 보면 (a)에서 굵은 회색선으로 된 그래프가 최소 스패닝 트리이고 가는 실선으로 표시한 그래프가 (b)와 같이 중순위로 운행할 때의 해밀토니언 사이클을 나타낸 것이다. (b)는 (a)의 최소 스패닝 트리를 v_3를 루트로 하여 중순위로 방문한 하나의 예를 보여준 것으로, 만약 각 노드에 대한 자식 노드의 방문 순서를 다르게 하면 해밀토니언 사이클도 달라진다.

그러면 이제 최소 스패닝 트리를 이용해서 외판원 여행 문제의 해에 대한 근사값을 구하는 방법을 살펴본다.

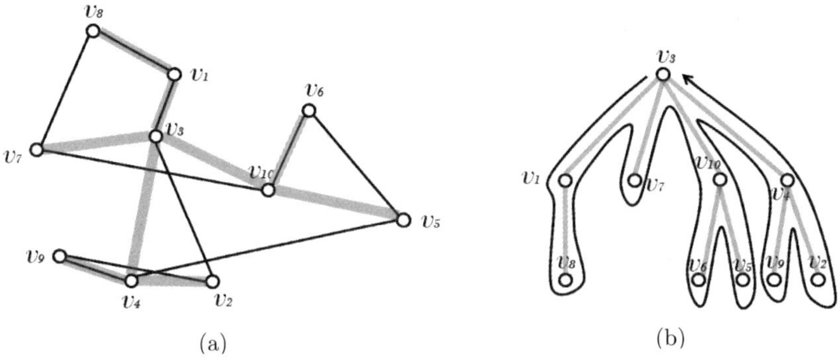

그림 5.9 최소 스패닝 트리와 중순위 운행

알고리즘 5.1 ••• TSP 문제에 대한 근사 알고리즘, ApproxTSP1

- 입력: 그래프 G
- 출력: 근사 해 사이클 Γ (근사 해)

Algorithm ApproxTSP1(G)

1. 프림의 알고리즘이나 크러스컬의 알고리즘을 사용해서 최소 스패닝 트리 T를 구한다.
2. T에서 임의의 정점 v를 선택하여 루트로 한다.
3. v가 루트인 T를 중순위로 운행한다. 중순위로 운행하면서 방문하는 정점들을 경로 Γ'에 추가한다.
4. Γ'에서 각 정점이 처음으로 나오는 경우만 남겨두고 그 외에는 모두 제거한 경로를 Γ라 한다.
5. Γ가 사이클이 되도록 Γ에 T의 루트 v를 마지막에 추가한다.

[정리 5.5] 알고리즘 ApproxTSP1은 2-근사 알고리즘이다.

(증명) Γ를 알고리즘 ApproxTSP1의 출력이라고 하고, mst를 최소 스패닝 트리의 가중치라고 했을 때 $w(\Gamma) \leq 2 \times mst$임을 밝히면 [정리 5.4]에 의해서 자명하게 증명된다. v를 루트로 하는 최소 스패닝 트리 T를 중순위로 운행할 때 노드 v의 첫 번째 부분 트리를 중순위로 운행하고 나면 다시 노드 v로 백업하여 다른 남아 있는 부분 트리를 중순위로 운행한다. 이때 백업하는 노드 v를 Γ에 추가한다고 하자. 그러면 그러한 v는 방문되는 정점 리스트에 여러 번 나타날 수 있다. 그러한 사이클을 Γ'이라고 하자. 예를 들어 〈그림 5.9〉에서 Γ'은 (v_3, v_1, v_8, v_1, v_3, v_7, v_3, v_{10}, v_6, v_{10}, v_5, v_{10}, v_3, v_4, v_9, v_4, v_2, v_4, v_3)이 된다. 이때 T의 각 에지는 Γ'에서 정확하게 두 번씩 나타난다. 따라서 $w(\Gamma') = 2 \times mst$가 된다. 사이클 Γ는 Γ'에서 각 정점이 처음으로 나오는 경우만 남겨두고 나머지는 모두 제거해서 얻을 수 있다. 즉 위의 예에서 Γ는 (v_3, v_1, v_8, v_7, v_{10}, v_6, v_5, v_4, v_9, v_2, v_3)이다. 이는 Γ'에서의 어떤 임의의 경로 (v_{i_1}, v_{i_2}, …, v_{i_k})가 그보다 길이가 짧은 경로(에지) (v_{i_1}, v_{i_k})로 대치되어 Γ를 구성한다는 의미이다. 따라서 [정리 5.3]에 의해 $w(\Gamma) \leq w(\Gamma') \leq 2 \times mst$이다. ■

이제 TSP 문제에 대한 좀 더 나은 근사 알고리즘을 소개하기로 한다. 이 방법 또한 먼저 최소 스패닝 트리 T를 구한다. 이 스패닝 트리에서 차수(degree)가 홀수인 정점의 집합을

V_1이라 하자. 그러면 V_1의 정점의 개수는 다음 정리에 의해 짝수임을 알 수 있다.

[정리 5.6] 그래프 $G=(V, E)$에서 차수가 홀수인 정점의 개수는 짝수이다.

(증명) 각 정점 v의 차수 $d(v)$는 인접한 정점 또는 부착된 에지의 개수이다. 따라서 그래프의 모든 정점의 차수의 합을 구할 때 각 에지는 차수 계산 시 두 번씩 들어가므로 다음 식을 만족한다.

$$\sum_{i=1}^{n} d(v_i) = 2|E|.$$

따라서 차수가 짝수인 정점들에 대해서 보면 그 개수가 짝수이든 홀수이든 전체 차수의 합이 짝수이다. 하지만 차수가 홀수인 정점들에 대해서 보면 그 개수가 짝수이어야만 전체 차수의 합이 짝수가 될 수 있다. 그러므로 차수가 홀수인 정점의 개수는 당연히 짝수이어야만 한다. ■

그 다음으로 V_1의 정점들에 대해 2개씩 쌍을 이룬다. 이러한 쌍을 매칭(matching)이라고 한다. 이제 최소 스패닝 트리 T에서 매칭을 이룬 두 정점 사이에 에지를 첨가한다. 그러면 그 결과 그래프 H에서는 모든 정점의 차수가 짝수가 된다. 이제 다음 정리에 의해 결과 그래프 H는 모든 에지를 정확히 한 번씩 사용해서 출발한 정점으로 다시 돌아오는 오일러 사이클(Euler cycle)이 존재한다. 이를 한붓그리기라고도 한다.

[정리 5.7] 그래프 $G=(V, E)$에서 모든 에지를 정확히 한 번씩 사용해서 출발한 정점으로 다시 돌아오는 오일러 사이클(Euler cycle)이 존재하기 위한 필요충분조건은 G의 모든 정점의 차수가 짝수이다.

더구나 H에서의 오일러 사이클을 구성하는 에지의 개수는 T의 모든 정점의 차수가 홀수일 때 최대 $(n-1)+n/2$이므로 최소 스패닝 트리에서 에지를 두 번씩 방문해서 구성되는 사이클의 에지 개수 $(2n-2)$보다는 작다. 다음의 〈그림 5.10〉에서 보면 (a)가 최소 스패닝 트리 T, (b)는 T에서 매칭을 이룬 두 정점 사이에 에지를 첨가한 그래프 H, (c)는 H에서 [정리 5.1]을 이용해서 구한 사이클의 예를 나타낸다.

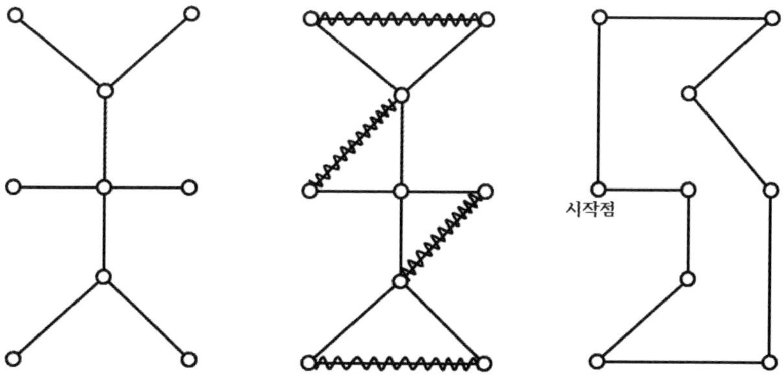

(a) 최소 스패닝 트리 T (b) 그래프 H (c) 근사 해 Γ

그림 5.10 최소 스패닝 트리와 매칭을 사용해서 구한 사이클

V_1에 대한 최소 가중치 매칭이란 매칭에 의해 구성된 에지들의 가중치의 합이 최소인 매칭을 말한다. 이러한 최소 가중치 매칭은 다항 시간에 구할 수 있다는 것이 알려져 있다. 따라서 다음과 같은 방법으로 TSP 문제에 대한 근사 해를 구할 수 있다.

알고리즘 5.2 ••• **TSP 문제에 대한 근사 알고리즘, ApproxTSP2**

- 입력: 그래프 G
- 출력: 사이클 Γ(근사 해)

Algorithm ApproxTSP2(G)

1. 프림의 알고리즘이나 크러스컬의 알고리즘을 사용해서 최소 스패닝트리 T를 구한다.
2. T에서 정점의 집합 V_1에 대한 최소 가중치 매칭을 구한다. 단, V_1은 T에서 차수가 홀수인 정점의 집합이다.
3. T에서 V_1에 대해 매칭을 이루는 정점 쌍으로 된 에지를 첨가하여 모든 정점의 차수가 짝수인 그래프 H를 구성하고, H에서 오일러 사이클을 구한다.
4. H에서 구한 오일러 사이클로부터 [정리 5.3]을 이용해서 근사 해인 사이클을 구한다.

[정리 5.8] 알고리즘 ApproxTSP2는 3/2-근사 알고리즘이다.

(증명) $\Gamma = (v_1, v_2, \cdots, v_n, v_1)$을 TSP 문제에 대한 최적의 사이클이라고 하고, 우선 $V_1 = V$라고 가정하자. 그러면 Γ에는 2개의 매칭 M_1과 M_2가 존재한다. 단, $M_1 = \{(v_1, v_2), (v_3, v_4), \cdots, (v_{n-1}, v_n)\}$이고 $M_2 = \{(v_2, v_3), (v_4, v_5), \cdots, (v_n, v_1)\}$이다. 그러면 $w(M_1) + w(M_2) = w(\Gamma) = opt$이 된다. 최소 가중치 매칭을 M^*라 했을 때,

$$w(M^*) \le \min(w(M_1), w(M_2)) \le opt/2$$

이다. H에서의 오일러 사이클의 길이는 최대 $w(T) + w(M^*)$이므로 [정리 5.4]의 $w(T) \le opt$에 의해서 최대 $(3/2) \times opt$이다. 또한 [정리 5.3]에 의해서 정점이 여러 번 나오는 경우 이를 제거하면 사이클의 길이가 감소하게 되므로 이 정리를 만족한다. ■

5.3.2 상자 포장 문제

최적화 문제 유형의 상자 포장 문제는 크기가 각각 $s_1, s_2, \cdots, s_n$인 n개의 물건(단 $0 < s_i \le 1$)을 크기가 1인 상자를 이용하여 포장할 때 n개의 물건을 모두 포장하기 위해 필요한 최소 상자의 개수를 구하는 문제이다.

이 문제는 잘 알려진 $\mathcal{NP}$-난해 문제이다. 이 문제에 대한 가장 간단한 근사 알고리즘 중 하나는 차기 적합(next-fit) 알고리즘이다. 상자를 $B_1, B_2, \cdots$라 할 때 이 알고리즘은 우선 크기가 s_1인 첫 번째 물건을 상자 B_1에 넣는다. 물건을 포장하기 위해 마지막으로 사용했던 상자를 B_j라 하자. 이때 현재 고려하는 물건 i(크기가 s_i)를 B_j에 넣을 수 있으면 넣고, 공간이 부족하면 B_j를 닫고 물건 i를 새로운 상자 B_{j+1}에 넣는다. 이 방법의 최악의 경우 시간 복잡도는 물건 i를 넣기 위해 고려하는 상자는 오직 B_j 또는 B_{j+1}의 2개이므로 전체 $\Theta(n)$-시간이 필요하다. 이러한 차기 적합 알고리즘은 당연히 최적의 해를 제공하지 않는다. 다만 근사 비율 ρ가 2인 알고리즘으로서 최악의 경우 최적 해의 두 배까지 상자가 필요할 수 있다. 예를 들어, 전체 $4n$개의 물건들이 있을 때 각각의 크기가 $\left\{\frac{1}{2}, \frac{1}{2n}, \frac{1}{2}, \frac{1}{2n}, \cdots, \frac{1}{2}, \frac{1}{2n}\right\}$이라면 $opt = n+1$개 이지만 차기 적합 알고리즘의 해는 $2n$으로서 n이 커지면 근사 비율 ρ가 2에 근접하게 된다.

두 번째로는 최초 적합(FF; first-fit) 알고리즘을 들 수 있다. 최초 적합 알고리즘은 어떤

물건을 포장할 때 물건을 포장하기 위해 상자를 B_1, B_2, $\cdots$ 순으로 고려한다면 그 물건을 포장할 수 있는 첫 번째 상자를 사용해서 포장하는 것이다. 〈그림 5.11〉의 (a)는 최초 적합 알고리즘의 예를 나타낸 것이다. 따라서 이 알고리즘의 최악의 경우 시간 복잡도는 앞에 있는 상자부터 다시 고려해야 하므로 $\Theta(n^2)$-시간이 걸린다. 이 알고리즘도 최적의 해를 제공하지 않는다.

알고리즘 5.3 ••• **상자 포장 문제에 대한 근사 알고리즘, FF**

- 입력: 물건의 개수 n 및 각 물건의 크기 $s_1, s_2, \cdots, s_n(s[\,])$
- 출력: 각 물건 i가 저장되어 있는 상자(bin) 번호, $bin[\,]$

```
void FF(n, s[], *bin) {
  float used[n];                    // 각 상자(bin)의 사용 비율 저장
  int i, j;

  Initialize all used entries to 0.0;
  for (i=1; i<=n; i++)
     for (j=1; j<=n; j++)           // 크기가 s_i인 물건 i가 들어갈 수 있는 상자 검색
        if (used[j]+s[i] <= 1.0) {
          bin[i] = j;
          used[j] = used[j] + s[i];
          break;          // exit for j
        }
}     // continue for i
```

이 알고리즘에서 필요한 상자의 수는 지금까지 알려진 바에 의해면 대략 $1.7 \times opt + 0.7$ 이하이지만 증명이 어려우므로, 이 책에서는 근사치가 $2 \times opt$ 이하임을 증명하고자 한다.

[정리 5.9] m을 알고리즘 FF에 의해 필요한 상자의 개수라고 하고 opt가 해당 입력 예시에서 필요한 상자의 최소 개수라 했을 때, $m \le 2 \times opt$이다.

(증명) 알고리즘 FF가 m개의 상자를 사용한다고 가정하자. 그러면 적어도 $(m-1)$개의 상자가 1/2을 넘어서 채워져 있다. 왜냐하면 만약 2개의 상자가 1/2 이하로 채워져 있다면 그 두 상자는 하나로 합쳐질 수가 있게 된다. 이제 다음 그림의 상황을 보자.

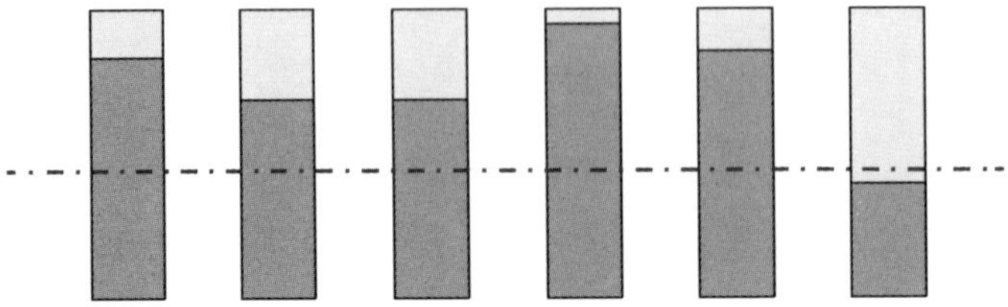

최적의 해는 적어도 n개의 물건의 크기를 모두 더한 값보다는 크거나 같아야 하므로 당연히 $opt \geq \sum_{i=1}^{n} s_i$이다. 또한 위의 그림에서 $(m-1)$개의 상자의 1/2에 해당하는 부분, 즉 사각형 부분의 크기는 당연히 n개의 물건의 크기를 모두 더한 값인 $\sum_{i=1}^{n} s_i$보다는 작아야 하므로 다음 식을 만족해야 한다.

$$opt \geq \sum_{i=1}^{n} s_i > \frac{m-1}{2}$$

따라서 $2 \times opt > m-1$이고 m과 opt가 정수이므로 $m \leq 2 \times opt$이다. ■

다음의 근사 알고리즘은 물건의 포장 순서를 고려할 때 그 크기가 큰 것부터 고려하는 방법이다. 이를 내림차순 최초 적합(FFD; first-fit decreasing) 알고리즘이라고 한다. 따라서 최초 적합 알고리즘을 적용하기 전에 전처리로서 물건의 크기에 대해 내림차순으로 정렬한다. 물론 이 알고리즘 또한 최적의 해를 제공하지는 않는다. 〈그림 5.11〉의 (a)는 최초 적합 알고리즘, (b)는 내림차순 최초 적합 알고리즘의 예를 나타낸 것이고 (c)는 이에 대한 최적의 해이다.

이 알고리즘에서 필요한 상자의 수는 지금까지 $\frac{11}{9} \times opt + 1$ 이하임이 알려져 있지만 이 책에서는 증명하지 않기로 한다. 또한 이외에도 최적 적합(best-fit) 알고리즘, 최악 적합(worst-fit) 알고리즘 등이 있으나 이 책에서는 다루지 않는다.

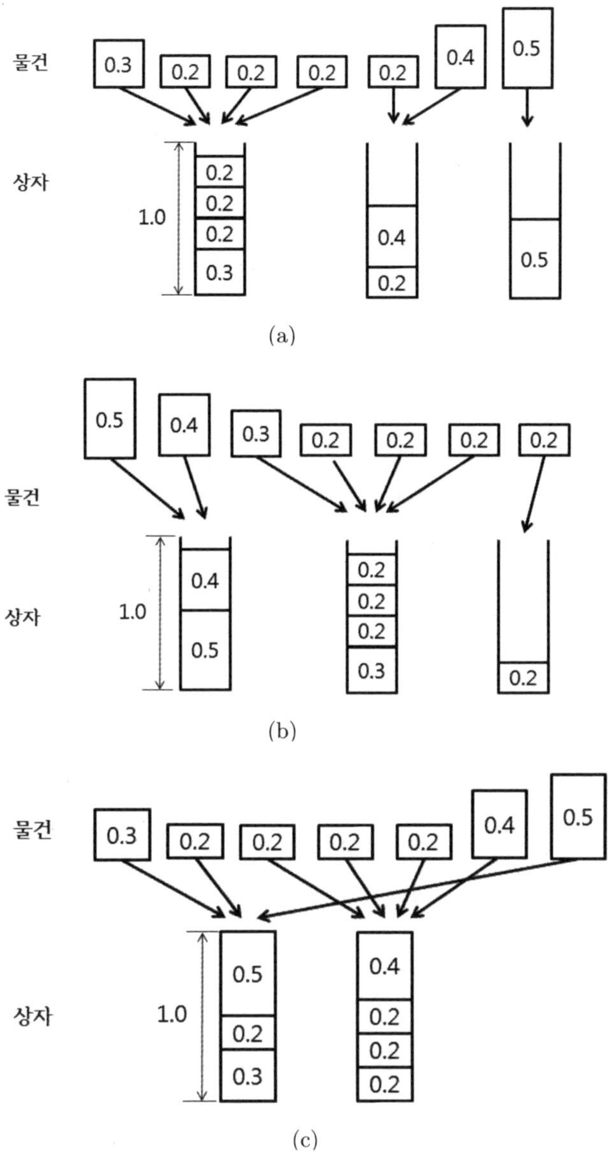

그림 5.11 $n = 7,\ s_1 = 0.3, s_2 = 0.2, s_3 = 0.2, s_4 = 0.2, s_5 = 0.2, s_6 = 0.4, s_7 = 0.5$인 상자 포장 문제의 예

연습 문제

1. [예제 5.5]의 그래프 색칠 문제(판단 문제)를 최적화 문제로 바꾸어라.

2. [예제 5.8]의 상자 포장 문제(판단 문제)를 최적화 문제로 바꾸어라.

3. 문제 A, B, C를 판단 문제라 할 때 $A \propto B$이고 $B \propto C$이면, $A \propto C$임을 문제 변환의 정의에 의해 증명하라.

4. 해밀토니언 사이클 문제가 $\mathscr{NP}$에 속한다는 것을 밝혀라. 즉 확인 단계의 알고리즘이 다항 시간에 수행된다는 것을 밝혀야 한다.

5. $\mathscr{P}$에 속하는 판단 문제의 예를 두 가지만 들어라.

6.★ 그래프 $G=(V, E)$에서 모든 에지를 정확히 한 번씩 사용해서 출발한 정점으로 다시 돌아오는 오일러 사이클(Euler cycle)이 존재하기 위한 필요충분조건이 G의 모든 정점의 차수가 짝수임을 증명하라([정리 5.7]).

7.★★ 그래프 $G=(V, E)$의 정점 커버(vertex cover)란 정점 집합 V의 부분 집합 U로서 E의 모든 에지가 적어도 U에 있는 하나 이상의 정점에 인접(incident)해 있어야 한다. 최소 정점 커버는 이러한 정점 커버 중에서 정점의 수가 최소인 것을 말한다. 이 문제에 대한 다음의 근사 알고리즘이 2-근사 알고리즘임을 증명하라.

```
procedure approx_vertex_cover (V, E) {
 U= ∅;
 repeat
    Let (u, v) be an arbitrary edge of E;
    U= U ∪ {u} ∪ {v};
    Remove from E every edge incident on either u or v;
 until E= ∅
 return (U)
}
```

프로그래밍 과제

1. 외판원 여행 문제(TSP)에 대해서 다음의 알고리즘을 구현해보고 정점의 개수 n이 각각 $n = 10, 20, 50, 100, 500, 1,000$인 그래프를 임의로 생성해서 해의 정확도, 구현의 난이도, 수행 시간 등을 비교해보라.
   (1) 모든 경우의 경로를 다 고려하는 방법
   (2) 동적 계획법을 이용하는 방법
   (3) 〈알고리즘 5.1〉 ApproxTSP1
   (4) 〈알고리즘 5.2〉 ApproxTSP2

2. 상자 포장 문제에 대해서 다음의 알고리즘을 구현해보고 물건의 개수 n이 각각 $n = 10$, 20, 50, 100, 500, 1,000인 경우 그 크기를 임의로 생성해서 해의 정확도, 구현의 난이도, 수행 시간 등을 비교해보라.
   (1) 모든 경우를 다 고려하는 방법
   (2) 차기 적합(next-fit) 알고리즘
   (3) 최초 적합(first-fit) 알고리즘
   (4) 내림차순(Non-increasing) 정렬 최초 적합 알고리즘

프로그래밍에 관한 격언 5

일단 의심이 생기면 무식해지자.

잘 발견되지 않고 오랫동안 고생시키는 버그를 해결해보면 참으로 하찮을 때가 많다. 배열 초기화 문제이거나 루프 인덱스를 착각한 경우와 같이 모두는 버그에 대한 혐의를 공평하게 두지 않게 때문이다. 따라서 때로는 무식하게 하나하나 모두 조사할 필요가 있다.

6장

백트래킹과 분기 한정

6.1 백트래킹

어떤 문제의 해를 구하기 위해서 모든 가능성을 조사하지 않고는 해를 구할 수 없는 경우가 있다. 백트래킹(또는 퇴각 검색)은 이러한 문제에 대한 해를 구하기 위해 모든 가능성을 조직적이고 효율적인 방법으로 조사하는 알고리즘 설계 방식이다. 다만 어떤 조건들에 의해 조사하지 않아도 되는 부분은 조사 대상에서 제외하여 해를 좀 더 빨리 찾는다. 이러한 백트래킹은 n-여왕 문제, 낱말 퍼즐, 스도쿠 등의 게임 문제나 앞에서 보았던 여러 가지 $\mathcal{NP}$-난해 문제들을 해결하는 데 많이 이용된다. 백트래킹은 모든 경우에 효율적으로 해를 찾을 수는 없지만 좋은 전략과 좋은 한계 함수(bounding function)를 사용하면 입력 크기가 어느 정도 크더라도 대부분 해를 효율적으로 찾을 수 있다. 최적화 문제에 대해서 백트래킹은 항상 최적의 해를 구할 수 있다.

백트래킹의 해는 일반적으로 어떤 제한 조건을 만족하는 n개의 원소로 구성된 해 벡터인 $(x_1, x_2, \cdots, x_n)$ 형태로 나타낼 수 있다. 예를 들면 n-여왕 문제(n-queens problem)를 살펴보자. n-여왕 문제는 $n \times n$ 정방형 체스판에 n개의 여왕말이 서로 공격하지 못하도록 여왕말들을 배치시키는 문제이다. 이때 여왕말들이 서로 공격하지 못하도록 배치한다는 것은 어느 두 여왕말도 같은 행, 같은 열, 같은 대각선상에 놓여 있으면 안 된다는 것이다. n-여왕 문제의 해를 표현하는 방법으로는 다음과 같이 해 벡터 $(x_1, x_2, \cdots, x_n)$을 사용한다. 여기서, x_i는 i번째 행에 놓일 여왕말의 열 번호를 의미한다. $n=4$일 때를 생각해보면 4-여왕 문제의 해는 (2, 4, 1, 3)과 (3, 1, 4, 2) 두 가지가 있다는 것을 알 수 있다. 이 해를 그림으로 그려보면 다음 〈그림 6.1〉과 같다.

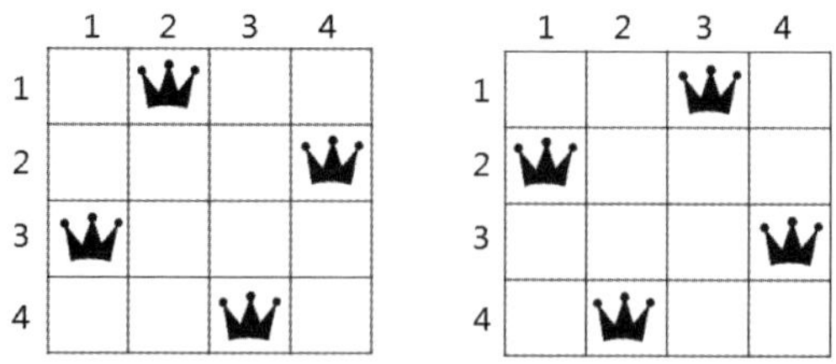

그림 6.1 4-여왕 문제의 해

해의 표현을 어떻게 정하느냐 하는 것은 알고리즘의 설계 방향 및 시간 복잡도를 결정하는 중요한 요소가 된다. n-여왕 문제에서 해 벡터의 각 원소 x_i는 1부터 n까지의 정수값이 해의 후보가 될 수 있다. 따라서 해의 후보 개수는 모두 n^2이 된다. 해의 후보의 개수를 줄이기 위해서는 문제가 가지고 있는 성질을 좀 더 파악할 필요가 있다. n-여왕 문제에서 같은 열에 2개 이상의 여왕말이 놓일 수 없다는 사실로부터 각 x_i가 가질 수 있는 값은 모두 달라야 된다는 사실을 알 수 있다. 그렇다면 해의 후보가 되는 벡터는 1에서 n까지 수에 대한 순열(permutation)과 같고, 따라서 해의 후보의 개수는 $n!$개가 된다. 만약 단순한 방법으로 n-여왕 문제를 해결한다면 1에서 n까지 수에 대한 모든 순열을 나열한 다음 각각에 대해 제한 조건을 만족하는지 검사하면 된다. 그러나 $n!$개의 모든 순열에 대한 검사를 수행하기 위해서는 상당히 많은 시간이 필요하다. 다시 강조하지만 백트래킹의 기본 아이디어는 검사 대상이 되는 해의 후보의 개수를 대폭 줄여 수행 시간을 절약해보자고 하는 것이다.

사실 백트래킹으로 해결 가능한 문제들은 그 해를 찾아가는 과정을 상태 공간 트리(state space tree)에 대한 탐색으로 나타낼 수 있는데, 백트래킹은 이러한 트리에 대한 깊이 우선 탐색의 변형이라고 볼 수 있다. 깊이 우선 탐색은 원래 일반적인 그래프에 대해서 탐색하는 과정이지만 백트래킹은 트리에 대한 탐색 과정이다. 백트래킹은 부분 트리를 운행할 때 만약 왼쪽 첫 번째 부분 트리에 대해 먼저 운행을 시작한다면 트리에 대한 전순위(preorder) 운행법이라고 볼 수 있다. 즉 루트를 먼저 방문하고, 그 다음으로 왼쪽 첫 번째 부분 트리를 전순위로 운행한 다음, 나머지 부분 트리들을 다시 왼쪽부터 오른쪽으로 전순위로 운행하는 방법이다. 아래 과정은 이와 같이 변형된 깊이 우선 탐색을 나타낸 것이고, 〈그림 6.2〉의 각 노드 번호는 트리에 대해 깊이 우선 탐색을 할 때 방문되는 순서를 나타낸 것이다.

```
int modified_dfs (node v) {
 node u;

 visit(v);
 for (each child u of v from left to right)
    modified_dfs(u);
}
```

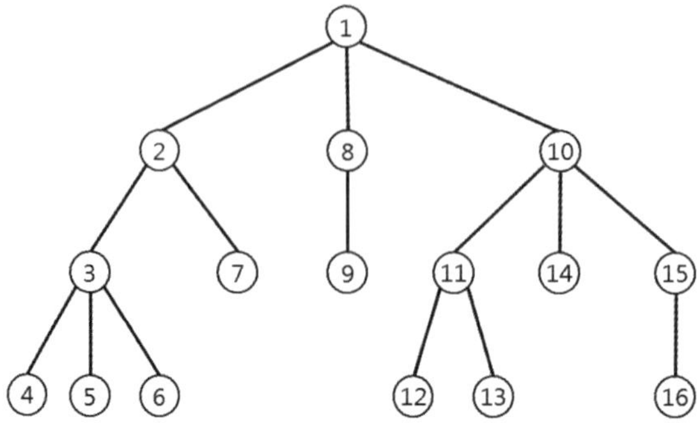

그림 6.2 트리에 대한 깊이 우선 탐색 방문 순서

이제 백트래킹에 대한 예를 들어보기로 하자. 첫 번째 예는 앞에서 이미 언급한 n-여왕 문제로서 최적화 문제는 아니지만 백트래킹에 대한 이해도를 높이기 위해 많이 사용된다. 나머지 두 문제는 $\mathscr{NP}$-난해 문제로서 많이 언급되는 부분합 문제와 $0-1$ 배낭 문제에 대해 다룬다.

6.1.1 n-여왕 문제

n-여왕 문제에서 체스판에 놓는 여왕말들은 사실 모두 같지만 이들에 1부터 n까지 번호를 붙여서 각 행에 놓는 여왕말을 Q_1, Q_2, $\cdots$, Q_n으로 구분하기로 하자. 이때 Q_i는 i번째 행에 놓는 여왕말이므로 이 여왕말의 위치는 열 번호에 의해 결정된다. 즉 이 문제의 해를 $(x_1, x_2, \cdots, x_n)$이라 했을 때 각 x_i는 Q_i가 놓이는 열 번호이다.

해를 구하는 과정은 실제적으로 트리를 만들어가면서 해를 검색하는 것이 아니라 다음과 같이 개념적으로 트리를 구성하는 과정으로 나타낼 수 있다. 즉 트리의 루트는 비어 있는 체스판을 나타내고, 레벨 1에 있는 각 노드는 Q_1이 놓이는 행 번호와 열 번호, 레벨 2에 있는 각 노드 또한 Q_2가 놓이는 행 번호, 열 번호의 번호쌍 등으로 나타낸다. 〈그림 6.3〉은 $n=4$인 경우 이러한 트리의 일부분을 나타낸 것으로서 이를 상태 공간 트리(state space tree)라고 부른다. 〈그림 6.3〉의 트리는 전체 $4\times4\times4\times4=256$개의 단말 노드로 구성되는데, 루트부터 단말 노드까지의 경로가 해의 후보가 된다.

백트래킹을 상태 공간 트리로 다시 요약해서 설명한다면 백트래킹은 상태 공간 트리를 깊이 우선 탐색을 하되 노드가 더 이상 해를 생성할 수 없는 상태일 때는 그 부분 트리를

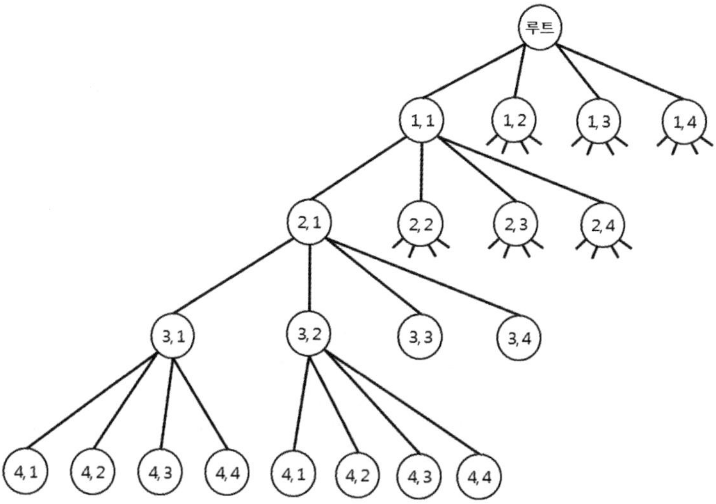

그림 6.3 4-여왕 문제의 상태 공간 트리 일부

더 이상 확장하지 않고 그 노드의 부모 노드로 다시 되돌아가서 그 부모 노드의 다음 자식 노드부터 다시 부분 트리를 확장하여 해를 검색한다. 이러한 방법을 가지 치기(pruning)라고 하며 가지 치기에 의해 생성된 상태 공간 트리를 가지 친 상태 공간 트리(pruned state space tree)라고 부른다. 이러한 백트래킹의 일반적인 방법은 다음과 같다.

```
void backtrack (node v) {
 node u;

 if (expand(v))
     if (there is a solution at v)
        write the solution;
    else
        for (each child u of v)
           backtrack(u);
}
```

4-여왕 문제의 가지 친 상태 공간 트리의 일부를 그리면 〈그림 6.4〉와 같다. 이 트리는 가지 친 상태 공간 트리의 전체가 아니고 열 번호가 3인 경우와 4인 경우는 각각 열 번호가

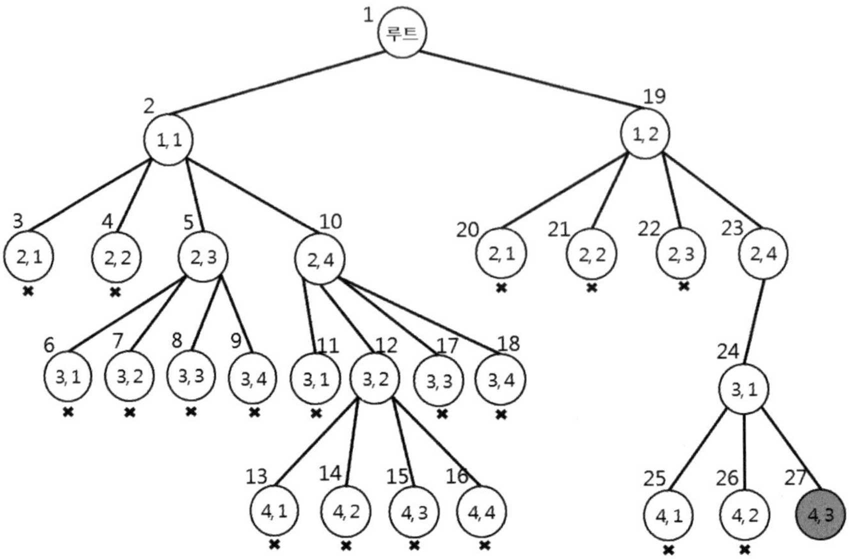

그림 6.4 4-여왕 문제의 가지 친 상태 공간 트리(pruned state space tree)의 일부

2인 경우와 1인 경우와 대칭적이므로 생략했다. 각 노드의 바깥에 있는 번호는 생성되는 노드의 순서를 의미하고 노드 안쪽에 있는 번호쌍은 체스판의 각 행 번호와 열 번호를 의미한다. 해를 구하는 자세한 백트래킹 과정을 설명하면 다음과 같다. 맨 처음 루트 1에서는 노드를 확장한다.

(a) 노드 1 (1, 1)은 확장한다. /* Q_1을 첫 번째 열에 위치

(b) 노드 2 (2, 1)은 확장하지 않는다. /* Q_1이 첫 번째 열에 있음
노드 3 (2, 2)는 확장하지 않는다. /* Q_1이 왼쪽 대각선 위치에 있음
노드 4 (2, 3)은 확장한다.

(c) 노드 5 (3, 1)은 확장하지 않는다. /* Q_1이 첫 번째 열에 있음
노드 6 (3, 2)는 확장하지 않는다. /* Q_2가 오른쪽 대각선 위치에 있음
노드 7 (3, 3)은 확장하지 않는다. /* Q_2가 세 번째 열에 있음
노드 8 (3, 4)은 확장하지 않는다. /* Q_2가 왼쪽 대각선 위치에 있음

(d) 노드 1 (1, 1) 위치로 백트래킹한다.
노드 9 (2, 4)를 확장한다.

(e) 노드 10 (3, 1)은 확장하지 않는다. /* Q_1이 첫 번째 열에 있음

노드 11 (3, 2)는 확장한다.

(f) 노드 12 (4, 1)은 확장하지 않는다. /* Q_1이 첫 번째 열에 있음

노드 13 (4, 2)는 확장하지 않는다. /* Q_3가 두 번째 열에 있음

노드 14 (4, 3)은 확장하지 않는다. /* Q_3가 왼쪽 대각선 위치에 있음

노드 15 (4, 4)은 확장하지 않는다. /* Q_2가 네 번째 열에 있음

(g) 노드 9 (2, 4) 위치로 백트래킹한다.

노드 16 (3, 3)은 확장하지 않는다. /* Q_2가 오른쪽 대각선 위치에 있음

노드 17 (3, 4)는 확장하지 않는다. /* Q_2가 네 번째 열에 있음

(h) 노드 0 (루트) 위치로 백트래킹한다.

노드 18 (1, 2)를 확장한다.

(i) 노드 19 (2, 1)은 확장하지 않는다. /* Q_1이 오른쪽 대각선 위치에 있음

노드 20 (2, 2)는 확장하지 않는다. /* Q_1이 두 번째 열에 있음

노드 21 (2, 3)는 확장하지 않는다. /* Q_1이 왼쪽 대각선 위치에 있음

노드 22 (2, 4)은 확장한다.

(j) 노드 23 (3, 1)을 확장한다.

(k) 노드 24 (4, 1)은 확장하지 않는다. /* Q_3가 첫 번째 열에 있음

노드 25 (4, 2)는 확장하지 않는다. /* Q_1이 두 번째 열에 있음

노드 26 (4, 3)은 확장한다.

여기까지가 백트래킹을 이용하여 4-여왕 문제의 첫 번째 해를 구하는 순서를 나타낸 것이고 그 해를 체스판을 이용해서 나타내면 〈그림 6.5〉의 (k)와 같다.

Q_i를 i번째 행, x_i번째 열에 놓는다고 할 때 해당 노드 $(i,\ x_i)$를 확장할 것인가는 이미 배치한 여왕말 Q_1, Q_2, $\cdots$, Q_{i-1}과 같은 열에 있는지 그리고 왼쪽 혹은 오른쪽 대각선 위치에 있는지를 체크하면 된다. 즉 $1 \le k \le i-1$인 모든 k에 대해서, $x_i = x_k$인 k가 존재하게 되면 같은 열에 있는 여왕말이 존재하는 것이므로 더 이상 확장하지 않는다. 또한 두 여왕말 Q_i와 Q_k의 열 위치가 각각 x_i, x_k이므로 x_k가 x_i의 오른쪽 대각선에 위치하게 되면

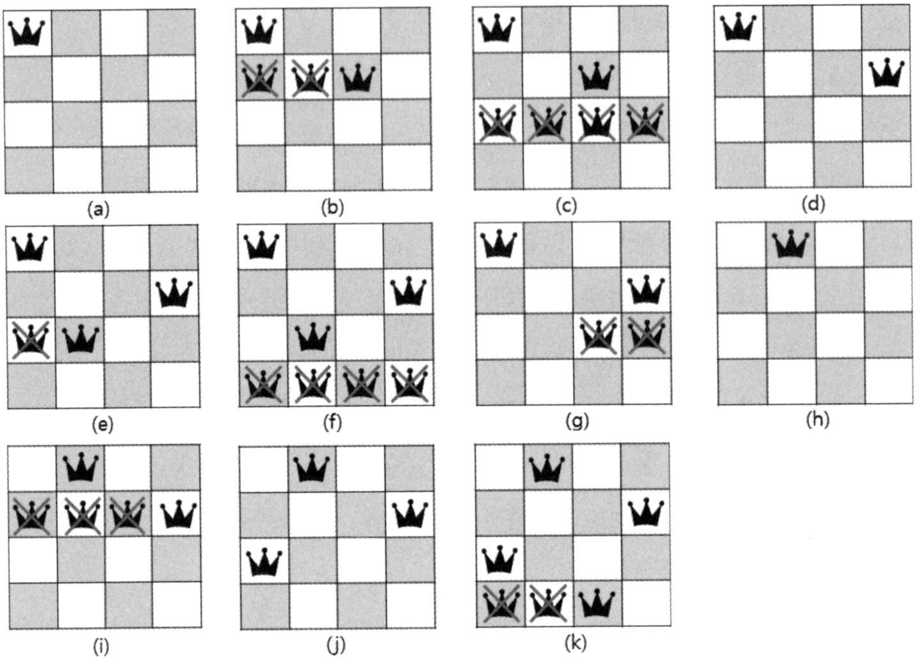

그림 6.5 백트래킹을 이용한 4-여왕 문제의 해를 구하는 순서

$x_i - x_k = i - k$가 되고 x_i의 왼쪽 대각선에 위치하게 되면 $x_k - x_i = i - k$가 되므로 두 식을 통합하면 $1 \le k \le i-1$인 모든 k에 대해서, $|x_i - x_k| = i - k$인 k가 존재하게 되면 같은 대각선에 있는 여왕말이 존재하는 것이므로 해당 노드를 더 이상 확장하지 않는다(〈그림 6.6〉 참조). 그에 따른 알고리즘은 〈알고리즘 6.1〉과 같다.

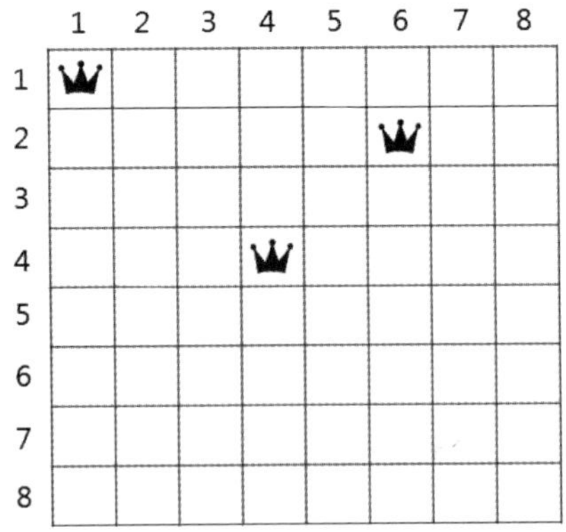

그림 6.6 Q_4와 같은 대각선 위치에 있는 여왕말들의 예

알고리즘 6.1 ••• n–여왕 문제

- 입력: 체스판의 크기 n
- 출력: n-여왕 문제에 대한 해 벡터

```
/* n-여왕 문제 */

void nqueens (int i) {
  int j;

  if (expand(i)) {
    if (i==n) {
      for (j=1; j<=n; j++) printf("%d ", x[j]);        // 결과 출력
      printf("\n");
    }
    else {
      for (j=1; j<=n; j++) {
        x[i+1] = j;
        nqueens(i+1);
      }
    }
  }
}

int expand (int i) {
  int k = 1;                  // 인덱스 변수

  while (k < i) {
    if (x[i]==x[k] | abs(x[i] - x[k])==i-k) return 0;
    k++;
  }
  return 1;
}
```

이 함수를 처음에 메인 함수에서 호출하려면 nqueens(0)으로 하면 된다. 〈알고리즘 6.1〉을 이론적으로 분석하기는 매우 어렵다. 여왕말들을 대각선 체크는 하지 않고 다만 같은 행과 같은 열에 놓지 않는 조건만을 체크하는 경우 상태 공간 트리의 루트부터 단말 노드까지의 경로의 개수, 즉 해의 후보 수는 $n!$개이다. 또한 알고리즘의 효율성을 알아볼 수 있는 가장 쉬운 방법 중 하나는 실제적으로 이 알고리즘을 수행시켜서 생성되는 노드 수를 세어보는 것이다. 아래 표는 이 두 가지 경우의 수를 세어 비교한 표이다.

표 6.1 해의 후보 수 및 〈알고리즘 6.2〉에 의해 생성되는 노드 수

방법 \ n	4	8	12	14
해의 후보 개수 $n!$	24	40,320	4.79×10^8	8.72×10^{10}
백트래킹에 의해 생성되는 노드 수	61	15,721	1.01×10^7	3.78×10^8

6.1.2 부분합 문제

부분합 문제는 n개의 양의 정수(혹은 무게) 집합 $\{w_1, w_2, \cdots, w_n\}$과 양의 정수 M이 주어질 때, 합이 M이 되는 $\{w_1, w_2, \cdots, w_n\}$의 부분 집합을 구하는 문제이다. 문제의 정의에 따라서 해가 있는 경우 이러한 부분 집합을 하나만 구하거나 또는 해를 모두 구하는 문제일 수도 있으며 판단 문제 유형으로서 합이 M이 되는 부분 집합이 존재하는지를 물어보는 문제일 수도 있다. 여기에서는 합이 M이 되는 부분 집합을 모두 구하는 문제에 대해 백트래킹으로 구하는 방법을 생각한다.

이 문제는 $0-1$ 배낭 문제의 특수한 경우로서 단위 무게당 이윤이 모두 같은 경우이다. 이미 언급한 바와 같이 $0-1$ 배낭 문제는 물론이고 부분합 문제도 $\mathcal{NP}$-난해 문제로 알려져 있다.

예제 6.1

$n=4,\ w_1=3, w_2=5, w_3=9, w_4=12,\ M=17$인 경우,

$$w_1+w_2+w_3=3+5+9=17$$
$$w_2+w_4=5+12=17$$

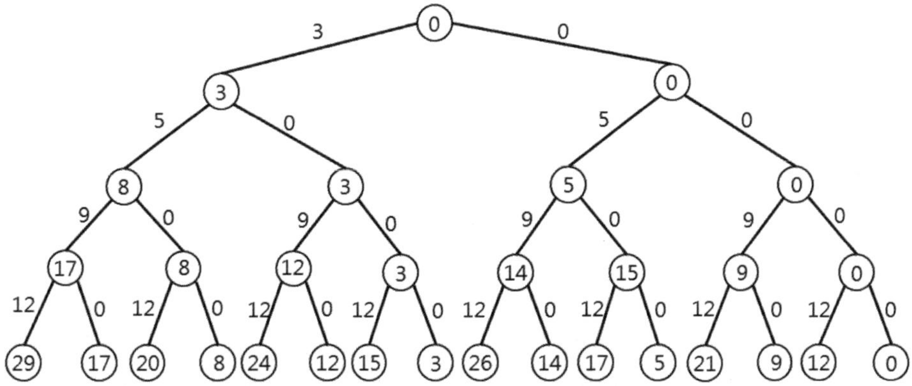

그림 6.7 [예 6.1]에 대한 상태 공간 트리

이므로, 해는 $\{w_1,\ w_2,\ w_3\}$과 $\{w_2,\ w_4\}$이거나 $0-1$ 해 벡터 $(1,\ 1,\ 1,\ 0)$과 $(0,\ 1,\ 0,\ 1)$로 나타낼 수 있다. 이에 대한 전체 상태 공간 트리를 그려보면 〈그림 6.7〉과 같다. 사실 이 문제는 n의 크기가 작으므로 모든 경우를 따져서 해를 구할 수 있다. 그러나 n이 큰 경우는 가지수가 너무 많아 모든 경우를 따져서 구할 수는 없으며 백트래킹 또는 그와 유사한 방법을 이용해야 한다. ■

문제에서 주어진 n개의 정수 $w_1,\ w_2,\ \cdots,\ w_n$이 오름차순으로 정렬된 경우에는 해를 어느 정도 쉽게 구할 수 있다. 만약 정렬이 안되어 있으면 전처리 과정으로 정렬을 한 후 문제를 해결하면 된다. 따라서 $w_1 \le w_2 \le \cdots \le w_n$이라고 가정하자. 상태 공간 트리의 레벨 i에 있는 임의의 노드는 정수 $w_1,\ w_2,\ \cdots,\ w_i$의 포함 여부를 결정한 상태이다. w_1부터 w_i까지 중에서 포함된 정수들의 합을 $wsum$이라 하자. 만약 $wsum = M$이라면 그에 해당하는 노드는 해가 되고, 더 이상의 정수를 포함하면 해가 될 수 없으므로 해를 출력하고 백트래킹하면 된다.

w_{i+1}은 아직 고려하지 않은 정수들 중에서 가장 작은 값이다. 따라서 $wsum + w_{i+1} > M$이 된다면 아직 고려하지 않은 다른 정수를 더해도 M보다 크게 되어 부분 트리의 노드들은 해가 될 수 없으므로 해당 노드를 더 이상 확장할 필요가 없게 된다.

또 다른 하나의 조건을 추가적으로 고려할 수 있다. 아직 포함 여부를 결정하지 않은 나머지 정수들의 합을 $rsum$이라 하자. 즉 $rsum = \sum_{k=i+1}^{n} w_k$이다. 이때 만약 $wsum + rsum < M$이

라면 나머지 정수를 모두 다 더해도 해가 될 수 없으므로 이 경우도 해당 노드를 더 이상 확장할 필요가 없다.

〈그림 6.8〉은 [예제 6.1]에 대해 이러한 백트래킹을 수행한 가지 친 상태 공간 트리를 나타낸다. 레벨 i의 각 노드값들은 $wsum$을 나타내고 왼쪽 자식 노드는 $wsum$에 w_{i+1}을 포함한 값, 오른쪽 자식 노드는 포함하지 않은 값을 나타낸다. 해에 해당하는 노드는 음영 처리를 했으며 더 이상 확장하지 않고 백트래킹하는 노드에는 ×표시를 했다.

〈알고리즘 6.2〉는 이러한 백트래킹 알고리즘을 나타낸 것이다. 초기 호출은 sum_of_subsets(0, 0, rsum)이며 rsum의 초기값은 $\sum_{i=1}^{n} w_i$이다. 또한 해 벡터로 배열 x를 사용하며 w_i가 해에 포함되면 x[i] = 1, 포함이 되지 않으면 x[i] = 0의 값을 갖는다. 위에서 본 바와 같이 해당 노드의 확장 조건은 $wsum + rsum \geq M$과 $wsum + w_{i+1} \leq M$이다. 다만 편의상 해를 출력하기 위해서 $wsum = M$인 경우에 대해 일단 expand 함수에서 true값으로 한 다음 해당 조건을 체크하여 출력했다.

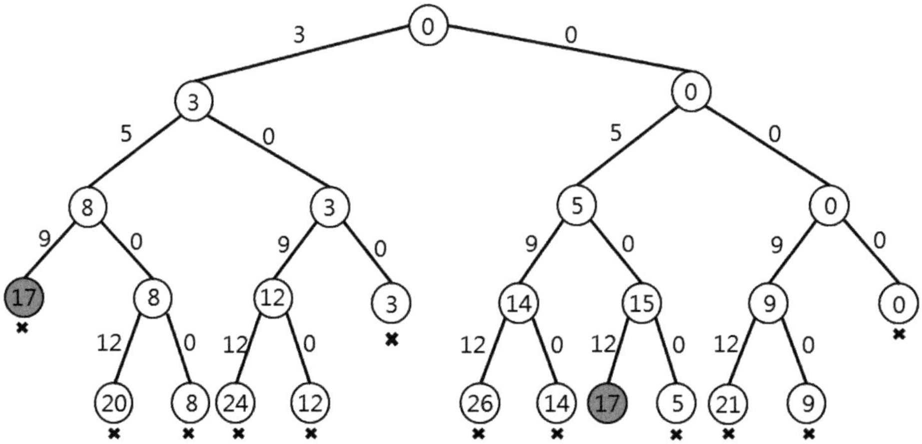

그림 6.8 [예제 6.1]에 대해 백트래킹을 수행한 가지 친 상태 공간 트리

알고리즘 6.2 ••• 부분합 문제

- 입력: 문제의 크기 n, 양의 정수 $w_1, w_2, \cdots, w_n$ 및 M
- 출력: 0-1 해 벡터 $X = (x_1, x_2, \cdots, x_n)$

```
/* 부분합 문제 */

void sum_of_subsets (int i, int wsum, int rsum) {
 int j;                    //index 변수

 if (expand(i, wsum, rsum)) {
   if (wsum==M) {
       for (j=1; j<=n; j++) printf("%d ", x[j]);
   }
   else {
      x[i+1] = 1;
       sum_of_subsets(i+1, wsum+w[i+1], rsum-w[i+1]);
       x[i+1] = 0;
       sum_of_subsets(i+1, wsum, rsum-w[i+1]);
   }
 }
}

int expand (int i) {
 return ((wsum+rsum >= M) && (wsum == M || wsum+w[i+1] <= M));
}
```

이 문제에 대한 상태 공간 트리의 전체 노드 수는

$$1 + 2 + 2^2 + \cdots + 2^n = 2^{n+1} - 1$$

이고, 〈알고리즘 6.2〉에서 검색하는 노드의 수도 최대 $2^{n+1} - 1$만큼이다. 이 경우는 예를 들어 $\sum_{i=1}^{n-1} w_i < M$이면서 $w_n = M$이면 해는 $\{w_n\}$ 하나만 존재하게 되며 모든 노드를 다 검색해야 마지막에 해를 찾을 수 있게 된다.

6.1.3 0–1 배낭 문제

$0-1$ 배낭 문제를 다시 기술하면 다음과 같다. 물건 n개의 집합 $S=\{1,\ 2,\ \cdots,\ n\}$과 $W=\{w_1,\ w_2,\ \cdots,\ w_n\}$, $P=\{p_1,\ p_2,\ \cdots,\ p_n\}$이 주어져 있다. 여기에서 $w_i(>0)$는 각 물건 i의 무게, $p_i(>0)$는 물건 i를 시장에서 팔았을 때 얻을 수 있는 이윤이다. 이 문제는 배낭의 크기 즉, 어떤 사람이 배낭을 짊어질 수 있는 최대 무게를 M이라고 할 때 배낭에 물건들을 넣어 시장에 파는 경우 얻을 수 있는 최대 이윤 및 $0-1$ 해벡터 $X=(x_1,\ x_2,\ \cdots,\ x_n)$을 구하는 문제이다. 즉 이를 수식으로 쓰면 $\sum_{i=1}^{n} w_i x_i \le M$의 조건하에서 $\sum_{i=1}^{n} p_i x_i$의 값을 최대화하는 문제이다. 단 x_i는 0 또는 1이다.

$0-1$ 배낭 문제는 앞에서 다루었던 백트래킹의 두 예와는 달리 최적화 문제이다. 그러므로 앞의 두 예에서 했던 방식과는 약간 다르게 백트래킹을 적용시켜야 한다. 즉 지금 현재까지 검색해서 구한 최대 이윤을 기억시켜놓고 현재 검색하는 노드에 대한 이윤과 비교하여 만약 현재 노드에 대한 이윤이 이전의 최대 이윤보다 더 크면 최대 이윤을 현 노드의 이윤으로 바꾸어주고 아니면 그대로 두는 것이다. 이를 개념적인 알고리즘으로 표현하면 다음과 같다.

```
void backtrack (node v) {
 node u;

 if (value(v) is better than best)
    best = value(v);
 if (expand(v))
    for (each child u of v in the left-to-right order)
        backtrack(u);
}
```

위에서 best는 현재까지 구한 최대 이윤을 저장한 변수이고 value(v)는 노드 v에 해당하는 이윤값이다.

자 이제 해당 노드를 확장할 것인가를 결정하는 함수 expand에 대해서 살펴본다. 노드를 확장하지 않는 간단한 조건 하나는 현재 배낭에 남은 용량이 없어서 더 이상 물건을 넣지 못하는 경우이다. 즉 레벨 i에 있는 현재 노드에 대해서 w_1부터 w_i까지 중 포함된 정수들의 합을 $wsum$이라 하자. 이때 만약

$$wsum \geq M$$

이라면 당연히 더 이상 노드를 확장할 필요가 없다.

또 다른 조건 하나는 현재까지 구한 최대 이윤 $current$와 현재 고려하는 노드를 확장해서 구할 수 있는 최대 이윤의 상한선 $bound$를 이용하는 방법이다. 이러한 상한선 $bound$는 매 검색하는 노드마다 구해야 하므로 매우 효율적으로 계산할 수 있어야 한다. 이를 위해 분수 배낭 문제를 해결하는 욕심쟁이 방법을 이용하는데, 우선 단위 무게당 이윤의 값이 큰 순서대로 정렬이 되어야 한다. 즉 $p_i/w_i \geq p_{i+1}/w_{i+1}$이 되도록 내림차순으로 정렬한다.

레벨 i에 있는 현재 노드에 대해서 1부터 i까지 물건 중에서 포함된 물건들의 이윤의 합을 $psum$이라 하자. 인덱스 k는 아직 고려하지 않는 물건들 $i+1, \cdots, n$에 대해서 분수 배낭 문제를 풀 때 남아 있는 배낭의 용량을 처음으로 초과하는 그러한 물건 k를 의미한다. 즉 물건 k는 배낭에 다 넣지 못하고 남아 있는 용량에 대한 비율만큼만 넣을 수 있다.

그러면 레벨 i에 있는 각 노드의 $bound$ 값은 분수 배낭 문제를 이용하여 다음과 같이 구한다.

$$wtotal = wsum + \sum_{j=i+1}^{k-1} w_j,$$

$$bound = (psum + \sum_{j=i+1}^{k-1} p_j) + (M - wtotal) \times \frac{p_k}{w_k}$$

만약 $bound \leq current$이라면 해당 노드는 더 이상 확장하지 않는다. 다음의 예를 보자.

예제 6.2

$n=4$, $(w_1, w_2, w_3, w_4) = (2, 4, 10, 5)$, $(p_1, p_2, p_3, p_4) = (30, 20, 40, 10)$, $M = 15$일 때 최대 이윤과 해 벡터를 구해본다. 우선 먼저 각 p_i/w_i를 구하면 $(p_1/w_1, p_2/w_2, p_3/w_3, p_4/w_4)$ $= (15, 5, 4, 2)$으로서 이미 내림차순으로 정렬되어 있으므로 물건을 1, 2, 3, 4의 순서로 고려한다. 아래 〈그림 6.9〉는 백트래킹을 했을 때 가지 친 상태 공간 트리를 보여주고 있다. 각 노드 안에 있는 세 개의 수는 위로부터 각각 $psum$, $wsum$ 및 $bound$를 의미하고 바깥에

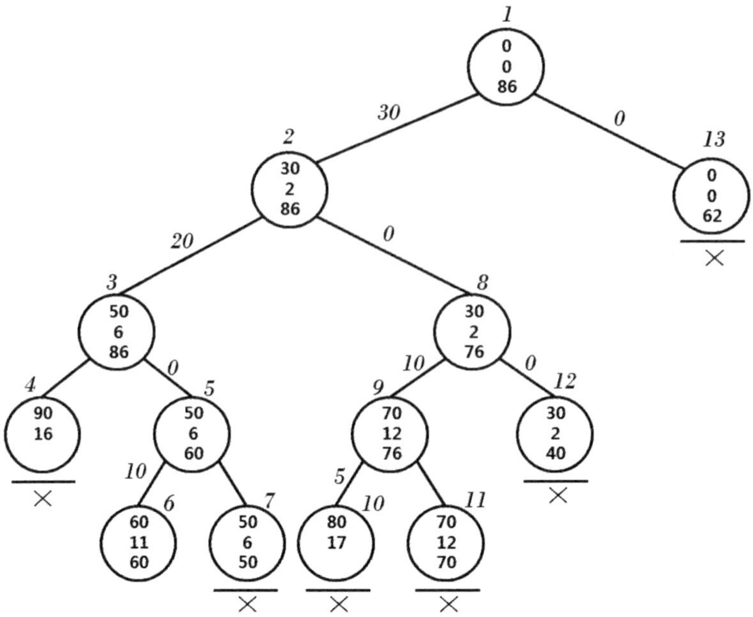

그림 6.9 [예제 6.2]에 대한 가지 친 상태 공간 트리

있는 수는 노드의 생성된 순서를 말한다.

자 이제 이 문제의 해를 구하기 위한 자세한 순서를 단계별로 설명하기로 한다.

(1) 노드 1(루트)을 생성한다.

- $psum$, $wsum$을 구한다. 초기 상태이므로 $psum = 0$, $wsum = 0$이다.
- $current$를 0으로 한다.
- $bound$를 아래와 같이 구한다.
  - $w_1 + w_2 + w_3 = 2 + 4 + 10 = 16 > 15(M)$이므로 $k = 3$이다.
  - $wtotal = wsum + \sum_{j=1}^{2} w_j = 0 + 2 + 4 = 6$

    $bound = (psum + \sum_{j=1}^{2} p_j) + (M - wtotal) \times \dfrac{p_3}{w_3} = 0 + 30 + 20 + (15 - 6) \times \dfrac{40}{10}$

    $= 86$
  - $0 < 15(wsum < M)$이고 $86 > 0(bound > current)$이므로 이 노드를 확장한다.

(2) 노드 2를 생성한다.

- $psum$, $wsum$을 구한다. $psum = p_1 = 30$, $wsum = w_1 = 2$이다.
- $2 < 15(wsum < M)$이고, $30 > 0(psum > current)$이므로 $current$를 30으로 수정

한다.

- 물건 1을 배낭에 넣은 상태이므로 $bound$는 노드 1과 동일하다.
  - $bound = 86$
  - $2 < 15(wsum < M)$이고, $86 > 30(bound > current)$이므로 이 노드를 확장한다.

(3) 노드 3을 생성한다.

- $psum$, $wsum$을 구한다. $psum = p_1 + p_2 = 30 + 20 = 50$,
  $wsum = w_1 + w_2 = 2 + 4 = 6$이다.
- $6 < 15(wsum < M)$이고, $50 > 30(psum > current)$이므로 $current$를 50으로 수정한다.
- 물건 1, 2를 배낭에 넣은 상태이므로 $bound$는 노드 2와 동일하다.
  - $bound = 86$
  - $6 < 15(wsum < M)$이고, $86 > 50(bound > current)$이므로 이 노드를 확장한다.

(4) 노드 4를 생성한다.

- $psum$, $wsum$을 구한다. $psum = p_1 + p + p_3 = 30 + 20 + 40 = 90$,
  $wsum = w_1 + w_2 + w_3 = 2 + 4 + 10 = 16$이다.
- $16 > 15(wsum > M)$이므로 $current$는 변하지 않는다.
- $16 > 15(wsum > M)$이므로 이 노드는 확장하지 않는다.
- 가중치 조건 $16 > 15(wsum > M)$에 의해 노드를 확장하지 않으므로 $bound$는 계산하지 않는다.

(5) 노드 3으로 백트래킹한다.

(6) 노드 5를 생성한다.

- $psum$, $wsum$을 구한다. 물건 3을 포함하지 않으므로 노드 3과 같이 $psum = 50$,
  $wsum = 6$이다.
- $psum = 50$이므로 $current$는 변화가 없다.
- $bound$를 아래와 같이 구한다.
  - $w_1 + w_2 + w_4 = 2 + 4 + 5 = 11 < 15(M)$이므로 물건을 모두 다 포함한다.
  - $bound = (psum + \sum_{j=4}^{4} p_j) = 50 + 10 = 60$
  - $11 < 15(wsum < M)$이고 $60 > 50(bound > current)$이므로 이 노드를 확장한다.

(7) 노드 6을 생성한다.

- $psum$, $wsum$을 구한다. $psum = p_1 + p_3 + p_4 = 30 + 40 + 10 = 60$,

$wsum = w_1 + w_3 + w_4 = 2 + 4 + 5 = 11$이다.

- 더 이상 넣을 물건이 없으므로 $bound = 60$으로서 $psum$과 동일하다.
- $60 > 60(bound > current)$가 아니므로 이 노드는 확장하지 않는다.

(8) 노드 5로 백트래킹한다.

(9) 노드 7을 생성한다.

- $psum$, $wsum$을 구한다. $psum = 50$, $wsum = 6$이다.
- 더 이상 넣을 물건이 없으므로 $bound = 50$로서 $psum$과 동일하다.
- $50 > 50(bound > current)$가 아니므로 이 노드는 확장하지 않는다.

(10) 노드 2로 백트래킹한다.

(11) 노드 8을 생성한다.

- $psum$, $wsum$을 구한다. 물건 2를 포함하지 않으므로 그대로 $psum = 30$, $wsum = 2$이다.
- $bound$를 아래와 같이 구한다.
  - $w_1 = 2 < 15(M)$이다.
  - $wtotal = wsum + \sum_{j=3}^{3} w_j = 2 + 10 = 12$

  $$bound = (psum + \sum_{j=3}^{3} p_j) + (M - wtotal) \times \frac{p_4}{w_4} = 30 + 40 + (15 - 12) \times \frac{10}{5} = 76$$

  - $76 > 50(bound > current)$이므로 이 노드는 확장한다.

(12) 노드 9를 생성한다.

- $psum$, $wsum$을 구한다. $psum = p_1 + p_3 = 30 + 40 = 70$, $wsum = w_1 + w_3 = 2 + 10 = 12$이다.
- $12 < 15(wsum < M)$이고, $70 > 50(psum > current)$이므로 $current$를 70으로 수정한다.
- 물건 3을 배낭에 넣은 상태이므로 $bound$는 노드 8과 동일하다.
  - $bound = 76$
  - $12 < 15(wsum < M)$이고, $76 > 70(bound > current)$이므로 이 노드를 확장한다.

(13) 노드 10을 생성한다.

- $psum$, $wsum$을 구한다. $psum = p_1 + p_3 + p_4 = 30 + 40 + 10 = 80$, $wsum = w_1 + w_3 + w_4 = 2 + 10 + 5 = 17$이다.
- $17 > 15(wsum > M)$이므로 $current$는 변하지 않는다.

- $17 > 15(wsum > M)$이므로 이 노드는 확장하지 않는다.
- 가중치 조건 $17 > 15(wsum > M)$에 의해 노드를 확장하지 않으므로 $bound$는 계산하지 않는다.

(14) 노드 9로 백트래킹한다.

(15) 노드 11을 생성한다.
- $psum$, $wsum$을 구한다. $psum = 70$, $wsum = 12$이다.
- 더 이상 넣을 물건이 없으므로 $bound = 70$로서 $psum$과 동일하다.
- $70 > 70(bound > current)$가 아니므로 이 노드는 확장하지 않는다.

(16) 노드 8로 백트래킹한다.

(17) 노드 12를 생성한다.
- $psum$, $wsum$을 구한다. 물건 2, 3을 포함하지 않으므로 노드 8과 같이 $psum = 30$, $wsum = 2$이다.
- $bound$를 아래와 같이 구한다.
  - $w_2 = 2 < 15(M)$이다.
  - $wtotal = wsum + \sum_{j=4}^{4} w_j = 2 + 5 = 7$

    $bound = (psum + \sum_{j=4}^{4} p_j) = 30 + 10 = 40$
  - $40 \le 70(bound \le current)$이므로 이 노드는 확장하지 않는다.

(18) 노드 1로 백트래킹한다.

(19) 노드 13을 생성한다.
- $psum$, $wsum$을 구한다. 물건 1을 포함하지 않으므로 그대로 $psum = 0$, $wsum = 0$이다.
- $current = 70$은 변하지 않는다.
- $bound$를 아래와 같이 구한다.
  - $w_2 + w_3 = 4 + 10 = 14 < 15(M)$이다.
  - $wtotal = wsum + \sum_{j=2}^{3} w_j = 0 + 4 + 10 = 14$

    $$bound = (psum + \sum_{j=2}^{3} p_j) + (M - wtotal) \times \frac{p_4}{w_4} = 0 + 20 + 40 + (15 - 14) \times \frac{10}{5} = 62$$
  - $62 < 70(bound \le current)$이므로 이 노드를 확장하지 않는다.

(20) 루트로 백트래킹한다.

따라서 최대 이윤은 수행이 종료될 때의 $current$값인 70이며 이 값을 결정하는 해 벡터 $X=(x_1,\ x_2,\ x_3,\ x_4)=(1,\ 0,\ 1,\ 0)$이다. ■

이제 이에 대한 백트래킹 알고리즘을 〈알고리즘 6.3〉에서 기술한다. 위의 예에서 본대로 이 문제는 최적화 문제이므로 현재까지 가장 좋은 해 벡터 및 이윤값을 유지하고 있다. 초기값으로 max_profit = 0으로 하고 knapsack1(0, 0, 0)과 같이 호출한다.

알고리즘 6.3 ··· **0–1 배낭 문제(백트래킹)**

- 입력: 물건의 개수 n, 배열 p, 배열 w, 배낭 용량 M

  (배열 p, w에는 $\frac{p_1}{w_1} \geq \frac{p_2}{w_2} \geq \cdots \geq \frac{p_n}{w_n}$의 순서로 물건들이 정렬되어 있다고 가정함)
- 출력: 최대 이윤 및 0-1 해벡터 $best$

```
/* 0-1 배낭 문제 */

void knapsack1 (int i, int profit, int weight) {

  if (weight<=M && profit>max_profit) {
    max_profit = profit;
    best = x;
  }
  if (expand(i)) {
    x[i+1] = 1;
    knapsack1(i+1, profit+p[i+1], weight+w[i+1]);
    x[i+1] = 0
    knapsack1(i+1, profit, weight);
  }
}

int expand (int i) {
 int j, k;
```

```
int wtotal;
float bound;

if (weight>=M)
  return 0;
else {
   j = i+1;
   bound = profit;
   wtotal = weight;
   while (j<=n && wtotal+w[j]<=M) {
        wtotal = wtotal + w[j];
        bound = bound + p[j];
        j = j+1
   }
   k = j;
   if (k<=n)
      bound = bound + (M-wtotal)*p[k]/w[k];
   return bound>max_profit;
 }
}
```

0－1 배낭 문제의 상태 공간 트리의 전체 노드 수는 부분 합 문제의 상태 공간 트리의 전체 노드 수 $2^{n+1}-1$과 동일하다. 이러한 경우는 $M=n$이면서 $1 \le i \le n-1$인 모든 i에 대해서 $p_i = 1, w_i = 1$이고 $w_n = n$이면 발생할 수 있다.

6.2 분기 한정

분기 한정은 상태 공간 트리를 이용해 문제를 해결한다는 점에서 최적화 문제에 적용하는 백트래킹 방법과 매우 유사하다. 그러나 분기 한정은 해를 찾기 위해 상태 공간 트리를 탐색할 때 백트래킹과 같이 어느 특정한 운행 방법(예를 들어, 깊이 우선 탐색)뿐만 아니라 깊이 우선 탐색을 비롯한 너비 우선 탐색, 최고 우선 탐색 등 다양한 탐색 방법을 모두 이용할 수 있는 포괄적인 방법을 말한다. 이는 다시 말해 백트래킹이란 분기 한정의 특별한 경우라고 얘기할 수 있다. 분기 한정은 최적화 문제에 대해서만 적용할 수 있고 백트래킹과 같이 항상 최적의 해를 구할 수 있다.

분기 한정에서는 상태 공간 트리에서 해당 노드를 루트로 하는 부분 트리를 생성할 것인가 아니면 가지 치기를 할 것인가 결정하기 위해 그 노드의 한계값(bound)을 계산한다. 만약 이 한계값이 현재까지 구한 가장 좋은 해보다 좋다면 부분 트리를 생성해나가고 만약 그렇지 않다면 그 아래 부분 트리에서는 현재까지 구한 가장 좋은 해보다 더 좋은 해가 존재할 수 없으므로 가지 치기를 한다.

가장 많이 알려진 분기 한정에 의한 해 탐색 방법으로는 먼저 분기 한정에 의한 깊이 우선 탐색이 있는데 이것이 바로 백트래킹이다. 다음으로 분기 한정에 의한 너비 우선 탐색이 있는데 이 방법에는 큐의 개념이 들어가 있으므로 FIFO 분기 한정이라고도 한다. 마지막으로 분기 한정에 의한 최고 우선 탐색이 있다. 이 방법은 큐의 일반적인 형태인 우선순위 큐의 개념이 사용된다. 이 절에서는 분기 한정에 의한 너비 우선 탐색과 분기 한정에 의한 최고 우선 탐색을 살펴보기로 한다.

6.2.1 분기 한정에 의한 너비 우선 탐색

상태 공간 트리에 대한 너비 우선 탐색이란 루트를 맨 먼저 방문하고 그 다음으로 레벨 1에 있는 노드를 왼쪽부터 오른쪽으로 방문하고, 레벨 2에 있는 노드를 왼쪽부터 오른쪽으로 방문하는 등 루트부터 거리가 가까운 노드들을 차례로 방문하는 방법이다. 예를 들어 〈그림 6.10〉에 있는 트리에 대해 너비 우선 탐색을 하는 경우 방문되는 순서를 노드 안에 번호로 표시했다.

이 방법은 깊이 우선 탐색과 같이 간단히 재귀 호출로 나타내지 못하고 다음과 같이 큐를 사용하여 나타낼 수 있다. 이 방법이 일반적인 너비 우선 탐색과 다른 점은 분기 한정을 사용한다는 것으로, 해당 노드의 확장, 즉 자식 노드의 생성은 해당 노드의 한계값인 $bound$가 현재까지의 가장 좋은 해인 $current$보다 더 좋은 경우에 한하여 수행한다. 만약 $bound$가 $current$보다 좋지 않다면 그 노드의 부분 트리에 있는 해를 탐색해봐야 $bound$보다 좋아질

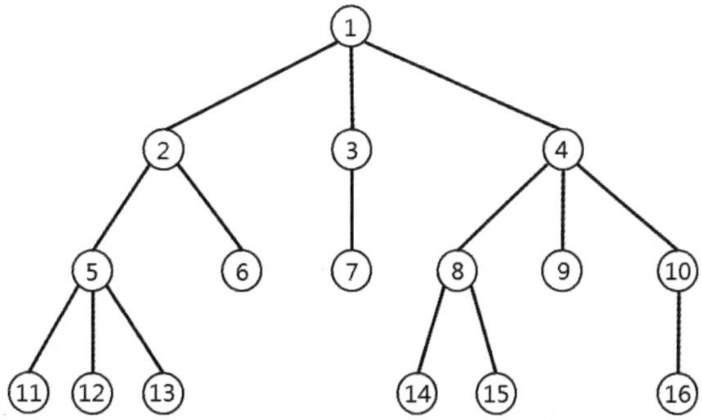

그림 6.10 트리에 대한 너비 우선 탐색

수는 없으므로 현재의 *current*보다 더 좋은 해가 나올 수 없다. 노드 v에 대한 함수 $value(v)$와 $bound(v)$는 응용 문제에 따라 다르므로 여기서는 특별히 기술하지 않는다.

```
void bfs_b&b (T, best) {
 node u, v;

  initialize (Q);                          // 큐를 초기화
  v = root of T;                           // 루트를 생성
  enqueue(Q, v);
  current = value(v);
  while (!empty(Q)) {
     dequeue(Q, v);
     for (each child u of v) {             // 자식 노드를 생성
       if (value(u) is better than current)
           current = value(u);
       if (bound(u) is better than current)
           enqueue(Q, u);
     }
  }
}
```

예제 6.3

[예제 6.2]과 마찬가지로 $n=4$, $(w_1, w_2, w_3, w_4)=(2, 4, 10, 5)$, $(p_1, p_2, p_3, p_4)=(30, 20, 40, 10)$, $M=15$일 때 0-1 배낭 문제에 대한 최대 이윤과 해 벡터를 분기 한정에 의한 너비 우선 탐색에 의해 구해본다. 마찬가지로 먼저 각 p_i/w_i를 구하면 $(p_1/w_1, p_2/w_2, p_3/w_3, p_4/w_4)=(15, 5, 4, 2)$으로서 이미 내림차순으로 정렬되어 있으므로 물건을 1, 2, 3, 4의 순서로 고려한다. 아래 〈그림 6.11〉은 분기 한정에 의한 너비 우선 탐색을 했을 때 가지 친 상태 공간 트리를 보여주고 있다. 각 노드 안에 있는 3개의 수는 위로부터 각각 $psum$, $wsum$ 및 $bound$를 의미하고 바깥에 있는 수는 노드의 생성된 순서를 말한다.

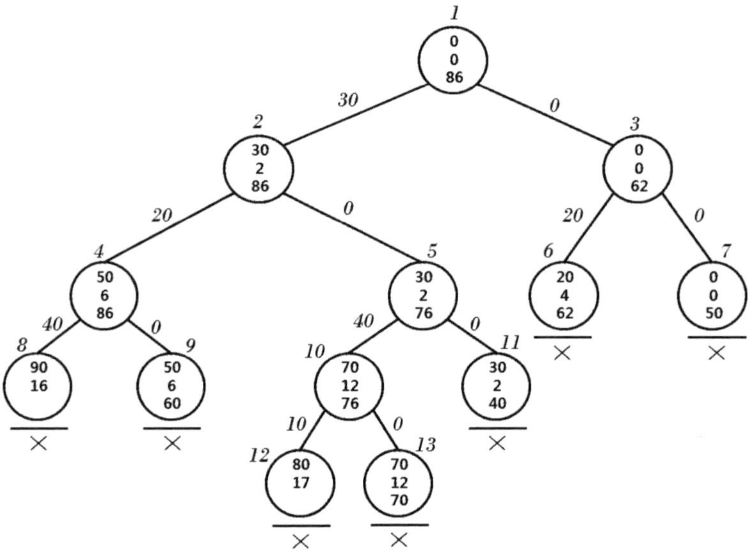

그림 6.11 [예제 6.3]에 대한 가지 친 상태 공간 트리

이제 이 문제의 해를 구하기 위한 자세한 순서를 다음과 같이 단계별로 설명해보자.

(1) 노드 1(루트)을 생성한다.

- $psum$, $wsum$을 구한다. 초기 상태이므로 $psum=0$, $wsum=0$이다.
- $current$를 0으로 한다.
- $bound$를 아래와 같이 구한다.
  - $w_1+w_2+w_3=2+4+10=16>15(M)$이므로 $k=3$이다.

- $wtotal = wsum + \sum_{j=1}^{2} w_j = 0 + 2 + 4 = 6$

  $$bound = (psum + \sum_{j=1}^{2} p_j) + (M - wtotal) \times \frac{p_3}{w_3} = 0 + 30 + 20 + (15 - 6) \times \frac{40}{10} = 86$$

- $0 < 15(wsum < M)$이고 $86 > 0(bound > current)$이므로 이 노드를 확장한다.

(2) 노드 1을 큐에 삽입한다.

(3) 큐가 비어 있는 상태가 아니므로 노드 1을 꺼낸다.

(4) 노드 2를 생성한다.

- $psum$, $wsum$을 구한다. $psum = p_1 = 30$, $wsum = w_1 = 2$이다.
- $2 < 15(wsum < M)$이고, $30 > 0(psum > current)$이므로 $current$를 30으로 수정한다.
- 물건 1을 배낭에 넣은 상태이므로 $bound$는 노드 1과 동일하다.
  - $bound = 86$
  - $2 < 15(wsum < M)$이고, $86 > 30(bound > current)$이므로 이 노드를 큐에 삽입한다.

(3) 노드 3을 생성한다.

- $psum$, $wsum$을 구한다. 물건 1을 포함하지 않으므로 그대로 $psum = 0$, $wsum = 0$이다.
- $current = 30$은 변하지 않는다.
- $bound$를 아래와 같이 구한다.
  - $w_2 + w_3 = 4 + 10 = 14 < 15(M)$이다.
  - $wtotal = wsum + \sum_{j=2}^{3} w_j = 0 + 4 + 10 = 14$

    $$bound = (psum + \sum_{j=2}^{3} p_j) + (M - wtotal) \times \frac{p_4}{w_4} = 0 + 20 + 40 + (15 - 14) \times \frac{10}{5} = 62$$

  - $62 > 30(bound > current)$이므로 이 노드를 큐에 삽입한다.

(4) 큐에서 노드 2를 제거한다.

(5) 노드 4를 생성한다.

- $psum$, $wsum$을 구한다. $psum = p_1 + p_2 = 30 + 20 = 50$,
  $wsum = w_1 + w_2 = 2 + 4 = 6$이다.

- $6 < 15(wsum < M)$이고, $50 > 30(psum > current)$이므로 $current$를 50으로 수정한다.
- 물건 1, 2를 배낭에 넣은 상태이므로 $bound$는 노드 2와 동일하다.
  - $bound = 86$
  - $6 < 15(wsum < M)$이고, $86 > 50(bound > current)$이므로 이 노드를 큐에 삽입한다.

(6) 노드 5를 생성한다.

- $psum$, $wsum$을 구한다. 물건 2를 포함하지 않으므로 그대로 $psum = 30$, $wsum = 2$이다.
- $bound$를 아래와 같이 구한다.
  - $w_1 = 2 < 15(M)$이다.
  - $wtotal = wsum + \sum_{j=3}^{3} w_j = 2 + 10 = 12$

$$bound = (psum + \sum_{j=3}^{3} p_j) + (M - wtotal) \times \frac{p_4}{w_4} = 30 + 40 + (15 - 12) \times \frac{10}{5}$$
$$= 76$$

  - $76 > 50(bound > current)$이므로 이 노드를 큐에 삽입한다.

(7) 큐에서 노드 3을 제거한다.

(8) 노드 6을 생성한다.

- $psum$, $wsum$을 구한다. $psum = p_1 + p_2 = 0 + 20 = 20$, $wsum = w_1 + w_2 = 0 + 4 = 4$이다.
- $4 < 15(wsum < M)$이고, $20 < 50(psum < current)$이므로 $current$는 그대로 50이다.
- 물건 2를 배낭에 넣은 상태이므로 $bound$는 노드 3과 동일하다.
  - $bound = 62$
  - $4 < 15(wsum < M)$이고, $62 > 50(bound > current)$이므로 이 노드를 큐에 삽입한다.

(9) 노드 7을 생성한다.

- $psum$, $wsum$을 구한다. 물건 1, 2를 포함하지 않으므로 그대로 $psum = 0$, $wsum = 0$이다.
- $bound$를 아래와 같이 구한다.

- $wsum = 0$이다.
- $wtotal = wsum + \sum_{j=3}^{4} w_j = 10 + 5 = 15$

  $bound = (psum + \sum_{j=3}^{4} p_j) = 0 + 40 + 10 = 50$
- $50 > 50 (bound \le current)$이므로 이 노드는 큐에 삽입하지 않는다.

(10) 노드 8을 생성한다.

- $psum$, $wsum$을 구한다. $psum = p_1 + p + p_3 = 30 + 20 + 40 = 90$,

  $wsum = w_1 + w_2 + w_3 = 2 + 4 + 10 = 16$이다.
- $16 > 15 (wsum > M)$이므로 $current$는 변하지 않는다.
- $16 > 15 (wsum > M)$이므로 이 노드를 확장할 필요가 없다. 따라서 $bound$를 계산하지 않고 큐에 넣지도 않는다.

(11) 노드 9를 생성한다.

- $psum$, $wsum$을 구한다. 물건 3을 포함하지 않으므로 노드 3과 같이 $psum = 50$, $wsum = 6$이다.
- $psum = 50$이므로 $current$는 변화가 없다.
- $bound$를 아래와 같이 구한다.
  - $w_1 + w_2 + w_4 = 2 + 4 + 5 = 11 < 15 (M)$이므로 물건을 모두 다 포함한다.
  - $bound = (psum + \sum_{j=4}^{4} p_j) = 50 + 10 = 60$
  - $11 < 15 (wsum < M)$이고 $60 > 50 (bound > current)$이므로 이 노드를 큐에 삽입한다.

(12) 큐에서 노드 5를 제거한다.

(13) 노드 10을 생성한다.

- $psum$, $wsum$을 구한다. $psum = p_1 + p_3 = 30 + 40 = 70$,

  $wsum = w_1 + w_3 = 2 + 10 = 12$이다.
- $12 < 15 (wsum < M)$이고, $70 > 50 (psum > current)$이므로 $current$를 70으로 수정한다.
- 물건 3을 배낭에 넣은 상태이므로 $bound$는 노드 5와 동일하다.
  - $bound = 76$
  - $12 < 15 (wsum < M)$이고, $76 > 70 (bound > current)$이므로 이 노드를 큐에 삽

입한다.

(14) 노드 11을 생성한다.

- $psum$, $wsum$을 구한다. 물건 2, 3을 포함하지 않으므로 노드 5와 같이 $psum = 30$, $wsum = 2$이다.
- $bound$를 아래와 같이 구한다.
  - $w_2 = 2 < 15(M)$이다.
  - $wtotal = wsum + \sum_{j=4}^{4} w_j = 2 + 5 = 7$

    $bound = (psum + \sum_{j=4}^{4} p_j) = 30 + 10 = 40$
  - $40 \leq 70(bound \leq current)$이므로 이 노드는 큐에 삽입하지 않는다.

(15) 큐에서 노드 6을 제거한다. 노드 6의 $bound = 62$이고 $current = 70$이므로 자식 노드는 생성하지 않는다.

(16) 큐에서 노드 7을 제거한다. 노드 7의 $bound = 50$이고 $current = 70$이므로 자식 노드는 생성하지 않는다.

(16) 큐에서 노드 9를 제거한다. 노드 9의 $bound = 60$이고 $current = 70$이므로 자식 노드는 생성하지 않는다.

(17) 큐에서 노드 10을 제거한다.

(18) 노드 12를 생성한다.

- $psum$, $wsum$을 구한다. $psum = p_1 + p_3 + p_4 = 30 + 40 + 10 = 80$, $wsum = w_1 + w_3 + w_4 = 2 + 10 + 5 = 17$이다.
- $17 > 15(wsum > M)$이므로 $current$는 변하지 않는다.
- $17 > 15(wsum > M)$이므로 이 노드는 $bound$는 계산하지 않고 큐에 삽입하지도 않는다.

(19) 노드 13을 생성한다.

- $psum$, $wsum$을 구한다. $psum = 70$, $wsum = 12$이다.
- 더 이상 넣을 물건이 없으므로 $bound = 70$로서 $psum$과 동일하다.
- $70 > 70(bound > current)$가 아니므로 이 노드는 큐에 삽입하지 않는다.

(20) 큐가 비어 있으므로 수행을 종료한다.

따라서 최대 이윤은 수행이 종료될 때의 $current$값인 70이며 이 값을 결정하는 해 벡터 $X = (x_1, x_2, x_3, x_4) = (1, 0, 1, 0)$이다. ■

이제 분기 한정에 의한 너비 우선 탐색 알고리즘을 기술하기로 한다. 아래 〈알고리즘 6.4〉는 해 벡터는 구하지 않고 최적의 이윤값만을 구한다. 〈알고리즘 6.4〉는 초기값으로 최대 이윤인 max_profit = 0으로 하고 knapsack2(0, 0, 0)과 같이 호출한다.

알고리즘 6.4 ••• **0–1 배낭 문제(분기 한정에 의한 너비 우선 탐색 알고리즘)**

- 입력: 물건의 개수 n, 배열 p, 배열 w, 배낭 용량 M
  (배열 p, w에는 $\frac{p_1}{w_1} \geq \frac{p_2}{w_2} \geq \cdots \geq \frac{p_n}{w_n}$의 순서로 물건들이 정렬되어 있다고 가정)
- 출력: 최대 이윤

```
/* 분기 한정에 의한 너비 우선 탐색(0-1 배낭 문제) */

typedef struct node {
    int level;
    int profit;
    int weight;
};

void knapsack2 (int n, int p[], int w[], int M, int& max_profit) {
  queue_node Q;
  node u, v;

  initialize(Q);            // 큐 Q를 초기화함
  v->level = 0; v->profit = 0; v->weight = 0;    // v를 루트로 함
  max_profit = 0;
  enqueue(Q, v);
  while (!empty(Q)) {
     dequeue(Q, v);
     u->level = v->level + 1;                    // u는 v의 자식 노드임
     u->weight = v->weight + w[u->level];        // u는 다음 물건을 포함
     u->profit = v->profit + p[u->level];
     if (u->weight<=M && u->profit>max_profit)
```

```
            max_profit = u->profit;
        if (bound(u)>max_profit)
            enqueue(Q, u);
        u->weight = v->weight;                         // u는 다음 물건을 포함하지 않음
        u->profit = v->profit;
        if (bound(u)>max_profit)
            enqueue(Q, u);
    }
}

float bound (int i) {
    int j, k;
    int wtotal;
    float result;

    if (u->weight>=M)
        return 0;
    else {
        j = u->level + 1;
        result = u->profit;
        wtotal = u->weight;
        while (j<=n && wtotal+w[j]<=M) {
            wtotal = wtotal + w[j];                    // 분수 배낭에 물건을 최대로 적재
            result = result + p[j];
            j = j+1
        }
        k = j;
        if (k<=n)                                      // k번째 물건은 배낭의 남은 비율만큼
            result = result + (M-wtotal)*p[k]/w[k];   // 적재
        return result;
    }
}
```

만약 해 벡터도 출력하고자 한다면 각 노드마다 그때까지 포함된 물건들을 예를 들어 배열 x에 저장하고, 현재까지 최대 이윤값 max_profit을 갖는 해 벡터를 예를 들어 $best$라는 배열에 유지시켜줘야 한다. 책에 실려 있는 프로그래밍 과제를 통해 직접 확인해보자.

6.2.2 분기 한정에 의한 최고 우선 탐색

일반적으로 너비 우선 탐색은 단지 노드가 생성된 순서대로 큐에 삽입한 뒤 큐에 삽입된 순서로 노드를 제거하여 다시 그 자식 노드들을 확장해나가는 방식으로 깊이 우선 탐색에 의한 백트래킹에 비해 특별한 이점은 없다. 그러나 노드를 확장할 때 각 노드의 한계값인 $bound$를 활용하여 확장할 노드를 선택한다면 탐색을 개선할 수 있게 된다. 즉 어떤 노드의 자식 노드들을 모두 생성한 후에 아직 확장되지 않은 모든 노드들 중에서 가장 좋은 한계값을 갖는 노드를 선택하여 확장하는 것이다.

이러한 방법은 스택이나 큐를 사용하여 미리 정해진 순서대로 노드를 생성하고 확장해나가는 방법보다 훨씬 빨리 최적의 해를 구할 수 있다. 아래 과정을 보면 분기 한정에 의한 너비 우선 탐색과 큰 차이가 없다. 다만 첫 번째 다른 점은 큐를 이용하지 않고 힙과 같은 우선순위 큐를 사용한다는 것이다. 다시 말하지만 여기에서 상태 공간 트리 T는 실질적으로 만들어지는 것이 아니고 개념적인 것이다. 여기에서 $insert(PQ, v)$는 노드 v를 우선순위 큐 PQ에 삽입하는 함수이고, $remove(PQ, v)$는 노드 v를 우선순위 큐 PQ에서 제거하는 함수이다. 또한 $empty(PQ)$는 우선순위 큐 PQ가 비어 있는지를 체크하는 함수이다.

두 번째 다른 점은 우선순위 큐 PQ에서 노드를 제거한 후에 제거된 노드의 $bound$값이 $current$보다 좋은지를 다시 체크한다는 것이다. 그 노드가 처음 생성될 때의 $current$값과 그 노드가 PQ에서 제거되면서 확장할지를 결정할 때의 $current$값이 달라질 수 있으므로 한 번 더 체크하는 것이 더 효율적이다. 이는 분기 한정에 의한 너비 우선 탐색에도 적용될 수 있다.

```
void best_first_b&b (T, best) {
 node u, v;
```

```
    initialize (PQ);                    // 우선순위 큐를 초기화
    v = root of T;                      // 루트를 생성
    enqueue(PQ, v);
    current = value(v);
    while (!empty(PQ)) {
        dequeue(PQ, v);                          // 가장 좋은 bound값을 갖는 노드 제거
        if (bound(v) is better than current)    // 노드가 확장 가능인지 다시 체크
            for (each child u of v in the left-to-right order) {
                                                 // 자식 노드를 생성
                if (value(u) is better than current)
                    current = value(u);
                if (bound(u) is better than current)
                    enqueue(Q, u);
            }
    }
}
```

예제 6.4

[예제 6.2]와 마찬가지로 $n=4$, $(w_1,\ w_2,\ w_3,\ w_4)=(2,\ 4,\ 10,\ 5)$, $(p_1,\ p_2,\ p_3,\ p_4)=(30,\ 20,\ 40,\ 10)$, $M=15$일 때 $0-1$ 배낭 문제에 대한 최대 이윤과 해 벡터를 분기 한정에 의한 최고 우선 탐색에 의해 구해본다. 마찬가지로 먼저 각 p_i/w_i를 구하면 $(p_1/w_1,\ p_2/w_2,\ p_3/w_3,\ p_4/w_4)=(15,\ 5,\ 4,\ 2)$으로서 이미 내림차순으로 정렬되어 있으므로 물건을 1, 2, 3, 4의 순서로 고려한다. 아래 〈그림 6.12〉는 분기 한정에 의한 최고 우선 탐색을 했을 때 가지 친 상태 공간 트리를 보여주고 있다. 각 노드 안에 있는 3개의 수는 위로부터 각각 $psum$, $wsum$ 및 $bound$를 의미하고 바깥에 있는 수는 노드가 생성된 순서를 말한다.

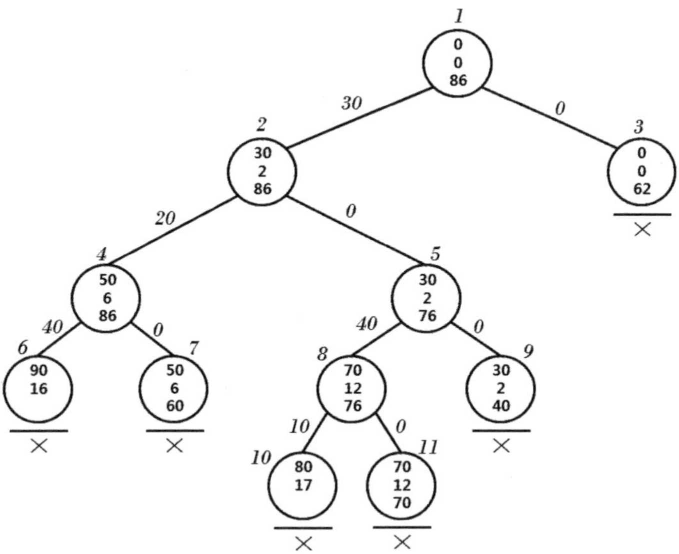

그림 6.12 [예제 6.4]에 대한 가지 친 상태 공간 트리

이제 이 문제의 해를 구하기 위한 자세한 순서를 단계별로 설명한다.

(1) 노드 1(루트)을 생성한다.

- $psum$, $wsum$을 구한다. 초기 상태이므로 $psum = 0$, $wsum = 0$이다.
- $current$를 0으로 한다.
- $bound$를 아래와 같이 구한다.
  - $w_1 + w_2 + w_3 = 2 + 4 + 10 = 16 > 15(M)$이므로 $k = 3$이다.
  - $wtotal = wsum + \sum_{j=1}^{2} w_j = 0 + 2 + 4 = 6$

    $bound = (psum + \sum_{j=1}^{2} p_j) + (M - wtotal) \times \frac{p_3}{w_3} = 0 + 30 + 20 + (15 - 6) \times \frac{40}{10}$

    $= 86$
  - $0 < 15(wsum < M)$이고 $86 > 0(bound > current)$이므로 이 노드를 확장한다.

(2) 노드 1을 우선순위 큐에 삽입한다.

(3) 우선순위 큐가 비어 있는 상태가 아니므로 노드 1을 꺼낸다.

(4) 노드 2를 생성한다.

- $psum$, $wsum$을 구한다. $psum = p_1 = 30$, $wsum = w_1 = 2$이다.
- $2 < 15(wsum < M)$이고, $30 > 0(psum > current)$이므로 $current$를 30으로 수정

한다.

- 물건 1을 배낭에 넣은 상태이므로 $bound$는 노드 1과 동일하다.
  - $bound = 86$
  - $2 < 15(wsum < M)$이고, $86 > 30(bound > current)$이므로 이 노드를 우선순위 큐에 삽입한다.

(3) 노드 3을 생성한다.

- $psum$, $wsum$을 구한다. 물건 1을 포함하지 않으므로 그대로 $psum = 0$, $wsum = 0$이다.
- $current = 30$은 변하지 않는다.
- $bound$를 아래와 같이 구한다.
  - $w_2 + w_3 = 4 + 10 = 14 < 15(M)$이다.
  - $wtotal = wsum + \sum_{j=2}^{3} w_j = 0 + 4 + 10 = 14$

    $$bound = (psum + \sum_{j=2}^{3} p_j) + (M - wtotal) \times \frac{p_4}{w_4} = 0 + 20 + 40 + (15 - 14) \times \frac{10}{5} = 62$$
  - $62 > 30(bound > current)$이므로 이 노드를 우선순위 큐에 삽입한다.

(4) 우선순위 큐에서 제거 연산을 하면 노드 2의 $bound$값이 가장 크므로 노드 2가 제거하여 확장한다.

(5) 노드 4를 생성한다.

- $psum$, $wsum$을 구한다. $psum = p_1 + p_2 = 30 + 20 = 50$, $wsum = w_1 + w_2 = 2 + 4 = 6$이다.
- $6 < 15(wsum < M)$이고, $50 > 30(psum > current)$이므로 $current$를 50으로 수정한다.
- 물건 1, 2를 배낭에 넣은 상태이므로 $bound$는 노드 2와 동일하다.
  - $bound = 86$
  - $6 < 15(wsum < M)$이고, $86 > 50(bound > current)$이므로 이 노드를 우선순위 큐에 삽입한다.

(6) 노드 5를 생성한다.

- $psum$, $wsum$을 구한다. 물건 2를 포함하지 않으므로 그대로 $psum = 30$, $wsum = 2$이다.
- $bound$를 아래와 같이 구한다.

- $w_1 = 2 < 15(M)$이다.
- $wtotal = wsum + \sum_{j=3}^{3} w_j = 2 + 10 = 12$

$$bound = (psum + \sum_{j=3}^{3} p_j) + (M - wtotal) \times \frac{p_4}{w_4} = 30 + 40 + (15 - 12) \times \frac{10}{5}$$
$$= 76$$

- $76 > 50(bound > current)$이므로 이 노드를 우선순위 큐에 삽입한다.

(7) 우선순위 큐에서 제거 연산을 하면 노드 4가 제거되며 이 노드를 확장한다.

(8) 노드 6을 생성한다.

- $psum$, $wsum$을 구한다. $psum = p_1 + p + p_3 = 30 + 20 + 40 = 90$, $wsum = w_1 + w_2 + w_3 = 2 + 4 + 10 = 16$이다.
- $16 > 15(wsum > M)$이므로 $current$는 변하지 않는다.
- $16 > 15(wsum > M)$이므로 이 노드를 확장할 필요가 없다. 따라서 $bound$를 계산하지 않고 우선순위 큐에도 넣지 않는다.

(9) 노드 7을 생성한다.

- $psum$, $wsum$을 구한다. 물건 3을 포함하지 않으므로 노드 4와 같이 $psum = 50$, $wsum = 6$이다.
- $psum = 50$이므로 $current$는 변화가 없다.
- $bound$를 아래와 같이 구한다.
  - $w_1 + w_2 + w_4 = 2 + 4 + 5 = 11 < 15(M)$이므로 물건을 모두 다 포함한다.
  - $bound = (psum + \sum_{j=4}^{4} p_j) = 50 + 10 = 60$
  - $11 < 15(wsum < M)$이고 $60 > 50(bound > current)$이므로 이 노드를 우선순위 큐에 삽입한다.

(10) 우선순위 큐에서 제거 연산을 하면 노드 5가 제거되며 이 노드를 확장한다.

(11) 노드 8을 생성한다.

- $psum$, $wsum$을 구한다. $psum = p_1 + p_3 = 30 + 40 = 70$, $wsum = w_1 + w_3 = 2 + 10 = 12$이다.
- $12 < 15(wsum < M)$이고, $70 > 50(psum > current)$이므로 $current$를 70으로 수정한다.
- 물건 3을 배낭에 넣은 상태이므로 $bound$는 노드 5와 동일하다.

- $bound = 76$
- $12 < 15(wsum < M)$이고, $76 > 70(bound > current)$이므로 이 노드를 우선순위 큐에 삽입한다.

(12) 노드 9를 생성한다.

- $psum$, $wsum$을 구한다. 물건 2, 3을 포함하지 않으므로 노드 5와 같이 $psum = 30$, $wsum = 2$이다.
- $bound$를 아래와 같이 구한다.
  - $w_2 = 2 < 15(M)$이다.
  - $wtotal = wsum + \sum_{j=4}^{4} w_j = 2 + 5 = 7$

    $bound = (psum + \sum_{j=4}^{4} p_j) = 30 + 10 = 40$
  - $40 \le 70(bound \le current)$이므로 이 노드는 우선순위 큐에 삽입하지 않는다.

(13) 우선순위 큐에서 제거 연산을 하면 노드 8이 제거되며 이 노드를 확장한다.

(14) 노드 10을 생성한다.

- $psum$, $wsum$을 구한다. $psum = p_1 + p_3 + p_4 = 30 + 40 + 10 = 80$, $wsum = w_1 + w_3 + w_4 = 2 + 10 + 5 = 17$이다.
- $17 > 15(wsum > M)$이므로 $current$는 변하지 않는다.
- $17 > 15(wsum > M)$이므로 이 노드는 $bound$는 계산하지 않고 우선순위 큐에 삽입하지도 않는다.

(15) 노드 11을 생성한다.

- $psum$, $wsum$을 구한다. $psum = 70$, $wsum = 12$이다.
- 더 이상 넣을 물건이 없으므로 $bound = 70$로서 $psum$과 동일하다.
- $70 > 70(bound > current)$가 아니므로 이 노드는 우선순위 큐에 삽입하지 않는다.

(16) 우선순위 큐에서 제거 연산을 하면 노드 3이 제거되지만 이 노드의 $bound = 62$로서 $current = 70$보다 작다. 따라서 이 노드를 확장하지 않는다.

(17) 우선순위 큐에서 제거 연산을 하면 노드 7이 제거되지만 이 노드의 $bound = 60$으로서 $current = 70$보다 작다. 따라서 이 노드를 확장하지 않는다.

(18) 우선순위 큐가 비어 있으므로 수행을 종료한다.

따라서 최대 이윤은 수행이 종료될 때의 $current$값인 70이며 이 값을 결정하는 해 벡터는

$X = (x_1,\ x_2,\ x_3,\ x_4) = (1,\ 0,\ 1,\ 0)$이다. ■

이제 분기 한정에 의한 최고 우선 탐색 알고리즘을 기술하기로 한다. 아래 〈알고리즘 6.5〉는 해 벡터를 구하지는 않고 최대 이윤값만을 구한다. 최적의 해 벡터는 연습 문제를 통해 구해보자. 또한 〈알고리즘 6.5〉는 초기값으로 max_profit = 0으로 하고 knapsack3(0, 0, 0)과 같이 호출한다.

알고리즘 6.5 ••• **0–1 배낭 문제(분기 한정에 의한 최고 우선 탐색 알고리즘)**

- 입력: 물건의 개수 n, 배열 p, 배열 w, 배낭 용량 M
  (배열 p, w에는 $\frac{p_1}{w_1} \geq \frac{p_2}{w_2} \geq \ldots \geq \frac{p_n}{w_n}$의 순서로 물건들이 정렬되어 있다고 가정함)
- 출력: 최대 이윤

```
/* 분기 한정에 의한 최고 우선 탐색(0-1 배낭 문제) */

typedef struct node {
    int level;
    int profit;
    int weight;
    float bound
};

void knapsack3 (int n, int p[], int w[], int M, int& max_profit) {
  priority_queue_node PQ;
  node u, v;

  initialize(PQ);              // 우선순위 큐 PQ를 초기화함
  v->level = 0; v->profit = 0; v->weight = 0;    // v를 루트로 함
  max_profit = 0;
  insert(PQ, v);
  while (!empty(PQ)) {
```

```
    delete(PQ, v);
    if (v->bound>max_profit) {
        u->level = v->level + 1;                    // u는 v의 자식 노드임
        u->weight = v->weight + w[u->level]; // u는 다음 물건을 포함
        u->profit = v->profit + p[u->level];
        if (u->weight<=M && u->profit>max_profit)
            max_profit = u->profit;
        if (u->bound>max_profit)
            insert(PQ, u);
        u->weight = v->weight;                      // u는 다음 물건을 포함하지 않음
        u->profit = v->profit;
        u->bound = bound(u);
        if (u->bound>max_profit)
            insert(PQ, u);
    }
  }
}

float bound (int i) {
  int j, k;
  int wtotal;
  float result;

  if (u->weight>=M)
    return 0;
  else {
     j = u->level + 1;
     result = u->profit;
     wtotal = u->weight;
     while (j<=n && wtotal+w[j]<=M) {
          wtotal = wtotal + w[j];              // 분수 배낭에 물건을 최대로 적재
          result = result + p[j];
          j = j+1
     }
```

```
        k = j;
        if (k<=n)                                         // k번째 물건은 배낭의 남은 비율만큼
           result = result + (M-wtotal)*p[k]/w[k]; // 적재
        return result;
    }
}
```

6.3 15-퍼즐 문제

15-퍼즐은 1864년 미국의 로이드(Sam Lloyd)가 제안한 게임으로서 일인용 보드 게임이다. 정사각형 모양의 15-퍼즐 보드의 내부는 4×4 형태로 총 16개의 타일을 놓을 수 있도록 되어 있으며, 1부터 15까지 번호가 적힌 15개의 타일과 빈 곳 하나를 임의로 배열한 초기 상태의 보드에서 타일을 하나씩 움직여 타일을 번호순으로 배열한 최종 상태로 만드는 게임이다. 이때 타일의 움직임의 횟수를 최소화하는 것이 바로 15-퍼즐 문제이다. 예를 들면 〈그림 6.13〉의 (a)가 가능한 초기 상태이고 (b)가 최종 상태이다.

가능한 보드의 초기 상태를 세어보면 16!개이다. 이는 대략 20.9×10^{12} 정도 되는데 모두가 최종 상태로 갈 수 있는 것은 아니며 이중에서 정확하게 반만 갈 수 있다.

(a) (b)

그림 6.13 15-퍼즐 문제

[정리 6.1] 15-퍼즐의 초기 상태에서 최종 상태로 갈 수 있는 필요충분조건은 $\sum_{i=1}^{16} less(i) + X$이 짝수이어야 한다. 단, $position(i)$를 보드의 초기 상태에서 타일 i의 위치값이라 할 때(단 $i = 16$은 빈 타일을 의미함), $less(i)$는 $j < i$이면서 $position(j) > position(i)$의 조건을 만족하는 타일 j의 개수이다. 그리고 만약 빈 타일이 다음 그림의 어두운 부분에 위치하면 $X = 1$이며 그밖의 자리에 위치하면 $X = 0$이다.

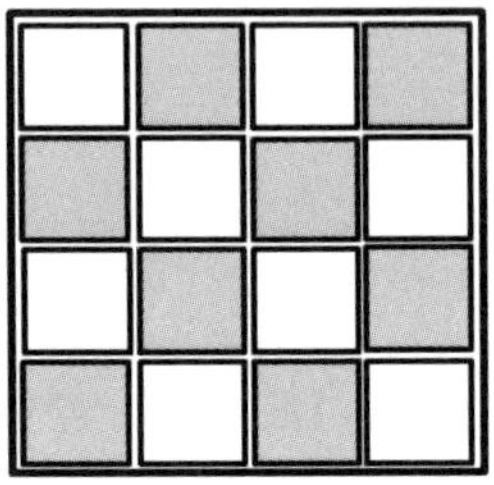

예를 들면 〈그림 6.13〉의 (a)에서 $\sum_{i=1}^{16} less(i) + X$의 값을 구하면 다음과 같다. $less(6) = 1$, $less(7) = 1$, $less(8) = 1$, $less(10) = 1$, $less(11) = 1$, $less(12) = 1$, $less(15)=1$, $less(16) = 11$이고 나머지 i에 대한 $less(i)$값은 모두 0이다. 따라서 $\sum_{i=1}^{16} less(i) + X = 7 + 11 + 1 = 19$이므로 홀수이다. 따라서 〈그림 6.13〉의 (a)에서 (b)로 갈 수 있는 방법은 없다.

이러한 15-퍼즐 문제는 백트래킹이나 분기 한정을 이용한 너비 우선 탐색을 이용해서 해결할 수도 있으나 이 절에서는 분기 한정을 이용한 최고 우선 탐색 방법으로 해결해본다. 먼저 15-퍼즐의 보드 상태를 상태 공간 트리로 나타낸다고 하자. 이때 트리의 루트는 보드의 초기 상태이다. 이러한 상태 공간 트리에서 임의의 노드를 x라 할 때 해를 찾기 위한 가장 이상적인 한계 함수(또는 비용 함수) $c(x)$는 루트로부터 x를 루트로 하는 부분 트리에 해가 있을 경우 그러한 해까지 이르는 경로 길이일 것이다. 그래야만 해가 있는 부분 트리 쪽으로 이동해서 제일 빠르게 해를 구할 수 있다. 그러나 어떤 노드 x를 루트로 하는 부분 트리에 해가 있는 경우, x를 방문할 시점에서는 해의 위치를 정확하게 알 수 없으므로 $c(x)$를 계산할 수 없다. 따라서 우리는 이에 대한 추정치 $\hat{c}(x)$를 다음과 같이 계산한다.

$$\hat{c}(x) = f(x) + \hat{g}(x)$$

단, $f(x)$는 이미 아는 값으로서 루트로부터 노드 x까지 이르는 경로의 길이이고, $\hat{g}(x)$는 추정치로서 제 위치에 있지 않는 타일의 개수(빈 타일 제외)이다. 이 추정치는 노드 x로부터 해 노드로 가기 위해서는 적어도 제 위치에 있지 않는 타일의 개수 이상만큼은 타일을 움직여야 하므로, 해 노드로 갈 수 있는 최단 경로의 하한값을 의미한다. 따라서 현재 우선순위 큐에 있는 노드들 중에서 $\hat{c}(x)$값이 가장 작은 노드를 선택하여 확장한다.

예를 들어, 〈그림 6.14〉에서 루트에 의해 노드 2, 3, 4, 5가 생성되면서 우선순위 큐에 들어간 후에 확장할 다음 노드를 선택할 때 $\hat{c}(2) = 1+4$, $\hat{c}(3) = 1+4$, $\hat{c}(4) = 1+2$, $\hat{c}(5) = 1+4$이므로 노드 4를 선택하여 확장한다. 그러면 노드 10, 11, 12가 생성되면서 우선순위 큐에는 노드 2, 3, 5, 10, 11, 12가 있게 된다. 이때 $\hat{c}(10) = 2+1$, $\hat{c}(11) = 2+3$, $\hat{c}(12) = 2+3$이 되어 그다음은 노드 10을 선택하여 확장한다. 이러한 방식으로 탐색을 계속하면 $\hat{g}(x) = 0$이 되는 노드 23이 최종 상태가 되어 3번의 타일 움직임에 의해 최종 상태로 도달할 수 있다.

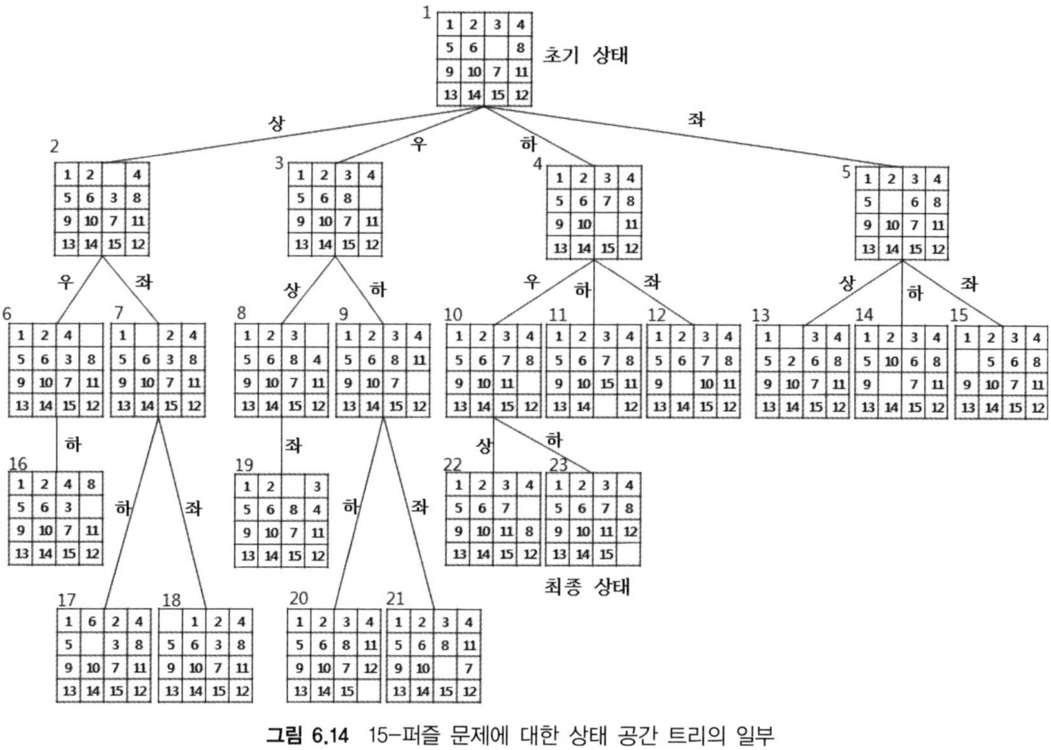

그림 6.14 15-퍼즐 문제에 대한 상태 공간 트리의 일부

연습 문제

1. n-여왕 문제에서 해가 없는 경우의 예를 두 가지만 들어라.

2. 부분합 문제(판단 문제)에 대하여, 백트래킹 알고리즘의 답이 Yes이면서 상태 공간 트리의 모든 노드를 생성하는 경우(최악의 경우)의 예를 들어라. 단, $n=5$라고 가정하고 구체적인 $s_1, s_2, \ldots . s_5$ 및 M값을 기술한다.

3. 0-1 배낭 문제에 대하여 (1) 백트래킹, (2) 너비 우선 탐색을 이용한 분기 한정 방법으로 다음의 입력 예에 대해 최대 이윤과 해 벡터 $X=(x_1,\ x_2,\ x_3,\ x_4)$를 각각 구하라.

   $n=4,\ M=9,$
   $(p_1,\ p_2,\ p_3,\ p_4)=(3,\ 12,\ 35,\ 30)$
   $(w_1,\ w_2,\ w_3,\ w_4)=(2,\ 3,\ 7,\ 5)$

4. 0-1 배낭 문제에 대하여 최고 우선 탐색을 이용한 분기 한정 방법으로 다음의 입력 예에 대해 최대 이윤과 해 벡터 $X=(x_1,\ x_2,\ x_3,\ x_4,\ x_5)$를 각각 구하라.

   $n=5,\ M=12,$
   $(p_1,\ p_2,\ p_3,\ p_4,\ p_5)=(10,\ 20,\ 6,\ 9,\ 4)$
   $(w_1,\ w_2,\ w_3,\ w_4,\ w_5)=(4,\ 5,\ 3,\ 3,\ 2)$

5. 〈알고리즘 6.4〉는 해 벡터는 구하지 않고 최적의 이윤값만을 구한다. 최적의 해 벡터를 함께 구하는 알고리즘을 작성해보라.

6. 〈알고리즘 6.5〉 또한 해 벡터를 구하지는 않고 최대 이윤값만을 구한다. 최적의 해 벡터를 함께 구하는 알고리즘을 작성해보라.

7. 그래프 $G=(V,\ E)$가 사이클을 포함하는지의 여부를 판단하는 알고리즘을 작성하라. 단, 시간 복잡도는 $O(n)$이어야 하고 에지의 개수와는 무관해야 한다.

프로그래밍 과제

1. [0–1 배낭 문제] $0-1$ 배낭 문제를 해결하는 다음의 각 방법에 대해 파일로 주어지는 입력 자료에 대한 최대 이윤과 해 벡터를 아래의 예와 같이 출력하는 프로그램을 작성하라.
   (1) 분기 한정에 의한 깊이 우선 탐색 알고리즘
   (2) 분기 한정에 의한 너비 우선 탐색 알고리즘
   (3) 분기 한정에 의한 최고 우선 탐색 알고리즘

   각 입력 자료의 첫 번째 줄에는 물건의 개수인 n값이 주어져 있고, 두 번째 줄과 세 번째 줄에는 물건 i에 대한 이윤(profit) p_i와 무게(weight) w_i가 각각 주어져 있다. 또한 마지막 줄에는 배낭 크기(knapsack capacity)인 M값이 주어져 있다고 가정한다.
   위 세 가지 방법에 의해 이 문제를 해결하려면 p_i/w_i를 큰 순서로 정렬하기 위한 과정이 필요한데, 그에 대한 정렬 알고리즘은 자유롭게 선택하여 사용한다.
   출력 자료는 각 입력 자료 파일에 대해서, 주어진 입력 자료를 포함하여 최대 이윤 및 그에 해당하는 해 벡터를 x_1, x_2, $\cdots$, x_n의 순서로 나열한다.

   • 입력의 예

4	/* 물건의 개수 $n \le 20$
50 40 10 30	/* p_i
10 2 5 5	/* w_i
16	/* 배낭의 크기(knapsack capacity) M

   • 출력의 예

   $n=4$
   $p_i=$50 40 10 30
   $w_i=$10 2 5 5
   $p_i/w_i=$5.0 20.0 2.0 6.0
   $M=16$
   The maximum profit is $90.

The solution vector is $X = (x_1, x_2, x_3, x_4) = (1, 1, 0, 0)$

2. **[주차장에서 차 빼기]** 이 주차장에는 4×3의 격자 형태로 주차할 수 있는 슬롯이 나누어져 있다. 이 주차장에는 이미 몇 대의 차들이 주차해 있다. 그림에서 EXIT은 차들이 들어오고 나가는 출입구이고, 번호는 차들의 번호이다. 차들을 주차장에서 빼내야 할 순서는 문제의 입력으로 주어진다. 이 예에서는 1－2－3번의 순서로 차를 뺀다고 가정하자.

5		EXIT
1	3	
4		6
	2	7

우선 1번 차를 내보내기 위해서 3번 차를 아래, 위 또는 오른쪽으로 옮겨야 한다. 만약 3번 차를 밑으로 내리면 2번 차를 꺼내기 위해서는 또다시 많은 차들을 움직여야 한다. 우리는 문제에서 주어진 차들을 모두 빼내기 위한 최적의 "움직임(move)"을 구하고자 한다. 최적의 움직임이란 다음과 같이 정의된다. 단, 주차장의 크기는 4×3으로 정해져 있고 주차장에 들어 있는 차는 8대 이하라고 가정한다.

(1) 한 번이라도 움직인 차들의 수가 적으면 적을수록 좋다.

(2) 같은 대수의 차를 움직여야 한다면 옮겨진 차들의 이동 거리(수직 및 수평 이동 거리)가 짧을수록 좋다.

• 입력의 예

```
3 1 2 3     /* 3대의 차를 내보냄. 순서는 1, 2, 3.
5 0 E       /* E는 EXIT이며, 위치는 오른쪽 맨 위로 고정되어 있음.
1 3 0       /* 0은 빈 공간, 1, 3 등은 차 번호를 의미함.
4 0 6
0 2 7
```

• 출력의 예

```
3 => (1,2),  distance = 1    /* 3번 차를 (1,2)로 옮김, 거리 = 1
1 => exit,   distance = 4    /* 1번 차를 완전히 빼냄, 거리 = 4
```

```
2 => exit,    distance = 5    /* 2번 차를 완전히 빼냄, 거리 = 5
3 => exit,    distance = 2    /* 3번 차를 완전히 빼냄, 거리 = 2

The number of car moves = 4      /* 움직인 차의 대수
Total distance = 12              /* 전체 차들이 움직인 거리 */
```

프로그래밍에 관한 격언 6

제공되는 데이터의 약 20퍼센트는 의미 없는 데이터이다.

학생들이 개발한 프로그램의 특징은 잘못된 자료에 대한 대비가 전혀 되어 있지 않다는 것이다. 입력값 체크는 전체 프로그래밍의 40퍼센트이다. 예를 들어, 입력이 0과 100사이의 정수라고 할 때 −1을 입력시켰을 경우 프로그램이 묵묵부답이거나 에러가 발생하면 제대로 된 프로그램이 아니다. 모든 프로그램은 먼저 입력이 타당한지 아닌지부터 조사해야 한다.

7장

정렬 알고리즘

이 장에서는 정렬 문제에 대한 정의와 여러 가지 정렬 알고리즘에 대해서 체계적으로 다룬다. 우선 기본 정렬 알고리즘인 선택 정렬, 삽입 정렬, 버블 정렬 알고리즘에 대해 기술하고 이러한 알고리즘들이 갖는 차이점과 유사점에 대한 분석을 한다. 다음으로는 좀 더 고급 정렬 알고리즘으로서 삽입 정렬을 일반화시킨 셸 정렬(shell sort)에 대하여 설명한다. 병합 정렬과 퀵 정렬은 이미 2장 분할 정복 방식에서 설명했으므로 여기에서는 생략한다. 그 다음으로는 힙이라고 하는 이진 트리 구조를 사용하는 힙 정렬 알고리즘에 대해 기술하며 원소들의 비교에 의한 정렬 문제의 하한선에 대해서도 논한다. 마지막으로 앞에서 기술했던 원소들의 비교에 의한 정렬 알고리즘이 아닌, 분배에 의한 정렬 알고리즘인 기수 정렬에 대해서 언급한다.

7.1 정렬의 정의

많은 양의 자료가 있을 때 이를 어떤 순서에 따라 늘어놓는 작업을 정렬(sorting)이라고 한다. 컴퓨팅 분야에서 정렬은 매우 광범위한 응용 분야에서 유용하게 사용되고 있다. 예를 들면, 성적 처리를 위한 응용 프로그램, 운영체제의 스케줄러, 데이터베이스의 질의어 처리 등에 있어서 정렬 프로그램이 차지하는 비중은 매우 높다. 또 정렬은 이진 탐색 등의 탐색 알고리즘에서 보는 바와 같이 효과적인 탐색을 하는 데 필수적인 역할을 하며, 최소 스패닝 트리를 구하기 위한 크러스컬의 알고리즘이나 분수 배낭 문제, 허프만 알고리즘의 전처리 과정 등 다른 문제들을 효율적으로 해결하고자 할 때 매우 유용하게 쓰인다.

정렬에는 내부 정렬(internal sorting)과 외부 정렬(external sorting)이 있다. 외부 정렬은 자료의 양이 많아서 주기억 장치에 모두 저장될 수 없는 경우 자기 디스크, USB 등의 외부 기억 장치에 저장된 자료를 순서대로 정리하는 작업으로서 알고리즘의 주안점은 가장 시간이 많이 걸리는 외부 기억 장치로의 입출력을 최소화하는 것이다. 내부 정렬은 자료를 모두 주기억 장치 내에 저장할 수 있는 경우에 사용하는 정렬로서 자료 간의 비교, 자료의 이동, 추가로 사용되는 메모리의 양 등이 효율성을 비교하는 기준이 된다. 이 장에서는 내부 정렬 방법을 위주로 설명하기로 한다.

우리가 여기서 특별히 정렬 알고리즘을 다루는 이유는 알고리즘 자체의 중요성도 크지만 그보다도 여러 가지 정렬 방법을 공부함으로써 일반적으로 자료 구조와 알고리즘이 갖고 있는 불가분의 관계를 심도 있게 분석할 수 있기 때문이다. 뒤에 나오지만 관점에 따라 여러 가지 형태의 정렬 작업이 가능하며 각 작업은 효율성에서 많은 차이점을 보이게 된다.

어떤 선형 리스트 L_1이 있다고 가정하자. 만약 L_1과 같은 원소들로 이루어진 다른 선형 리스트 L_2가 있어서 L_1의 원소들과 L_2의 원소들 사이에 일대일 대응 함수가 존재하면 L_2를 L_1의 순열(permutation)이라 한다. 예를 들면 리스트 (1, 2, 1, 3)의 순열로서 (1, 1, 2, 3), (3, 1, 1, 2), (1, 2, 3, 1) 등이 될 수 있다.

n개의 레코드를 원소로 갖는 선형 리스트 $L=(R_1,\ R_2,\ \cdots,\ R_n)$에서 각각의 레코드 R_i에 K_i라는 키(key)가 주어진다고 가정하자. 키 K_i들 사이에 어떤 순서 관계 $\le$가 주어지면 그 순서에 의한 L의 정렬 L'은 다음의 두 가지 조건을 만족한다.

(i) $L' = (R_{\pi(1)},\ R_{\pi(2)},\ \cdots,\ R_{\pi(n)})$은 L의 순열이다.

(ii) $K_{\pi(i)} \le K_{\pi(i+1)}$, 단 $1 \le i \le n-1$.

일반적으로 정렬이라 함은 이와 같은 정렬된 리스트를 구하는 작업을 총칭하게 된다. 어떤 경우에 우리는 키의 값이 같은 경우 그 레코드들이 원래의 리스트에 있던 순서를 그대로 유지하기 원하는 경우가 있는데 이를 정렬의 안정 조건(stable condition)이라 부른다. 즉

- 안정 조건: $i < j$이고 $K_i = K_j$이면 정렬 후에도 R_i가 R_j보다 먼저 나온다.

이러한 안정 조건을 유지하는 정렬 작업을 안정 정렬(stable sorting)이라고 한다.

예제 7.1

$L=(1,\ 2,\ 1,\ 3)$의 순열 중 $(1,\ 1,\ 2,\ 3)$은 순서 관계 $\le$에 의한 정렬이다. L의 원소들 중 처음 1을 1_a라 하고 나중 1을 1_b라 하면 안정 정렬에 의한 리스트는 $(1_a,\ 1_b,\ 2,\ 3)$ 뿐이다.

■

안정 정렬은 일단 필요 없는 자료의 움직임을 억제하기 때문에 효율적인 측면에서 바람직하기도 하지만 안정 정렬이 필수적으로 요구되는 경우도 흔히 있다. 예를 들면 운영체제의 스케줄러가 큐에 들어 있는 작업의 순서를 우선순위(priority)에 의한 정렬로써 결정하게

되면 같은 순위 내에서는 먼저 들어온 순서를 유지하는 것이 좋다. 이러한 경우 안정 정렬은 공정성을 보장해준다.

7.2 기본적인 정렬 방법

이 절에서는 우선 몇 가지 기본적인 정렬 방법을 살펴보기로 한다. 앞에서 소개되는 정렬 방법들은 대체로 알고리즘이 단순한 반면 최악의 경우 시간 복잡도는 $\Theta(n^2)$-시간으로서 뒤에서 소개되는 $\Theta(n\log n)$-시간의 정렬 알고리즘들에 비하면 시간적인 효율성이 뒤떨어진다. 그러나 알고리즘 자체가 간단하기 때문에 적은 양의 자료를 처리할 때는 오히려 효과적인 경우도 있다. 또한 뒤에 소개되는 고급 정렬 알고리즘들이 대부분 이러한 기본 정렬 방법의 변형이라고 볼 수 있기 때문에 이들에 관하여 미리 언급한다.

7.2.1 선택 정렬

선택 정렬(selection sort)에서는 정렬하고자 하는 리스트가 두 부분으로 나누어져 있다고 가정한다. 나누어진 왼쪽은 이미 정렬이 된 부분이고 오른쪽은 아직 정렬이 되지 않은 부분이다. 초기 상태에서는 왼쪽 리스트는 비어 있다. 정렬 작업은 오른쪽 리스트에서 가장 작은 수를 선택하여 그 수를 왼쪽 리스트의 오른쪽 끝에 붙인다. 이러한 작업을 할 때마다 왼쪽 리스트는 하나씩 늘어나고 오른쪽 리스트는 하나씩 줄어들어 궁극적으로 오른쪽 리스트가 비었을 때 작업은 끝난다. 선택하는 과정에서 키값이 같은 레코드의 경우, 위치상 먼저 있는 레코드를 선택하면 안정 조건을 만족시킬 수 있다.

예제 7.2

다음은 선형 리스트 (3, 7, 5, 12, 4)가 배열에 저장되어 있다고 가정하고 선택 정렬을 이용하여 정렬하는 과정을 보인 것이다. 단, 첫 번째 단계에서의 3과 3 교환은 알고리즘의 일관성에 의한 것이다(〈알고리즘 7.1〉 참조).

	1	2	3	4	5	
( )(3, 7, 5, 12, 4)	3	7	5	12	4	초기 상태
(3)(7, 5, 12, 4)	3	7	5	12	4	3 선택 및 3과 3 교환
(3, 4)(5, 12, 7)	3	4	5	12	7	4 선택 및 4와 7 교환
(3, 4, 5)(12, 7)	3	4	5	12	7	5 선택 및 5와 5 교환
(3, 4, 5, 7)(12)	3	4	5	7	12	7 선택 및 7과 12 교환
(3, 4, 5, 7, 12)()	3	4	5	7	12	12 선택 ■

이를 C 언어로 표현한 알고리즘은 다음과 같다.

알고리즘 7.1 ••• 선택 정렬

- 입력: 크기가 n인 정수 배열 $a[]$
- 출력: 정렬된 정수 배열 $a[]$

```
/* 선택 정렬 */

void selection_sort (int a[]) {
 int i, j;          // 인덱스 변수값
 int min;           // 오른쪽 리스트 원소 중 최소값

 for (i=1; i<=n; i++) {
   min = a[i];
   for (j=i+1; j<=n; j++)
     if (a[j]<min) {
       swap(&a[i], &a[j]);
```

```
            min = a[j];
        }
    }
}
```

선택 정렬의 시간 복잡도를 살펴보면 n개의 자료를 정렬하는 경우 i번째 루프에서 아직 처리가 안 된 오른쪽 리스트의 크기가 $n-i$이므로 이중에서 최소값을 구하기 위해서 $(n-i-1)$번의 비교가 필요하다. 그러므로 비교 연산의 총 합계는

$$\sum_{i=0}^{n-1}(n-i-1)=n(n-1)/2$$

이므로 $\Theta(n^2)$번이 된다. 선택 정렬의 경우, 자료를 배열에 저장했을 때 실제 자료 교환(swap)은 매 루프마다 한 번씩만 수행되기 때문에 총 $n-1$번 필요하다.

선택 정렬 알고리즘은 정렬을 수행하기 위해서 정렬할 자료를 저장하기 위한 공간(크기가 n인 배열) 이외에 추가적인 공간이 필요하지 않다. 이러한 정렬 방법을 자체 공간 정렬(in-place sort)이라고 부른다.

7.2.2 삽입 정렬

삽입 정렬(insertion sort)에서도 선택 정렬과 유사하게 정렬하고자 하는 리스트가 정렬된 부분과 정렬되지 않은 부분으로 나누어졌다고 가정한다. 편의상 리스트의 왼쪽 부분이 정렬된 부분이라 하자. 삽입 정렬에서도 선택 정렬처럼 매 루프마다 왼쪽 리스트를 하나씩 키워가다가 궁극적으로 오른쪽 리스트가 비어 있게 되면 왼쪽에 정렬된 전체 리스트가 남게 된다. 선택 정렬에서는 매 루프에서 오른쪽 리스트의 최소값을 구하여 그 원소를 왼쪽 리스트의 마지막에 붙였는데, 삽입 정렬에서는 오른편 리스트 중 임의로 하나의 자료(여기에서는 오른쪽 리스트의 첫 번째 자료)를 끄집어낸 후 그것을 왼쪽 리스트의 적합한 위치에 삽입시키는 방법으로 정렬이 이루어진다.

예제 7.3

다음은 선형 리스트 (3, 7, 5, 12, 4)가 배열에 저장되어 있다고 가정하고 삽입 정렬을 이용하여 정렬하는 과정을 보인 것이다.

	1	2	3	4	5	
( )(3, 7, 5, 12, 4)	3	7	5	12	4	초기 상태
(3)(7, 5, 12, 4)	3	7	5	12	4	3 삽입
(3, 7)(5, 12, 4)	3	7	5	12	4	7 삽입
(3, 5, 7)(12, 4)	3	5	7	12	4	7 이동, 5 삽입
(3, 5, 7, 12)(4)	3	5	7	12	4	12 삽입
(3, 4, 5, 7, 12)()	3	4	5	7	12	12 이동, 7 이동, 5 이동, 4 삽입

■

삽입 정렬을 C 언어로 표현한 알고리즘은 다음과 같다.

알고리즘 7.2 ··· **삽입 정렬**

- 입력: 크기가 n인 정수 배열 $a[\,]$
- 출력: 정렬된 정수 배열 $a[\,]$

```
/* 삽입 정렬 */

void insertion_sort (int a[]) {
 int i, j;
 int next;
```

```
  for (i=2; i<=n; i++) {
    next = a[i];
    for (j=i-1; j>=0 && next<list[j]; j--)
      a[j+1] = a[j];
    a[j+1] = next;
  }
}
```

위 알고리즘에서 보면 삽입할 위치를 찾기 위해 정렬된 부분의 오른편 끝자리부터 삽입하고자 하는 레코드보다 키값이 큰 레코드는 모두 한 칸씩 우측으로 이동시켜주게 된다. 즉 위의 예에서 (3, 5, 7, 12)에 4를 삽입시키기 위해서는 12, 7, 5를 차례대로 우측으로 한 칸씩 이동시키고 5가 있던 자리에 4를 삽입시킴으로써 (3, 4, 5, 7, 12)를 얻게 된다. 그러므로 삽입 정렬은 최악의 경우,

$$\sum_{i=1}^{n-1} i = n(n-1)/2$$

즉 $\Theta(n^2)$번의 원소 비교 작업과 원소 이동 작업이 필요하다. 이러한 경우는 바로 처음 리스트가 정렬하고자 하는 순서와 반대로 되어 있을 때이다. 비교나 이동이 가장 적은 경우는 이미 정렬이 된 경우로서 이동 없이 $n-1$번의 비교만 필요하게 된다. 이러한 성질 때문에 만일 리스트가 대부분 정렬되어 있는 상태라면 효율성 면에서 삽입 정렬을 사용하는 것이 매우 좋다. 평균적인 경우에는 $n(n-1)/4$번의 원소 비교 작업과 원소 이동 작업이 필요하다고 알려져 있는데, 이는 연습 문제를 통해 직접 분석해보기 바란다. 삽입 정렬도 물론 안정 정렬 및 자체 공간 정렬 방법에 속한다.

삽입 정렬의 효율성을 높이기 위한 몇 가지 변형 방법이 제안되었는데 그중 하나는 삽입시킬 부분의 리스트가 이미 정렬되어 있다는 점에 착안하여 삽입 위치를 이진 탐색(binary search)을 이용하여 찾는 방법이다. 이진 삽입 정렬(binary insertion sort)이라 불리는 이 방법은 자료의 삽입 위치를 찾기 위한 탐색 과정에서 원소의 비교 작업이 $O(n)$에서 $O(\log n)$으로 개선되지만 삽입을 위한 최악의 경우 자료 이동 횟수에는 변화가 없다. 자료의 이동 횟수를 줄이기 위해서는 배열 대신 연결 리스트를 이용하는 방법도 있지만 그러한 경우

는 이진 탐색을 적용하기가 어렵다는 단점이 있다.

7.2.3 버블 정렬

버블 정렬(bubble sort)은 자료의 교환을 중심으로 정렬 작업이 전개되는 교환 정렬의 한 가지 방법이다. 버블 정렬에서는 매 패스마다 한쪽 방향으로 한 쌍씩 훑어나가면서 순서에 어긋난 쌍은 서로의 위치를 교환하게 된다. 여기서는 편의상 리스트의 인덱스값이 큰 원소에서 작은 원소로 훑어나가는 방법을 따르기로 한다. 첫 번째 패스를 배열에 저장된 선형 리스트 (9, 7, 2, 12, 3)에 적용한 결과는 다음과 같다.

1	9	9	9	9*	2
2	7	7	7*	2*	9
3	2	2*	2*	7	7
4	12*	3*	3	3	3
5	3*	12	12	12	12

그림 7.1 버블 정렬의 첫 번째 패스

여기에서 * 표시는 서로 비교되는 쌍을 의미한다. 〈그림 7.1〉에서 볼 수 있는 것처럼 매 패스에서는 아직 정렬되지 않은 부분 중 가장 작은 값이 마치 가벼운 물방울이 수면 위로 떠오르듯 위쪽으로 올라가게 되는데, 이 때문에 버블(물방울) 정렬이라는 애칭이 붙었다. 위의 선형 리스트가 정렬되는 과정을 매 패스별로 살펴보면 다음과 같다. 마지막 두 배열이 같은 이유는 자료의 교환이 이루어지지 않은 후에 정렬이 완성되었다는 것을 실제로 프로그램의 플래그를 통해 알 수 있기 때문이다.

1	9	$\underline{2}$	$\underline{2}$	$\underline{2}$	$\underline{2}$
2	7	9	$\underline{3}$	$\underline{3}$	$\underline{3}$
3	2	7	9	$\underline{7}$	$\underline{7}$
4	12	3	7	9	$\underline{9}$
5	3	12	12	12	$\underline{12}$

그림 7.2 버블 정렬의 각 패스 수행 결과

버블 정렬을 C 언어로 표현한 알고리즘은 다음과 같다.

알고리즘 7.3 ••• **버블 정렬**

- 입력: 크기가 n인 정수 배열 $a[]$
- 출력: 정렬된 정수 배열 $a[]$

```
/* 버블 정렬 */

void bubble_sort (int a[]) {
 int i, j;
 int flag = TRUE;

 j = 1;
 while ((j<n) && flag) {
   flag = FALSE;
   for (i=n; i>j; i--)
     if (a[i]<a[i-1]) {
          swap(a[i], a[i-1]);
          flag = TRUE;
     }
   j++;
 }
}
```

버블 정렬도 앞에서 다루었던 정렬들과 같이 최악의 경우 $\Theta(n^2)$번의 비교 연산이 필요하다. 자료 교환도 최악의 경우(반대 순서로 정렬된 경우) 비교 횟수와 동일해진다. 일반적으로 자료 교환(swap) 작업이 자료의 이동 작업에 비하여 약간 복잡하기 때문에 이 정렬 방법은 알고리즘의 단순성에도 불구하고 많이 쓰이지 않는다. 버블 정렬 또한 안정 정렬이면서 자체 공간 정렬이다.

7.2.4 지역 이동을 하는 정렬 알고리즘의 하한선 분석

키값이 '지역 이동(local move)'을 하는 정렬 알고리즘이란 2개의 서로 인접한 키를 한 번 비교하여 순서가 잘못되어 있는 경우 서로 바꾸어주고 순서가 제대로 되어 있는 경우라면 그대로 두는 정렬 방법을 말한다. 이 절에서는 키값이 지역 이동을 하는 어떠한 알고리즘이라도 적어도 삽입 정렬에서 하는 비교 연산의 수만큼(즉, 최악의 경우 $n(n-1)/2$번, 평균적인 경우 $n(n-1)/4$번) 필요하다는 것을 설명한다.

키값을 1, 2, ⋯, n이라고 가정하고 π를 이에 대한 순열(permutation)이라고 하면 정렬이 안 된 주어진 리스트는 $(\pi(1),\ \pi(2),\ \cdots,\ \pi(n))$으로 나타낼 수 있다. 이때 정렬 작업은 $(\pi(1),\ \pi(2),\ \cdots,\ \pi(n))$을 $(1,\ 2,\ \cdots,\ n)$으로 나열하는 것이다. 예를 들어 (2, 4, 1, 5, 3)에서 $\pi(1)=2$, $\pi(2)=4$, $\pi(3)=1$, $\pi(4)=5$, $\pi(5)=3$이며 키값 2, 4, 1, 5, 3 각각은 자신의 올바른 위치를 나타내고, 정렬 후의 결과는 (1, 2, 3, 4, 5)이 된다.

순열 π에 의한 선형 리스트에서 역(inversion)을 $i<j$이면서 $\pi(i)>\pi(j)$인 쌍 $(\pi(i),\ \pi(j))$로 정의하자. 위의 예에서 역은 (2,1), (4,1), (4,3), (5,3)이다. 만약 어떤 정렬 알고리즘이 원소 쌍을 한 번 비교하여 최대 하나의 역을 제거할 수 있다면 리스트를 정렬하기 위해서 필요한 비교 횟수는 적어도 리스트의 역의 개수 이상 필요하다. 다시 말하면, 역의 개수는 비교 횟수에 대한 하한선이 된다. 역의 최대 개수는 리스트가 $(n,\ n-1,\ \cdots,\ 1)$일 때 $n(n-1)/2$개이다. 즉 이 의미는 최악의 경우 모든 역을 제거하기 위해서는 적어도 비교를 $n(n-1)/$두 번 이상을 해야 한다는 것이다.

또한, P를 임의의 순열 π에 의한 선형 리스트 $(\pi(1),\ \pi(2),\ \cdots,\ \pi(n))$라 하고, P^R을 P의 도치(reverse) 리스트 $(\pi(n),\ \pi(n-1),\ \cdots,\ \pi(1))$이라고 하자. 그러면 $i>j$인 역 (i,j)는 반드시 P에 있거나 혹은 P^R에 있게 된다. 즉 P와 P^R에 있을 수 있는 역은 모두 합하여 $n(n-1)/2$개인데 이 역들이 두 순열 P와 P^R에 반드시 나누어 있으므로 하나의 리스트에 있는 역의 평균 개수는 $n(n-1)/4$이라고 볼 수 있다. 이는 어떤 정렬 알고리즘이 역을 제거하기 위해서는 평균적으로 비교를 $n(n-1)/$네 번 이상을 해야 한다는 것을 의미한다.

7.3 셸 정렬

셸(D. Shell)에 의해 개발된 셸 정렬(Shell sort) 알고리즘은 프로그래밍하기 쉽고, 빠르게 수행되지만 알고리즘의 분석이 어렵고 아직은 불완전한 것으로 알려져 있다. 셸 정렬은 배열 a에 흩어져 있는 각 부분 리스트들을 반복적으로 정렬함으로써 n개의 원소를 가진 전체 배열 a를 정렬한다. 이때 반복 횟수와 부분 리스트들은 증가값이라고 불리는 t개의 파라미터 h_t, h_{t-1}, ⋯, h_1에 의하여 결정된다. 예를 들어, 첫 번째 증가값 h_t를 6이라 하면 전체 배열은 다음과 같이 6개의 부분 리스트로 나누어지고 각 부분 리스트의 크기는 대략 $n/6$씩이다.

1. a[1], a[7], a[13], ⋯　　2. a[2], a[8], a[14], ⋯
3. a[3], a[9], a[15], ⋯　　4. a[4], a[10], a[16], ⋯
5. a[5], a[11], a[17], ⋯　　6. a[6], a[12], a[18], ⋯

두 번째 증가값 h_{t-1}를 4라고 하면 전체 배열은 다음과 같이 4개의 부분 리스트로 나누어지고 각 부분 리스트의 크기는 대략 $n/4$씩이다.

1. a[1], a[5], a[9], a[13], ⋯　　2. a[2], a[6], a[10], a[14], ⋯
3. a[3], a[7], a[11], a[15], ⋯　　4. a[4], a[8], a[12], a[16], ⋯

따라서 셸 정렬 과정을 일반적으로 기술하면, 처음에 전체 배열에서 h_t만큼 떨어져 있는 원소들끼리 묶어서 부분 리스트로 구성하여 각 부분 리스트를 정렬시킨다. 이러한 부분 리스트들을 모두 정렬하고 나면, 다시 전체 배열에서 증가값 h_{t-1}만큼씩 떨어져 있는 원소들끼리 묶어서 부분 리스트들로 구성하여 이를 다시 정렬한다. 마지막 증가값 h_1은 항상 1로 하여 정렬한다. 이렇게 각 증가값에 대하여 반복적으로 t번 부분 리스트들에 대한 정렬을 수행하면 전체 배열 원소들은 정렬된다. 아래 〈그림 7.3〉은 이러한 과정을 적용한 예이다.

여기서 고려해야 할 사항은 부분 리스트들을 정렬하기 위하여 과연 어떤 알고리즘을 사용하는 것이 좋은가이다. 〈그림 7.3〉의 예처럼 앞 단계에서 대부분의 정렬 작업이 이루어지기 때문에 작은 증가값이 사용되는 마지막 단계로 갈수록 거의 모든 원소들이 정렬되어간다는 것을 알 수 있다. 따라서 부분 리스트를 정렬하는 데 사용되는 방법이 이미 정렬되어 있거나

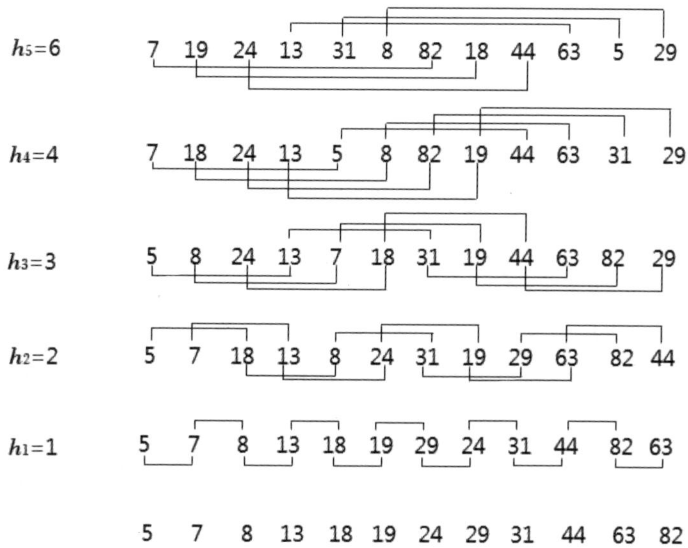

그림 7.3 셸 정렬의 예

거의 정렬되어 있는 배열에 대해 적용할 때 효율적이라면 전체 셸 정렬이 효율적으로 이루어질 것이다. 우리가 이미 다루었듯이 삽입 정렬은 이러한 특성을 갖고 있다. 즉 삽입 정렬은 배열이 이미 정렬되어 있을 때 $n-1$번의 원소 비교만 하면 정렬이 가능하므로 효율적이면서 간단하게 프로그래밍할 수 있다.

알고리즘 7.4 ••• 셸 정렬

- 입력: 원소의 개수 n, 정수 배열 $a[]$, 증가값의 개수 t, 증가값 h_t, h_{t-1}, $\cdots$, h_1(=1)
- 출력: 정렬된 정수 배열 $a[]$

```
/* 셸 정렬 */

void shellSort (int n, int a[], int t, int h[]) {
 int s, i, j;
 int gap;
 int x;
```

```
    for (s=t; s≥1 ; s--) {
        gap = h[s];
        for (i=h[s]+1; i<=n; i++) {
            x = a[i];
            j = i - gap;
            while (j>0 && a[j]>x) {
                a[j+gap] = a[j];
                j = j – gap;
            }
            a[j+gap] = x;
        }
    }
}
```

삽입 정렬이나 선택 정렬에서는 키를 한 번 비교해서 최대 하나의 역(inversion)을 제거하기 때문에 최악의 경우 $n(n-1)/$두 번 원소를 비교하게 되므로 수행 속도가 느리다. 셸 정렬에서도 부분 리스트의 정렬을 위해 삽입 정렬을 사용하면 한 번의 비교 후에 각 부분 리스트에서 최대 하나의 역이 제거되지만, 전체 배열로 확장해볼 때 증가값이 h인 경우 최대 h개의 역을 제거할 수 있다. 왜냐하면, 원소들이 다른 부분 리스트의 h개 원소들을 모두 건너뛰어 이동할 수 있기 때문이다.

셸 정렬의 비교 횟수는 사용되는 증가값 수열 h_t, h_{t-1}, $\cdots$, h_1에 대한 함수로 나타낼 수 있다. 그러나 셸 정렬에 대한 분석을 완전하게 하는 것은 매우 어렵고 아직 풀리지 않은 문제이기도 하다. 셸 정렬의 효율성이 가장 좋은 증가값 수열은 아직 밝혀진 바가 없지만, 몇 가지 특수한 경우는 오래전 이미 연구되었다. $t=2$인 경우, 즉 2개의 증가값 h와 1만을 이용하는 경우는 h의 값이 대략 $1.72\sqrt[3]{n}$인 경우가 가장 좋고, 평균 수행 시간도 $\Theta(n^{5/3})$에 비례한다고 알려져 있다. $t=1$인 경우, 즉 증가값이 오직 1 하나일 때 셸 정렬이 삽입 정렬과 같다는 것을 생각하면 효율성 면에서 상당히 개선되었음을 알 수 있다.

만약 $1 \le k \le \lfloor \log_2 n \rfloor$인 k에 대해 증가값이 $h_k = 2^k - 1$이면(예를 들어 $k=4$인 경우 증가값 수열은 15, 7, 3, 1), 최악의 경우 원소의 비교 횟수는 $\Theta(n^{3/2})$임이 알려져 있다.

또한 실험에 의해서 $1 \le i \le t$인 i에 대해서 $h_i = (3^i - 1)/2$인 증가값 수열을 이용하면 좀 더 효율적인 알고리즘이 작성될 수 있다는 것이 입증되었다. 단, t는 $h_{t+2} \ge n$을 만족하는 가장 작은 정수이다. 이러한 증가값들은 반복적으로 쉽게 계산될 수 있다. 즉 처음에 사용되는 h_t는 관계식 $h_{s+1} = 3h_s + 1$에 의해 알아낼 수 있고, 그 값은 n과 비교된다. 모든 증가값들이 저장되는 것은 아니고, 정렬하는 동안 공식 $h_s = (h_{s+1} - 1)/3$을 이용하여 역순으로 재계산된다.

만약 증가값들이 n보다 작은 $2^i 3^j (i \ge 0, j \ge 0)$ 형태의 정수값으로 구성된다면 비교 횟수는 $\Theta(n(\log n)^2)$임이 증명되어 있다. 다른 증가값 수열에 대한 최악의 경우 수행 시간은 더 높은 것으로 알려져 있다. 그러나 $2^i 3^j$ 형태의 정수들이 너무 많기 때문에 이러한 증가값을 이용하면 다른 증가값을 이용하는 경우보다 패스의 수가 많아지므로 그만큼 오버헤드도 커지게 된다. 따라서 n이 매우 크지 않으면 특별히 유용하지 않다.

셸 정렬은 자체 공간(in-place) 정렬 방법이다. 또한 비록 알고리즘의 증명은 완벽하지 않고 또 증가값으로 무엇이 가장 좋은지는 알려져 있지 않지만 매우 빠르고 단순하다는 장점을 가지고 있다.

7.4 힙 정렬

선택 정렬에서는 매 패스마다 아직 정렬되지 않은 부분(오른쪽 리스트)에서 가장 작은 값을 선택하여 정렬된 부분(왼쪽 리스트)의 마지막 부분에 첨가했다. 이 방법은 좌우를 바꿔서 왼쪽 리스트에서 가장 큰 원소를 선택해 오른쪽 리스트의 맨 앞부분에 첨가하더라도 동일한 결과를 낸다. 우선순위 큐(priority queue)의 하나인 최대 힙(max-heap) 구조를 사용하면 정렬이 안 된 왼쪽 리스트에서 가장 큰 원소를 효율적으로 선택하여 오른쪽 리스트의 맨 앞부분에 첨가할 수 있으므로 이 작업을 반복적으로 사용하여 개발된 정렬 방법이 바로 힙 정렬(heap sort)이다.

우선순위 큐는 초기 구성(construction), 삽입(insert) 연산과 최대값 제거(deleteMax) 연산 등의 연산을 효율적으로 제공할 수 있는 자료 구조이다(응용 문제에 따라 최대값 제거 연산 대신 최소값 제거(deleteMin) 연산으로 대치가 가능함). 우선순위 큐를 구현하는 가장 쉬운 방법 중 하나는 힙(heap)을 이용하는 것이다. 힙은 초기 힙 구성을 $O(n)$-시간, 삽입 연산 및 최대값 제거 연산을 각각 $O(\log n)$-시간에 수행할 수 있다. 여기서 n은 힙을 구성하는 원소의 개수이다.

> **[정의 7.1]** 최대 힙(max-heap)은 (1) 완전 이진 트리로서, (2) 각 노드에 저장되어 있는 원소값이 자식 노드에 저장되어 있는 원소값보다 크거나 같은 성질을 갖는다.

여기서 (1)을 힙의 구조적 조건, (2)를 힙의 순서 조건이라고 부른다. 물론 자식 노드의 원소값과 비교하는 경우는 자식 노드가 있는 경우에만 한한다. 응용 문제에 따라 각 노드에 저장되어 있는 원소값이 자식 노드에 저장되어 있는 원소값보다 작거나 같은 최소 힙(min-heap)을 정의할 수도 있다. 〈그림 7.4〉는 최대 힙의 예를 보여주고 있는데, 루트에는 가장 큰 원소값이 저장되어 있음을 알 수 있다. 힙은 완전 이진 트리이므로 배열을 이용해서 쉽게 표현할 수 있다. 루트의 레벨을 0이라 할 때 높이가 h인 완전 이진 트리의 노드 개수 n은 $2^h \le n \le 2^{h+1}-1$이므로 힙의 높이 h를 n의 식으로 표시하면 $h = \lfloor \log_2 n \rfloor$ 이 된다.

최대 힙에 새로운 원소 x를 삽입하는 과정을 개념적으로 설명해보자. 먼저 현재 힙의 마지막 원소 다음에 새로운 노드 t를 생성하여 삽입한 후 x와 t의 부모 노드 원소값을 비교한다. 만약 x가 t의 부모 노드의 원소값보다 작으면 최대 힙의 순서 조건을 만족하므로 x를 노드

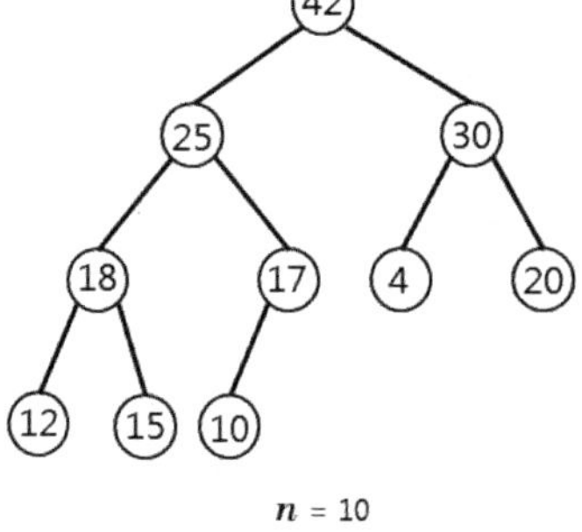

(a) 최대 힙

0	1	2	3	4	5	6	7	8	9	10	
10	42	25	30	18	17	4	20	12	15	10	· · ·

↑ 원소의 개수 n

(b) 최대 힙(a)의 배열 표현

그림 7.4 최대 힙의 예

t에 저장하고 끝난다. 그러나 만약 x가 t의 부모 노드 원소값보다 크다면 부모 노드의 원소값을 t에 저장하고 t의 부모 노드를 t라 한 다음 다시 위의 과정을 반복한다. 〈그림 7.4〉의 (a)에 대해 $x = 45$를 삽입하는 과정을 그림으로 나타내면 아래 〈그림 7.5〉와 같다.

〈알고리즘 7.5〉의 함수 insertHeap은 위의 과정을 C 언어로 표현한 것이다. 완전 이진 트리는 앞에서 설명한 바와 같이 배열로 표현 가능하므로 인덱스 i에 해당하는 노드의 부모 노드 위치는 $\lfloor i/2 \rfloor$가 된다. 함수 isHeapFull은 배열이 다 차 있는가를 나타내는 함수로서 값이 참이면 더 이상 원소를 삽입할 수 없는 상태를 나타낸다. n개의 노드를 갖는 힙의 높이가 $\lfloor \log_2 n \rfloor$이므로 while 루프 내의 부모 노드를 찾아 올라가는 과정은 최악의 경우 $O(\log_2 n)$번 반복된다.

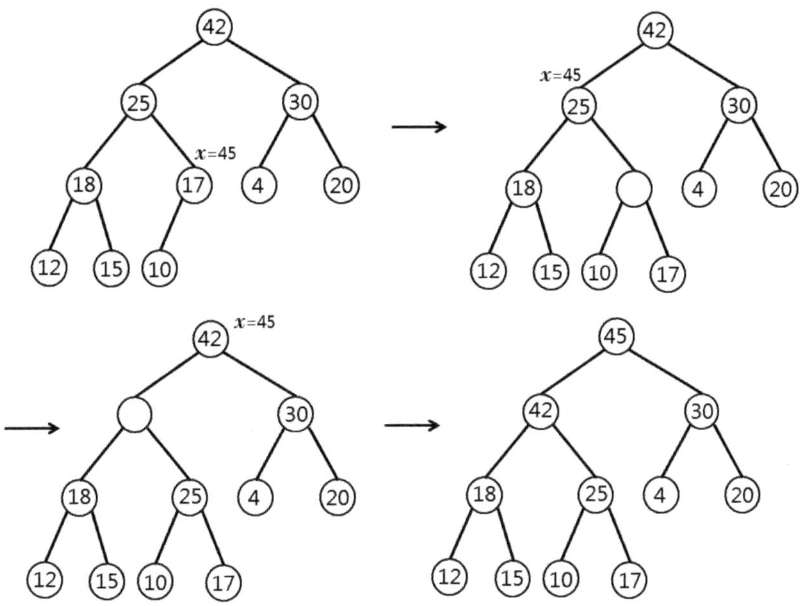

그림 7.5 삽입 과정의 예

알고리즘 7.5 ••• 최대 힙에 대한 원소 삽입

- 입력: 크기가 n인 힙 heap[]
- 출력: 삽입 후 크기가 $n+1$인 힙 heap[]

```
/* 최대 힙에 대한 원소 삽입 */

void insertHeap(int *heap, int x) {
  int n, i;

  n = heap[0];
  if (isHeapFull(n)) {
    fprintf(stderr, "The heap is full. ₩n");
    exit(1);
  }
  i = n+1; heap[0] = i;
  while ((i!=1) && (x>heap[i/2])) {
    heap[i] = heap[i/2];
    i = i/2;
  }
  heap[i] = x;
}
```

최대 힙에서 최대값은 항상 루트에 있으므로 최대값 제거 연산은 루트 노드의 값을 제거한 후 다시 나머지 노드들이 최대 힙의 구조를 갖도록 하면 된다. 그런데 루트의 자식 노드들을 비교하여 그중 큰 값을 루트로 가져오는 방법은 완전 이진 트리 형태로 구성되지 못할 수가 있으므로, 힙의 맨 마지막 원소를 루트로 가져온 다음, 자식 노드들과 비교하여 최대 힙의 조건을 만족하도록 바꾸어준다. 이 과정도 새로운 루트가 최악의 경우 단말 노드까지 내려가면서 비교하게 되므로 최악의 경우 수행 시간이 힙의 높이인 $O(\log_2 n)$에 비례한다. 다음의 〈그림 7.6〉은 〈그림 7.4〉의 ⓐ에서 최대값을 제거하는 과정을 나타낸 것이고, 〈알고리즘 7.4〉의 함수 deleteMinHeap은 위의 과정을 C 언어로 나타낸 것이다.

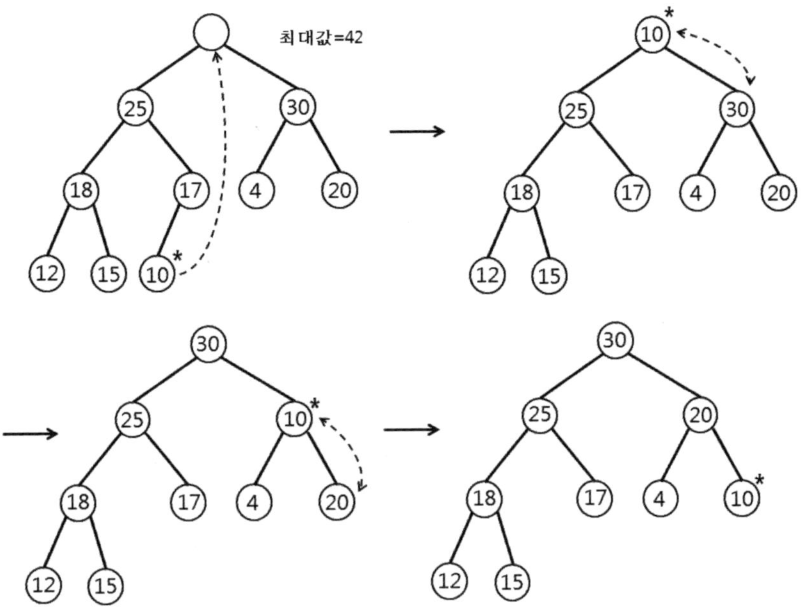

그림 7.6 최대값 제거 과정

알고리즘 7.6 ••• **최대 힙에서의 최대값 제거**

- 입력: 크기가 n인 힙 heap[]
- 출력: 제거 후 크기가 $n-1$인 힙 heap[]

```
/* 최대 힙에서의 최대값 제거 */

int deleteMax (int heap[]) {
 int n=heap[0];                    //
 int root=heap[1];
 int parent=1, child=2;            // 부모와 자식의 인덱스

 heap[1] = heap[n--];
 while (child<=n) {
   if (heap[child+1]>heap[child]) child++; // 오른쪽 자식 노드가 더 클 때 오른쪽
                                              자식 노드로 이동
```

```
        if (heap[child] <= heap[child/2]) break
        swap(&heap[child], &heap[child/2]);
        parent = child;
        child = child * 2;              // 한 단계 아래로 이동
    }
    return root;
}
```

이제 힙 정렬을 하는 과정을 기술해보자. 힙 정렬에서는 우선 정렬하고자 하는 리스트를 최대 힙(max-heap)으로 만드는 작업부터 수행한다. 최대 힙을 구성하기 위하여 〈알고리즘 7.7〉의 함수 adjust를 이용하는데, 이 함수는 왼쪽 부분 트리와 오른쪽 부분 트리가 최대 힙일 때 현재 처리 중인 노드를 루트로 하는 트리를 최대 힙으로 만들어주는 함수이다. 즉 함수 adjust는 현재 처리 중인 노드의 원소값과 두 자식 노드 중에서 큰 원소값을 서로 비교하여 만약 현재 처리 중인 노드의 원소값이 큰 경우는 그대로 끝나고, 현재 처리 중인 노드의 원소값이 작은 경우는 비교한 원소와 자리를 바꾸어주고 다시 아래로 내려간 원소에 대해서 유사한 과정을 반복한다. 이 과정은 최악의 경우 현재 처리 중인 노드의 원소가 단말 노드로 내려갈 때까지 계속될 수 있다.

단말 노드가 루트인 부분 트리는 그 자체가 최대 힙이므로 단말 노드에 대해서는 처리할 필요가 없고 처음으로 나오는 비단말 노드(배열의 $n/$두 번째 원소)부터 루트(배열의 첫 번째 원소)까지 인덱스를 감소시켜가면서 반복적으로 함수 adjust를 호출한다.

이렇게 하여 최종적으로 최대 힙에 해당하는 배열을 얻게 되는데, 첫 번째 자리에 루트가 들어가고 다음 두 자리는 루트의 왼쪽 자식 노드와 오른쪽 자식 노드가 차례대로 들어가게 된다. 루트가 배열의 인덱스 1의 위치에 있을 때 i번째 원소의 왼쪽 자식 노드는 $2i$번째에 있고, 오른쪽 자식 노드는 $2i+1$번째에 있다. 예를 들면, 선형 리스트 (6, 3, 8, 2, 7, 1, 9, 4)를 최대 힙으로 바꾼 결과는 (9, 7, 8, 4, 3, 1, 6, 2)이 되는데, 이 과정을 그림 및 그에 해당하는 배열로 표시하면 〈그림 7.7〉과 같다.

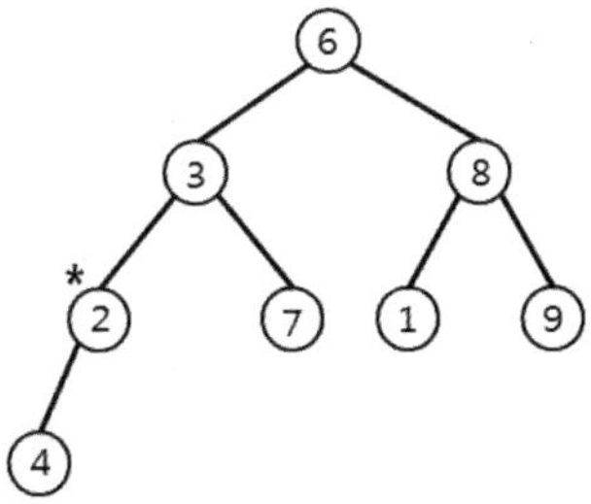

0	1	2	3	4	5	6	7	8
8	6	3	8	2	7	1	9	4

(a) 초기 리스트의 이진 트리 표현($n=8$)

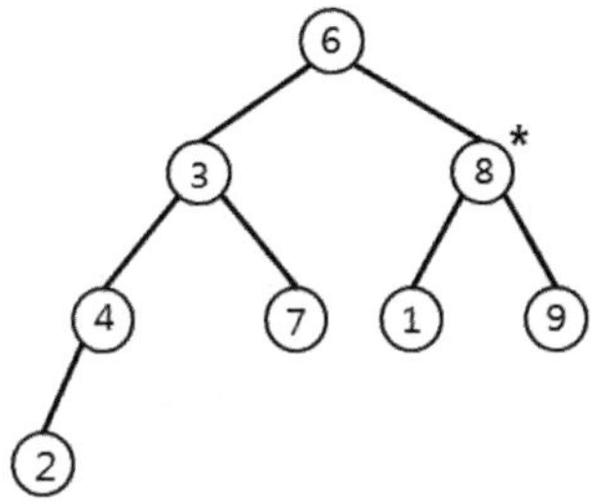

0	1	2	3	4	5	6	7	8
8	6	3	8	4	7	1	9	2

(b) 함수 adjust의 첫 번째 호출 후 상태

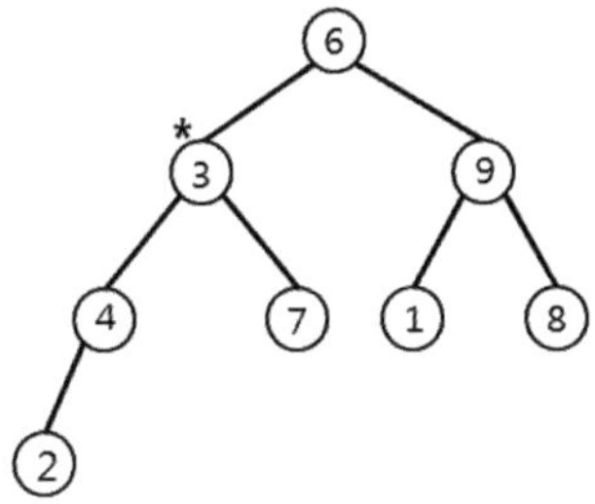

0	1	2	3	4	5	6	7	8
8	6	3	9	4	7	1	8	2

(c) 함수 adjust의 두 번째 호출 후 상태

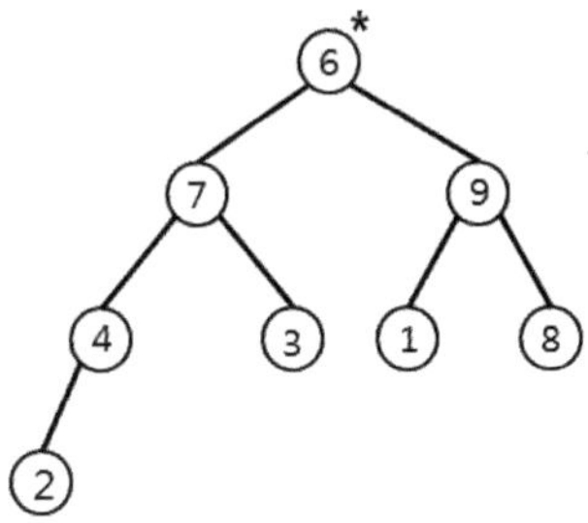

0	1	2	3	4	5	6	8
8	6	7	9	4	3	1	2

(d) 함수 adjust의 세 번째 호출 후 상태

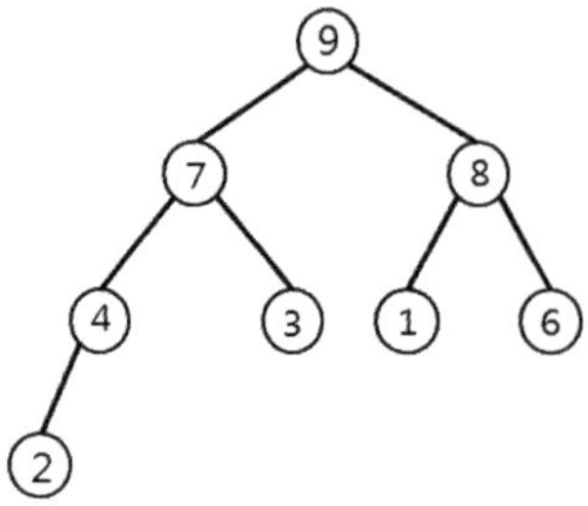

0	1	2	3	4	5	6	7	8
8	9	7	8	4	3	1	6	2

(e) 함수 adjust의 마지막 호출 후 상태

그림 7.7 선형 리스트 (6, 3, 8, 2, 7, 1, 9, 4)에 대한 최대 힙 구성 과정

이렇게 최대 힙이 완성되면 힙 정렬의 두 번째 단계를 시작할 수 있다. 힙 정렬은 우선 최대 힙의 루트, 즉 배열의 첫 번째 값을 선택하여 이를 정렬된 오른쪽 리스트의 마지막으로 이동시키고 나머지를 다시 최대 힙으로 재구성하는 과정을 반복하게 된다. 이때 메모리를 효율적으로 운영하기 위해서 루트값을 최대 힙의 마지막 위치에 있는 값과 교환해주고 그 결과 새로 루트가 된 원소값이 힙 안에서 제 위치를 찾도록 조정시켜준다. 이 부분은 앞에서 언급된 deleteMax 함수와 유사하다. 이 과정을 예로 보여주는 것이 다음의 [예 7.4]이다.

예제 7.4

1	2	3	4	5	6	7	8	
9	7	8	4	3	1	6	2	초기 상태의 최대 힙

1	2	3	4	5	6	7	8	
2	7	8	4	3	1	6	**9**	9↔2 교환

1	2	3	4	5	6	7	8	
8	7	6	4	3	1	2	**9**	힙의 재구성

1	2	3	4	5	6	7	8	
2	7	6	4	3	1	**8**	**9**	8↔2 교환

1	2	3	4	5	6	7	8	
7	4	6	2	3	1	**8**	**9**	힙의 재구성

1	2	3	4	5	6	7	8	
1	4	6	2	3	**7**	**8**	**9**	7↔1 교환

1	2	3	4	5	6	7	8	
6	4	1	2	3	**7**	**8**	**9**	힙의 재구성

1	2	3	4	5	6	7	8	
3	4	1	2	**6**	**7**	**8**	**9**	6↔3 교환

1	2	3	4	5	6	7	8	
4	3	1	2	**6**	**7**	**8**	**9**	힙의 재구성

1	2	3	4	5	6	7	8	
2	3	1	**4**	**6**	**7**	**8**	**9**	4↔2 교환

1	2	3	4	5	6	7	8	
3	2	1	**4**	**6**	**7**	**8**	**9**	힙의 재구성

1	2	3	4	5	6	7	8	
1	2	**3**	**4**	**6**	**7**	**8**	**9**	3↔1 교환

1	2	3	4	5	6	7	8	
2	1	**3**	**4**	**6**	**7**	**8**	**9**	힙의 재구성

1	2	3	4	5	6	7	8	
1	**2**	**3**	**4**	**6**	**7**	**8**	**9**	2↔1 교환

1	2	3	4	5	6	7	8	
1	**2**	**3**	**4**	**6**	**7**	**8**	**9**	최종 결과(정렬)

앞의 과정을 이진 트리를 이용하여 그림으로 보여주는 것이 다음의 〈그림 7.8〉이다.

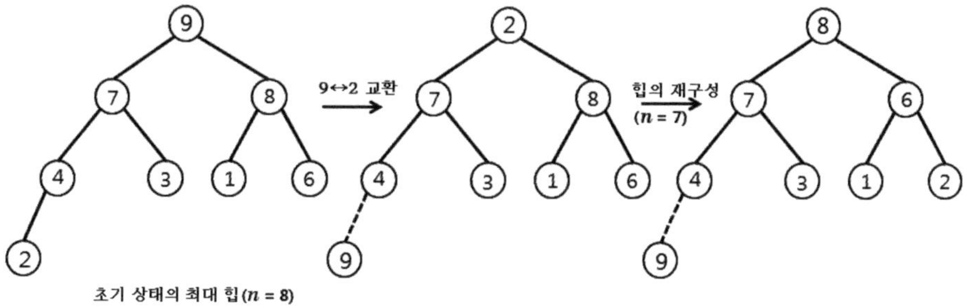

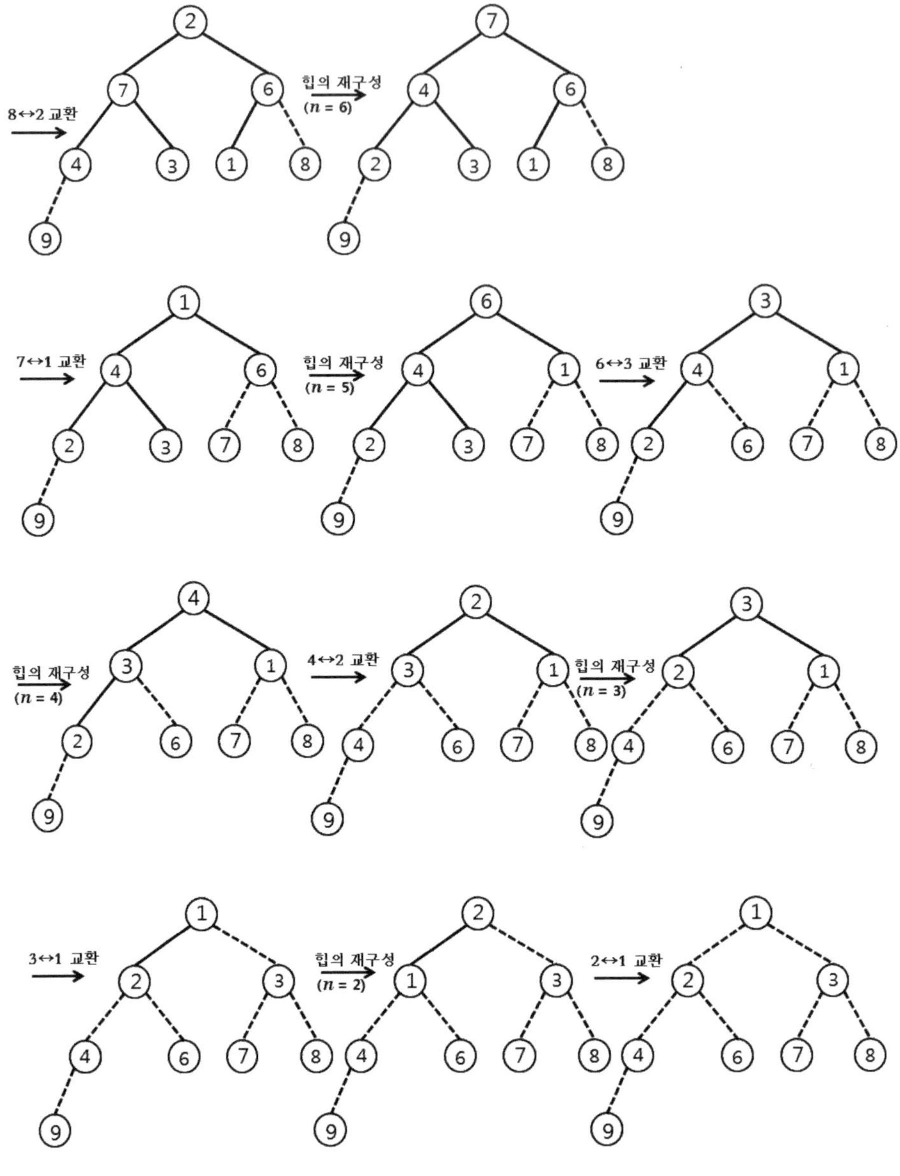

그림 7.8 힙 정렬 과정

다음의 〈알고리즘 7.7〉은 위의 과정을 C 언어로 나타낸 것이다. 주 프로그램 heap_sort에서 첫 번째 for 문은 adjust를 이용하여 초기의 최대 힙을 구축하는 것이고 두 번째 for 문은 위에서 언급한 루트와 마지막 원소의 자리 교환(swap) 및 힙의 재구성을 해주는 과정이다. 여기에서 보면 함수 adjust가 초기 최대 힙 구축과 힙의 재구성에 모두 사용되므로 주의 깊게 보기 바란다. 여기에서는 원소의 개수 n이 heap[0]에 저장되어 있고 원소들은 heap[1]부터 heap[n]까지 저장되어 있다고 가정했다.

알고리즘 7.7 ••• 힙 정렬

- 입력: 크기가 $n+1$인 배열 heap[0]~heap[n]
- 출력: 정렬된 배열 heap[1]~heap[n]

```
/* 힙 정렬 */

void adjust (int *heap) {
 int n=heap[0];
 int root=heap[1];
 int parent=1, child=2;          // 부모와 자식 index 변수

 heap[1] = heap[n--];
 while (child<=n) {
   if (heap[child+1]>heap[child]) child++; // 오른쪽 자식 노드가 더 클 때 오른쪽
                                              자식 노드로 이동
   if (heap[child] <= heap[child/2]) break
   swap(&heap[child], &heap[child/2]);
   parent = child;
   child = child * 2;            // 한 단계 아래로 이동
 }
}

void heap_sort (int *heap) {
 int n=heap[0];
 int i, j;

 for (i=n/2; i>0; i--)
   adjust(heap, i, n)
 for (i=n-1; i>0; i--) {
```

```
        swap(&heap[1], &heap[i+1]);
        adjust(heap, 1, i);
    }
}
```

힙 정렬의 시간 복잡도를 구하기 위해서는 초기 최대 힙의 구축을 위한 과정의 시간 복잡도와 힙을 재구성하면서 힙 정렬을 하는 과정의 시간 복잡도를 구해서 이를 합해주어야 한다. 이진 트리의 높이를 h라 한다면 루트의 레벨을 0이라 할 때 레벨 i에 있는 노드의 최대 개수는 2^i이고 노드의 개수 n은 $2^h \leq n < 2^{h+1}$이다. 따라서 초기 힙의 구축을 위한 시간은 레벨 i에 있는 노드에 대해 함수 adjust를 호출하는 경우 최대 $h-i$번의 원소 이동이 일어나므로 다음과 같이 모든 노드에 대해 이를 합해주면 된다. 즉 힙 구성 시의 비교 횟수는 최대 다음과 같다.

$$\begin{aligned}
\sum_{i=0}^{h-1} 2(h-i)\times 2^i &= 2h\sum_{i=0}^{h-1}2^i - 2\sum_{i=0}^{h-1} i2^i \\
&= 2^{h+2} - 2h - 4 \\
&= 2^{\lfloor \log n \rfloor + 2} - 2\lfloor \log n \rfloor - 4 \\
&\in \Theta(n)
\end{aligned}$$

그리고 두 번째 단계에서는 adjust가 $n-1$번 호출되는데, k개의 노드를 갖는 힙의 높이가 $\lfloor \log k \rfloor$ 이고 힙이 재구성될 때 바뀐 루트가 레벨 하나를 내려올 때마다 두 번의 비교가 이루어지므로 최악의 경우 비교 횟수는 $2\lfloor \log k \rfloor$ 이다. 따라서 두 번째 단계의 시간 복잡도는 $2\sum_{k=1}^{n-1}\lfloor \log k \rfloor$ 이다. 여기에서 $\sum_{k=1}^{n-1}\lfloor \log k \rfloor$ 는 다음 〈그림 7.9〉에서 보듯이 빗금 친 사각형들의 면적의 합이 되므로 다음과 같다.

$$\begin{aligned}
\sum_{k=1}^{n-1}\lfloor \log k \rfloor &= \sum_{j=1}^{\lfloor \log n \rfloor - 1} j\times 2^j + \lfloor \log n \rfloor \times (n - 2^{\lfloor \log n \rfloor}) \\
&= 2(h\times 2^{h-1} - 2^h + 1) + h\times(n-2^h) \\
&= n\lfloor \log n \rfloor - 2^{\lfloor \log n \rfloor + 1} + 2
\end{aligned}$$

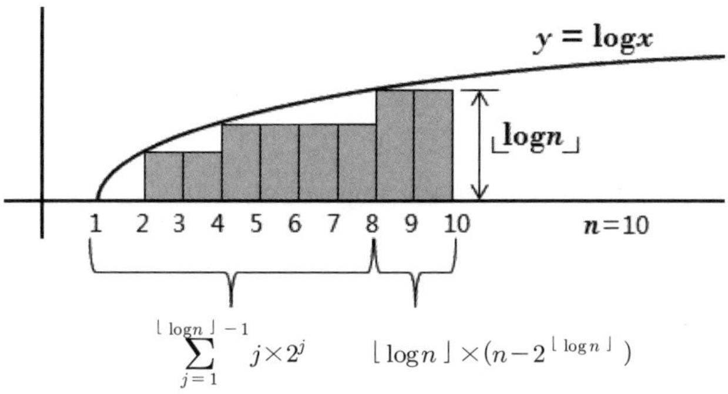

그림 7.9 힙 정렬의 시간 분석을 위한 그림

따라서 전체 시간 복잡도 $T(n)$은

$$\begin{aligned}T(n) &= (2^{\lfloor \log n \rfloor +2} - 2\lfloor \log n \rfloor - 4) + 2(n\lfloor \log n \rfloor - 2^{\lfloor \log n \rfloor +1} + 2)\\ &= 2n\lfloor \log n \rfloor - 2\lfloor \log n \rfloor\\ &= 2(n-1)\lfloor \log n \rfloor \in \Theta(n \log n)\end{aligned}$$

이 된다.

힙 정렬의 장점은 최악의 경우 시간 복잡도가 $\Theta(n\log n)$이라는 것이다. 그것은 힙 구조가 항상 완전 이진 트리의 특성이 유지되므로 트리의 높이가 $\Theta(\log n)$으로 보장되기 때문이다. 또 한 가지 장점은 일차원 배열로 힙을 구현하기 때문에 별도의 추가적인 메모리가 필요 없다는 것이다. 그러나 힙 정렬은 같은 원소값이라도 그것이 어떤 부분 트리에 존재하는가에 따라 먼저 선택될 수 있기 때문에 안정성은 보장되지 못한다.

7.5 결정 트리와 정렬 문제 복잡도의 하한선

지금까지 우리는 몇 가지 중요한 정렬 방법에 대하여 고찰해봤다. 그들의 시간 복잡도는 $\Theta(n^2)$에서부터 $\Theta(n\log n)$까지 다양했으며 같은 정렬 방식이라 할지라도 입력 자료의 상태에 따라 시간 복잡도가 달라지는 것을 보았다. 여기서 한 가지 생각해볼 사항은 과연 우리가 설계할 수 있는 가장 좋은 정렬 알고리즘의 시간 복잡도가 얼마인가 하는 것이다. 만일 힙 정렬이나 병합 정렬에서 보았던 최악의 경우 $\Theta(n\log n)$-시간보다 더 좋은 시간 복잡도를 갖는 정렬 알고리즘이 이론적으로 가능하다면 그러한 알고리즘을 찾아내야 되기 때문이다. 그러나 원소의 비교에 근거한 정렬에서는 $\Theta(n\log n)$-시간 알고리즘보다 더 좋은 알고리즘은 존재하지 않는 것으로 판명되었다. 이를 증명하기 위해서는 결정 트리의 개념이 필요하다. 모델을 간단히 하기 위해서 모든 원소들은 서로 다르다고 가정한다.

결정 트리란 이진 트리로서, 트리의 각 노드 자체는 비교 조건을 나타내며 노드로부터 나올 수 있는 2개의 에지는 그 노드의 비교 조건에 대한 결정 결과(Yes 혹은 No)를 나타낸다. 원소의 비교에 의한 정렬 알고리즘은 어떠한 알고리즘이든지 이러한 결정 트리로 나타낼 수 있다. 예를 들면 서로 다른 3개의 원소 a, b, c를 정렬하기 위한 임의의 알고리즘인 〈알고리즘 7.8〉과 그에 해당되는 결정 트리는 〈그림 7.10〉과 같다.

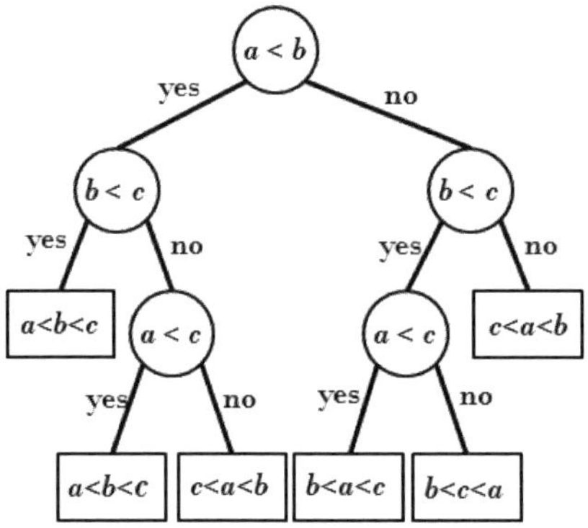

그림 7.10 세 수 a, b, c를 정렬하기 위한 결정 트리의 예

알고리즘 7.8 ••• 세 원소의 정렬

- 입력: 서로 다른 3개의 원소 a, b, c
- 출력: 정렬된 결과

```
/* 세 원소의 정렬 */

void sort3 (int a, int b, int c) {
 if (a<b)
```

```
    if (b<c)
            cout << a, b, c
    else if (a<c)
                cout << a, c, b
        else
                cout << c, a, b
        else if (b<c)
            if (a<c)
                cout << b, a, c
            else
                cout << b, c, a
        else
            cout << c, b, a
}
```

위에서 보는 것처럼 결정 트리의 단말 노드는 정렬이 가능한 순열에 해당한다. n개의 수로 만들 수 있는 순열의 가지 수는 $n!$이므로 n개의 서로 다른 원소를 정렬하기 위한 결정 트리의 단말 노드의 개수는 $n!$이다.

> **[정리 7.1]** n개의 서로 다른 원소를 정렬하는 알고리즘에 대한 결정 트리의 높이는 적어도 $\lceil \log_2 n! \rceil$ 이다.

(증명) 여기서 결정 트리는 이진 트리이므로 높이가 k인 결정 트리의 단말 노드 개수는 최대 2^k이다. 따라서

$$n! \leq 2^k$$

의 관계를 만족한다. 이의 양변에 밑이 2인 log를 취하면

$$k \geq \log_2 n!$$

이다. k는 정수이므로

$$k \geq \lceil \log_2 n! \rceil$$

이 된다. ■

[정리 7.2] 비교에 의한 정렬 알고리즘에서 서로 다른 n개의 원소를 정렬하기 위한 최악의 경우 시간 복잡도는 적어도 $\Omega(n\log n)$이다.

(증명) 알고리즘의 시간 복잡도, 즉 원소의 비교 횟수는 그 알고리즘에 대한 결정 트리의 높이에 해당된다. 따라서, $n!$개의 단말 노드를 갖는 결정 트리는 적어도 $\lceil \log_2 n! \rceil$ 이상이 된다.

$$\begin{aligned}\lceil \log n! \rceil &= \lceil \log n \times (n-1) \times \ldots \times (n/2) \times \ldots \times 2 \times 1 \rceil \\ &\geq \lceil \log_2 (n/2) \times (n/2) \times \ldots \times (n/2) \rceil \quad (n/2\text{이 } n/2\text{개임}) \\ &= \lceil \log_2 (n/2)^{n/2} \rceil \\ &= \lceil (n/2)\log_2 (n/2) \rceil\end{aligned}$$

이므로 정렬 알고리즘의 최악의 경우 시간 복잡도의 하한선은 $\Omega(n\log n)$이다. ■

7.6 기수 정렬

앞에서 우리는 원소의 비교에 의한 몇 가지 내부 정렬 알고리즘을 살펴봤다. 그리고 그러한 정렬 방법이 최악의 경우 시간 복잡도가 $\Theta(n\log n)$보다 더 좋아질 수 없음을 증명했다. 이외에도 여러 가지 형태의 정렬 방법이 있을 수 있는데, 본 절에서는 이들과 성질이 조금 다른 모델의 정렬 방법을 살펴보고자 한다.

지금까지 살펴본 정렬 방식에서는 하나의 레코드에 대하여 키가 하나만 존재한다는 가정하에 정렬을 수행했다. 그런데 경우에 따라서는 하나의 레코드에 대해서 키가 여러 개 존재하는 경우도 있을 수 있다. 예를 들면 트럼프 카드를 무늬와 숫자로 정렬한다고 가정하자. 이때 무늬와 숫자는 다음과 같은 순서가 존재한다고 가정한다.

무늬: 클로버(♣) < 다이아몬드(◆) < 하트(♥) < 스페이드(♠)
숫자: 2 < 3 < ⋯ < 10 < J < Q < K < A

이 경우 정렬은 "클로버 2 < 클로버 3 < ⋯ < 다이아몬드 2 < ⋯ < 스페이드 K < 스페이드 A"의 순서로 이루어진다. 즉 2개의 키 k_1, k_1이 있을 때 복합된 키의 순서는 다음 법칙을 따른다.

$$[k_1, k_2] < [k_1', k_2'] \text{ if and only if } (k_1 < k_1')\, OR\, ((k_1 = k_1')\, AND\, (k_2 < k_2'))$$

위의 법칙은 임의의 m개의 키에 대해서도 다음과 같이 일반화되어 적용될 수 있다.

$[k_1, k_2, \cdots, k_m] < [k_1', k_2', \cdots, k_m]$ if and only if

(1) $k_1 < k_1'$ 혹은

(2) $(k_1 = k_1')$ AND $(k_2 < k_2')$ 혹은

…

(m) $(k_1 = k_1')$ AND $(k_2 = k_2')$ AND ⋯ AND $(k_{m-1} = k_{m-1}')$ AND $(k_m = k_m')$

이와 같은 순서를 사전식 순서(lexicographic order)라 부르고 k_1을 최대 중요 키 혹은 MSD(most significant digit), k_m을 최소 중요 키 혹은 LSD(least significant digit)라고 부른다. 이때 각 키 k_i가 가질 수 있는 값들의 개수를 기수(radix)라고 부른다. 예를 들어, 키가 10진수라면 기수는 10이고, 2진수라면 기수는 2이다.

기수 정렬은 이러한 복합된 키를 가진 레코드들을 정렬하기에 적합한 정렬 방법이다. 우선 손으로 카드를 정렬하는 방법을 생각해보는 것이 이 방법을 이해하는 데 도움이 된다. 기수 정렬은 MSD-우선 또는 LSD-우선으로 진행될 수 있는데, MSD-우선 방식은 카드를 무늬별로 일단 모은 후 각 무늬 내에서 숫자를 정렬하여 모으는 방법이고, LSD-우선 방식은 무늬와 상관없이 숫자별로 모은 뒤 이들을 정렬하고 그 결과를 다시 무늬별로 정렬하는 방법이다. 여기에서는 LSD-우선 방식 위주로 설명하고자 한다.

기수 정렬에서는 중간 과정에서 레코드들을 키값별로 모아놓는 상자가 필요하다. 이를 보통 버킷(bucket)이라고 부른다. 그러므로 기수가 r인 키를 사용하는 경우 r개의 버킷이 필요하게 된다. 복합된 키의 개수에 따라 기수 정렬의 패스가 이루어진다. 각 패스에서는 레코드를 키의 값에 따라 버킷에 모아넣은 후 이들을 통합하고 다음 패스에서는 그 패스에 해당하는 키의 값에 따라 다시 레코드들을 버킷에 분류하는 과정을 반복하게 된다. 이렇게 해서 마지막 패스가 끝나고 이를 통합하면 정렬된 리스트를 얻을 수 있다.

예제 7.5

정렬하려는 리스트가 (34, 18, 55, 08, 35, 07, 86, 27, 91, 40)이고 각각의 숫자를 십의 자리수와 일의 자리수로 이루어진 2개의 키에 대한 복합으로 가정한다. 이 예에서는 LSD 방법으로 처리하며 기수는 10이다.

첫 번째 패스		두 번째 패스	
상자 번호	내용	상자 번호	내용
0	40	0	07, 08
1	91	1	18
2		2	27
3		3	34, 35
4	34	4	40
5	55, 35	5	55
6	86	6	
7	07, 27	7	
8	18, 08	8	86
9		9	91
	(a)		(b)

위의 (a)는 일의 자리수로 분류한 결과이다. 이를 통합하면, (40, 91, 34, 55, 35, 86, 07, 27, 18, 08)이 되고 이를 다시 십의 자리수로 분류한 것이 (b)이다. 이를 다시 통합하면 다음과 같이 정렬된 리스트를 구할 수 있다.

(07, 08, 18, 27, 34, 35, 40, 55, 86, 91) ■

이와 같이 분류하고 통합하는 작업을 편리하게 하기 위해서는 연결 리스트 구조를 사용하는 것이 좋다. 각 버킷을 연결 리스트로 만드는데, front[i]는 i번째 버킷의 연결 리스트의 첫 번째 노드를 가리키는 포인터이다. 연결 리스트를 통합할 때 통합을 편리하게 하기 위해 각 리스트의 마지막 노드를 가리키는 포인터로서 rear[i]를 사용한다. 연결 리스트의 구조는 다음과 같이 정의된다.

```
#define MAX_DIGIT 3
#define RADIX_SIZE 10
typedef struct list_node *list_pointer;
typedef struct list_node {
   int key[MAX_DIGIT];
   list_pointer link;

};
```

다음 C 프로그램은 기수 정렬을 연결 리스트로 구현한 알고리즘이다.

알고리즘 7.9 ••• **기수 정렬**

- 입력: 정렬하고자 하는 키값들이 포함된 단순 연결 리스트 ptr
- 출력: 정렬된 단순 연결 리스트 ptr

```
/* 기수 정렬 */

list_pointer radix_sort (list_pointer ptr) {
 list_pointer front[RADIX_SIZE], rear[RADIX_SIZE];
 int i, j, digit;

 for (i=MAX_DIGIT-1; i>=0; i--) {
    for (j=0; j<RADIX_SIZE; j++)
       front[j]=rear[j]=NULL;
    while (ptr) {
       digit=ptr->key[i];
       if (!front[digit])
          front[digit]=ptr;
       else
          rear[digit]->link=ptr;
       rear[digit]=ptr;
```

```
        ptr=ptr->link;
    }
    ptr=NULL;
    for (j=RADIX_SIZE-1; j>=0; j--)
        if (front[j]) {
            rear[j]->link=ptr;
            ptr=front[j];
        }
    }
  return ptr;
}
```

기수가 r인 d개의 복합키로 이루어진 원소들을 정렬한다고 가정하자. 이 리스트의 원소의 개수가 n이라면 각 패스의 시간 복잡도는 r개의 연결 리스트(각 버킷)의 초기화에 필요한 시간 $\Theta(r)$과 n개의 키를 분리하는 데 필요한 $\Theta(n)$-시간을 합한 $\Theta(r+n)$-시간이다. 그리고 d개의 패스가 필요하므로 총 시간 복잡도는 $\Theta(d(r+n))$이 된다. 대개의 경우 기수의 크기 r은 키의 개수 d에 큰 영향을 미친다. 예를 들면 r이 2인 경우, 즉 이진수인 경우 n개의 자료를 구분하기 위해서는 최소한 $\log_2 n$개짜리 복합키가 필요하게 된다.

연습 문제

1. 선형 리스트 $L = \{12, 2, 16, 30, 8, 28, 4, 10, 20, 6, 18\}$에 대해 다음의 각 알고리즘을 사용하여 오름차순으로 정렬하고자 한다. 각각에 대해 정렬 과정을 단계별로 기술하라.
   (1) 선택 정렬
   (2) 삽입 정렬
   (3) 버블 정렬
   (4) 힙 정렬
   (5) 기수 정렬 (기수 = 10)

2. n개의 원소로 이루어진 큐 Q[0..n−1]를 스택 S를 사용하여 정렬하기 위한 알고리즘을 설명하고 C 언어 함수로 작성해보라. 각 단계마다 S 혹은 Q로부터 원소를 삭제하여 다시 S 혹은 Q로 삽입하는 과정을 거쳐야 한다. 단, 스택의 PUSH, POP 연산과 큐의 INSERT, DELETE 연산은 별도의 설명 없이도 사용할 수 있으나 S나 Q 이외의 변수의 수를 최소화해야 한다.

3. 앞에서 설명한 선택 정렬은 초기에 비어 있던 리스트를 왼쪽부터 오른쪽으로 키워나가면서 결국 정렬된 최종 리스트를 얻도록 작성되었다. 반대로 리스트를 오른쪽에서 왼쪽으로 키워나가도록 하려면 알고리즘을 어떻게 수정해야 하는가?

4. 배열이 아니고 연결 리스트를 이용하여 삽입 정렬을 하는 알고리즘을 작성하라.

5. n개의 원소를 가진 배열이 있다. 각 원소는 0과 1, 이 2개의 값 중 하나의 값을 갖는다고 할 때 모든 0들이 1보다는 앞에 위치하도록 정리하는 알고리즘을 작성하라. 상수 개의 임시 공간을 사용할 수는 있으나 $\Theta(n)$-시간의 복잡도를 가져야 한다.

6. 2장에서 공부한 퀵 정렬은 안정성을 만족하지 못하는 방법이다. 어떤 경우에 입력된 순서와 정렬 결과의 순서가 달라지는지 예를 들어 설명하라.

7. 비교에 의한 정렬 알고리즘을 사용하면 4개의 원소를 정렬하는 데 반드시 다섯 번의 비교가 일어난다는 것을 증명하고, 실제로 4개의 원소를 정렬하기 위해 최악의 경우 다섯 번 이내로 비교를 하는 방법을 결정 트리 형태로 제시하라.

8. 4개의 정수 x_1, x_2, x_3, x_4를 정렬하고자 한다. 삽입 정렬, 버블 정렬 및 선택 정렬을 사용한다고 할 때 각각의 결정 트리는 어떻게 되는지 그림으로 나타내라.

9. 배열(인덱스 1부터 시작)에 다음 자료가 저장되어 있다. 이를 힙 정렬에 의해 오름차순으로 정렬할 때, (i) 초기에 힙을 구성하는 과정과, (ii) (i)의 힙에 의해 정렬이 되는 과정을 각각 단계별로 그림(힙 구조)으로 표시하라.

5, 16, 20, 2, 26, 33, 12, 18, 45

10. 기수 정렬은 MSD-우선 혹은 LSD-우선으로 진행될 수 있다. 어떠한 경우가 되면 MSD-우선이 더 효과적인지를 설명하라.

11. 삽입 정렬의 평균 비교 횟수가 $n(n-1)/4$임을 증명해보라.

12. n개의 양의 정수 x_1, x_2, $\cdots$, x_n 중에서 다수 원소(majority element)란 빈도수가 $n/2$보다 많이($> n/2$) 나오는 원소를 말한다. 예를 들어, (5, 2, 5, 5, 3)에서 5는 다수 원소이지만, (5, 6, 5, 6, 4, 5)에서는 다수 원소가 없다.

(1) 다수 원소를 찾기 위해서 전처리 과정으로 정렬을 이용한다면 어떻게 하면 되는지 아이디어를 간단히 설명하라.

(2) 다수 원소를 찾기 위해서 중앙값(median)을 구하는 알고리즘을 이용한다면 어떻게 하면 되는지 아이디어를 간단히 설명하라.

13. 두 배열 s[n]과 t[n]에 각각 n개의 원소가 오름차순으로 정렬되어 있다. 이 $2n$개의 원소에서 n번째 작은 원소, 즉 중앙값(median)을 최악의 경우 $\Theta(\log n)$-시간에 찾은 알고리즘을 제시하고, 왜 이 알고리즘의 시간 복잡도가 $\Theta(\log n)$-시간인지 설명하라.

14. $h_3 = 4$, $h_2 = 2$, $h_1 = 1$일 때 배열에 있는 다음 데이터를 셸 정렬에 의해 오름차순으로 정렬하고자 한다. 각 h_i 값을 적용하고 난 후의 결과를 단계별로 표시하라. 단 각 부분 리

스트를 정렬할 때는 삽입 정렬을 이용한다.

7 19 24 13 31 8 82 18

15. 최대 힙에서 최소값을 찾는 알고리즘을 설계하고 그 시간 복잡도를 분석하라.

16. 최대 힙의 병합에 대해서 다음 물음에 답하라.

(1) 원소의 개수가 $2^k - 1$개의 두 최대 힙을 하나의 최대 힙으로 병합하는 효율적인 알고리즘을 설계하고 그 시간 복잡도를 분석하라.

★(2) 원소의 개수가 각각 $2^s - 1$개, $2^t - 1$개인 2개의 최대 힙을 하나의 최대 힙으로 병합하는 효율적인 알고리즘을 설계하고 그 시간 복잡도를 분석하라. 단, $s \neq t$이다.

★★(3) 원소의 개수가 각각 n개, m개인 두 최대 힙을 하나의 최대 힙으로 병합하는 효율적인 알고리즘을 설계하고 그 시간 복잡도를 분석하라. 단, $m \leq n$이다.

17. $\log(n!) \in \Theta(n \log n)$ 임을 증명하라(힌트: 상한선 증명을 위해서는 n^n, 하한선 증명을 위해서는 $(n/2)^{n/2}$과 $n!$을 비교해야 한다).

프로그래밍 과제

1. [단순 부분합] 서로 다른 $n(1 \le n \le 50)$개의 정수로 구성된 수열 $A = (a_1, a_2, \cdots, a_n)$이 있다. 이 정수 수열을 오름차순으로 정렬한 수열을 A'이라고 할 때, A'은 다음과 같은 성질을 항상 만족한다고 가정한다. 즉 $A' = (a'_1, a'_2, \cdots, a'_n)$이라고 하면

    $a'_1 < a'_2 < \cdots < a'_n$,

    $2 \le k \le n$인 모든 k에 대해서 $a'_k > \sum_{j=1}^{k-1} a'_j$

    을 항상 만족한다. 문제는 이러한 성질을 만족하는 수열 A와 어떤 양의 정수 s가 주어졌을 때, 수열 A의 어떤 원소들을 더하면 그 합이 s가 되는지를 찾는 문제이다.
    예를 들면 $A = (17, 4, 1, 38, 73, 11)$이고 $s = 95$일 때, $A' = (1, 4, 11, 17, 38, 73)$이므로 A'은 위의 성질을 만족한다. 이 경우 $95 = 17 + 4 + 1 + 73$이다. 만약 합이 s가 되는 원소들이 A에 없는 경우는 no를 출력한다.

    • 입력: 입력의 첫 줄은 수열을 이루는 정수의 개수 n과 양의 정수 s로 이루어지며, 그 다음 줄부터는 n개의 정수가 빈칸에 의해 분리되어 차례로 저장되어 있다.
    • 출력: 합이 s가 되는 정수들이 있는 경우는 해당 원소들을 A의 순서대로 화면상에 출력하거나, 합이 s가 되는 정수들이 없는 경우는 no를 출력한다.

    • 입력과 출력의 예
      - 입력

        6 95
        17 4 1 38 73 11

      - 출력

        17 4 1 73

2. [힙 정렬] n개$(1 \le n \le 100,000)$의 정수형 자료를 입력 파일로부터 읽어서 배열 heap[1] ~ heap[n]에 저장한 다음, 이를 힙 구조(Heap)로 변환하여 내림차순(descending order)으로 정렬하는 힙 정렬 프로그램을 작성하고, 테스트 데이터에 대해 정렬 결과 및 수행

시간을 출력하라.

단, 배열 heap[0]에는 n값을 저장하고, 내림차순으로 정렬해야 하므로 최소 힙(MinHeap) 구조를 사용해야 한다. 그리고, 실행 결과는 정렬 후 앞부분 30개와 뒷부분 30개 정도만 출력한다. 또한, 각 테스트 데이터에 대한 실제 수행 시간을 측정해서 출력해본다.

- 입력의 예 (n=10인 경우)

```
10                                  /* n (자료의 수)
3 9 2 99 23 3456 25 10 89 3333      /* 정수형 자료 n개
```

3. [이진 삽입 정렬] 7.2절에서 언급한 대로 삽입 정렬의 효율성을 높이기 위해 삽입시킬 부분의 리스트가 이미 정렬되어 있다는 점에 착안하여 삽입 위치를 이진 탐색(binary search)을 이용하여 찾는 방법을 이진 삽입 정렬이라고 한다. n개($1 \le n \le 100,000$)의 실수형 자료를 입력 파일로부터 읽어서 배열 a[1] ~ a[n]에 저장한 다음, 이를 이진 삽입 정렬에 의해 정렬하는 프로그램을 작성하라.

프로그래밍에 관한 격언 7

서서 디버깅하지 말자.

에러가 생겼다. 일단 하드 카피를 뽑아본다. 그리고 한 손에는 커피 잔을 들고서 홀짝거리며 다른 한 손에는 하드 카피를 들고 복도를 어슬렁거리며 생각해본다. "음, 여기가 틀렸군!" 하드 카피를 쓰레기통에 버리고 디버거로 또 그 부분을 땜질한다. 에러가 또 발생했다. 위 작업을 반복한다. 프로그램은 점점 너덜너덜해진다. 피곤해서 잠시 눈을 붙이고 오면 테이블 위에는 온통 남이 짠 듯한 프로그램으로 득실거린다. 그럴 때는 머리로 디버깅하고 컴파일러로 확인한다. 세상 그 어떤 디버깅 툴보다 좋은 것이 사람의 머리이다. 빠른 프로그래머는 코딩하는 속도보다 디버깅하는 횟수를 최소화한다. 마지막 작은 버그까지 디버깅해서 없애는 기간이 총 기간의 90퍼센트를 차지한다. 본인이 작성한 코드는 함수의 머리부터 발끝까지 하나하나 체크해서 잘 돌아가게 만들었는지 중복 체크해야 한다.

8장

탐색 알고리즘

컴퓨터 과학에서 집합에 관련된 문제는 일반적으로 합집합이나 교집합 등을 구하는 연산보다는 찾고자 하는 원소가 집합에 존재하는가를 판단하는 탐색(search) 연산이나 새로운 원소를 집합에 삽입(insert)하는 연산, 기존의 원소를 제거(delete)하는 연산 등을 수행하는 경우가 많다. 이 장에서는 이와 관련된 여러 알고리즘들을 다룬다.

8.1 순차 탐색과 자가조정 리스트

탐색이란 원소들의 집합 $S = \{s_1,\ s_2,\ \cdots,\ s_n\}$와 키값 x가 주어져 있을 때 x가 S에 존재하는지 Yes 혹은 No로 판별하거나, 만약 x가 S에 존재하는 경우 x의 위치를 알아내는 문제이다. 이때 x의 위치는 집합 S가 배열 s로 표현되어 있다면 $x = s[i]$인 인덱스 i이고, S가 연결 리스트로 표현되어 있으면 데이터 필드의 값이 x인 노드의 주소이다. 만약 그러한 x가 없는 경우는 인덱스 0(또는 -1)을 반환하거나 주소값으로 NULL을 반환한다.

이러한 탐색 문제를 해결하는 간단한 알고리즘으로는 순차 탐색이 있다. 순차 탐색의 개념은 아주 간단하다. 즉 집합의 원소를 선형 리스트에 저장하고 리스트의 첫 번째 원소부터 시작하여 우리가 찾고자 하는 키값을 하나씩 차례로 비교한다. 만약 키값과 일치되는 원소가 발견되거나(성공 탐색, successful search), 모든 원소를 탐색했지만 일치하는 원소를 발견하지 못한 경우(실패 탐색, unsuccessful search) 수행이 끝난다. 〈알고리즘 8.1〉과 같이 선형 리스트를 배열로 표현했다면 순차 탐색은 키값 x를 선형 리스트의 첫 번째 원소값부터 차례로 비교하여 $x = s[i]$인 인덱스 i를 찾고 만약 그러한 i가 없다면 0을 반환한다. 단, 원소의 개수 n은 $s[0]$에 저장되어 있고 집합의 원소 s_i는 배열 $s[i]$에 저장되어 있다고 가정한다.

알고리즘 8.1 ••• **순차 탐색(배열)**

- 입력: 크기가 $n+1$인 정수 배열 $s[]$, 키값 x
- 출력: $x = s[i]$인 인덱스 i 혹은 0

```
/* 순차 탐색(배열) */
```

```
int seq_search1 (int s[], int x) {
/* x가 배열 s에 있으면 x= s[i]인 인덱스 i, 없으면 0을 반환 */

   int n=s[0];
   int index=1;

   while (index<=n && s[index]!=x)
      index++;
   if (index>n) index = 0;
   return index;
}
```

i	0	1	2	$\cdots$	i	$\cdots$	n
s	n				x		

그러나 선형 리스트를 연결 리스트로 표현했다면, 〈알고리즘 8.2〉와 같이 순차 탐색은 키값 x를 선형 리스트의 첫 번째 노드의 원소값부터 차례로 비교하여 $x = ptr{\rightarrow}data$인 노드 ptr을 찾고 만약 그러한 ptr이 없다면 NULL을 반환한다.

알고리즘 8.2 ••• 순차 탐색(연결 리스트)

- 입력: 연결 리스트 s
- 출력: $x = ptr{\rightarrow}data$인 포인터 ptr 혹은 NULL

```
/* 순차 탐색(연결 리스트) */

nodePointer seq_search2 (nodePointer s, int x) {
/* x가 연결 리스트 s에 있으면 x= ptr→data인 포인터 ptr, 없으면 NULL을 반환 */

  nodePointer ptr = s;
```

```
    while (ptr!=NULL && ptr->data!=x)
        ptr = ptr->link;
    if (ptr->data==x)
        return ptr
    else return NULL;
}
```

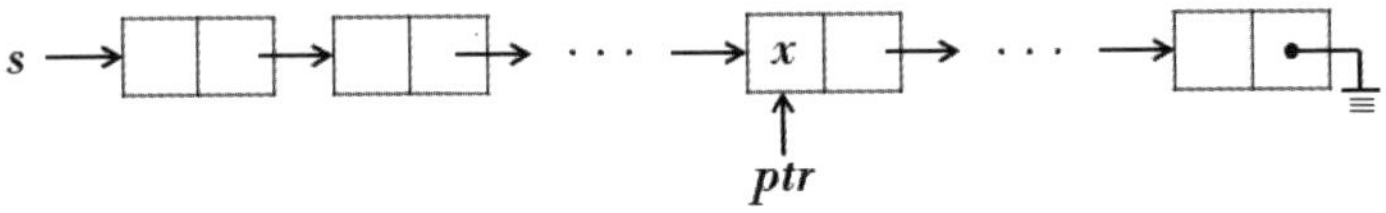

위 알고리즘의 실제 수행 시간은 while 문 내의 문장이 몇 번 수행되는가에 달려 있으므로 알고리즘의 시간 분석에서 세어야 하는 기본 연산은 while 문의 조건 중에서 키값 x와 리스트 s의 원소를 비교하는 연산이다. 가장 많이 비교하는 경우는 x가 s의 마지막 원소와 같거나 x가 s에 없을 때이므로 최악의 경우 시간 복잡도 함수 $T_W(n) = n$이다. 즉 이 두 경우 x를 s에 있는 n개의 모든 원소와 비교해야 한다.

이제 평균적인 경우 비교 횟수에 대한 분석을 해보자. 실패 탐색의 경우는 항상 n번의 비교가 이루어지므로 가장 적게 비교하는 경우나 최악의 경우 또는 평균적인 경우 모두 n번의 비교가 이루어진다. 그러나 원소 s_i에 대해 성공 탐색이 이루어진 경우는 i번의 비교가 이루어지므로 키값 x가 s_i와 같아질 확률, 즉 $p_i = \Pr(x = s_i)$에 따라 평균 비교 횟수가 달라진다. 즉 성공 탐색의 경우 평균 비교 횟수는

$$1 \times p_1 + 2 \times p_2 + \cdots + n \times p_n = \sum_{i=1}^{n} i \times p_i$$

이다. 만약 모든 i에 대해 $p_i = 1/n$이라고 가정하면 평균 비교 횟수는

$$\sum_{i=1}^{n} i \times p_i = \frac{1}{n} \sum_{i=1}^{n} i = \frac{n+1}{2}$$

이 된다. 이는 원소 개수의 대략 반 정도를 비교한다는 의미가 된다. 그러나 만약 p_i값이 서로 다르다면 평균 비교 횟수를 최소화하기 위해서는 $p_1 \geq p_2 \geq \cdots \geq p_n$의 순서로 원소

s_i를 나열하면 된다. 그러나 실제로는 그러한 확률을 미리 알기가 어렵고, 확률이 어느 정도 알려져 있다고 하더라도 시간에 따라 이러한 확률은 변할 수 있으므로 예측하기가 매우 어렵다.

이러한 상황을 극복할 수 있는 직관적인 방안을 생각해보면, 자주 탐색되는 원소들을 리스트의 앞쪽으로 보내고 자주 탐색되지 않는 원소들을 뒤로 보내면 전체적으로 평균 비교 횟수는 줄어들게 될 것이다. 이러한 방법으로 리스트에 속한 원소의 위치를 상황에 따라 변화시킬 수 있는데, 이러한 리스트를 자가조정(self-adjusting 혹은 self-organizing) 리스트라고 한다. 즉 어떤 원소 s_i가 성공 탐색이 되었다면 그 원소를 현 위치보다 앞쪽으로 이동시키는 것이다. 리스트가 배열로 구현된 경우는 s_i와 s_{i-1}을 서로 바꾸어주거나(move-ahead-one), s_i와 s_1 즉, s_i를 리스트의 첫 번째 원소와 바꾸는 방법(interchange-to-front)이 있다. 리스트가 연결 리스트로 구현이 된 경우에는 앞의 두 가지 방법 이외에 단지 s_i를 연결 리스트의 처음 원소로 만들어주는 방법(move-to-front)도 있다. 리스트가 배열인 경우의 move-to-front 방법은 원소의 이동 횟수가 많아지므로 거의 쓰이지 않는다. 이러한 방법은 원소의 탐색이나 접근이 국지성(locality)을 가지고 있는 상황에서 아주 좋은 효율성을 발휘한다.

만약 리스트 s가 정렬되어 있다면 실패 탐색의 경우 어느 정도 속도를 향상시킬 수 있다. 즉 처음 원소로부터 순차적으로 탐색을 해나갈 때 키값보다 큰 원소가 발견되면 그 이후에는 키값과 같은 원소가 없으므로 바로 인덱스값 0이나 포인터값 NULL을 반환시킨다. 〈알고리즘 8.3〉과 〈알고리즘 8.4〉는 이를 각각 정렬된 배열과 연결 리스트로 구현한 것이다. 이 경우는 평균적인 탐색 시간이 〈알고리즘 8.1〉이나 〈알고리즘 8.2〉보다는 줄어들지만 최악의 경우 탐색 시간은 역시 $\Theta(n)$이다.

알고리즘 8.3 ··· **순차 탐색(정렬된 배열)**

- 입력: 크기가 $n+1$인 정수 배열 $s[\,]$, 키값 x (단, $s[1] < s[2] < \ldots < s[n]$)
  ($s[0]$에 원소의 개수인 n을 저장함)
- 출력: $x = s[i]$인 인덱스 i 혹은 0

```
/* 순차 탐색(정렬된 배열) */
```

```
int seq_search3 (int s[], int x) {
/* x가 배열 s에 있으면 x= s[i]인 인덱스 i, 없으면 0 반환 */

  int index=1;

  while (index<=n && s[index]<x)
      index++;
  if (s[index]==x)
      return index;
  else return 0;
}
```

알고리즘 8.4 ••• 순차 탐색(정렬된 연결 리스트)

- 입력: 연결 리스트 s
- 출력: $x = ptr \rightarrow data$인 포인터 ptr 혹은 NULL

```
/* 순차 탐색(정렬된 연결 리스트) */

nodePointer seq_search4 (nodePointer s, int x) {
/* x가 연결 리스트 s에 있으면 x= ptr→data인 포인터 ptr, 없으면 NULL 반환 */

  nodePointer p = s;

  if (p==NULL)
     return NULL;
  while (p->data<x && p->link!=NULL)
     p = p->link;
  if (p->data==x)
     return p;
  else return NULL;
}
```

8.2 이진 탐색과 변형 알고리즘

정렬된 리스트에서 최악의 경우 탐색 수행 시간이 $\Theta(n)$보다 적은 알고리즘을 설계해보자. 우선 탐색 키값 x를 리스트에서 매 k번째 원소마다 비교한다고 가정한다(단, k는 상수). 만약 x값과 같은 원소 s_i를 찾았다면 인덱스 i를 반환하고 수행은 끝난다. 만약 x값이 현재 비교하는 s_i보다 크다면 s_i보다 작은 원소인 $s_{i-(k-1)}$, $s_{i-(k-2)}$, $\cdots$, s_{i-2}, s_{i-1} 중에는 x값과 일치하는 원소가 없으므로 인덱스값을 다시 k만큼 증가시켜 다음 원소를 탐색한다. 만약 x가 s_i보다 작다면, x는 마지막으로 비교된 2개의 원소들 사이에 존재할 가능성이 있으므로 그 사이에 있는 $(k-1)$개의 원소에 대해 순차 탐색을 시행한다. 이 방법을 이용하면 x값을 찾기 위해서 최대 $n/k+(k-1)$번의 비교를 하게 된다. 그러나 k는 상수이므로 이 알고리즘의 시간 복잡도 함수 또한 여전히 n에 대한 일차 함수이다.

이진 탐색 알고리즘은 키값 x를 중앙에 있는 원소와 한 번 비교하여 남아 있는 원소의 반을 제거한다. 효율적인 이진 탐색을 위해서 선형 리스트의 구현은 배열을 이용한다. 연결 리스트를 이용하게 되면 임의의 두 노드에 대한 중앙 노드의 위치를 구하기가 쉽지 않기 때문이다. 이것은 선형 리스트에 대한 탐색 연산의 효율성과 삽입 또는 제거 연산의 용이함 사이에 서로 상충관계가 있다는 것을 의미한다. 즉 순서화 리스트에서 빠른 탐색 시간을 위해서는 배열을 이용하지만 삽입 및 제거 연산에 대해서는 시간이 오래 걸린다. 반면 연결 리스트를 이용하게 되면 삽입 및 제거 연산은 쉽지만 임의의 노드에 대한 접근이 쉽지 않기 때문에 탐색 시간이 오래 걸린다. 이진 탐색 알고리즘은 2장에서 자세히 설명했으므로 여기서는 더 이상 설명을 하지 않는다.

이제 키값 x와 배열에 저장된 원소를 비교하여 탐색 과정을 수행할 때 이진 탐색을 변형시킨 다른 두 가지 탐색 방법에 대해 설명한다. 첫 번째 방법은 피보나치 수열을 이용하는 피보나치 탐색이다.

$$0,\ 1,\ 1,\ 2,\ 3,\ 5,\ 8,\ 13,\ 21,\ 34,\ \cdots$$

위 피보나치 수열은 1장에서 설명한 것처럼 다음의 재귀 식에 의해 정의된다.

$$F_0 = 0,\ F_1 = 1,$$
$$F_n = F_{n-1} + F_{n-2},\ n \geq 2$$

피보나치 탐색의 특징 중 하나는 다음에 비교되는 원소의 위치를 결정할 때 곱셈이나 나눗셈을 사용하지 않고 덧셈이나 뺄셈만을 사용한다. 알고리즘의 단순화를 위하여 원소의 개수 $n = F_t - 1$이라고 가정한다. 키값 x는 F_{t-1}번째 원소와 처음으로 비교되며 그 결과에 따라 다음의 세 가지 경우가 있다.

① $x < s[F_{t-1}]$: 배열 s의 인덱스 1부터 $F_{t-1} - 1$까지 다시 재귀적으로 피보나치 탐색을 수행한다(원소의 개수는 $F_{t-1} - 1$개임).

② $x = s[F_{t-1}]$: 성공 탐색으로서 인덱스 F_{t-1}을 반환한다.

③ $x > s[F_{t-1}]$: 배열 s의 인덱스 $F_{t-1} + 1$부터 $F_t - 1$까지 $F_{t-2} - 1$개의 원소에 대해 다시 재귀적으로 피보나치 탐색을 수행한다(원소의 개수는 $(F_t - 1) - (F_{t-1} + 1) + 1 = F_t - F_{t-1} - 1 = F_{t-2} - 1$임).

이 과정에 대한 이해를 돕기 위하여 $n = 20$인 경우 피보나치 탐색에 대한 결정 트리를 그리면 〈그림 8.1〉과 같다. 이 이진 트리는 노드 개수가 20($= F_8 - 1$)인 피보나치 탐색 트리로서 루트의 왼쪽 부분 트리와 오른쪽 부분 트리도 각각 12개($= F_7 - 1$)와 7개($= F_6 - 1$)개

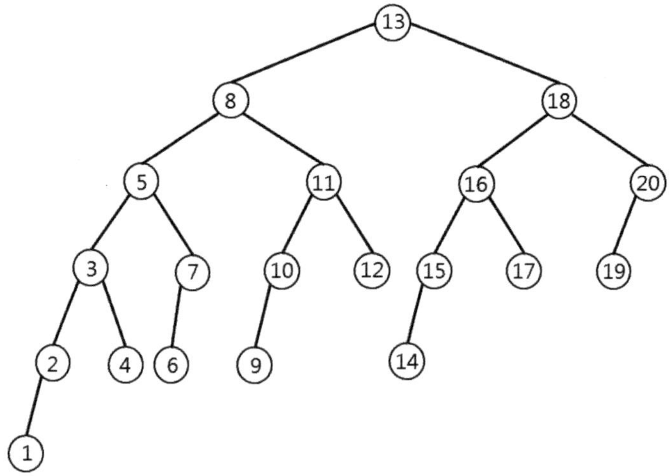

그림 8.1 $n = 20$인 경우의 피보나치 탐색 결정 트리

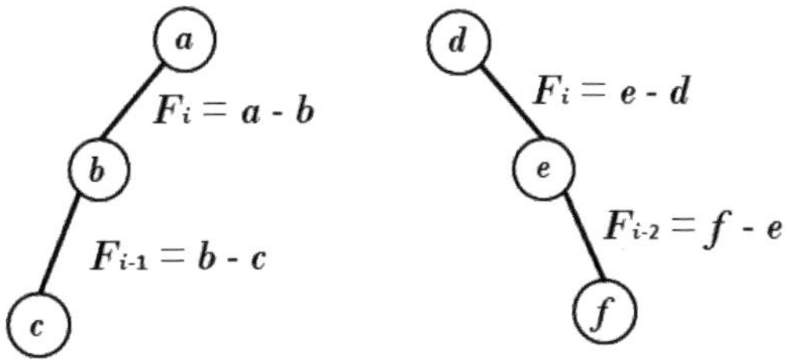

그림 8.2 피보나치 트리에서 인덱스값의 차이

의 노드를 갖는 피보나치 탐색 트리이다. 각 노드의 인덱스를 관찰해보면 탐색 과정에서 나누어지는 부분에 대한 원소의 개수를 정확하게 알 수 있다.

위의 〈그림 8.2〉를 주목해보면 각 노드의 왼쪽 자식 노드와 오른쪽 자식 노드가 있는 경우에 부모 노드와 자식 노드 간의 값의 차이가 같고 그 값이 바로 피보나치 수임을 알 수 있다(예를 들면 $13-8=F_5$, $18-13=F_5$). 또한, 왼쪽 부모 자식 관계가 있는 조부모 노드와 부모 노드의 인덱스 차이가 F_i라면 그 부모 노드와 왼쪽 자식 노드의 차이는 F_{i-1}이고 오른쪽 부모 자식 관계가 있는 조부모 노드와 부모 노드의 차이가 F_i라면 그 부모 노드와 오른쪽 자식 노드의 차이는 F_{i-2}가 된다(예를 들면 $13-8=F_5$, $8-5=F_4$이고 $18-13=F_5$, $20-18=F_3$). $n=33$이나 $n=54$인 경우의 피보나치 탐색 트리를 그려보면 위의 사실을 좀 더 명확하게 알 수 있으므로 직접 해보기 바란다.

다음의 〈알고리즘 8.5〉은 위의 방법을 C 언어로 표현한 것이다.

알고리즘 8.5 ••• 피보나치 탐색

- 입력: 크기가 $n+1$인 정수 배열 $s[\,]$, 키값 x
- 출력: $x=s[i]$인 인덱스 i 혹은 0

```
/* 피보나치 탐색 */

int fib_search (int s[], int x) {
 int a, i, p, q, t, done;
```

```
  a = fib_index(n+1);              // n+1=F_a인 인덱스 a를 반환하는 함수
  i = fib(a-1);                    // a-1번째의 피보나치 수 반환
  p = fib(a-2);                    // a-2번째의 피보나치 수 반환
  q = fib(a-3);                    // a-3번째의 피보나치 수 반환
  done = FALSE;
  while ((i>=1) && (!done)) {
     switch (compare(x, s[i])) {
       case '<': if (q==0) i = 1;
                 else {
                        i = i - q; t = p;
                        p = q; q = t – q;
                      }
                 break;
       case '>': if (p==1) i = 1;
                 else {
                        i = i + q; p = p - q;
                        q = q – p;
                      }
                 break;
       case '=': done = TRUE;
                 return i;
     }
   }
   if (i<0) return 0;
}
```

이진 탐색 결정 트리는 왼쪽 부분 트리와 오른쪽 부분 트리가 거의 균등하게 나누어지지만 〈그림 8.1〉의 피보나치 탐색 결정 트리를 살펴보면 왼쪽 부분 트리가 오른쪽 부분 트리보다 노드 개수가 더 많다. 이는 피보나치 탐색 시 왼쪽 부분으로 더 탐색이 자주 일어나게 된다는 것을 의미하는데, 그 비율은 대략 $(1+\sqrt{5})/2 \approx 1.618$배이다. 노드 개수가 $n(=F_k-1)$인 피보나치 탐색 결정 트리의 높이는 $\Theta(\log n)$임이 알려져 있으며 그에 따라 최악의 경우 탐색

시간이 $\Theta(\log n)$이고, 평균적인 탐색 시간도 $\Theta(\log n)$-시간임이 증명되어 있다.

이진 탐색이나 피보나치 탐색은 원소값들에 대한 사전 정보 없이 n개의 원소들에 대한 성공 탐색과 실패 탐색의 빈도수 혹은 확률이 같다는 가정하에서 이루어진다. 그러나 각 원소값에 대한 접근 확률이나 위치에 대한 어느 정도의 사전 정보를 갖고 있다면 이진 탐색을 변형하여 좀 더 좋은 방법을 생각할 수 있다. 예를 들어 전화번호부에서 하씨 성을 가진 사람에 대한 전화번호를 알아내고자 할 때 전화번호부의 중앙부터 찾기 시작하는 것보다는 뒷부분부터 찾기 시작하는 것이 평균적으로 탐색하는 횟수나 시간을 줄일 수 있다. 이러한 개념이 바로 보간 탐색(interpolation search)이다.

원소값들이 $s_1 < s_2 < \cdots < s_n$의 순서로 주어져 있고 이 값들이 s_1보다 작은 가상적인 값 s_0와 s_n보다 큰 가상적인 값 s_{n+1} 사이에 일정하게(uniformly) 분포되어 있다고 가정한다. 만약 우리가 찾고자 하는 키값 x가 s_0와 s_{n+1} 사이에 있다면 선형 보간에 의해서 x의 처음 기대 위치를 식 $\left\lfloor n \times \frac{(x - s_0)}{(s_{n+1} - s_0)} \right\rfloor$에 의해 구할 수 있다. 이를 일반적으로 확장하면 x가 $s_l < x < s_h$일 때 다음에 탐색할 원소의 기대 위치는

$$l + \left\lfloor (h - l - 1) \times \frac{(x - s_l)}{(s_h - s_l)} \right\rfloor$$

에 의해 구할 수 있다. 〈알고리즘 8.6〉은 이진 탐색의 반복 알고리즘과 비슷한 형태로 보간 탐색을 구현한 것이다. 그러나 이진 탐색과는 다르게 보간 탐색에서는 s_l과 s_h의 양쪽 끝값이 포함되지 않으므로 편의상 초기값으로 $l = 0$, $h = n + 1$을 사용했으며 루프의 계속 조건을 $h - l > 1$로 했다.

보간 탐색을 이론적으로 분석한 결과로서 최악의 경우 시간 복잡도는 $\Theta(n)$에 비례하며 평균적인 경우는 $\Theta(\log\log n)$에 비례한다는 것이 알려져 있다. 평균적으로는 보간 탐색이 이진 탐색보다 훨씬 효율적인 것 같지만 실제적으로는 보간 탐색에서 다음 위치를 찾기 위한 부가적인 연산이 더 많이 필요하므로 테이블의 크기가 작은 경우는 이진 탐색이 실제 수행 시간이 적게 걸리며, 테이블의 크기가 어느 정도 이상으로 큰 경우에는 보간 탐색이 더 적게 걸린다.

알고리즘 8.6 ••• **보간 탐색(정렬된 배열)**

- 입력: 크기가 $n+1$인 정수 배열 $s[]$, 키값 x (단, $s[1] < s[2] < \cdots < s[n]$)
- 출력: $x = s[i]$인 인덱스 i 혹은 0

```
/* 보간 탐색(정렬된 배열) */

int interpolation_search (int s[], int x) {
  int l=0, h=n+1, index;
  int found=FALSE

  index = n * (x - s[0])/(s[n+1] - s[0]);
  while (h-l>1 && !found) {
    if (x==s[index]) {
       found=TRUE;
       return index;
    }
    else if (x<s[index]) h = index - 1;
         else l = index + 1;
    index = l + (int)((float)(x - s[l])/(float)(s[h] - x[l])) * (h-l-1);
  }
  return 0;
}
```

8.3 정적 트리 탐색

이진 탐색 트리에 관련된 문제로서 이 절에서는 원소의 삽입 또는 제거 연산은 허용되지 않고 오직 탐색 연산만 허용되는 경우, 즉 정적인 원소들의 집합에 대한 효율적인 이진 탐색 트리를 구성하는 문제에 관해 다룬다. 만약 최악의 경우 탐색 시간만을 최소화하는 경우라면 높이 균형 이진 탐색 트리를 이용하거나 순서화된 배열에서 이진 탐색 등을 수행하면 된다.

이 절에서 다루는 문제는 각 원소들의 성공 탐색과 실패 탐색에 대한 빈도수(혹은 확률)가 알려져 있을 때 평균 탐색 시간을 최소화하는 이진 탐색 트리를 구성하는 것이다.

이진 트리를 탐색 테이블로 이용할 때 이에 대한 효율성을 측정하기 위해서 확장 이진 트리(extended binary tree)의 개념을 생각한다. 확장 이진 트리는 기존의 이진 트리의 널 링크(null link)에 해당하는 부분에 사각형 모양의 특별한 노드인 외부 노드(external node)를 붙여 기존의 노드인 내부 노드(internal node)와 구별한다. n개의 내부 노드를 갖는 이진 트리는 트리의 특성에 의해 항상 $n+1$ 개의 외부 노드를 갖는다. 이렇게 하면 실제 탐색이 실패하는 경우도 외부 노드에서 탐색이 종료하는 상태로 간주할 수 있다. 〈그림 8.3〉의 (b)는 (a)의 이진 트리를 확장 이진 트리로 바꾼 것이다.

n개의 내부 노드를 갖는 이진 트리의 내부 경로 길이(internal path length) $I(n)$은 트리의 루트로부터 각 내부 노드까지의 경로의 길이를 모두 합한 것이며, 외부 경로 길이(external path length) $E(n)$은 루트로부터 각 외부 노드까지의 경로의 길이를 모두 합한 것을 말한다. 〈그림 8.3〉의 (b)에서 내부 경로 길이 $I(n)$은

$$I(n) = 0+1+1+2+2 = 6$$

이고, 외부 경로 길이 $E(n)$은

$$E(n) = 3+3+3+3+2+2 = 16$$

이다. 여기에서 $I(n)$과 $E(n)$은 이진 트리의 모양과 관계없이 항상 $E(n) = I(n) + 2n$의 관계식이 성립한다(연습 문제 9를 통해 증명함).

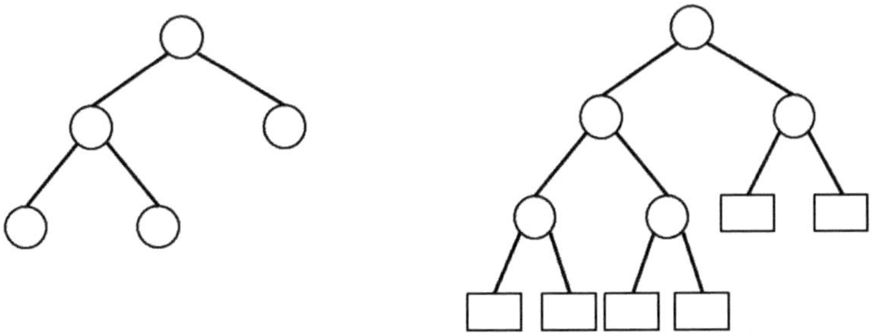

(a) 이진 트리($n=5$)　　(b) (a)의 확장 이진 트리

그림 8.3 확장 이진 트리

위의 개념을 확장하여 각 노드(내부 노드 및 외부 노드)가 어떤 가중치를 가질 때 가중치 경로 길이를 정의할 수 있다. 즉 이진 탐색 트리 T가 내부 노드 x_1, x_2, $\cdots$, x_n과 외부 노드 y_0, y_1, $\cdots$, y_n으로 구성되고 각 노드의 가중치를 $\beta_i(1 \le i \le n)$, $\alpha_i(0 \le i \le n)$라 할 때 전체 가중치 경로 길이의 합은

$$\underbrace{\sum_{i=1}^{n}\beta_i \times [1+\text{노드 } x_i\text{의 레벨}]}_{①} + \underbrace{\sum_{i=0}^{n}\alpha_i \times [\text{노드 } y_i\text{의 레벨}]}_{②}$$

이 된다. 식 ①은 성공 탐색의 경우로서 내부 노드 x_i에서 탐색이 종료되었을 때 루트로부터 비교가 (1+노드 x_i의 레벨) 번만큼 이루어지므로 그에 대한 빈도수를 곱하여 총합을 구한 것이고, 식 ②는 실패 탐색의 경우로서 외부 노드 y_i에서 탐색이 종료되는 것으로 간주하지만 외부 노드 자체에 대해서는 비교가 일어나지 않으므로 (노드 y_i의 레벨) 번만큼 비교가 이루어지게 되어 그에 대한 빈도수를 곱하여 총합을 구한 것이다.

따라서 이진 트리 T의 왼쪽 부분 트리를 T_l, 오른쪽 부분 트리를 T_r이라 할 때 T의 가중치 경로 길이 $W(T)$를 다음과 같이 재귀적으로 정의할 수 있다.

$$W(T) = \begin{cases} 0, & T = \varnothing \text{인 경우} \\ W(T_l) + W(T_r) + \sum_{i=1}^{n}\beta_i + \sum_{i=0}^{n}\alpha_i, & T \ne \varnothing \text{인 경우} \end{cases} \qquad (\text{식 } 8.1)$$

예를 들어, 영문자에서 모음인 a, e, i, o, u에 대한 탐색을 수행하는 데 각각의 빈도수를 〈그림 8.4〉의 (a)라 하고 (b)를 그에 대한 임의의 탐색 트리라 하면 가중치 경로 길이는

$$\sum_{i=1}^{n}\beta_i \times (1 + [\text{노드 } x_i\text{의 레벨}]) = 20 \times 2 + 34 \times 1 + 24 \times 2 + 16 \times 3 + 10 \times 3 = 200$$

$$\sum_{i=0}^{n}\alpha_i \times ([\text{노드 } y_i\text{의 레벨}]) = 0 \times 2 + 28 \times 2 + 25 \times 3 + 30 \times 3 + 32 \times 3 + 8 \times 3 = 341$$

이므로 $200 + 341 = 541$이 된다. 따라서 이 값을 전체 빈도수로 나누면 $541/227 = 2.38$이므로 이 탐색 트리의 평균 탐색 횟수는 2.38이다.

따라서 평균 탐색 시간을 최소화하는 문제는 $\sum_{i=1}^{n}\beta_i + \sum_{i=0}^{n}\alpha_i$의 값이 고정되어 있으므로

	a		e		i		o		u	
	$\beta_1=20$		$\beta_2=34$		$\beta_3=16$		$\beta_4=24$		$\beta_5=10$	
$\alpha_0=0$		$\alpha_1=28$		$\alpha_2=25$		$\alpha_3=30$		$\alpha_4=32$		$\alpha_5=8$

(a) 모음 a, e, i, o, u에 대한 빈도수의 예

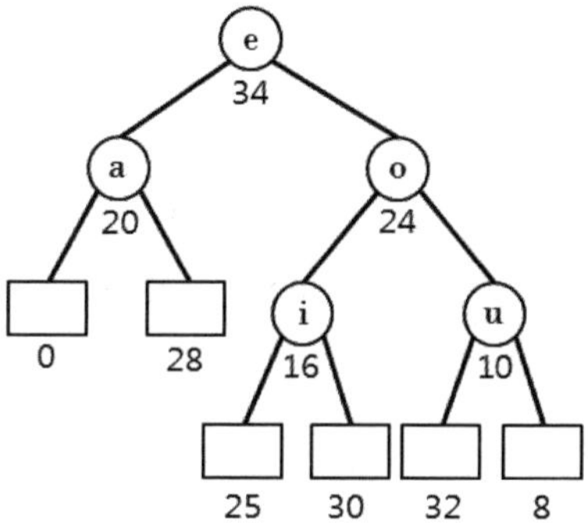

(b) 확장 이진 탐색 트리

그림 8.4 원소의 빈도수와 그의 확장 이진 탐색 트리의 예

가중치 경로 길이를 최소화하는 이진 탐색 트리를 찾는 문제와 동일하게 된다. n개의 노드를 갖는 서로 다른 이진 트리의 개수는 카탈란 수인 $\frac{1}{n+1}\binom{2n}{n}$으로서 이 값은 $O\left(\frac{4^n}{n\sqrt{n}}\right)$에 비례하므로, n이 큰 경우에는 가능한 모든 트리에 대해서 생각하는 알고리즘은 지수 시간에 비례하게 되어 실용성이 떨어진다. 따라서 여기에서는 가중치 경로 길이에 관계되는 성질을 이용하여 좀 더 단순하게 이 문제를 해결하는 방법을 고찰한다.

여기에서 가장 중요한 성질은 최적 이진 탐색 트리의 부분 트리들도 그 자체가 다시 최적 이진 탐색 트리라는 사실이다. 좀 더 명확하게 설명하면, 만일 T를 가중치 α_0, β_1, α_1, β_2, $\cdots$, β_n, α_n에 대한 최적 이진 탐색 트리라고 하고 그 루트의 가중치를 β_i라고 한다면, 왼쪽 부분 트리 T_l은 가중치 α_0, β_1, α_1, β_2, $\cdots$, β_{i-1}, α_{i-1}에 대한 최적 이진 탐색 트리가 되어야 하고, 오른쪽 부분 트리 T_r은 가중치 α_i, β_{i+1}, α_{i+1}, β_{i+2}, $\cdots$, β_n, α_n에 대한 최적 이진 탐색 트리가 되어야 한다는 것이다. 만약 그렇지 않다면 식 (8.1)에 의해 $W(T)$의 값이 더 작게 되는 부분 트리 T_l 혹은 T_r이 존재하므로, T가 최적 이진 탐색 트리가 될 수 없게 된다. 이것이 바로 4장에서 설명한 최적성의 원리이며, 이 문제가 최적성의 원리를 만족하므

로 동적 계획법에 의해 문제를 효율적으로 해결할 수 있다.

(식 8.1)과 함께 최적성의 원리를 이용하면 최적 이진 트리를 찾기 위한 공식을 재귀적으로 표현할 수 있다. 즉 $C_{i,j}(0 \le i \le j \le n)$를 빈도수 α_i, β_{i+1}, α_{i+1}, β_{i+2}, $\cdots$, β_j, α_j에 대한 최적 이진 탐색 트리의 비용이라 한다면

$$C_{i,i} = 0$$

이고,

$$C_{i,j} = \min_{i < k \le j}(C_{i,k-1} + C_{k,j}) + \sum_{l=i+1}^{j} \beta_i + \sum_{l=i}^{j} \alpha_i$$

이다. 여기에서 x_k는 최적 이진 탐색 트리의 루트이며 $C_{i,k-1}$과 $C_{k,j}$는 각각 루트의 왼쪽 부분 트리와 오른쪽 부분 트리의 비용이다. $W_{i,j}$를 다음과 같이 재귀적으로 정의할 때,

$$W_{i,i} = \alpha_i$$
$$W_{i,j} = \alpha_i + \beta_{i+1} + \cdots + \beta_j + \alpha_j$$
$$= W_{i.j-1} + \beta_j + \alpha_j \text{ (단, } i < j) \quad \text{(식 8.2)}$$

이므로, 비용함수 $C_{i,j}$는 다시

$$C_{i,i} = 0$$
$$C_{i,j} = W_{i,j} + \min_{i < k \le j}(C_{i,k-1} + C_{k,j}) \quad \text{(식 8.3)}$$

으로 쓸 수 있다. 위의 식 (8.2)와 (8.3)은 최적 이진 탐색 트리를 구하는 식이며, 최종적으로 $C_{0,n}$의 값이 최적 이진 탐색 트리의 비용이 된다. 이를 위해서는 (식 8.3)에서 $C_{i,j}$의 값을 최소화하는 k값을 유지해야 하는데 $R_{i,j}$를

$$R_{i,j} = \text{(식 8.3)에서 } C_{i,k-1} + C_{k,j}\text{를 최소화하는 } k\text{값} \quad \text{(식 8.4)}$$

이라 정의할 때 $R_{i,j}$는 가중치 α_i, β_{i+1}, α_{i+1}, β_{i+2}, $\cdots$, β_j, α_j에 대한 최적 이진 트리의 루트의 인덱스가 된다.

결국 (식 8.2), (식 8.3)과 (식 8.4)를 이용하여 최적 이진 탐색 트리를 구성할 때 일단

한 번 계산한 $C_{i,j}$의 값을 배열에 저장하여 이를 나중에 다시 이용하면 중복 계산을 피할 수 있으므로 수행 시간을 훨씬 단축할 수 있게 된다. (식 8.3)의 $C_{i,j}$는 〈그림 8.5〉에서 보듯이 $(n+1)\times(n+1)$ 행렬에서 $C_{i,j}$의 일부분의 값들에 의해서만 결정이 되므로 주 대각선으로부터 시작하여 하나씩 오른쪽 위로 올라가며 행렬 C를 계산하는 동시에 행렬 W와 R의 값을 구한다. 즉 모든 $0 \le i \le n$인 i에 대해 $C_{i,i}=0$이며, 그 다음으로 $0 \le i \le n-1$인 i에 대하여 $C_{i,i+1}$의 값을 계산하고, $0 \le i \le n-2$에 대해 차례로 $C_{i,i+2}$를 계산한다. 주어진 문제 〈그림 8.4〉의 (a)에 대한 C, W, R의 계산 결과를 〈그림 8.5〉에 나타내었으며, 이를 구하기 위해 〈알고리즘 8.7〉을 C 언어로 구현했다.

	$j=0$	1	2	3	4	5
$i=0$	$R_{00}=0$ $W_{00}=0$ $C_{00}=0$	$R_{01}=1$ $W_{01}=48$ $C_{01}=48$	$R_{02}=2$ $W_{02}=107$ $C_{02}=155$	$R_{03}=2$ $W_{03}=153$ $C_{03}=272$	$R_{04}=3$ $W_{04}=209$ $C_{04}=450$	$R_{05}=3$ $W_{05}=227$ $C_{05}=536$
1		$R_{11}=1$ $W_{11}=28$ $C_{11}=0$	$R_{12}=2$ $W_{12}=87$ $C_{12}=87$	$R_{13}=2$ $W_{13}=133$ $C_{13}=204$	$R_{14}=3$ $W_{14}=189$ $C_{14}=362$	$R_{15}=3$ $W_{15}=207$ $C_{15}=448$
2			$R_{22}=2$ $W_{22}=25$ $C_{22}=0$	$R_{23}=3$ $W_{23}=71$ $C_{23}=71$	$R_{24}=4$ $W_{24}=127$ $C_{24}=198$	$R_{25}=4$ $W_{25}=145$ $C_{25}=266$
3				$R_{33}=3$ $W_{33}=30$ $C_{33}=0$	$R_{34}=4$ $W_{34}=86$ $C_{34}=86$	$R_{35}=4$ $W_{35}=104$ $C_{35}=154$
4					$R_{44}=4$ $W_{44}=32$ $C_{44}=0$	$R_{45}=5$ $W_{45}=50$ $C_{45}=50$
5						$R_{55}=5$ $W_{55}=8$ $C_{55}=0$

그림 8.5 〈그림 8.4〉의 (a)에 대한 C, W, R의 계산 결과

알고리즘 8.7 ••• **최적 이진 탐색 트리**

- 입력: $n,\ \beta_i(1 \le i \le n),\ \alpha_i(0 \le i \le n)$
- 출력: 최적 이진 탐색 트리의 최소 비용 $C_{0,n}$

```
/* 최적 이진 탐색 트리 */

void obst (int n, int alpha[], int beta[], int cost[][MAX_SIZE], int
           root[][MAX_SIZE], int weight[][MAX_SIZE]) {
 int i, j, k, m, min, minpos;

 for (i=0; i<n; i++) {                    // tree의 초기화
    weight[i][i] = alpha[i];
    root[i][i] = 0;
    cost[i][i] = 0;
    cost[i][i+1] = weight[i][i+1] = alpha[i] + alpha[i+1] + beta[i+1];
    root[i][i+1] = i+1;
  }
  weight[n][n] = alpha[n];
  root[n][n] = 0;
  cost[n][n] = 0;
  for (m=2; m<=n; m++)
     for (i=0; i<=n-m; i++) {
        j = i + m;
        weight[i][j] = weight[i][j-1] + alpha[j] + beta[j];
        min = INT_MAX;
        for (k=i+1; k<=j; k++)
           if (min > cost[i][k-1] + cost[k][j]) {
             minpos = k;
             min = cost[i][k-1] + cost[k][j];
           }
        cost[i][j] = weight[i][j] + cost[i][k-1] + cost[k][j];
        root[i][j] = k;
     }
}
```

〈그림 8.5〉의 계산 결과를 역으로 추적해가면 최적 이진 탐색 트리를 구할 수 있다. $R_{05}=3$이므로 $x_3=$"i"가 루트가 되고 x_3가 루트가 되면 왼쪽 부분 트리와 오른쪽 부분 트리 역시 최적 이진 탐색 트리가 되어야 하므로 R_{02}와 R_{35}의 값, 즉 $x_2=$"e"와 $x_4=$"O"가 각각 T_l과 T_r의 루트가 된다. 이러한 방법으로 최적 이진 탐색 트리를 구하면 〈그림 8.6〉과 같고 최적의 평균 탐색 시간은 $536/227=2.36$이 된다.

〈알고리즘 8.7〉의 수행 시간을 검토해볼 때 $C_{i,j}$의 값은 $j-i=0, 1, \cdots, n$인 모든 i, j 값에 대해 계산되어야 한다. $j-i=m$이라 할 때 $n-m+1$개의 $C_{i,j}$ 값을 계산해야 하고 각 $C_{i,j}$값을 얻기 위해 m개의 값 중에서 최소값을 찾아야 한다. 따라서 $j-i=m$인 각 $C_{i,j}$를 얻기 위한 연산 시간은 $m(n-m)$에 비례하게 되므로, 총 연산 시간은

$$\sum_{m=0}^{n} m(n-m)= \sum_{m=0}^{n} nm-m^2=\frac{1}{6}n^3+O(n^2)$$

이 되어 $\Theta(n^3)$-시간이 된다. n의 값이 커질 경우, 즉 원소의 개수가 많아지면 위 알고리즘은 차수가 3차이므로 실용적이지 못할 수 있다. 크누스(D. Knuth)는 다음과 같은 사실에 의해 알고리즘을 약간 변형시켜 시간 복잡도를 $\Theta(n^2)$으로 낮추었다. 즉 루트가 $R_{i,j}$이면서 가중치 $\alpha_i, \beta_{i+1}, \cdots, \beta_j, \alpha_j$에 대한 최적 이진 탐색 트리는 항상 $R_{i,j-1} \le R_{i,j} \le R_{i+1,j}$를 만족한다는 사실이다. 여기에서 $R_{i,j-1}$은 가중치 $\alpha_i, \beta_{i+1}, \cdots, \beta_{j-1}, \alpha_{j-1}$에 대한 최적 이진 탐색 트리의 루트이며, $R_{i+1,j}$는 가중치 $\alpha_{i+1}, \beta_{i+2}, \cdots, \beta_j, \alpha_j$에 대한 최적 이진 탐색 트리의 루트이다. 이 사실에 의한 자세한 알고리즘 작성과 시간 분석은 연습 문제에서 풀어본다.

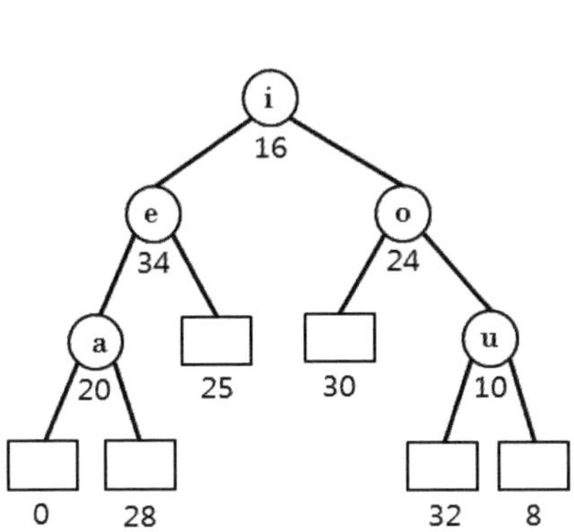

그림 8.6 〈그림 8.4〉의 (a)에 대한 최적 이진 탐색 트리

8.4 동적 트리 탐색

트리 및 이진 트리의 가장 중요한 응용 분야 중 하나는 탐색 문제에서 이를 활용하는 것이다. 보통 탐색은 정적인 문제와 동적인 문제로 구분이 되는데, 정적 탐색 문제는 일반적으로 원소의 삽입과 제거 연산이 허용되지 않으며 동적 탐색 문제는 삽입과 제거 연산이 허용된다. 이렇게 동적 탐색을 효율적으로 지원하는 자료 구조를 사전식 구조(dictionary)라고 부른다. 이진 탐색 트리는 바로 이러한 사전식 구조를 위해 이용될 수 있는 자료 구조 중 하나이다. 여기에서는 트리의 각 노드에 저장되어 있는 원소값을 정수라 가정하고 편의상 각 노드의 원소값들이 서로 다르다고 가정한다.

[정의 8.1] 이진 탐색 트리는 이진 트리이며 공집합일 수 있다. 이진 탐색 트리가 공집합이 아니라면 다음의 성질을 만족한다.

(1) 공집합이 아닌 왼쪽 부분 트리의 모든 원소값은 루트의 원소값보다 작다.
(2) 공집합이 아닌 오른쪽 부분 트리의 모든 원소값은 루트의 원소값보다 크다.
(3) 왼쪽 부분 트리와 오른쪽 부분 트리 역시 이진 탐색 트리이다.

〈그림 8.7〉의 (a), (b)는 이진 탐색 트리의 예이다.

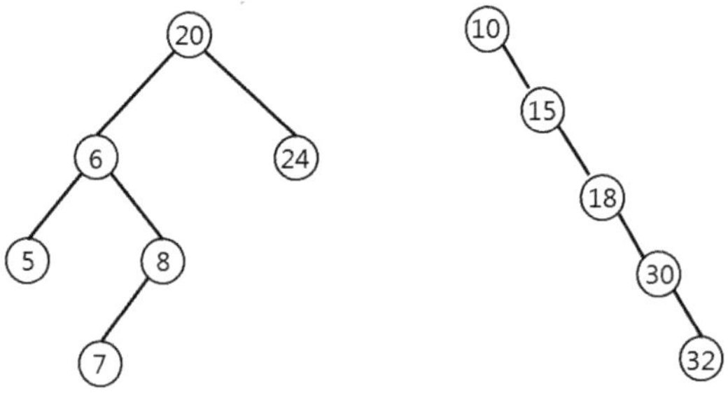

(a) (b)

그림 8.7 이진 탐색 트리의 예

8.4.1 이진 탐색 트리에 대한 원소의 탐색

이진 탐색 트리 자체가 재귀적으로 정의되어 있으므로 이에 대한 탐색 방법도 재귀적으로 쉽게 정의할 수 있다. 우리가 키값 x를 찾기 원한다면 이진 탐색 트리의 루트부터 탐색을 시작한다. 루트가 NULL인 경우 탐색 트리는 아무런 원소도 포함하지 않으므로 탐색은 실패로 끝난다. 루트가 NULL이 아닌 경우는 x와 루트의 원소값을 비교하여 같으면 그곳에서 탐색이 성공적으로 종료되고, x가 작으면 정의에 의해 루트의 오른쪽 부분 트리에 해당 원소가 없으므로 왼쪽 부분 트리에서 같은 방법으로 탐색하면 된다. 마찬가지로 x가 루트의 원소값보다 크면 왼쪽 부분 트리에는 해당 원소가 없으므로 오른쪽 부분 트리에서 같은 방법으로 찾는다. 〈알고리즘 8.8〉은 위의 과정을 재귀적으로 작성한 프로그램이다. 이진 탐색 트리의 높이를 h라 할 때 이 알고리즘은 최악의 경우 $\Theta(h)$-시간에 수행된다.

알고리즘 8.8 ••• **원소의 탐색(이진 탐색 트리)**

- 입력: 연결 리스트로 된 이진 탐색 트리의 루트 t
- 출력: $x = t{\rightarrow}data$인 포인터 t 혹은 NULL

```
/* 원소의 탐색(이진 탐색 트리) */

treePointer rSearch(treePointer t, int x) {
/* x값을 가진 노드의 포인터를 반환함. 만약 탐색이 실패로 끝난다면 NULL을 반환함 */

  if (!t) return NULL;
  if (x==t->data) return t;
  if (x<t->data)
     return rSearch(t->leftChild, x);
  return rSearch(t->rightChild, x);
}
```

8.4.2 이진 탐색 트리에 대한 원소의 삽입

이진 탐색 트리에 대한 새로운 원소의 삽입 알고리즘은 아주 간단하다. 원소값 x를 갖는 새로운 노드를 삽입하기 위하여 먼저 탐색을 한다. 만약 탐색이 실패로 끝난다면 바로 탐색이 끝난 위치에 해당 노드를 삽입할 수 있다. 예를 들어, 원소값이 9인 노드를 이진 탐색 트리 〈그림 8.4〉의 (a)에 삽입한다면 원소값이 8인 노드의 오른쪽 자식 노드에서 탐색이 실패가 되므로 삽입되는 노드는 원소값이 8인 노드의 오른쪽 자식 노드가 된다. 〈그림 8.4〉의 (b)와 (c)는 계속해서 원소값 22와 30이 삽입된 결과를 나타내고 있다. 이 예에서 보듯이 새로운 노드는 항상 이진 탐색 트리의 단말 노드의 위치로 삽입된다. 이 알고리즘의 최악의 경우 시간 복잡도 또한 이진 트리의 높이 h에 비례함을 쉽게 알 수 있다.

다음의 〈알고리즘 8.9〉는 이진 탐색 트리에 원소값 x를 가진 새로운 노드를 첨가하는 과정이다. 함수 modified_Search는 〈알고리즘 8.8〉을 약간 변형한 것으로 트리가 공집합이거나 x값을 가진 노드가 존재하면 NULL을 반환하고, 그렇지 않으면 탐색 시 만난 마지막 노드의 포인터를 반환한다. 새로운 노드는 바로 이 노드의 자식 노드로 삽입된다.

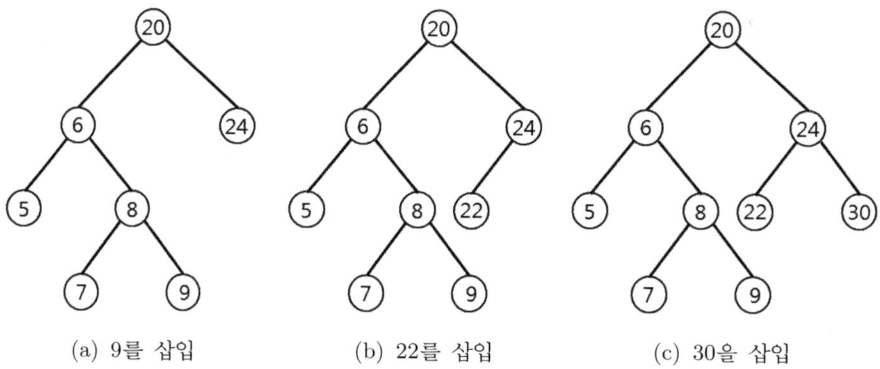

그림 8.8 이진 탐색 트리에 대한 노드의 삽입 과정의 예

알고리즘 8.9 ••• **원소의 삽입(이진 탐색 트리)**

- 입력: 연결 리스트로 된 이진 탐색 트리의 루트 t
- 출력: $x = t \rightarrow data$인 포인터 t 혹은 NULL

```
/* 원소의 삽입(이진 탐색 트리) */

void insertNode (treePointer *node, int x) {
 treePointer ptr, temp = modified_Search(node, x);

 if (temp || !(node)) {              // 해당 x값이 트리에 없는 경우
     ptr = (treePointer)malloc(sizeof(node));
     if (IS_FULL(ptr)) {
         fprintf(stderr, "The memory is full\n");
         exit(1);
     }
     ptr->data = x;
     ptr->leftChild = ptr->rightChild = NULL;
     if (node)                         // temp의 왼쪽 자식으로 삽입
       if (x<temp->data) temp->leftChild = ptr;
       else temp->rightChild = ptr;
     else node = ptr;
 }
}
```

8.4.3 이진 탐색 트리에 대한 원소의 제거

다른 자료 구조인 경우에도 그렇듯이 이진 탐색 트리에 대한 원소의 제거 알고리즘은 삽입 알고리즘보다 약간 복잡하다. 그 이유는 새로운 노드를 삽입하는 경우에는 항상 단말 노드의 위치로 삽입이 되지만 제거될 노드는 단말 노드일 수도 있고 아닐 수도 있기 때문이다. 먼저 제거될 노드의 위치를 찾기 위해서 원소값 x에 대해 탐색을 한다. 탐색이 실패인 경우는 제거할 노드가 없게 된다. 성공 탐색의 경우는 그 노드의 자식 노드의 개수에 따라 처리를 달리 해주면 된다.

먼저 제거될 노드가 단말 노드 즉, 자식 노드가 없는 경우는 그 노드의 부모 노드의 해당 링크값을 NULL로 만들어주면 된다(〈그림 8.9〉의 (b)). 제거될 노드가 하나의 자식 노드만을 갖는 경우는 해당 노드를 제거하고 해당 노드의 자식 노드를 제거된 노드의 부모 노드의

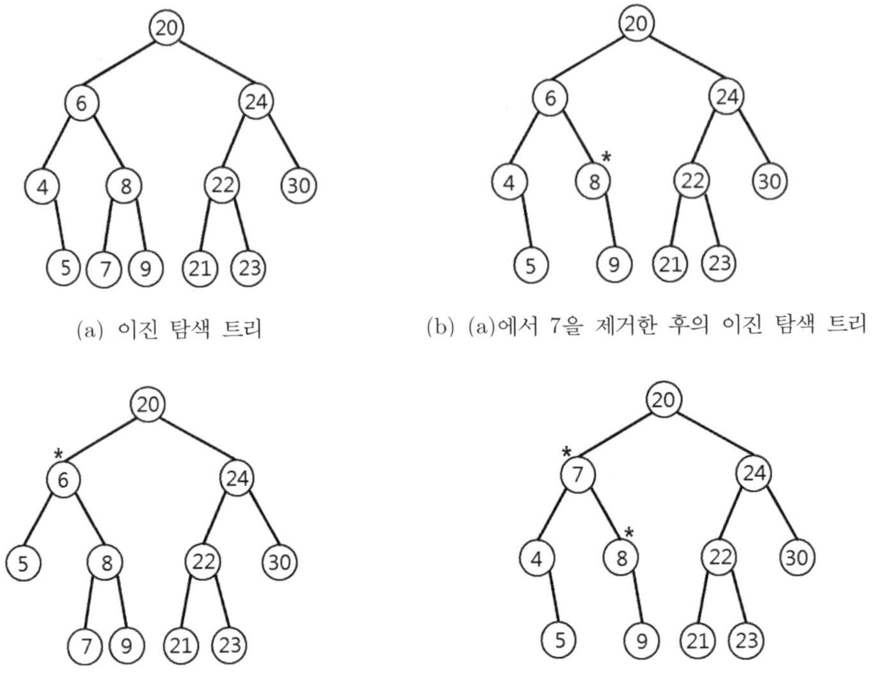

(a) 이진 탐색 트리 (b) (a)에서 7을 제거한 후의 이진 탐색 트리

(c) (a)에서 4을 제거한 후의 이진 탐색 트리 (d) (a)에서 6을 제거한 후의 이진 탐색 트리

그림 8.9 이진 탐색 트리의 노드 제거 (*로 표시된 노드가 링크의 값이 변화된 노드임)

자식 노드로 만들어주면 된다.(〈그림 8.9〉의 (c)) 제거될 노드가 양쪽 자식 노드를 모두 갖고 있는 경우는 약간 복잡하다. 우선 해당 노드를 제거한 후, 제거된 노드의 위치에 기존의 다른 노드로 대치시켜야 하는데 이진 탐색 트리의 구조를 유지하기 위해서는 대치되는 노드가 제거된 노드의 중순위 선행 노드(inorder predecessor)나 중순위 계승 노드(inorder successor)가 되어야 한다. 중순위 선행 노드는 제거된 노드의 왼쪽 부분 트리에서 가장 큰 원소값을 갖는 노드이며, 중순위 계승 노드는 오른쪽 부분 트리에서 가장 원소값이 작은 노드이다. 이러한 노드들은 단말 노드이거나 하나의 자식 노드를 갖는 노드이므로 다시 재귀적 호출에 의해 해당 노드를 제거한 다음 대치시키면 된다(〈그림 8.9〉의 (d)).

위의 〈그림 8.9〉를 부연 설명하면 (b)의 경우는 제거되는 노드 7이 부모 노드 8의 왼쪽 자식 노드이므로 노드 8의 왼쪽 링크를 NULL로 만들어주면 되고, (c)의 경우는 제거되는 노드 4가 부모 노드 6의 왼쪽 자식 노드이면서 오른쪽 부분 트리만 가지고 있으므로 4를 제거한 후 그 부분 트리의 루트를 노드 6의 왼쪽 자식 노드로 만들어주면 된다. (d)의 경우는 제거되는 노드 6이 양쪽 부분 트리를 갖고 있는 경우로서 노드 6을 제거하고 나서 6의 중순위 계승 노드로 대치시킨 결과를 나타낸다. 따라서 이 예에서 보듯이 제거하는 과정도 최악의 경우 $\Theta(h)$-시간이 걸린다. 〈알고리즘 8.10〉에서 함수 modified_Search2는 제거되는 노드의 부모 노드 위치도 함께 반환하는 함수이다.

알고리즘 8.10 ••• **원소의 제거(이진 탐색 트리)**

- 입력: 연결 리스트로 된 이진 탐색 트리 t
- 출력: $x = t{\rightarrow}data$인 포인터 t 혹은 NULL

```
/* 원소의 제거(이진 탐색 트리) */

void deleteNode (treePointer *node, int x) {
 treePointer parent, child, substitute, temp;
 int t;

 temp = modified_Search2(node, parent, x);
 if (!temp) {
   fprintf(stderr, "key is not in the tree  ₩n");
   exit(1);
 }
 if ((temp->leftChild==NULL) && (temp->rightChild==NULL)) {
    if (parent->leftChild == temp) parent->leftChild = NULL
    else parent->rightChild = NULL;
    free(temp);
 }
 else if ((temp->leftChild==NULL) || (temp->rightChild==NULL)) {
        child = findChild(node, temp);
     if (parent->leftChild == temp) parent->leftChild = child
     else parent->rightChild = child;
     free(temp);
 }
```

```
    else {
        substitute = insucc(node, temp);          // 중순위 계승 노드를 찾음
        t = temp->data;
        temp->data = substitute->data;
        substitute->data = t;
        deleteNode(node, substitute->data);
    }
}
```

이진 탐색 트리의 높이 h는 노드의 개수가 n일 때 최대 n까지 가능하다. 만약 초기의 비어 있는 이진 트리에 원소값 1, 2, ⋯, n이 차례로 삽입되거나 원소값 n, $n-1$, ⋯, 1이 삽입되면 사향 이진 트리의 형태가 되어 높이 h는 n이 된다. 따라서 이러한 경우 탐색, 삽입 혹은 제거 연산의 최악의 시간 복잡도를 차수 표기로 나타내면 $\Theta(n)$-시간이 된다. 이러한 사실은 효율성 측면에서 바람직하지 않으므로 최악의 경우라도 트리의 높이가 $\Theta(\log n)$인 탐색 구조가 필요하다. 우리가 다음에서 다룰 높이 균형 이진 탐색 트리(AVL 트리)가 바로 이러한 탐색 구조에 해당되며, 따라서 이러한 탐색 트리의 탐색, 삽입, 제거 연산의 최악의 경우 시간 복잡도는 $\Theta(\log n)$이 된다. 하지만 앞에서 설명한 이진 탐색 트리도 삽입이나 제거가 임의로 되는 경우 평균적으로 트리의 높이가 $\Theta(\log n)$임이 증명되어 있다.

8.4.4 높이 균형 이진 탐색 트리

이진 탐색 트리를 원소의 탐색은 물론 삽입과 삭제가 가능한 동적 테이블로 사용할 수 있다. 그러나 탐색이나 삽입 혹은 제거 연산의 최악의 경우 수행 시간은 그 트리의 높이인 h에 비례하게 되는데, 이러한 경우는 선형 리스트(배열 혹은 단순 연결 리스트)에서 위의 연산을 수행하는 경우와 마찬가지가 된다. 이러한 현상을 방지하기 위하여 1962년 아델슨-벨스키(M. Adelson-Velskii)와 랜디스(E. M. Landis)는 이진 트리의 높이에 대한 균형 조건을 갖는 이진 탐색 트리를 제안했는데 이것이 바로 높이 균형 이진 탐색 트리(혹은 이들의 이름 머리글자를 따 AVL 트리)이다. 이 트리는 어떠한 경우라도 트리의 높이가 $\Theta(\log n)$에 비례하므로 원소의 탐색, 삽입과 삭제 연산을 $\Theta(\log n)$-시간에 수행할 수 있다. 이진 탐색

트리와 유사하게 AVL 트리도 다음과 같이 재귀적으로 정의할 수 있다.

[정의 8.2] 높이 균형 이진 탐색 트리(AVL 트리)

비어 있는 트리는 높이 균형 이진 탐색 트리이다. 이진 탐색 트리 T의 왼쪽 부분 트리를 T_l, 오른쪽 부분 트리를 T_r이라고 할 때 다음의 두 조건을 만족하면 T는 높이 균형 이진 탐색 트리이다.

(1) $|h(T_l) - h(T_r)| \leq 1$이고, (단, $h(T)$는 이진 탐색 트리 T의 높이)

(2) T_l과 T_r이 각각 높이 균형 이진 탐색 트리이다.

다시 말하면, 높이 균형 이진 탐색 트리의 각 노드에 대해 2개의 부분 트리에 대한 높이의 차이가 1을 넘지 않아야 한다. 예를 들면 〈그림 8.10〉의 (a)는 높이 균형 이진 탐색 트리이며 (b)는 높이 균형 이진 탐색 트리가 아니다.

이러한 높이 균형 탐색 트리를 삽입과 제거가 가능한 효율적인 동적 테이블로 이용하기 위해서는 이 트리의 높이가 최악의 경우 $\log n$에 비례해야 하고, 원소의 삽입과 제거를 위한 효율적인 알고리즘이 필요하다.

우선 먼저 n개의 노드로 구성된 높이 균형 이진 트리에서 높이가 가장 높은 경우가 얼마인가를 살펴본다. 이진 트리 T_h를 높이가 h이면서 최소의 노드 개수 n_h로 구성된 높이 균형 이진 트리라 하자. 그러면, 당연히

$$T_0 = \emptyset,\ n_0 = 0 \text{이고,} \qquad T_1 = \bigcirc,\ n_1 = 1 \text{이다.}$$

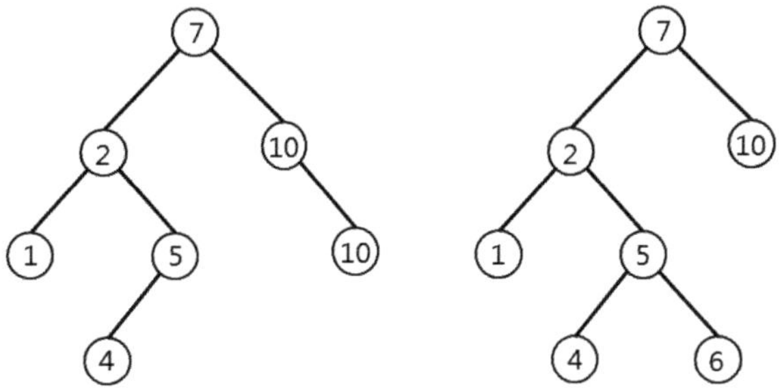

(a) (b)

그림 8.10 높이 균형 이진 탐색 트리의 예와 반례

이제 $h \geq 2$인 경우 T_h를 고려하면 T_h가 높이 균형을 이루면서 노드의 개수가 가장 적어야 하므로 일반성을 잃지 않고, T_l의 높이가 T_r보다 1 더 크다면 $h(T_l) = h-1$이고 $h(T_r) = h-2$가 되어야 한다. 이를 재귀적으로 계속 적용해나가면 T_h는 다음과 같이 부분트리로서 T_{h-1}과 T_{h-2}를 각각 갖게 되고 노드의 개수는 가장 적어야 하므로 $n_h = n_{h-1} + n_{h-2} + 1$이 된다.

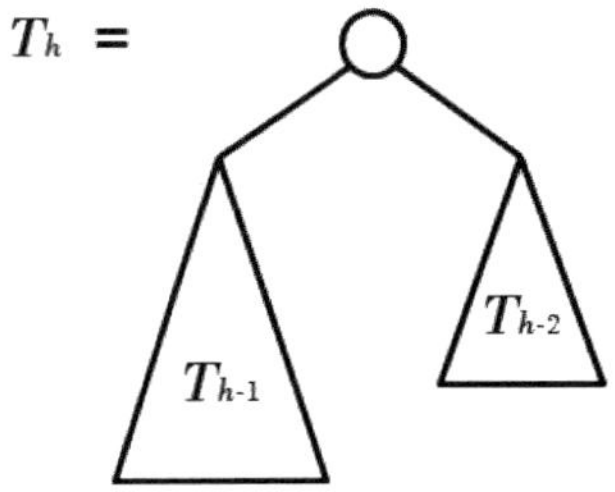

$, \quad n_h = n_{h-1} + n_{h-2} + 1$

n_h에 관한 위의 식들에 의해서 n_h의 값은 h번째 피보나치 수보다 1만큼 작은 수이므로

$$n_h = \frac{1}{\sqrt{5}}\left(\frac{1+\sqrt{5}}{2}\right)^h - \frac{1}{\sqrt{5}}\left(\frac{1-\sqrt{5}}{2}\right)^h - 1$$

이 되며, $|(1-\sqrt{5})/2| < 1$이므로 h가 커진다면 $((1-\sqrt{5})/2)^h$의 값은 매우 작게 되므로

$$n_h + 1 = \frac{1}{\sqrt{5}}\left(\frac{1+\sqrt{5}}{2}\right)^h + O(1)$$

이 된다. 높이가 h인 이진 트리에서 가장 적은 노드 개수가 n_h이므로 노드 개수가 $n(\geq n_h)$개라면

$$n + 1 \geq n_h + 1 = \frac{1}{\sqrt{5}}\left(\frac{1+\sqrt{5}}{2}\right)^h + O(1)$$

이 되어,

$$h \leq \frac{1}{\log \frac{1+\sqrt{5}}{2}} \log(n+1) + O(1) \approx 1.44\log(n+1)$$

이 된다. 따라서 n개의 노드로 구성된 높이 균형 이진 트리의 높이가 최대 약 $1.44\log(n+1)$

이 되므로 최악의 경우 탐색 시간은 $\log n$에 비례하게 된다. 이제 남은 문제는 이러한 높이 균형 이진 탐색 트리에 대해 원소의 삽입과 삭제를 하면서 효율적으로 다시 높이 균형 이진 탐색 트리로 어떻게 유지할 것인가이다.

〈그림 8.11〉은 초기의 비어 있는 이진 탐색 트리에 원소를 차례로 삽입하면서 높이 균형을

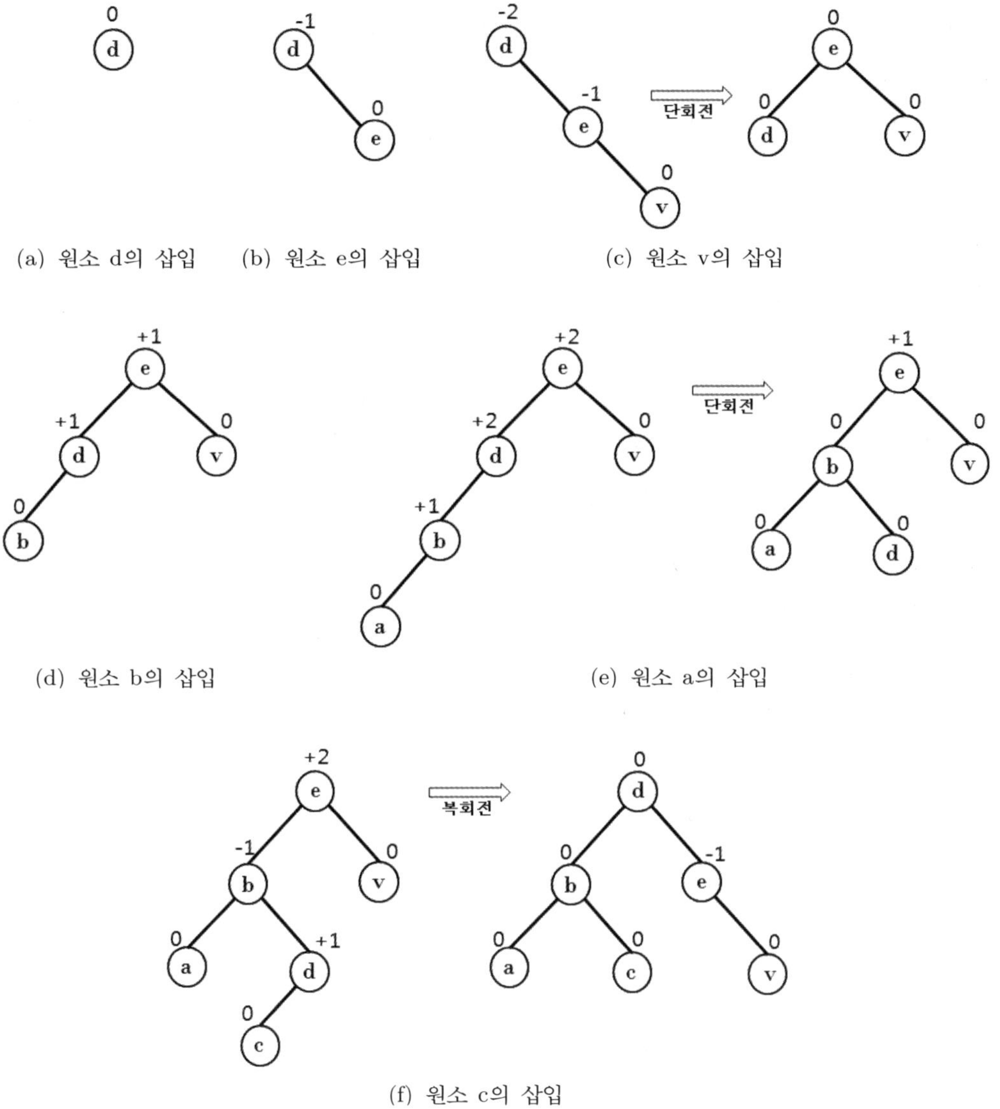

그림 8.11 높이 균형 이진 트리의 변화 예

유지하도록 트리를 재구성하는 상태를 보여준다. 여기서 각 노드 위의 숫자는 높이 균형 인자(height balance factor)로서 노드의 왼쪽 부분 트리의 높이에서 오른쪽 부분 트리의 높이를 뺀 값, 즉 $h(T_l)-h(T_r)$이다. 만약 트리가 높이 균형 이진 트리라면 모든 노드의 높이 균형 인자는 -1, 0 혹은 1의 값만을 갖는다. 처음에 원소 d와 e를 삽입한 후의 결과는 각각 (a)와 (b)인데 이 경우는 높이 균형 이진 트리의 성질을 만족하므로 트리의 재구성이 필요하지 않다. 그러나 (c)의 경우 원소 v를 삽입하면 높이 균형 인자가 -2가 되는 노드가 발생하게 되어 높이의 불균형을 이룬다. 이러한 트리를 균형화하기 위해서는 트리의 전체 혹은 일부에 대하여 회전을 시키는데, 이러한 회전의 종류를 크게 나누면 단회전(single rotation)과 복회전(double rotation)이 있다. (c)의 경우는 단회전의 예로서 이 트리가 오른쪽으로 불균형을 이루었으므로 오른쪽에서 왼쪽으로 한 번 회전을 하면 원소 e가 루트가 되고 d와 v는 각각 e의 왼쪽 자식 노드와 오른쪽 자식 노드가 되어 높이의 균형이 이루어진다. (e)의 경우도 트리의 일부분에 대한 단회전의 예로서 왼쪽으로 불균형을 이루었으므로 왼쪽에서 오른쪽으로 단회전하면 높이 균형 트리로 재구성할 수 있다. (f)는 복회전의 예로서, 왼쪽 부분 트리의 높이가 2만큼 크며 삽입 노드의 위치가 높이 균형 인자가 깨지는 노드 e의 왼쪽 자식 노드의 오른쪽 부분 트리(원소 d를 루트로 하는 트리)인 경우로서 원소 d는 루트가 되고 e는 d의 오른쪽으로 c는 b의 오른쪽으로 붙게 되어 이진 탐색 트리의 조건을 만족하면서 높이 균형을 이루게 된다.

위의 개념을 일반적으로 기술하면 다음과 같다. 원소의 삽입 후 높이의 불균형을 이루는 경우는 〈그림 8.12〉의 상태와 같다. 즉 왼쪽 부분 트리 T_l의 높이와 오른쪽 부분 트리 T_r의

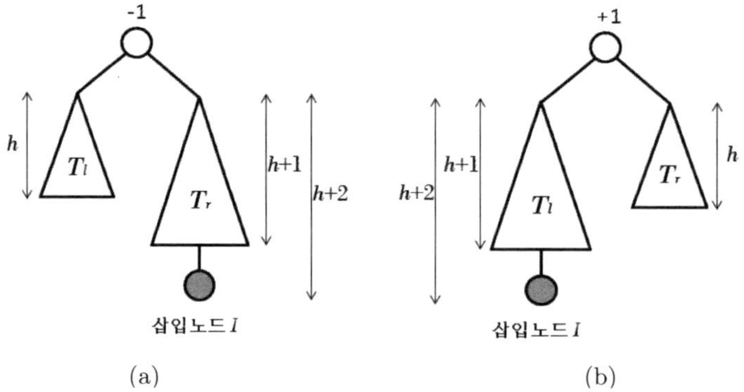

그림 8.12 삽입 노드에 의해 높이 균형이 깨지는 경우

높이가 같다면 T_l이나 혹은 T_r에 원소가 삽입되어 어느 한쪽의 높이가 1만큼 증가하여도 높이 균형은 깨지지 않는다. $h(T_l) = h$이고 $h(T_r) = h+1$인 경우 T_l에 원소가 삽입되어 $h(T_l') = h+1$이 되면 높이 균형은 깨지지 않으나, T_r에 원소가 삽입되어 $h(T_r') = h+2$가 되면 균형이 깨져 재구성이 필요하다(〈그림 8.12〉의 (a)와 (b)는 서로 대칭적임).

삽입 후 균형이 깨질 때 다시 높이 균형을 이루는 방법은 삽입 노드 I의 위치가 어느 곳인가에 따라 약간 다르다. 〈그림 8.12〉의 (a)의 경우를 생각해본다면 I가 T_r의 루트의 오른쪽 부분 트리에 삽입되는 경우 〈그림 8.13〉의 (a)의 단회전에 의해 쉽게 높이 균형 이진 트리로 재구성된다. 하지만 I가 T_r의 루트의 왼쪽 부분 트리에 삽입되는 경우는 단회전에 의해 균형화가 되지 못하며 〈그림 8.13〉의 (b)와 같은 복회전에 의해 높이 균형 이진 트리로 재구성된다(대칭적인 경우는 생략했음). 〈그림 8.13〉의 변환은 두 가지 중요한 성질을 만족한다. 첫째는 변환 전의 트리와 변환 후의 트리의 중순위 방문 순서가 동일하고, 둘째로 변환

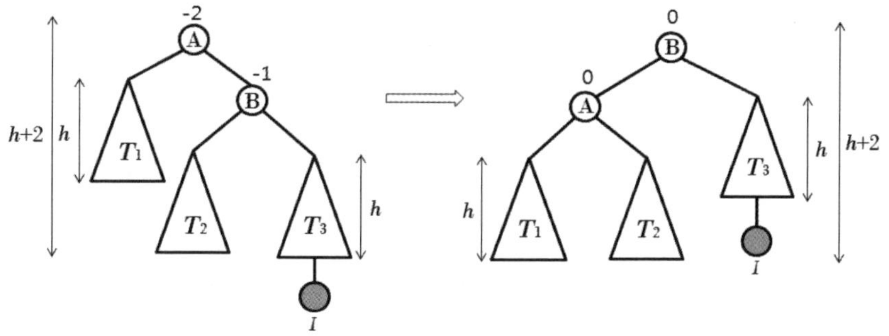

(a) 단회전

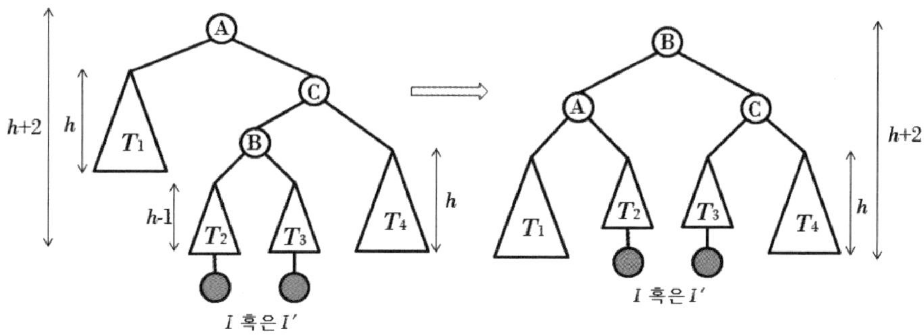

(b) 복회전

그림 8.13 단회전과 복회전

전의 전체 트리의 높이와 변환 후의 전체 트리의 높이가 같다는 것이다. 첫 번째 성질은 변환 후의 트리가 이진 탐색 트리의 성질을 만족하므로 이전에 기술한 이진 탐색 트리의 탐색 알고리즘을 그대로 이용할 수 있다. 두 번째 성질은 원소의 삽입 시 높이의 불균형에 의해 회전이 필요한 경우 균형이 깨지는 부분 트리 중 높이가 가장 낮은 부분 트리에서 오직 한 번의 변환만 해주면 높이 균형 트리를 유지할 수 있음을 의미한다.

따라서 높이 균형 이진 트리에 대한 삽입 알고리즘을 기술하면 다음과 같다. 우선 〈알고리즘 8.9〉에 의해 새로운 원소(노드 I)를 삽입하면서 노드 I의 높이 균형 인자의 값을 0으로 하고 루트로부터 노드 I까지의 경로상의 노드를 스택에 저장한다. 따라서 스택의 가장 밑에는 루트가, 위쪽에는 노드 I가 저장되어 있다. 그 후 스택의 내용을 제거하면서 다음 조건 중 하나를 만날 때까지 필요한 경우 노드의 높이 균형 인자를 수정한다.

① 루트까지 도달한 경우
② 높이 균형 인자를 더 이상 수정할 필요가 없는 노드까지 도달한 경우
③ 트리의 재구성이 필요하여 단회전 혹은 복회전을 수행하고 높이 균형 인자값을 수정한 경우

따라서 스택에 저장되어 있는 경로상에서 현재 노드를 cnode, cnode의 자식 노드를 snode, snode의 자식 노드를 gnode라 할 때 다음 규칙에 의해 변환이 수행되며 이를 〈알고리즘 8.11〉에 구현했다. 초기값으로 snode는 삽입된 노드이며, cnode는 snode의 부모 노드, gnode는 NULL이다.

① 삽입 전 cnode의 높이 균형 인자(hbf: height balance factor)가 0인 경우, 만약 snode = cnode->rson이면 cnode->hbf를 −1로 수정하고 snode = cnode->lson이면 cnode->hbf를 +1로 수정한다. 이 경우는 snode를 루트로 하는 부분 트리의 높이가 1만큼 증가하므로 cnode를 루트로 하는 부분 트리의 높이가 1만큼 증가하게 된다. 따라서 cnode가 루트인 경우는 여기서 과정이 종료되지만 cnode가 루트가 아니라면 경로를 따라 올라가면서, 즉 gnode = snode; snode = cnode; cnode = pop(&top);이 되면서 처리된다.
② 삽입 전 cnode->hbf의 값이 +1이고 snode = cnode->rson이거나, cnode->hbf =−1

이고 snode = cnode->lson인 경우는 cnode->hbf = 0으로 하고 종료한다. 이 경우는 cnode가 루트인 트리의 양쪽 부분 트리 중에서 높이가 작은 쪽이 1만큼 증가하게 된다.

③ 삽입 전 cnode->hbf = +1이고 snode = cnode->lson이거나, cnode->hbf=−1이고 gnode = cnode->rson인 경우 cnode의 두 부분 트리 중 높이가 큰 쪽으로 삽입되어 삽입 후의 높이가 2만큼 차이가 나게 되므로 다음과 같은 변환이 일어난다.

	gnode = snode->rson	gnode = snode->lson
snode = cnode->rson	cnode를 중심으로 단회전 (〈그림 8.13〉의 (a))	cnode를 중심으로 복회전 (〈그림 8.13〉의 (b))
snode = cnode->lson	cnode를 중심으로 복회전 (〈그림 8.13〉의 (b)의 대칭)	cnode를 중심으로 단회전 (〈그림 8.13〉의 (a)의 대칭)

알고리즘 8.11 ••• **원소의 삽입 후 변환(단회전 혹은 복회전)**

- 입력: 원소의 삽입 시 높이 균형이 깨진 이진 탐색 트리
- 출력: 변환(단회전 혹은 복회전) 후의 높이 균형 이진 탐색 트리

```
/* 원소의 삽입 후 변환(단회전 혹은 복회전) */

void rebalance() {
 tree_pointer snode, cnode, gnode = NULL;
 int unbalanced;

 snode = pop(&top);
 cnode = pop(&top);
 unbalanced = TRUE;
 while (unbalanced) {
    if (cnode->hbf==0) {
       if (snode==cnode->rson) cnode->hbf = -1;
       else cnode-> hbf = 1;
       if (top<=0) unbalanced = FALSE;
       else {
```

```
                gnode = snode;
                snode = cnode;
                cnode = pop(&top);
            }
    }
    else if (cnode->hbf==1 && snode==cnode->rson) ||
            (cnode->hbf==-1 && snode==cnode->lson)) {
            cnode->hbf = 0;
            unbalanced = FALSE;
        }
        else {
            if (snode==cnode->rson) {
                if (gnode==snode->rson) rotation1(cnode); // 〈그림 8.13〉의 (a)
                                                      에 의한 단회전
                else rotation2(cnode); // 〈그림 8.13〉의 (b)에 의한 복회전
            }
            else {
                f (gnode==snode->rson) rotation3(cnode); //i 〈그림 8.13〉의
                                                      (b)의 대칭
                else rotation4(snode); // 〈그림 8.13〉의 (a)의 대칭
            }
            unbalanced = FALSE;
        }
  }
}
```

높이 균형 트리에서 원소를 제거하는 과정도 삽입 과정보다 복잡하다. 그 이유는 제거되는 원소의 위치가 단말 노드 뿐만 아니라 비단말 노드인 경우도 가능하고, 또한 한 번의 단회전이나 복회전으로 높이 균형이 이루어지지 않을 수도 있기 때문이다. 여기에서는 이에 대한 자세한 알고리즘을 언급하지는 않겠지만 높이가 h인 높이 균형 이진 트리인 경우 최대 $\lfloor h/2 \rfloor$ 번의 회전이 필요한 것으로 알려져 있으므로 삽입 알고리즘과 마찬가지로 하나의 제거 연산당 $\Theta(\log n)$-시간이 걸린다.

8.5 최대최소값 및 두 번째 큰 값 찾기

8.5.1 최대최소값 찾기 문제

최대최소값 찾기 문제는 정수로 구성된 n개의 원소 x_1, x_2, $\cdots$, x_n이 주어졌을 때, 가장 큰 원소와 가장 작은 원소를 동시에 찾는 문제이다. 최대최소값 찾기 문제를 해결하는 방법으로는 최대값 찾기 문제와 최소값 찾기 문제를 각각 독립적으로 찾는 방법과 분할 정복에 의한 방법 등이 있다. 첫 번째 방법은 최대값 및 최소값을 찾기 위해 각각 $n-1$번의 비교가 필요하므로 전체 $2n-2$번의 비교가 필요함을 쉽게 알 수 있다.

분할 정복에 의한 방법은 n개의 원소들을 대략 $n/2$개씩 두 부분으로 나누어 왼쪽 부분에서 최대값 max_left와 최소값 min_left를 재귀적으로 구하고, 다시 오른쪽 부분에서 최대값 max_right와 min_right를 재귀적으로 구한 후, max_left와 max_right를 비교해서 이중 큰 값이 최대값이 되고 min_left와 min_right를 비교하여 이중 작은 값이 최소값이 된다. 아래 〈알고리즘 8.12〉는 분할 정복 방식을 이용한 방법으로서 분할 시 원소의 개수가 하나가 될 때까지 나누는 재귀 함수로 구현했다. 초기 호출 시 left = 1, right = n이다.

알고리즘 8.12 ••• **최대최소값 찾기 1(분할 정복)**

- 입력: 배열 원소 a
- 출력: 최대값 max, 최소값 min

```
/* 최대최소값 찾기 1(분할 정복) */

void find_MaxMin1 (int left, int right, int *max, int *min) {
 int mid;                    //중간 인덱스값
 int max_left, max_right;
 int min_left, min_right;

 if (left==right) {          // 배열의 원소가 하나일 때
```

```
        max = a[left];
        min = a[left];
    }
    else {                      // 배열의 원소가 2개 이상일 때
          mid = (left + right)/2;
          find_MaxMin1(left, mid, max_left, min_left);
          find_MaxMin1(mid+1, right, max_right, min_right);
          max = compare_max(max_left, max_right);
          min = compare_min(min_left, min_right);
        }
    }
```

위의 알고리즘을 분석해보자. 우리가 세고자 하는 기본 연산은 원소들 간의 비교 횟수이다. 즉 원소의 개수가 n일 때 비교 횟수를 $T_1(n)$이라고 하자. $n=1$일 때, 즉 left = right일 때는 바로 a[left] 값을 반환하므로 비교를 하지 않는다. 만약 $n>1$일 때는 인덱스 mid에 의해서 배열을 대략 $n/2$개씩 두 부분으로 나누게 되고 각 부분 배열에서 수행하는 비교 횟수는 $T_1(n/2)$이 된다. 또한 각 부분 배열에서 최대값을 구한 후 원래 문제의 최대최소값을 구하기 위해서는 두 번의 비교(compare_max 및 compare_min)를 추가로 해야 하므로 $T_1(n)$을 아래와 같은 식으로 나타낼 수 있다.

$$T_1(n)=\begin{cases}0, & n=1\text{인 경우}\\ 2T_1(n/2)+2, & n>1\text{인 경우}\end{cases}$$

계산을 간단하게 하기 위해서 $n=2^k$(단, k는 음이 아닌 정수)라면, $T_1(n)=2n-2$가 된다는 것을 쉽게 알 수 있다. 따라서 이 시간 복잡도는 최대값 찾기와 최소값 찾기를 따로 구하는 경우와 같게 되므로, 시간 복잡도상으로 분할 정복 방식을 이용하는 이득이 전혀 없게 된다.

위의 방식은 원소가 2개가 남았을 때도 하나가 될 때까지 분할하지만 사실 그렇게 할 필요가 없다. 즉 원소가 2개 남았다면 더 이상 분할하지 않고 이 두 원소를 한 번 비교하여 큰 원소를 max로 하고 작은 원소를 min으로 하면 된다. 이렇게 하면 하나가 남을 때까지 분할하는 방식에 비해 중복되는 비교를 줄일 수 있다(〈알고리즘 8.13〉 참고).

알고리즘 8.13 ••• **최대최소값 찾기 2(분할 정복)**

- 입력: 배열 원소 a
- 출력: 최대값 max, 최소값 min

```
/* 최대최소값 찾기 2(분할 정복) */

void find_MaxMin2 (int left, int right, int *max, int *min) {
  int mid;                    //중간 인덱스값
  int max_left, max_right;
  int min_left, min_right;

  if (left==right) {                   // 배열의 원소가 하나일 때
      max = a[left];
      min = a[left];
  }
  else if (left==right-1) {            // 배열의 원소가 2개일 때
          if (a[left]<=a[right] {
             max = a[left];
             min = a[right];
          }
          else {
               max = a[right];
               min = a[left];
          }
      else {               // 배열의 원소가 3개 이상일 때
            mid = (left + right)/2;
            find_MaxMin2(left, mid, max_left, min_left);
            find_MaxMin2(mid+1, right, max_right, min_right);
            max = compare_max(max_left, max_right);
            min = compare_min(min_left, min_right);
          }
      }
}
```

위 알고리즘의 비교 횟수를 $T_2(n)$이라고 하자. $n=1$일 때, 즉 left = right일 때는 바로 a[left] 값을 max와 min으로 반환하므로 비교를 하지 않는다. $n=2$일 때는 두 원소를 한번 비교하여 큰 원소를 max로 반환하고 작은 원소를 min으로 반환한다. 즉 $T_2(2)=1$이다. 만약 $n>2$일 때는 인덱스 mid에 의해서 배열을 대략 $n/2$개씩 두 부분으로 나누게 되고 각 부분 배열에서 수행하는 비교 횟수는 $T_2(n/2)$이 된다. 또한 각 부분 배열에서 최대값 및 최소값을 구한 후 원래 문제의 최대최소값을 구하기 위해서는 두 번의 비교(compare_max 및 compare_min)를 추가로 해야 하므로 $T_2(n)$을 아래와 같은 식으로 나타낼 수 있다.

$$T_2(n)=\begin{cases}0, & n=1\text{인 경우}\\ 1, & n=2\text{인 경우}\\ 2T_2(n/2)+2, & n>2\text{인 경우}\end{cases}$$

따라서, 이 식을 풀면 시간 복잡도 함수 $T_2(n)=\frac{3}{2}n-2$가 된다는 것을 알 수 있다.

다음으로 최대최소값 문제의 하한선을 증명해보자. 1.5.4절에서 최대값 문제의 하한선을 증명한 것처럼 n개의 원소 $x_1,\ x_2,\ \cdots,\ x_n$이 서로 다르다고 가정한다. 만약 $x_i > x_j$라면 x_i를 승자라고 부르고 x_j를 패자라고 부르자. 또한 최대최소값을 찾는 임의의 알고리즘의 수행 상태를 $(a,\ b,\ c,\ d)$라고 한다. 여기서 a는 패자가 된 적이 없는 원소의 개수, b는 승자가 된 적이 없는 원소의 개수, c는 승자이기도 하고 패자이기도 한 원소의 개수, d는 아직까지 비교하지 않은 원소의 개수이다. 그러면 알고리즘의 초기 상태는 반드시 $(0,\ 0,\ 0,\ n)$이고, 최종 상태는 반드시 $(1, 1, n-2, 0)$이 되어야 한다. 한 번의 원소 비교에 의해서 최대 하나의 승자와 하나의 패자가 생기는데, 초기 상태에서 최종 상태로 갈 수 있는 가장 빠른 경로의 길이가 이 문제의 하한선이 된다. 예를 들면,

$$(0,0,0,n)\Rightarrow(1,1,0,n-2,)\Rightarrow(2,2,0,n-4)\Rightarrow\cdots\Rightarrow(n/2,n/2,0,0)\Rightarrow$$
$$(n/2-1,n/2,1,0)\Rightarrow(n/2-1,n/2-1,2,0)\Rightarrow\cdots\Rightarrow(1,1,n-2,0)$$

의 경로가 최단 경로가 될 수 있는데 이 경로의 길이는 $n/2+(n-2)$가 되어 이 문제의 하한선은 $\frac{3}{2}n-2$이다. 따라서 위의 〈알고리즘 8.13〉의 최악의 경우 시간 복잡도는 $\frac{3}{2}n-2$이므로 〈알고리즘 8.13〉은 최대최소값 문제에 대한 최적 알고리즘이다.

8.5.2 두 번째 큰 값 찾기 문제

두 번째 큰 값 찾기 문제를 가장 간단하게 푸는 방법은 최대값 찾기 문제를 두 번 사용하는 것이다. 즉 처음에 n개의 원소 중에서 최대값을 찾기 위해서 $n-1$번의 비교를 하고, 최대값을 제외한 나머지 $n-1$개의 원소 중에서 다시 $n-2$번의 비교를 하여 최대값을 찾으면 그 원소가 바로 두 번째로 큰 원소이다. 그러나 $2n-3$번의 원소 비교를 하는 이 방법은 당연히 최적의 알고리즘은 아니다.

예제 8.1

5개의 원소 x_1, x_2, x_3, x_4, x_5가 주어져 있을 때 최대값 찾기를 두 번 사용하여 두 번째 큰 원소를 찾는다고 하자. 그러면 최대값을 찾기 위해서 네 번의 원소 비교를 하게 되고 다시 두 번째 큰 값을 찾기 위해서 세 번의 원소 비교를 하게 되므로 일곱 번의 원소 비교를 하게 된다. 그러나 아래 표를 보게 되면 두 번째 큰 원소는 x_2나 x_3는 될 수 없고 최대값인 x_4에게 패배한 원소들, 즉 x_1이나 x_5만이 그 후보자가 될 수 있다. 토너먼트 방법은 이러한 아이디어를 이용한 방법이다.

비교되는 원소		승자	
x_1	x_2	x_1	
x_1	x_3	x_1	
x_1	x_4	x_4	
x_4	x_5	x_4	최대값 $= x_4$

■

다음 〈그림 8.14〉의 예를 보자. 운동 경기의 우승 팀을 토너먼트에 의해서 결정하는 것처럼 8개의 원소에 대해 두 번째 큰 원소를 찾을 때 토너먼트 방법을 이용할 수 있다. 즉 1차전의 승자가 x_2, x_4, x_6, x_7이고, 2차전(준결승전)의 승자가 x_4, x_6, 3차전(결승전)의 승자가 x_6이면 최대값은 x_6이고 두 번째 큰 원소는 x_6에 의해 패한 x_4, x_7, x_5의 세 원소 중에서 제일 큰 원소가 된다. 이 알고리즘을 분석해보면 우선 n개의 원소 중에서 최대값은 $n-1$번의 비교에 의해 찾을 수 있다. 왜냐하면 이 비교 횟수는 토너먼트 방법에서 실시한 경기의 수와 같으므로 이진 트리의 내부 노드의 개수와 같게 된다. 또한 최대값에 의해 패배한 원소의

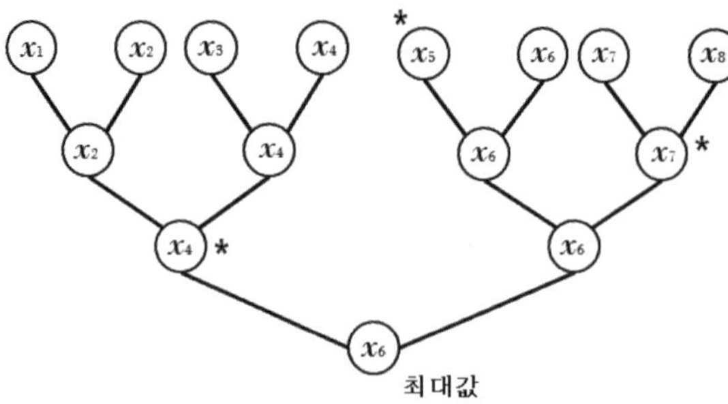

그림 8.14 토너먼트 방법의 예

개수는 토너먼트 방법을 표시한 이진 트리의 높이인 $\lceil \log_2 n \rceil$ 개이므로 이중에서 다시 최대값을 찾으려면 $\lceil \log_2 n \rceil - 1$번의 비교가 필요하다. 따라서 토너먼트 알고리즘의 최악의 경우 시간 복잡도는 $(n-1)+(\lceil \log_2 n \rceil - 1)= n+\lceil \log_2 n \rceil - 2$임을 알 수 있다.

이 책에서는 증명을 따로 하지는 않겠지만 두 번째로 큰 값을 찾는 문제에 대한 하한선은 $n+\lceil \log_2 n \rceil - 2$라고 하는 것이 알려져 있다. 따라서 토너먼트 알고리즘은 최적 알고리즘임을 알 수 있다. 이 시간 복잡도는 최대값만을 찾는 시간 복잡도인 $n-1$보다 크다는 것을 알 수 있다. 이는 두 번째로 큰 원소를 찾는 문제가 최대값 찾기 문제보다 어려운 문제라는 것을 뜻한다. 또한 두 번째로 큰 원소를 찾는 문제를 해결하려면 반드시 최대값을 찾아야 한다는 것을 알 수 있다.

토너먼트 방법에서는 처음에 전체 원소들을 $n-1$번 비교해볼 때까지 최대값을 알 수 없다. 따라서 토너먼트 알고리즘을 구현할 수 있는 한 방법은 〈그림 8.15〉와 같이 각 원소에게

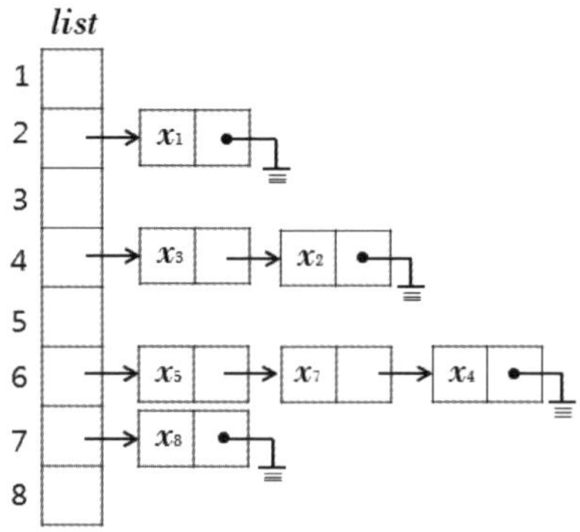

그림 8.15 토너먼트 방법을 구현하기 위한 자료 구조

패배한 원소들의 리스트를 연결 리스트 형태로 유지시키는 것이다. 그렇게 하면 $\Theta(n)$ 만큼의 추가적인 공간이 필요하지만 최대값에 패배한 원소들의 리스트를 쉽게 구할 수 있다.

8.6 일반 선택 문제

일반 선택 문제(general selection)란 n개의 원소 $x_1, x_2, \cdots, x_n$과 임의의 정수 $k(1 \le k \le n)$가 주어졌을 때, k번째 작은 원소를 찾는 문제이다. 만약에 정수 $k=1$로 주어지면 이 문제는 최소값 찾기(findMin) 문제와 같고, $k=n$이라면 최대값 찾기(findMax), $k=\lfloor n/2 \rfloor$ 이라면 중앙값 찾기(findMedian) 문제와 같다. 여기서 다루는 문제는 특정한 k가 아닌 임의의 k가 문제의 입력으로 주어지는 일반적인 선택 문제이다.

가장 간단한 해결 방법으로는 n개의 원소를 배열에 저장한 다음 정렬을 해서 배열의 인덱스 k에 있는 원소를 접근하면 된다. 이렇게 하면 정렬할 때 $\Theta(n\log n)$-시간이 걸리고 배열의 k번째 원소는 $\Theta(1)$-시간에 접근이 가능하므로, 전체 $\Theta(n\log n)$-시간이면 이 문제를 해결할 수 있다. 그러나 이러한 방법은 같은 원소들에 대해 k를 바꿔가면서 반복적인 질의를 하는 문제 유형에는 아주 효율적인 방법이지만, 한 번의 질의만을 하는 문제 유형에서는 정렬이라는 작업이 너무 많은 정보를 제공하므로 수행 시간을 줄일 수 있는 근거를 제공한다.

일반 선택 문제를 해결하기 위해서는 2.7절에서 다루었던 퀵 정렬의 분할(〈알고리즘 2.9〉)을 이용할 수 있다. 분할이란 하나의 리스트를 2개의 리스트로 나눌 때 어떤 축값(pivot value)을 임의로 정한 다음 그 축값을 중심으로 한쪽 부분 리스트에는 축값보다 작은 값들이, 다른 부분 리스트에는 축값보다 큰 값들이 들어가도록 한다. 이제 첫 번째 분할에 의해서 축값의 위치가 인덱스 i에 있다고 하자. 그러면 다음과 같이 세 가지 경우가 있다.

(1) $k=i$인 경우, k번째 작은 원소는 바로 그 축값이다(〈그림 8.16〉의 (a)).
(2) $k<i$인 경우, 크기가 $i-1$인 축값보다 작은 부분 리스트에 대해 재귀적으로 다시 k번째 작은 원소를 찾는다(〈그림 8.16〉의 (b)).
(3) $k>i$인 경우, 크기가 $n-i$인 축값보다 큰 부분 리스트에 대해 재귀적으로 다시 $(k-i)$번째 작은 원소를 찾는다(〈그림 8.16〉의 (c)).

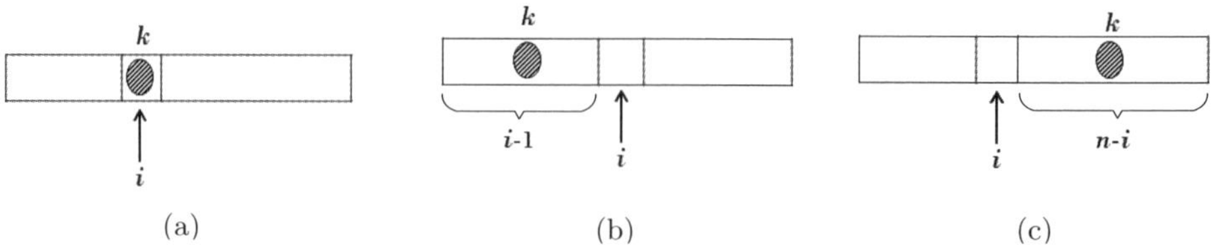

그림 8.16 분할에 의한 선택 문제

이러한 분할 정복에 의한 재귀 알고리즘은 〈알고리즘 8.14〉와 같이 나타낼 수 있다.

알고리즘 8.14 ••• 일반 선택 문제(분할 정복)

- 입력: 배열 원소 a, 정수 k
- 출력: k번째 작은 원소

```
/* 일반 선택 문제(분할 정복) */

int selection (int left, int right, int k) {
 int pivot_index;

 if (left=right)
     return a[left];
 else {
          partition(left, right, pivot_index)
          if (k=pivot_index)
               return a[pivot_index];
          else if (k<pivot_index)
               return selection(left, pivot_index-1, k);
          else
                return selection(pivot_index+1, right, k)
 }
}
```

〈알고리즘 8.14〉의 최악의 경우 시간 복잡도 함수 $W(n)$은 〈알고리즘 2.10〉의 퀵 정렬 알고리즘과 같이 $W(n) = n(n-1)/2$이다. 이러한 경우는 배열이 오름차순으로 되어 있고 $k = n$일 때이다. 그러나 〈알고리즘 8.14〉에 대한 평균적인 분석을 하면 그 복잡도가 $\Theta(n)$-시간임이 알려져 있다. 만약 분할에 의한 축값으로 매번 원소들의 가운데에 위치해 있는 중앙값(median)을 선택할 수 있다면 이 방법은 가장 좋은 결과를 낳을 것이다. 그러나 n개인 원소들 중에서 k번째 작은 원소를 찾기 위해 다시 n개인 원소들 중에서 중앙값($\lfloor n/2 \rfloor$ 번째 작은 원소)을 재귀적으로 찾는 것은 분할 정복 알고리즘을 사용하는 효율성에 도움을 전혀 주지 못한다.

그러나 다음과 같은 변형된 방법에 의해서 이 문제를 해결할 수 있다. 간단한 설명을 위해서 n이 5의 배수라고 가정한다. 그러면 원소들을 5개씩 묶어서 그룹을 $n/5$개 만들고 각 그룹에서 중앙값을 구한다. 5개의 원소들에서 중앙값을 구하는 것은 최대 6번의 비교에 의해 구할 수 있다(연습 문제 23). 그런 다음, 이 $n/5$개의 중앙값들에 대한 중앙값을 구하기 위해 재귀적으로 selection 함수를 다시 호출한다. 이러한 중앙값들의 중앙값(median of medians)은 반드시 n개의 원소들에 대한 정확한 중앙값은 아니지만 이에 대한 근사값으로 이용할 수 있다. 아래 〈그림 8.17〉을 보면 이러한 상황을 잘 이해할 수 있다. B에 있는 원소들은 중앙값들의 중앙값인 m^*보다 큰 원소들이며 C에 있는 원소들은 m^*보다 작은 원소들이다. 또한 A, D에 있는 원소들은 m^*보다 클 수도 작을 수도 있다. 따라서 중앙값들의 중앙값 법칙에 의한 선택 문제의 알고리즘을 각 단계별로 기술하면 다음의 〈알고리즘 8.15〉 select(S, k)와 같다.

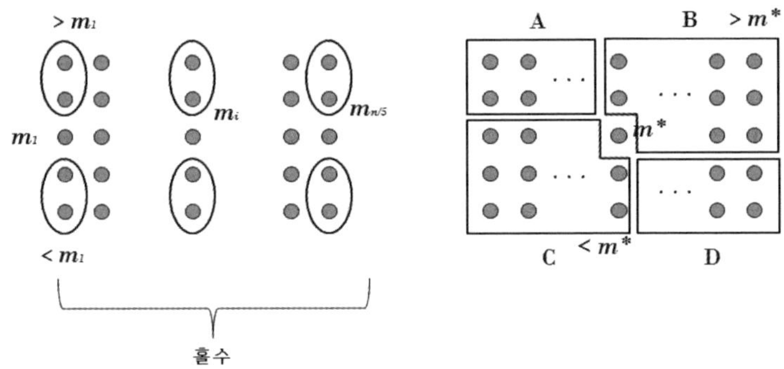

그림 8.17 중앙값들의 중앙값에 의한 선택

알고리즘 8.15 ··· select(S, k)

(1) n개의 원소 x_1, x_2, $\cdots$, x_n을 5개씩 묶어서 $n/5$개의 그룹으로 나눈다.
(2) 각 그룹에 대한 중앙값 m_i를 구한다. (단, $1 \le i \le n/5$)
(3) $n/5$개의 원소 m_1, m_2, $\cdots$, $m_{n/5}$에 대해서 $k = n/10$으로 하여 이 함수를 다시 재귀적으로 호출, 중앙값들의 중앙값인 m^*을 구한다.
(4) m^*와 A, D에 있는 각 원소와 비교하여 $S_1 = C \cup \{A, D$에 있는 원소들 중 m^*보다 작은 원소$\}$, $S_2 = B \cup \{A, D$에 있는 원소들 중 m^*보다 큰 원소$\}$라 한다.
(5) 만약 $|S_1| + 1 = k$이면, m^*가 k번째 작은 원소이고, 만약 $|S_1| \ge k$이면 select(S_1, k)를 재귀적으로 호출하고, 그렇지 않으면 select(S_2, $k - |S_1| - 1$)을 재귀적으로 호출한다.

이 중앙값들의 중앙값보다 클 수 있는 원소의 개수 또는 작을 수 있는 원소의 개수는 최대 약 $7n/10$ 정도로 알려져 있다. 따라서 이 방법을 사용하면 축값이 극단적으로 리스트를 분할하는 경우를 막을 수 있으며 그에 따라 최악의 경우 시간 복잡도를 $\Theta(n^2)$가 아닌 $\Theta(n)$으로 줄일 수 있다.

연습 문제

1. 동전들의 무게가 같은지, 큰지 혹은 작은지를 판단할 수 있는 천칭을 이용하여 다음 문제를 해결하려고 한다. 단, 이 천칭에 달 수 있는 동전의 개수와 무게에 대한 제한은 없다고 가정한다.
   (1) 8개의 동전 c_1, c_2, $\cdots$, c_8 중에서 7개는 무게가 같은 정상 동전이고 나머지 하나가 정상 동전보다 무게가 무거운 불량 동전이다. 불량 동전이 어느 것이든지 간에 이를 반드시 찾기 위해서 천칭을 사용하는 횟수를 최소화한다면 몇 번만에 찾을 수 있는가?
   (2) 8개의 동전 c_1, c_2, $\cdots$, c_8 중 7개는 무게가 같은 정상 동전이고 나머지 하나가 정상 동전보다 무게가 무겁거나 혹은 가벼울 수 있는 불량 동전이다. 불량 동전이 어느 것이든지 간에 이를 반드시 찾기 위해서 천칭을 사용하는 횟수를 최소화한다면 몇 번만에 찾을 수 있는가?

2. 이 문제는 브루스 윌리스가 주연한 영화 〈다이하드(Die Hard III)〉에 나왔던 문제이다. 뉴욕의 한 백인 경찰과 시카고의 한 흑인 경찰이 시카고의 한 분수대에 설치되어 있는 폭탄 원격 조정기 옆에서 8리터짜리 물통에 가득 들어 있는 물을 비어 있는 5리터짜리 물통과 3리터짜리 물통에 각각 4리터씩 담으려고 하고 있다. 만약 제한 시간 내에 이 일을 하지 못하면 시카고의 지하철 객차에 설치되어 있는 폭탄이 터져 수많은 사람들이 죽거나 다치게 된다. 그런데 불행하게도 지금 이 물통들에는 눈금이 매겨져 있지 않다. 여러분은 이들을 도와 폭탄이 터지지 않도록 물을 옮기는 횟수를 최소로 하여 시간을 절약할 수 있게 해야 한다. 과연 몇 번 만에 물을 나눌 수가 있는가? 통에 눈금이 없기 때문에 물을 옮길 때는 통에 남아 있는 물을 다른 통에 다 붓거나 아니면 다른 통이 가득 찰 때까지 붓는 방법밖에는 없다.

3. 정의역 $x \geq 0$에 대해서 $f(x)$를 단조 감소 함수라 하고 $f(x) \geq 0$이 되는 x의 최대 정수값을 n이라고 할 때, 이러한 n을 구하는 간단한 알고리즘은 다음과 같다.

```
i = 0;
while (f[i] ≥ 0)
    i = i +1;
n = i - 1;
```

위 알고리즘의 시간 복잡도를 구하고 그것보다 더 빠른 시간에 n을 구할 수 있는 새로운 알고리즘을 제시하라.

4. 일차원 배열 A[n]에서 A[k] ≤ A[k + 1]이고 A[k] ≤ A[k − 1]인 경우 A[k]를 지역 최소값(local minimum)이라고 하자. 여기서 인덱스 i와 j가 i ≤ j이고, A[i]≤A[i − 1], A[j]≤A[j + 1]을 만족하는 경우에는 반드시 지역 최소값이 존재하게 된다. 이러한 지역 최소값을 구하는 알고리즘을 작성하라. 단, 이 알고리즘은 최악의 경우에도 $O(n)$-시간보다 적은 시간에 수행되어야 한다.

5. 이차원 배열 A[n][m]이 주어지고 모든 i와 j에 대하여 A[i][j] ≤ A[i][j + 1]과 A[i][j] ≤A[i + 1][j]가 성립할 때 주어진 값 x가 배열 A의 원소인지 아닌지를 결정하는 효율적인 알고리즘을 작성하라.

6. $n = 33, 54$일 때 피보나치 탐색 트리를 각각 그려라.

★7. 보간 탐색에서 최악의 경우 시간 복잡도가 $\Theta(n)$에 비례하는 예를 들어보라.

8. 연결 리스트로 구현된 이진 트리에서 단말 노드의 개수를 세는 알고리즘을 기술하고 시간 복잡도를 구하라.

9. n개의 노드를 갖는 임의의 이진 트리 T에서 E_n을 T의 외부 경로 길이, I_n을 내부 경로 길이라 할 때, $E_n = I_n + 2n$이 성립하는 것을 n에 대한 귀납법으로 증명하라.

★10. n개의 노드로 구성된 이진 탐색 트리에서 성공 탐색의 평균 비교 횟수를 $S(n)$, 실패 탐색의 평균 비교 횟수를 $U(n)$이라 할 때, $S(n) = (1 + 1/n)U(n) - 1$ (단 $n \geq 1$)의 관계가 성립함을 증명하라(힌트: 내부 경로 길이와 외부 경로 길이의 관계식인 $E_n = I_n + 2n$를 이용한다).

11. n개의 내부 노드를 갖는 확장 이진 트리 중에서 내부 경로 길이와 외부 경로 길이의 최대값과 최소값은 각각 얼마인가?

12. 〈알고리즘 8.7〉에서 언급한 obst 함수를 이용하여 identifier 집합이 $(a_1, a_2, a_3, a_4) =$ (else, malloc, printf, scanf)이고 $\beta_1 = 1/20$, $\beta_2 = 1/5$, $\beta_3 = 1/10$, $\beta_4 = 1/20$, $\alpha_0 = 1/5$, $\alpha_1 = 1/10$, $\alpha_2 = 1/5$, $\alpha_3 = 1/20$, $\alpha_4 = 1/20$일 때 $W_{i,j}$, $R_{i,j}$ 및 $C_{i,j}$ $(0 \leq i \leq j \leq 4)$를 계산하라. 그리고 $R_{i,j}$를 이용하여 최적 이진 탐색 트리를 그려라.

13. 다음과 같은 순서로 알파벳 자료가 입력될 때 높이 균형 이진 탐색 트리가 만들어지는 과정을 그림으로 나타내라(각 노드의 높이 균형 인자의 값도 표시해야 함).

    Ant, Bat, Centaur, Dragon, Emu, Fungi, Griffin, Hobgoblin, Ice-monster, Jaguar

14. 높이 균형 이진 탐색 트리 T의 높이를 구하는 $\Theta(\log n)$-시간 알고리즘을 재귀적으로 작성하고, 그 알고리즘의 최악의 수행 시간이 $\Theta(\log n)$임을 보여라.

★15. 높이 균형 이진 탐색 트리 T에서 노드 x를 제거하는 알고리즘을 작성하라. 그 결과 필요하다면 탐색 트리는 재구성되어야 한다. T가 n개의 노드를 가질 때 여기에 필요한 시간이 $\Theta(\log n)$임을 보여라.

★★16. 2개의 높이 균형 이진 탐색 트리 T_1과 T_2를 병합하여 새로운 높이 균형 이진 탐색 트리 T를 만드는 알고리즘을 작성하라. 작성한 알고리즘의 시간 복잡도는 얼마인가? 단, T_1에 저장된 키값은 모두 T_2에 저장된 키값보다 작고 $h(T_1) \leq h(T_2)$라고 가정한다.

★★17. 높이 균형 이진 탐색 트리 T를 2개의 높이 균형 이진 탐색 트리 T_1과 T_2로 분할하는 알고리즘을 작성하라. 단, T_1의 모든 키값들은 x보다 작거나 같고 T_2의 모든 키값들은 x보다 커야 한다.

★★★18. 고정된 $k(\geq 1)$에 대해 일반화된 높이 균형 이진 탐색 트리 $HB(k)$를 다음과 같이 정의할 수 있다.

(a) 널(NULL) 이진 탐색 트리는 $HB(k)$이다.

(b) T가 널 이진 탐색 트리이고 T_L과 T_R이 각각 T의 왼쪽 부분 트리, 오른쪽 부분 트리일 때 아래와 같은 조건을 만족하면 T는 $HB(k)$이다.

(i) T_L과 T_R은 $HB(k)$이다.

(ii) $|h_L - h_R| \leq k$, 여기서 h_L과 h_R은 각각 T_L과 T_R의 높이이다.

(1) $HB(2)$의 높이 균형 유지에 필요한 과정을 설명하라.

(2) $HB(2)$를 위한 삽입 함수를 작성하라.

★★19. T가 이진 트리이고 v를 T의 한 노드라고 할 때, $s(v)$를 v로부터 단말 노드까지의 최단 거리라 하고 $h(v)$를 단말 노드까지의 최장 거리라 하자. T의 모든 노드 v에 대해 $h(v) \leq 2s(v)$이면 T를 절반 균형(half-balanced) 이진 트리라고 한다.

(1) T를 높이가 h이고 단말 노드 개수가 n개인 절반 균형 이진 트리라고 하면 $h \leq 2\log(n+2)+2$임을 h에 대한 귀납법으로 보여라(힌트: h가 짝수인 경우와 홀수인 경우로 나누어 증명한다).

(2) 절반 균형 이진 트리에 새로운 원소가 삽입되면 어떻게 다시 높이 균형을 유지하는지를 설명하라(힌트: 단일 회전, 이중 회전, 삼중 회전을 이용한다).

20. 높이가 h인 높이 균형 이진 트리에서 최소 노드의 개수가 얼마인가를 h에 대한 식으로 표현하고, h가 6인 경우 실제 최소 노드의 수를 계산하라.

21. 최소 개수의 노드를 갖는 높이 h인 높이 균형 이진 탐색 트리를 생성하는 함수를 작성하고 수행 시간을 분석하라.

★★22. 트리 $T=(V, E)$의 지름(diameter)은 $\max_{u,v \in V} d(u, v)$이다. 즉 모든 정점 쌍 사이의 최단 경로 중에서 최대인 것을 말한다. 이러한 트리의 지름을 구하는 효율적인 알고리즘을 제시하고 제시한 알고리즘의 시간 복잡도를 분석하라.

23. 서로 다른 5개의 정수인 a_1, a_2, a_3, a_4, a_5에서 중앙값(median)을 찾을 때 최대 6번 비교해서 찾는 방법을 결정 트리로 나타내라.

프로그래밍 과제

1. 매우 큰 크기의 배열에 저장된 자료에 대해 이진 탐색, 피보나치 탐색 및 보간 탐색을 구현한 후, 임의의 서로 다른 원소를 반복 모드로 탐색하여 각 알고리즘에 대한 기본 연산 횟수와 실제 수행 시간을 비교해보라. 단, 배열에 저장된 원소의 개수는 100,000개 이상이어야 하고, 탐색 연산은 적어도 10,000번 이상이어야 한다.

2. 배열이나 연결 리스트에 적용하는 자가조정(self-adjusting) 리스트의 개념을 이진 탐색 트리에도 적용할 수 있다. 즉 이진 탐색 트리는 탐색이 루트부터 시작되므로 현재 검색되는 원소를 루트로 가져가고(move-to-root) 다시 이진 탐색 트리의 성질을 만족하도록 일부 부분 트리들을 적절하게 회전(rotation)시킨다. 상황에 따른 회전 방법에는 (i) zig step, (ii) zig-zig step, (3) zig-zag step의 세 가지가 있으며 이러한 개념을 스플레이 트리(splay tree)라고 한다. 이는 탐색의 빈도를 기준으로 탐색 빈도수가 많은 노드는 루트에서 가까운 쪽에 위치하게 되고 빈도수가 적은 것은 루트에서 먼 쪽에 위치하게 된다는 것이다. 이러한 스플레이 트리의 회전을 이용하여 탐색 연산, 삽입 연산, 제거 연산을 각각 구현해보라.

프로그래밍에 관한 격언 8

잘 돌아간다면, 그냥 내버려둬라.

이는 프로그램의 최적화에도 적용된다. 프로그램 최적화의 가장 좋은 길은 알고리즘 자체나 자료 구조의 근본적인 개선이다. 지역 변수 몇 개나 메모리 할당 과정 등을 조작해서 약간의 이익을 꾀하다가는 프로그램을 통째로 날리게 된다.

9장

정수 및 암호 알고리즘

인터넷에서 앨리스(Alice)와 밥(Bob)이 비밀 통신을 하고자 할 때 서로 교환하려고 하는 메시지를 암호화해서 보내고 암호화된 메시지를 복호화해서 다시 원래의 메시지를 복원할 수 있어야 한다. 또한 서로 멀리 떨어져 있는 앨리스가 밥에게 메시지를 보낼 때 메시지를 보내는 사람이 다른 사람이 아닌 바로 앨리스 자신이라고 하는 것을 밥에게 확신시킬 수 있어야 한다. 암호학은 이러한 암호 알고리즘이나 인증 등의 암호 프로토콜을 다루는 분야로서 정수론 및 정수를 다루는 정수론적 알고리즘이 암호학에 대한 기초를 제공한다.

9.1 정수론 기초

군론(group theory)은 군(group)에 대해 연구하는 대수학의 한 분야이다. 군이란 어떤 집합과 이항 연산이 가질 수 있는 특정한 대수 구조로서 다음과 같이 정의된다.

[정의 9.1] 군 $(S, \oplus)$은 집합 S와 S에서 정의된 이항 연산자 $\oplus$가 다음과 같은 조건을 만족한다.

(1) S에 속한 모든 원소 a, b에 대해서, $a \oplus b \in S$이다(닫힘).

(2) S에 속한 모든 원소 a에 대해서, $e \oplus a = a \oplus e = a$인 원소 $e \in S$가 유일하게 존재해야 한다(항등원).

(3) S에 속한 모든 원소 a, b, c에 대해서, $(a \oplus b) \oplus c = a \oplus (b \oplus c)$이어야 한다(결합 법칙).

(4) S에 속한 모든 원소 a에 대해서, $a \oplus b = b \oplus a = e$인 원소 $b \in S$가 유일하게 존재해야 한다(역원).

첫 번째 예로, 정수 집합 Z와 그에 대한 덧셈 연산 $+$, 즉 $(Z, +)$는 군이다. 왜냐하면 두 정수의 덧셈 결과는 항상 정수이므로 닫혀 있고, 정수의 덧셈 연산은 결합 법칙이 만족함을 쉽게 알 수 있다. 또한 항등원 0이 존재하고, 임의의 정수 a에 대해서 $-a$가 유일한 역원이 된다. 두 번째 예로 0이 아닌 실수 집합 $R-\{0\}$과 그에 대한 곱셈 연산 $\times$, 즉 $(R-\{0\}, \times)$ 또한 군이다. 곱셈 연산 $\times$이 닫혀 있으며 결합 법칙을 만족함을 쉽게 알 수 있다. 항등원 1이 존재하고 임의의 원소 a에 대해서 역원 $1/a$이 유일하게 존재한다.

군 $(S, \oplus)$에서 집합 S가 유한하다면 군 $(S, \oplus)$를 유한군(finite group)이라고 부른다. 또한 군 $(S, \oplus)$이 S에 속한 모든 원소 a, b에 대해서, $a \oplus b = b \oplus a$, 즉 교환 법칙을 만족하면 군 $(S, \oplus)$를 가환군(commutative group) 또는 아벨군(Abelian group)이라 한다. 군 $(Z, +)$와 군 $(R - \{0\}, \times)$는 모두 가환군이지만 유한군은 아니다.

다음으로는 모듈로(modulo, 또는 법)에 대한 합동(congruency)을 정의한다.

> **[정의 9.2]** a, b를 정수라고 하고 n을 양의 정수라고 하자. 만약 n이 $(a-b)$를 나눈다면 즉, $n|(a-b)$이면 a, b가 모듈로(또는 법) n에 대하여 합동이라고 하고, $a \equiv b \bmod n$이라고 쓴다.

위 정의에 의해서 $a \equiv b \bmod n$이면 $a \bmod n = b \bmod n$이고 $a \bmod n = b \bmod n$이면 $a \equiv b \bmod n$임을 쉽게 증명할 수 있다. 예를 들면, $3|(25-13)$이므로 $25 \equiv 13 \bmod 3$이다. 따라서 $25 \equiv 13 \bmod 3$와 $25 \bmod 3 = 13 \bmod 3$는 서로 필요충분 관계이다.

다음의 [정리 9.1]은 모듈로 n에 대한 합동이 동치 관계(equivalence relation)임을 나타내는 정리이다.

> **[정리 9.1]** 임의의 양의 정수 n에 대해, 모듈로 n에 대한 합동은 정수 집합에 대한 동치 관계이다. 즉 반사성, 대칭성 및 이행성을 모두 만족하는 관계이다.
> (1) 반사성(reflexivity): 모든 정수 a에 대해, $a \equiv a \bmod n$이다.
> (2) 대칭성(symmetry): 만약 $a \equiv b \bmod n$이면, $b \equiv a \bmod n$이다.
> (3) 이행성(transitivity): 만약 $a \equiv b \bmod n$이고 $b \equiv c \bmod n$이면, $a \equiv c \bmod n$이다.

$a \bmod n$과 합동인 모든 정수의 집합을 a를 포함하는 모듈로 n에 대한 동치 클래스(equivalence class)라고 부른다. 합동은 동치 관계이므로 임의의 정수 a는 다음과 같이 동치 클래스를 결정한다.

$$[a]_n = \{a + kn \mid k \in Z\}$$

예를 들면, $[3]_7 = \{\cdots, -11, -4, 3, 10, 17, \cdots\}$이다. 이는 $[10]_7$, $[17]_7$, $\cdots$ 등과 같이 나타낼 수도 있으나 보통 $[3]_7$과 같이 음수가 아닌 가장 작은 정수로 나타낸다. 모듈로 n에 대한 모든 동치 클래스의 집합을 Z_n으로 나타낸다. 즉

$$Z_n = \{[0]_n, [1]_n, \cdots, [n-1]_n\}$$

이며, 이를 간단히 $Z_n = \{0, 1, \cdots, n-1\}$로 나타낸다.

Z_n에 대한 덧셈과 곱셈은 다음과 같이 정의한다.

$$[a]_n + [b]_n = [a+b]_n, \ [a]_n \times [b]_n = [a \times b]_n$$

만약 $x \in [a]_n$, $y \in [b]_n$이라 한다면 $x = a + in$, $y = b + jn$인 정수 i, j가 존재한다. 그러면 $x + y = a + b + (i + j)n$이므로 $x + y \in [a+b]_n$이고, $x \times y = a \times b + (a \times j + b \times i) \times n + i \times j \times n^2$이므로 $x \times y \in [a \times b]_n$이다. 예를 들어, $[3]_5 + [4]_5 = [7]_5 = [2]_2$이고, $[2]_5 \times [4]_5 = [8]_5 = [3]_2$이 된다.

> **[정리 9.2]** 모든 양의 정수 n에 대하여, $(Z_n, +)$는 가환군이며 유한군이다.

(증명) $(Z_n, +)$는 정수 덧셈에 의해 결합 법칙과 교환 법칙을 만족함을 쉽게 알 수 있다. 또한 항등원은 $[0]_n$, 원소 $[a]_n$에 대한 역원은 $[a]_n + [-a]_n = [a+(-a)]_n = [0]_n$이므로 $[-a]_n$임을 알 수 있다. ■

Z_n의 원소 중 일부가 곱셈에 대한 역원을 갖지 않는 경우가 있으므로 $(Z_n, \times)$는 모든 n에 대해서 군이 아니다. 즉 $[1]_n$을 항등원이라 했을 때 모든 $a \in Z_n$에 대하여 $[a]_n \times [b]_n = [1]_n$이 되는 b가 존재하지 않을 수 있다. 예를 들어, $Z_6 = \{0, 1, 2, 3, 4, 5\}$이고 $a = 2$일 때 $[2]_6 \times [b]_6 = 1$이 되는 b가 존재하지 않는다. 이는 2와 6이 서로 소가 아니므로 이러한 문제가 발생한다. 따라서 n과 서로 소인 정수들만 고려한다면 군의 성질을 갖게 된다. Z_n^*를 Z_n의 원소 중에서 n과 서로 소인 원소들의 집합이라고 한다. 만약 n이 소수라면 당연히 $Z_n^* = Z_n - \{0\}$이다. 예를 들면 $Z_9^* = \{1, 2, 4, 5, 7, 8\}$이고, $Z_7^* = \{1, 2, 3, 4, 5, 6\}$이다.

다음의 [정리 9.3]은 [정리 9.4]를 증명하는 데 필요하다.

> **[정리 9.3]** $\gcd(a,\ b)$를 a와 b의 최대공약수라고 하자. 만약 d가 각각 정수 a, b를 나누고 어떤 정수 $x,\ y$에 대해 $d = ax + by$라면 $d = \gcd(a,b)$이다.

(증명) d가 a를 나누고 d가 b를 나누는 약수이므로 당연히 $d \le \gcd(a,b)$이다. 또한 $\gcd(a,\ b)|a$이고 $\gcd(a,\ b)|b$이므로 $\gcd(a,\ b)$는 d를 포함한 a, b의 선형 조합 $ax + by$를 나눈다. 즉 $\gcd(a,\ b) \le d$이다. 따라서 $d = \gcd(a,\ b)$이다. ■

예를 들면, $a = 13,\ b = 4$인 경우 $1 = 13 \times 1 + 4 \times (-3)$이므로 $\gcd(13,\ 4) = 1$이고 따라서 이 두 수는 서로 소이다.

> **[정리 9.4]** 모든 양의 정수 n에 대하여, $(Z_n^*,\ \times)$는 가환군이며 유한군이다.

(증명) $a \times b$의 약수는 a의 약수이거나 b의 약수이어야 한다. 따라서 a, b가 n에 대해 각각 서로 소라면 $a \times b$도 n에 대해 서로 소이다. 이는 연산 $\times$가 Z_n^*에 대해 닫혀 있다는 의미이다. 또한 $\times$의 결합성과 교환성은 정수 곱셈의 결합 법칙과 교환 법칙에 의해 쉽게 만족함을 알 수 있고, 항등원은 $[1]_n$이 된다. 만약 원소 a가 n과 서로 소라면 [정리 9.3]에 의해 다음 식을 만족하는 정수 $x,\ y$가 존재한다.

$$1 = xa + yn$$

이 의미는 $1 \equiv xa \bmod n$ 이므로 $[x]_n$이 원소 $[a]_n$의 역원임을 알 수 있다. ■

예제 9.1

$Z_9^* = \{1,\ 2,\ 4,\ 5,\ 7,\ 8\}$에 대한 곱셈표는 다음과 같다. 이 표에 의해 곱셈의 결과와 각 원소에 대한 역원을 쉽게 알 수 있다.

×	1	2	4	5	7	8
1	1	2	4	5	7	8
2	2	4	8	1	5	7
4	4	8	7	2	1	5
5	5	1	2	7	8	4
7	7	5	1	8	4	2
8	8	7	5	4	2	1

■

[정리 9.5] Z_n^*의 원소 개수를 오일러 파이 함수(Euler phi function)라고 부르고 다음과 같은 값을 갖는다.

$$\phi(n) = n \prod_{p\,:\,p|n} \left(1 - \frac{1}{p}\right)$$

단, 여기에서 곱은 n을 나누는 모든 소수에 대해서 한다(만약 n이 소수인 경우 n을 포함함).

만약 p가 소수라면 $\phi(p) = p\left(1 - \frac{1}{p}\right) = p - 1$이다. 예를 들면, $|Z_9^*| = 9 \prod_{p\,:\,p|9} \left(1 - \frac{1}{p}\right) = 9\left(1 - \frac{1}{3}\right) = 6$이고, 7은 소수이므로 $|Z_7^*| = 6$이다.

만약 $G = (S, \oplus)$가 군이고 $S' \subseteq S$일 때, $G' = (S', \oplus)$이 군이라면 G'을 G의 부분군이라고 한다. 또한 만약 $S' \neq S$이면 G'은 G의 진부분군이 된다.

예제 9.2

Z를 정수 집합, E를 짝수인 정수 집합이라 할 때, $(E, +)$는 $(Z, +)$의 부분군이다. ■

다음으로 군 $G = (S, \oplus)$와 역원 a'을 갖는 원소 $a \in S$가 주어져 있을 때, 음이 아닌 정수 k에 대해 a^k 및 a^{-k}을 다음과 같이 정의한다.

$$a^0 = 1,$$
$$a^k = a \oplus a \oplus \cdots \oplus a \quad (a\text{가 } k\text{개임})$$
$$a^{-k} = (a')^k$$

또한 군 $G=(S, \oplus)$와 부분 집합 $S' \subseteq S$이 있을 때, 모든 $a, b \in S'$에 대해서 $a \oplus b \in S'$이라면 집합 S'은 연산 $\oplus$에 대해서 닫혀 있다고 한다.

> **[정리 9.6]** 유한군 $G=(S, \oplus)$와 연산 $\oplus$에 대해서 공집합이 아닌 닫혀 있는 부분 집합 $S' \subseteq S$이 주어져 있다면, $(S', \oplus)$은 G의 부분군이다.

(증명) S에서 결합 법칙이 성립하므로 $S' \subseteq S$에서도 당연히 결합 법칙이 성립한다. 또한 G가 유한군이므로 $a^k = a^k a^m$을 만족하는 양의 정수 $k, m \geq 1$이 존재하게 된다(연습 문제 4에서 증명함). 이 식의 양변에 a^k의 역원을 곱하면, e를 항등원이라고 할 때

$$(a^k)^{-1}a^k = (a^k)^{-1}a^k a^m$$
$$\Rightarrow e = a^m$$

이 된다. S'이 연산 $\oplus$에 대해 닫혀 있으므로 $e \in S'$이다. 다음으로 모든 원소 $a \in S'$에 대해서 a의 역원이 S'에 속함을 밝힌다. 또한 위에서 본 바와 같이 모든 원소 $a \in S'$에 대해,

$$e = a^m = a \oplus a^{m-1}$$

이므로 a^{m-1}이 a의 역원이다. 또한 S'이 닫혀 있으므로 $a^{m-1} \in S'$이다. ■

> **[정리 9.7]** 유한군 $G=(S, \oplus)$와 G의 부분군 $G'=(S', \oplus)$이라면, $|S'|$은 $|S|$의 약수이다. 또한 G'이 G의 진부분군이라면 $|S'| \leq |S|/2$이다.

예제 9.3

군 $(Z_{12}, +)$에 대해서 $S'=\{0, 3, 6, 9\}$일 때 군 $(S', +)$은 군 $(Z_{12}, +)$의 부분군이 된다(연습 문제 5에서 증명함). 이때 $|S'|=4$, $|Z|=12$이므로 4는 12의 약수이다. ■

유한군 $G=(S, \oplus)$와 원소 $a \in S$에 대해서 $< a >$를 다음과 같이 정의한다.

$$< a > = \{a^k \mid k \geq 1\text{인 정수}\}$$

그러면 $< a >$는 연산 $\oplus$에 대해 닫혀 있으며 [정리 9.6]에 의해 $(< a >, \oplus)$는 G의 부분군이다. 이러한 군을 원소 a에 의해 생성된 부분군이라고 한다. 만약 a에 의해서 생성된

부분군이 G라면 a를 G의 생성원(generator)이라고 한다.

예제 9.4

군 $(Z_8, +)$에 대해서 보면 $a = 2$일 때,

$$\begin{aligned} <2> &= \{2,\ 2+2,\ 2+2+2,\ 2+2+2+2,\ 2+2+2+2+2,\ \cdots\ \} \\ &= \{2,\ 4,\ 6,\ 0,\ 2,\ 4,\ 6,\ \cdots\} \\ &= \{2,\ 4,\ 6,\ 0\} \end{aligned}$$

이다. ■

위의 예를 살펴보면 부분군을 생성할 때 일단 항등원이 만들어지면 그 다음은 계속해서 앞에서 만들어졌던 원소가 다시 만들어지므로 더 이상 만들 필요가 없다. 이를 위해 원소 a에 대한 위수(order)를 $\mathrm{ord}(a)$라 표기하고, e가 항등원일 때 $a^t = e$가 되는 가장 작은 양의 정수 t로 정의한다. 따라서 아래 정리에 의해 $< a > = \{a^0,\ a^1,\ a^2,\ \cdots,\ a^{t-1}\}$가 된다.

> **[정리 9.8]** 유한군 $G = (S,\ \oplus)$와 $a \in S$에 대해서 $t = \mathrm{ord}(a)$라 하자. 그러면 a에 의해 생성된 부분군 $< a >$는 서로 다른 다음의 원소들 t개로 구성된다.
>
> $a^1,\ a^2,\ \cdots,\ a^t (= e)$

예제 9.5

① 군 $(Z_8, +)$에 대해서 보면, $< 2 > = \{2,\ 4,\ 6,\ 0\}$, $< 4 > = \{4,\ 0\}$이고 $< 1 > = Z_8$이므로 원소 1이 Z_8의 생성원이 된다. ② 군 $(Z_9^*, \times)$에 대해서 보면, $Z_9^* = \{1,\ 2,\ 4,\ 5,\ 7,\ 8\}$이므로 $< 4 > = \{4, 7, 1\}$, $< 2 > = Z_9^*$이다. 따라서 2는 Z_9^*의 생성원이 된다. ■

[정리 9.9] $G = (S, \oplus)$를 항등원이 e인 유한군이라고 하자. 그러면 모든 원소 $a \in S$에 대해

$$a^{|S|} = e$$

이다. 단, $|S|$는 S의 원소의 개수를 나타낸다.

(증명) 원소 a에 의해서 생성된 부분군 $< a >$의 원소의 개수는 a의 위수인 $\mathrm{ord}(a)$이다. 따라서 [정리 9.7]에 의해서 $|S| = \mathrm{ord}(a) \times k$인 정수가 존재한다. 따라서

$$a^{|S|} = a^{\mathrm{ord}(a) \times k} = e^k = e$$

이다. ■

[정리 9.10] 오일러의 정리

$n > 1$일 때 모든 $a \in Z_n^*$에 대해

$$a^{\phi(n)} \equiv 1 \bmod n$$

이다.

(증명) [정리 9.5]와 [정리 9.9]에 의해 쉽게 증명이 가능하다. ■

[정리 9.11] 페르마의 소정리

p가 소수일 때 모든 $a \in Z_p^*$에 대해

$$a^{p-1} \equiv 1 \bmod p$$

이다.

(증명) [정리 9.10]과 p가 소수일 때 $\phi(p) = p - 1$이므로 증명이 가능하다(좀 더 자세한 증명은 [정리 9.15] 참조.). ■

예제 9.6

① 군 $(Z_9^*, \times)$에서

$$\phi(9) = 9\prod_{p\,:\,p|9}\left(1-\frac{1}{p}\right) = 9\times\left(1-\frac{1}{3}\right) = 6$$

이다. 또한 $4^6 \equiv 4{,}096 \equiv 1 \bmod 9$이다.

② 군 $(Z_7^*, \times)$에서

$$2^{7-1} \equiv 64 \equiv 1 \bmod 7$$

이다. ■

만약 어떤 원소 $g \in Z_n^*$에 대한 위수 $\text{ord}(g) = |Z_n^*|$이면 Z_n^*의 모든 원소는 원소 g에 의해서 생성될 수 있다. 이때 원소 g를 Z_n^*의 원시근(primitive root)이라고도 부른다. 예를 들면 Z_{15}^*에서 $\text{ord}(2) = 4$, $\text{ord}(4) = 2$이고, Z_{11}^*에서 $\text{ord}(2) = 10$, $\text{ord}(3) = 5$이다. 아래 표에서 보듯이 Z_{15}^*에서는 원시근이 존재하지 않고 Z_{11}^*에서는 원소 2, 6, 7, 8이 원시근이다.

g가 Z_n^*의 원시근이고 a가 Z_n^*의 임의의 원소라 할 때 $g^x \equiv a \bmod n$을 만족하는 양의 정수 x가 반드시 존재하게 된다. 이때 x를 밑 g에 대한 $a \bmod n$의 이산대수(discrete logarithm)라고 부른다. 이산대수 문제란 g가 Z_n^*의 원시근이고 a가 Z_n^*의 임의의 원소라 할 때 $g^x \equiv a \bmod n$을 만족하는 양의 정수 x를 찾는 문제로서, 이는 매우 어렵다고 알려져 있다. 이러한 이산대수 문제는 문제의 어려움으로 인하여 인수분해 문제와 함께 공개키 암호 시스템 및 키 교환 프로토콜에 사용된다.

표 9.1 Z_{15}^*와 Z_{11}^*의 연산표

Z_{15}^*	1	2	3	4	5	6	7	8
1	1	1	1	1	1	1	1	1
2	2	4	8	1	2	4	8	1
4	4	1	4	1	4	1	4	1
7	7	4	13	1	7	4	13	1
8	8	4	2	1	8	4	2	1
11	11	1	11	1	11	1	11	1
13	13	4	7	1	13	4	7	1
14	14	1	14	1	14	1	14	1

Z_{11}^*	1	2	3	4	5	6	7	8	9	10
1	1	1	1	1	1	1	1	1	1	1
2	2	4	8	5	10	9	7	3	6	1
3	3	9	5	4	1	3	9	5	4	1
4	4	5	9	3	1	4	5	9	3	1
5	5	3	4	9	1	5	3	4	9	1
6	6	3	7	9	10	5	8	4	2	1
7	7	5	2	3	10	4	6	9	8	1
8	8	9	6	4	10	3	2	5	7	1
9	9	4	3	5	1	9	4	3	5	1
10	10	1	10	1	10	1	10	1	10	1

9.2 확장 유클리드 알고리즘

1장에서 두 정수 $a,\ b$의 최대공약수 $\gcd(a,\ b)$를 구하기 위한 유클리드 알고리즘을 소개했다. 또 [정리 9.3]을 보면 $\gcd(a,\ b) = ax + by$를 만족하는 정수 x, y가 반드시 존재하는 것을 알 수 있다. 이러한 정수 x, y의 값은 이 절에서 소개하는 확장 유클리드 알고리즘으로 구할 수 있으며 이는 곱셈군의 역원을 구할 때 이용된다.

알고리즘 9.1 ••• 확장 유클리드 알고리즘

- 입력: 정수 $a,\ b\ \ (a \geq b \geq 0)$
- 출력: 정수 $x,\ y,\ d\ \ (d = \gcd(a,\ b),\ ax + by = d)$

```
/* 확장 유클리드 알고리즘 */

void extended_Euclid (int a, int b, int *d, int *x, int *y) {
 int nd, nx, ny;

 if (b==0) {
   d = a;
   x = 1; y = 0;
 }
 else {
   extended_Euclid (b, a%b, nd, nx, ny);
   d = nd;
   x = ny;
   y = nx - int(a/b)*ny;
}
```

예제 9.7

$a=25,\ b=11$일 때 확장 유클리드 알고리즘에 의해서 $\gcd(a,\ b)$의 값과 $ax+by=\gcd(a,\ b)$인 정수 x, y를 구하는 과정을 〈표 9.2〉에 나타내었다. $\gcd(25,\ 11)=1,\ x=15,\ y=-34$이다.

표 9.2 확장 유클리드 알고리즘의 진행 과정

호출	a	b	gcd	x	y
	↓	↓			
0	25	11	1	15	−34
1	11	3	1	−4	15
2	3	2	1	3	−4
3	2	1	1	−1	3
4	1	0	1	1	−1
	→	→	↑	↑	↑

* 화살표는 값이 결정되는 방향을 나타낸다. ■

이 알고리즘에 대한 시간 복잡도는 〈알고리즘 1.8〉 유클리드 알고리즘과 동일하다. 다음에서 이 알고리즘의 정확성을 증명한다.

[정리 9.12] 〈알고리즘 9.1〉의 확장 유클리드 알고리즘은 주어진 두 양의 정수 $a,\ b$에 대해 $\gcd(a,\ b)=ax+by$인 정수 $x,\ y$를 구한다.

(증명) 귀납법에 의해서 증명한다.

(i) 귀납 기초: 마지막 재귀 호출에서 $b=0$이며, $\gcd(a,\ b)=a$가 된다. 이때 $x,\ y$값은 각각 1, 0이므로

$$ax+by=a\times1+b\times0=a=\gcd(a,b)$$

이다.

(ii) 귀납 가설: k번째 재귀 호출에서 $x,\ y$값이 다음 식에 의해 결정된다고 가정한다.

$$\gcd(a,b)=ax+by$$

그러면 $(k-1)$번째 재귀 호출로 반환되는 x'(nx의 값)과 y'(ny의 값)는 다음 식을 만족하는 값이다.

$$\gcd(b, a \bmod b) = bx' + (a \bmod b)y'$$

(iii) 귀납 단계: $(k-1)$번째 재귀 호출을 보면

$$\begin{aligned} ax + by &= ay' + b(x' - \lfloor a/b \rfloor y') \\ &= bx' + (a - \lfloor a/b \rfloor b)y' \\ &= bx' + (a \bmod b)y' \\ &= \gcd(b, a \bmod b) \quad \text{(귀납 가정에 의함)} \\ &= \gcd(a, b) \quad \text{([정리 1.1]에 의함)} \end{aligned}$$

■

만약 두 정수 a와 n이 서로 소라면 $\gcd(a, n) = 1$이고 $ax + ny = 1$인 정수 x, y가 존재한다. $ax + ny = 1$의 양변에 $\bmod n$을 취하면

$$ax \equiv 1 \bmod n$$

이 되므로, 두 정수 a, n에 대해 확장 유클리드 알고리즘에 의해 구한 정수 x값은 a의 역원이 된다.

9.3 소수와 소수 판정 알고리즘

매우 큰 소수를 찾는 것은 다음 절에서 언급할 RSA 공개키 암호 시스템의 안전성에 매우 큰 영향을 미친다. 이 절에서는 큰 소수를 찾는 문제와 주어진 어떤 수가 소수인지를 판정하는 문제를 살펴본다.

매우 큰 소수를 찾기 위한 한 가지 방법은 우리가 원하는 적절한 크기의 임의의 수를 선택하여 그 수가 소수인가를 판정하는 것이다. 만약 아닌 경우는 다시 임의의 수를 선택하여 위의 판정 과정을 반복한다. 다만 이 방법을 사용하는 경우 소수의 밀도, 즉 임의로 어떤 수를 선택하는 경우 그 수가 소수가 될 확률이 중요한 고려사항이 된다. 다음의 소수 분포 정리는 그러한 확률의 근사치를 아는 데 많은 도움을 준다. 여기에서 소수 분포 함수 $\pi(x)$은 x보다 작거나 같은 수들 중에서 소수의 개수를 의미한다. 예를 들어 15보다 작거나 같은 수 중 소수는 2, 3, 5, 7, 11, 13이므로 $\pi(15) = 6$이다.

[정리 9.13] 소수 분포 정리

$$\lim_{x\to\infty}\frac{\pi(x)}{x/\ln x}=1$$

이다.

이 정리는 x가 적절히 큰 수일 때 x보다 작거나 같은 소수의 개수의 추정치가 대략 $x/\ln x$이라는 의미이다. 따라서 1부터 x사이의 정수 중에서 임의로 선택한 정수가 소수일 확률은

$$\frac{x/\ln x}{x}=\frac{1}{\ln x}$$

이다. 예를 들면 임의로 선택한 n-비트 크기의 수가 소수일 확률은 대략 $1/\ln 2^n$이므로 약 $1.44/n$이다. 또한 $x=10^{16}$이라면 1부터 10^{16}사이에서 임의로 선택한 수가 소수일 확률은 $1/\ln 10^{16}=0.027$ 정도이다. 만약 임의로 200개의 수를 선택한다면 200개 모두가 소수가 아닐 확률은 $(1-0.027)^{200}=0.004$ 정도로 매우 낮다. 이러한 사실은 소수가 매우 풍부하다는 것을 나타낸 것으로서 다음과 같은 과정에 의해 간단하게 소수를 생성할 수 있다.

(1) 임의로 n-비트 수 x를 선택한다.
(2) x에 대해 소수 판정을 한다.
(3) 소수 판정을 통과하면 x를 소수로 출력하고, 그렇지 않으면 위 과정을 반복한다.

위의 과정에서 제일 중요한 문제는 소수 판정을 하는 것이다. 소수 판정을 하는 제일 간단한 방법은 2부터 $\sqrt{x}$까지 x를 반복해서 나누어보는 방법이다. 이 방법은 당연히 최대 $\sqrt{x}-1$번의 나눗셈을 하게 된다. 5장에서 언급했듯이 여기서 x는 입력 파라미터(parameter) 값이지 입력 크기가 아님을 유의해야 한다. 입력 크기는 x를 인코딩하기 위해 필요한 문자의 수를 의미한다. 즉 만약 x가 2^n이면 입력 크기는 n이 된다. 따라서 위의 간단한 방법은 x에 대한 다항 시간 알고리즘이 아니라 입력 크기 n에 대한 지수 알고리즘이 된다.

최근까지 소수 판정을 하는 다항 시간 알고리즘이 존재하지 않았으나 인도의 수학자인 아그라왈(Rakesh Agrawal, 2002) 등이 $\Theta(n^6)$의 다항 시간 알고리즘을 개발했다. 또한 결정적 알고리즘이 아닌 확률적 알고리즘으로서는 효율적이고 표준적인 밀러-라빈(Miller-Rabin)

소수 판정 알고리즘이 가장 많이 쓰이고 있다. 이러한 확률적 알고리즘은 만약 x가 소수라면 소수로 판정을 하지만, x가 소수가 아닌 경우 아주 작은 확률로 합성수를 소수로 판정할 수 있다. 이 책에서는 $\Theta(n^6)$의 다항 시간 알고리즘과 밀러-라빈 소수 판정 알고리즘에 대해서는 복잡하므로 소개하지 않고, 페르마(Fermat) 테스트를 이용한 확률적 알고리즘에 대해서만 간단히 소개하기로 한다.

페르마의 소정리를 이용한 페르마 테스트는 밀러-라빈 소수 판정 알고리즘과 마찬가지로 소수가 아닌 경우 그 소인수를 따로 구할 수 있는 것은 아니다. 여기서 페르마의 소정리([정리 9.11])를 다시 보자.

> p가 소수일 때, 모든 $a \in Z_p^*$에 대해 $a^{p-1} \equiv 1 \bmod p$이다.

문제는 이 조건이 p가 소수이기 위한 필요충분조건이 아니라는 데 있다. 즉 주어진 정수 n이 어떤 a에 대해서 $a^{n-1} \equiv 1 \bmod n$의 조건을 만족하면 n이 소수일 수도 있지만 소수가 아닐 수도 있게 된다.

알고리즘 9.2 ••• 소수 판정 알고리즘 1

- 입력: 양의 정수 n
- 출력: true 혹은 false

```
/* 소수 판정 알고리즘 1 */

boolean primality1 (int n) {
  int a;

  Pick a positive integer a < n at random;
  if (a^(n-1) ≡ 1 mod n)
     return true
  else
     return false
}
```

위 알고리즘은 n이 소수라면 반드시 true를 반환한다. 그러나 n이 소수가 아닌 경우에도 a값의 선택에 따라 true를 반환하는 경우가 생긴다. 예를 들어, $221 = 13 \times 17$이므로 221은 합성수이지만 임의로 선택된 $a = 38\,(< 221)$에 대해서 $38^{220} \equiv 1 \bmod 221$의 조건을 만족하므로 true를 반환한다. 그러나 n이 합성수라고 할지라도 많은 대다수의 a값에 대해서 위의 조건을 만족하지 않는다면 이 조건을 이용해서 소수 판정을 할 수 있다는 사실이 중요하다.

카마이클 수(Carmichael number)는 아주 예외적인 합성수로서, n과 서로 소인 모든 a값에 대해서 $a^{n-1} \equiv 1 \bmod n$의 조건을 만족하는 것으로 알려져 있다. 다음 〈표 9.3〉은 x보다 작거나 같은 수들 중에서 카마이클 수의 개수 $C(x)$를 표시한 것이다.

표 9.3 카마이클 수의 개수

n	9	10	11	12	13	14	15	16	17	18	19	20	21
$C(10^n)$	646	1547	3605	8241	19279	44706	105212	246683	585355	1401644	3381806	8220777	20138200

따라서 어떤 수가 카마이클 수일 확률은 극히 적다. 이러한 카마이클 수를 고려하지 않으면 페르마 테스트를 이용한 판정 알고리즘이 확률적으로 잘 맞아 떨어질 것으로 예측할 수 있다. 즉 소수인 x에 대해서는 페르마 테스트를 통과하고 올바른 답인 true를 출력한다. 카마이클 수가 아닌 합성수 x에 대해서는 임의로 선택된 a값에 따라 달라질 수 있는데, 다음의 [정리 9.14]에 의해 적어도 반 이상의 a값에 대해서 페르마 테스트를 통과하지 못하게 된다.

[정리 9.14] 만약 n과 서로 소인 어떤 a값에 대해서 $a^{n-1} \not\equiv 1 \bmod n$라면, $a < n$인 반 이상의 a값에 대해서 $a^{n-1} \not\equiv 1 \bmod n$이다.

(증명) 어떤 a값에 대해서 $a^{n-1} \not\equiv 1 \bmod n$라 하자. 페르마 테스트를 통과한, 다시 말해 $b^{n-1} \equiv 1 \bmod n$인 각 $b < n$마다 다음과 같이 테스트를 통과하지 못하는 대응 쌍 $a \times b$가 존재하게 된다.

$$(a \times b)^{n-1} \equiv a^{n-1} b^{n-1} \equiv a^{n-1} \not\equiv 1 \bmod n$$

더구나 어떤 a값에 대해서 b를 다르게 선택하면 $a \times b$의 값도 서로 다르게 된다.

집합 $\{1, 2, \ldots, n-1\}$

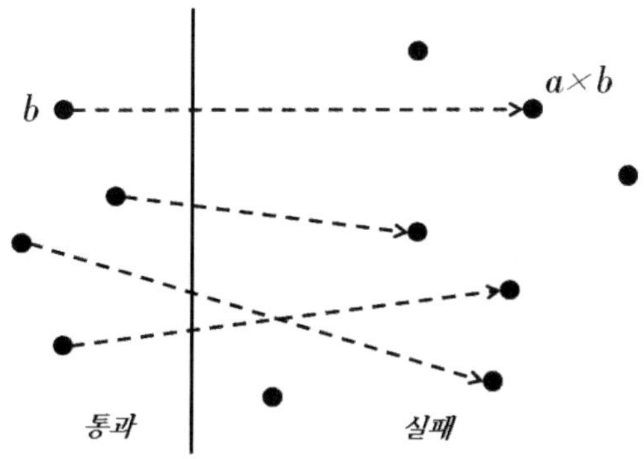

그림 9.1 [정리 9.14]의 증명을 위한 그림

위의 그림과 같이 일대일 함수의 정의에 의해 테스트를 통과하지 못한 원소의 개수는 통과한 원소의 개수보다는 많다. ■

그러므로 카마이클 수를 무시하면 다음과 같은 사실을 알 수 있다.

(1) n이 소수이면 $a < n$인 모든 a에 대해서 $a^{n-1} \equiv 1 \bmod n$을 만족한다.

(2) n이 소수가 아니면 $a < n$인 a값들 중에서 최대 $\frac{1}{2}$까지만 $a^{n-1} \equiv 1 \bmod n$을 만족한다.

따라서 [알고리즘 9.2]는 다음과 같은 확률적인 특징을 갖는다.

(1) $\Pr$(n이 소수일 때 true를 반환)$= 1$

(2) $\Pr$(n이 소수가 아닐 때 true를 반환) $\leq \frac{1}{2}$

이러한 종류의 에러는 a값을 여러 개 선택하여 각 값에 대해 반복적으로 수행시킴으로써 확률적으로 줄일 수 있다. 만약 k개의 정수를 임의로 선택하여 테스트한다면 〈알고리즘 9.3〉은

$$\Pr(n\text{이 소수가 아닐 때 true를 반환}) \leq \frac{1}{2^k}$$

이 된다. 만약 $k = 50$이라면 에러의 확률이 $2^{-50}(< 10^{-17})$보다도 작아지므로 확률적으로 거의 일어나지 않는 사건이라고 볼 수 있다.

알고리즘 9.3 ••• **반복 소수 판정 알고리즘 2**

- 입력: 양의 정수 n
- 출력: true 혹은 false

```
/* 반복 소수 판정 알고리즘 2 */

boolean primality2 (int n) {
 int a;

 Pick a positive integer a_1, a_2, ..., a_k < n at random
 if (a_i^(n-1) ≡ 1 mod n) for all i = 1, 2, ..., k
    return true
 else
    return fasle
}
```

구체적인 예를 들어보면, $k=1$인 경우 $n \le 10{,}000$에 대해서 모두 테스트를 해본 결과 8개의 합성수가 테스트를 통과했다. 이 범위에 있는 소수는 1,229개이다. 테스트를 통과하는 합성수의 개수는 선택된 a값과 그 개수에 따라 달라진다. 실험적으로 $k=3$인 경우는 평균 약 5개의 합성수가 테스트를 통과했으며, $k=5$인 경우는 약 2개 정도가 통과했고, $k=10$인 경우는 테스트를 통과한 합성수가 없었다.

9.4 RSA 공개키 암호 알고리즘

인터넷 등 서로 비대면의 상황에서 두 사람이 비밀리에 메시지를 주고받아야 하는 상황이 발생할 수 있다. 만약 밥이 앨리스에게 비밀 편지를 보내고자 할 때 중간에서 제3자가 편지를 가로채더라도 그 내용을 읽지 못하게 하려면 밥은 어떤 값(키)을 사용해서 편지를 암호화시켜야 하며 앨리스는 본인만이 아는 어떤 비밀값(키)을 사용해서 편지를 복호화할 수 있어야 한다.

개인키 암호 시스템 또는 대칭키 암호 시스템은 밥이 암호화하는 키와 앨리스가 복호화하는 키를 동일하게 사용하는 암호 시스템이다. 즉 어떤 평문 메시지 m을 암호화하기 위해서 밥이 키 K를 사용한다면 암호문 c는

$$c = E_K(m)$$

이다. 단 E는 암호화 알고리즘이다. 또한 앨리스도 암호문 c를 복호화하기 위해서 밥이 사용했던 동일한 키 K를 사용한다. 평문 m은

$$m = D_K(c)$$

과 같이 복호화된다. 단 D는 복호화 알고리즘이다. 즉 E와 D는 $D_K(E_K(m)) = m$의 관계를 만족한다(〈그림 9.2〉 참조).

예를 들어, 고전적인 암호 방식인 카이사르(Caesar) 암호, 플레이페어(Playfair) 암호, 비제네르(Vigenere) 암호 등이 개인키 암호 시스템에 속하며 DES(Data Encryption Standard), 3DES(Triple Data Encryption Standard), AES(Adranced Encryption Standard) 등 현대 암호 방식도 이러한 개인키 암호 시스템에 속한다. 개인키 암호 시스템은 키 K를 사용해서 암호문 $c = E_K(m)$와 평문 $m = D_K(c)$를 빠르게 계산할 수 있어야 하며, 암호문 $E_K(m)$으로부터 평문 m이나 키 K를 쉽게 알 수 없어야 한다.

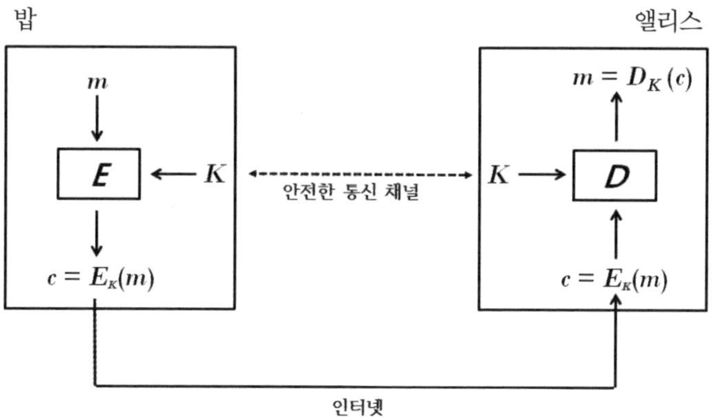

그림 9.2 개인키 암호 시스템

이러한 개인키 암호 시스템은 앨리스와 밥이 서로 비대면의 상황에서 키 K를 안전하게 공유해야 하는 문제가 있고, n명의 그룹이 서로 간에 개인키 암호 시스템을 사용한다면 한 사람당 $(n-1)$개의 개인키를 관리해야 하므로 그룹 전체로는 ${}_nC_2 = n(n-1)/2$개의 많은 키가 필요하다.

디피와 헬먼(W. Diffie & M. Hellman, 1976)에 의해서 제안된 공개키 암호 시스템은 이러한 키 관리의 어려움을 극복할 수 있도록 해준다. 공개키 암호 시스템에서는 각 사용자마다 2개의 키, 즉 공개키와 비밀키만이 필요하다. 이 2개의 키가 다르므로 공개키 암호 시스템을 비대칭키 암호 시스템이라고도 한다. 밥이 앨리스에게 평문 메시지 m을 안전하게 보내기 위해서 밥은 앨리스의 공개키 P_A를 사용해서 다음과 같이 암호화한다.

$$c = E_{P_A}(m)$$

앨리스는 암호문 c를 복호화하기 위해서 앨리스 자신이 간직한 비밀키 S_A를 사용한다. 따라서 평문 m은

$$m = D_{S_A}(c)$$

와 같이 복호화된다. 즉 E와 D는 $D_{S_A}(E_{P_A}(m)) = m$의 관계를 만족한다(〈그림 9.3〉 참조). 모든 공개키는 공개 디렉토리 등에 저장하여 메시지를 암호화하려는 다른 사용자들이 사용할 수 있도록 하야 하고 비밀키는 암호문을 복호화하는 자신만이 알 수 있도록 해야 한다.

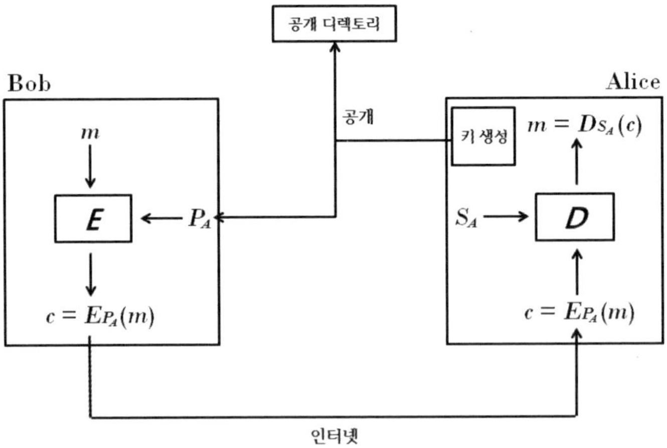

그림 9.3 공개키 암호 시스템

예를 들어 RSA 암호, 엘가말(Elgamal) 암호, 라빈(Rabin) 암호 등이 공개키 암호 시스템에 속한다. 공개키 암호 시스템은 암호문 $c = E_{P_A}(m)$로부터 평문 m을 알아내기가 매우 어려워야 하며 암호문 c와 공개키 P_A로부터 비밀키 S_A를 알아내기 매우 어려워야 한다. 또한 주어진 P_A로부터 암호문 $c = E_{P_A}(m)$를 빠르게 계산할 수 있어야 하고, S_A로부터 평문 $m = D_{S_A}(c)$를 빠르게 계산할 수 있어야 한다.

이 절에서는 공개키 암호 시스템 중에서 간단하면서 현재까지 가장 많이 쓰이고 있는 RSA 공개키 암호 알고리즘에 대해서 기술한다. RSA 공개키 암호 알고리즘은 1978년 미국 메사추세츠 공과대학(MIT)의 리베스트(R. Rivest), 샤미르(A. Shamir)와 아델먼(L. Adleman)이 제안했으며 RSA는 이 세 사람의 이름 머리글자를 사용해서 만든 이름이다.

밥이 앨리스에게 비밀 편지 m을 보낸다고 가정한다. 밥은 평문 m을 암호화하기 위해서 앨리스의 공개키가 필요하고 앨리스는 암호문 c를 복호화하기 위해서 자신의 비밀키가 필요하다. 따라서 앨리스는 다음의 방법을 통해서 공개키와 비밀키를 생성한다.

1. 매우 크고 서로 다른 두 소수 p, q를 선택한다.
2. 두 소수를 곱하여 N이라 한다. 즉 $N = pq$.
3. 오일러 파이 함수 $\phi(N) = \phi(pq) = \phi(p)\phi(q) = (p-1)(q-1)$을 구한다.
4. $\phi(N)$보다 작고 $\phi(N)$과 서로 소인 정수 e를 선택한다.
5. $de \equiv 1 \bmod \phi(N)$을 만족하는 e의 역원 d를 확장 유클리드 알고리즘을 이용해서 구한다.

앨리스의 공개키는 위에서 구한 숫자의 쌍 (N, e)이고 비밀키는 숫자의 쌍 (N, d)이다. 여기서 중요한 것은 두 소수 p, q의 보안이다. 만약 p, q가 노출이 되면 공격자가 N을 쉽게 알 수 있고 그렇게 되면 $\phi(N)$을 쉽게 알 수 있기 때문에 공개키 d의 역원인 비밀키 e가 쉽게 노출될 수 있다. RSA 공개키 암호 시스템은 매우 큰 합성수 N에 대한 소인수분해 문제의 어려움에 기반을 두고 있다. 통상적으로 RSA에서 사용하는 p, q의 크기는 대략 1,024비트 이상이다.

밥이 평문 m을 암호화하려면 앨리스의 공개키 e를 사용하여 다음과 같이 계산한다.

$$c = m^e \bmod N$$

만약 m의 크기가 N보다 큰 경우는 메시지를 크기가 N인 블록으로 나누어 처리한다.

앨리스는 이제 밥으로부터 받은 암호문 c를 자신의 비밀키 d를 사용하여 다음과 같이 복호화한다.

$$m = c^d \bmod N = m^{ed} \bmod N$$

RSA 암호 알고리즘에 대한 정확성 증명은 다음과 같다.

> **[정리 9.15]** $D_{(N,d)}(E_{(N,e)}(m)) = m$이다. 단 $c = E_{(N,e)}(m) = m^e \bmod N$이고 $D_{(N,d)}(c) = c^d \bmod N$이다.

(증명) $m^{ed} \bmod N = m \bmod N$임을 밝히면 된다. 이를 증명하기 위해서는 페르마의 소정리([정리 9.11])를 이용하는데 이를 먼저 증명해보자. 즉 p가 소수인 경우 $m^p \bmod p = m \bmod p$임을 m에 대한 귀납법으로 증명한다. 단, p는 고정된 값이다.

(i) 귀납 기초: $m=0$이거나 $m=1$인 경우에는 당연히 $0^p \bmod p = 0 \bmod p$와 $1^p \bmod p = 1 \bmod p$를 만족한다.

(ii) 귀납 가정: $m=z$에 대해서 $z^p \bmod p = z \bmod p$라고 가정한다.

(iii) 귀납 단계: $m=1+z$라고 하자. 그러면 이항 정리에 의해서

$$m^p = (1+z)^p = \sum_{i=0}^{p} \binom{p}{i} 1^i z^{p-i}$$

이다. 또한

$$\sum_{i=0}^{p} \binom{p}{i} 1^i z^{p-i} = z^p + 1 + \sum_{i=1}^{p-1} \binom{p}{i} 1^i z^{p-i}$$

이다. $1 \le i \le p-1$에 대하여 $\binom{p}{i}$는 p에 의해 항상 나누어지므로(p가 소수인 사실을 이용하여 증명 가능. 연습 문제 10에서 확인 가능),

$$\begin{aligned} m^p \bmod p &= 1 + z^p \bmod p \\ &= 1 + z \bmod p \quad \text{(귀납 가정에 의함)} \\ &= m \bmod p \end{aligned}$$

이다. $ed \bmod (p-1)(q-1) = 1$이므로 $ed-1$은 $p-1$의 배수이다. 따라서 어떤 정수 k에 대하여 $ed = 1 + k(p-1)$이라 하면

$$\begin{aligned} m^{ed} \bmod p &= m^{1+kp-k} \bmod p \\ &= m^{kp} m^{1-k} \bmod p \end{aligned}$$

$$= m^k m^{1-k} \bmod p \quad (\text{귀납 가정에 의해서 } m^{kp} \bmod p = m^k \bmod p \text{임})$$
$$= m \bmod p$$

이다. $m^{ed} \bmod p = m \bmod p$이므로 $m^{ed} - m$은 p의 배수가 된다. 마찬가지 방법으로 증명하면 $m^{ed} - m$은 q의 배수가 된다. 또한, p, q가 소수이므로 $m^{ed} - m$은 pq의 배수가 된다. 따라서 $m^{ed} \bmod pq = m \bmod pq$가 되어 $m^{ed} \bmod N = m \bmod N$이다. ■

예제 9.8

간단한 예를 통해서 RSA 공개키 암호 알고리즘의 동작 과정을 살펴보기로 한다. $p = 3$, $q = 17$이라면 $N = 3 \times 17 = 51$이다. $\phi(51) = 2 \times 16 = 32$와 서로 소인 정수 $e = 3$을 선택한다. $d \times 3 \bmod 32 = 1$의 조건을 만족하는 d를 구하면 $d = 11$이다. 따라서 공개키는 (51, 3)이고 비밀키는 (51, 11)이다. 만약 평문 메시지 $m = 2$라고 하면 암호문은

$$E_{(51,3)}(2) = 2^3 \bmod 51 = 8$$

이 되고, 이를 복호화하려면

$$D_{(51,11)}(8) = 8^{11} \bmod 51$$

의 값을 구하면 된다. $8^{11} \bmod 51$의 값을 구하는 과정을 보면

82 mod 51 = 64 mod 51 = 13

84 mod 51 = 132 mod 51 = 169 mod 51 = 16

85 mod 51 = 16 × 8 mod 51 = 128 mod 51 = 26

810 mod 51 = 262 mod 51 = 676 mod 51 = 13

811 mod 51 = 13 × 8 mod 51 = 104 mod 51 = 2

가 되어 원래의 평문 $m = 2$로 복호화된다. ■

9.5 디피-헬먼 키 교환 프로토콜

9.4절에서 설명했듯이 개인키 암호 시스템의 어려운 문제 중 하나는 비대면인 두 사람이 안전하게 개인키를 공유하는 것이다. 이를 위한 한 가지 방법이 이 절에서 설명하는 디피-헬

먼(Diffie-Hellman) 키 교환 프로토콜이다.

공개키 암호 시스템을 최초로 제안한 디피와 헬먼은 이산대수 문제와 디피-헬먼 문제의 어려움을 이용하여 개인키 암호 시스템을 사용하는 두 사용자 간에 개인키를 안전하게 공유하게 해주는 최초의 암호키 분배 프로토콜을 제시했다. 이미 9.1절에서 언급한 이산대수 문제는 p가 소수, g가 Z_p^*의 원시근이고 a가 Z_p^*의 임의의 원소라 할 때 $g^x \equiv a(\mathrm{mod}\,p)$을 만족하는 양의 정수 x를 찾는 문제를 말한다. 또한 디피-헬먼 문제는 p가 소수, g가 Z_p^*의 원시근이고 $g^x \,\mathrm{mod}\,p$와 $g^y \,\mathrm{mod}\,p$가 주어졌을 때, $g^{xy} \,\mathrm{mod}\,p$를 계산하는 문제를 말한다.

디피-헬먼 암호키 분배 프로토콜을 살펴보면 다음과 같다. 사전에 두 사용자 앨리스와 밥은 큰 소수 p와 모듈러 p상에서의 원시근 g를 정하여 공개한다.

1. 사용자 앨리스는 임의의 난수 R_A를 선택하여 비밀로 간직하고 다음을 계산하여 그 결과를 밥에게 전송한다.

   $$X_A = g^{R_A} \mathrm{mod}\,p$$

2. 사용자 B는 임의의 난수 R_B를 선택하여 비밀로 간직하고 다음을 계산하여 그 결과를 앨리스에게 전송한다.

   $$X_B = g^{R_B} \mathrm{mod}\,p$$

3. 사용자 앨리스는 밥으로부터 받은 X_B를 이용하여 다음을 계산하여 암호화 키로 사용한다.

   $$K_{AB} = (X_B)^{X_A} = g^{R_B R_A} \mathrm{mod}\,p$$

4. 사용자 밥은 앨리스로부터 받은 X_A를 이용하여 다음을 계산하여 암호화 키로 사용한다.

   $$K_{AB} = (X_A)^{X_B} = g^{R_A R_B} \mathrm{mod}\,p$$

위의 과정을 그림으로 그리면 〈그림 9.4〉와 같다. 만일 각 사용자의 공개키 $y = g^x \,\mathrm{mod}\,p$를 공개키 디렉토리에 등록하여 모든 사용자들이 이용 가능하게 한다면 두 사용자 간의 통신 대신에 공개키 디렉토리를 엑세스함으로써 공통키를 계산할 수 있을 것이다. 다시 말하지만 이 디피-헬먼 방식의 안전성은 전적으로 주어진 공개 정보인 p, g, $X_A = g^{R_A} \mathrm{mod}\,p$,

$X_B = g^{R_B} \mathrm{mod} p$로부터 $g^{R_A R_B} \mathrm{mod} p$를 구하는 것이 계산상 불가능하다는 이산대수 문제와 디피-헬먼 문제의 어려움에 근거한다.

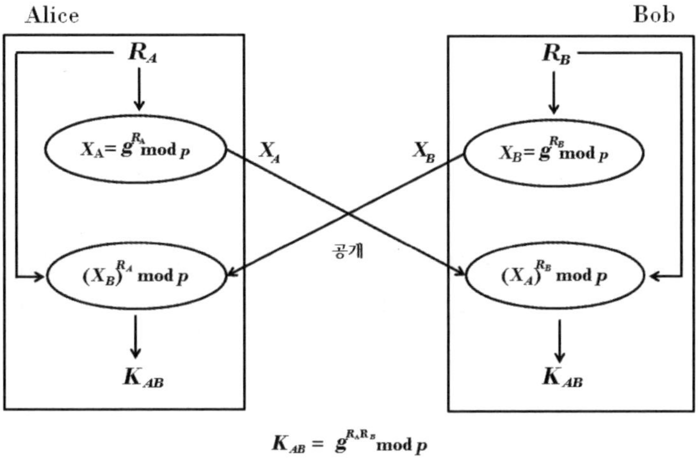

그림 9.4 디피-헬먼 키 교환 프로토콜

예제 9.9

간단한 예를 통해서 디피-헬먼 키 교환 프로토콜의 동작 과정을 보기로 한다. $p = 11$로 하고, $2^i \bmod 11 = \{2, 4, 8, 5, 10, 9, 7, 3, 6, 1\} = Z_{11}^*$ 이므로 원소 2가 원시근이다. 따라서 $g = 2$로 정한다.

1. 앨리스는 $R_A = 5$로 선택한다. 그러면 $X_A = 2^5 \bmod 11 = 10$이다.
2. 밥은 $R_B = 7$로 선택한다. 그러면 $X_B = 2^7 \bmod 11 = 7$이다.
3. 앨리스와 밥은 각각 공통키로 다음을 계산한다.

$$K_{AB} = 2^{5 \times 7} \bmod 11 = 10$$

연습 문제

1. 수영장에 1부터 120까지 번호가 붙은 120개의 로커가 있는데 모두 닫혀 있는 상태이다. 첫 번째 학생이 들어가서 모든 로커를 열어놓는다. 두 번째 학생이 들어가서 열려 있는 두 번째, 네 번째, 여섯 번째, 이런 순서로 로커를 모두 닫는다. 세 번째 학생이 들어가서 세 번째 로커부터 시작하여 매 세 번째 로커마다 그 로커가 열려 있으면 닫아놓고 닫혀 있으면 열어놓는다. 즉, k번째 학생이 들어가서 매 k번째 로커가 열려 있으면 닫아놓고 닫혀 있으면 열어놓는 작업을 반복한다. 이때 120명 모두가 이런 일을 한다고 했을 때, 마지막 120번째 학생이 로커룸을 나온 후 열려 있는 로커는 모두 몇 개인가? 또한 일반적으로 n명의 학생이 n개의 로커에 대해 위와 같이 작업을 한다고 했을 때, 열려 있는 로커 번호를 수학적으로 간단하게 표현하면 무엇인가?

2. 만약 $h|m$이고 $m|n$이면 $h|n$임을 증명하라.

3. [정리 9.1]을 증명하라.

4. $G=(S, \oplus)$가 유한군일 때 원소 $a \in S$에 대해 $a^k = a^k a^m$을 만족하는 양의 정수 $k, m \geq 1$이 존재함을 증명하라.

5. 군 $(Z_{12}, +)$에 대해서 $S' = \{0, 3, 6, 9\}$일 때 군 $(S', +)$은 군 $(Z_{12}, +)$의 부분군임을 증명하라.

6. a, b가 $a \geq b$인 양의 정수일 때 $\gcd(a, b) = \gcd(b, a \bmod b)$임을 증명하라. ([정리 1.1])

7. 확장 유클리드 알고리즘(extended-Euclid)은 입력된 두 정수 a, b의 최대공약수 d값과, $ax + by = d$를 만족하는 정수 x, y를 동시에 구할 수 있다. 따라서 이 알고리즘은 a와 n이 서로 소, 즉 $d = \gcd(a, n) = 1$일 때 Z_n^*에서 a의 역원을 구하기 위해 사용된다. $a = 15$이고 $n = 17$일 때, 위 방법에 의해 a의 역원을 구하라.

8. 두 피보나치 수 F_{k+1}, F_k에 대해 확장 유클리드 알고리즘을 수행하면 그 결과는 무엇인가?

9. (1) $a \geq b > 0$일 때, $\gcd(a, b) = \gcd(a, a-b)$임을 증명하라.

(2) (1)을 이용하여 최대공약수를 구할 때 뺄셈만을 사용하는 알고리즘을 기술하라.

★10. p가 소수일 때 $1 \leq i \leq p-1$에 대하여 $\binom{p}{i}$는 p에 의해 항상 나누어짐을 증명하라.

11. [정리 9.7]을 증명하라.

12. [정리 9.8]을 증명하라.

13. RSA 공개키 암호 시스템에서 $p = 23$, $q = 41$, 원시근 $g = 3$이라고 할 때, 메시지 값 847을 암호화하라.

프로그래밍 과제

1. [완전수] 고대 그리스인들은 6이라는 수가 아주 특별한 성질이 있다는 것을 발견했다. 6이 자기 자신을 제외한 약수 1, 2, 3의 합, 즉

   $$6 = 1 + 2 + 3$$

   이라는 사실이다. 다른 수, 가령 8이나 12는 각각 그 약수를 더해도 자기 자신과 같지 않다. 8의 약수 1, 2, 4를 더하면 7이고 12의 약수 1, 2, 3, 4, 6을 더하면 16이다. 이처럼 "자기 자신 이외의 약수의 합이 자신과 같아지는 수"를 찾기는 쉽지 않다. 따라서 그리스인들은 이러한 성질을 갖는 수(예를 들어, 6)를 '완전수'라고 불렀다. 이처럼 0보다 크고 10,000보다 작은 양의 정수를 입력으로 받아 이 수가 완전수가 아닌 경우는 No를 출력하고 완전수인 경우는 Yes와 약수의 개수를 출력하는 프로그램을 작성하라.

2. 소수 판정을 하는 〈알고리즘 9.3〉을 구현하여 $k = 1, 2, 3, 4, 5$인 경우 $n \le 20{,}000$인 정수에 대해서 소수의 개수 및 위의 테스트를 통과한 합성수의 개수가 몇 개인지 조사해 보라.

프로그래밍에 관한 격언 9

가능하다면 사용되는 코드를 훔쳐 써라.

아주 뛰어난 슈퍼 프로그래머가 방금 만든 프로그램보다는 보통 사람이 작성한 프로그램으로 오랫동안 별 문제 없이 사용된 프로그램이 낫다.

10장

기하 알고리즘

계산 기하학(computational geometry)은 기하학적인 문제를 효율적으로 해결하는 알고리즘, 즉 기하 알고리즘을 연구하기 위한 컴퓨터 과학의 한 분야이다. 기하학적인 문제들은 2차원 또는 3차원상의 점, 선분, 다각형, 다면체 등의 기하 물체들을 주로 다룬다. 이러한 물체를 다루는 기하학적인 문제들은 크게 기하학적 탐색 문제, 볼록 헐 문제, 근접 문제, 교차 문제, 위치 찾기 문제 등으로 나눌 수 있다. 이러한 문제들은 컴퓨터그래픽스, 로보틱스, CAD/CAM, VLSI 설계, 데이터베이스 설계, 네트워크 위치 설정 문제 등에 많이 응용된다. 이 장에서는 2차원, 즉 평면상에서 자주 나타나는 몇 가지 기본적인 기하 문제를 해결하는 알고리즘에 대해서 살펴본다.

10.1 용어와 기본 문제

평면상의 점(point) p는 $p=(x, y)$로 나타내며, $x, y \in \mathbb{R}$이다. 2개의 서로 다른 점 $p_1=(x_1, y_1)$과 $p_2=(x_2, y_2)$의 선형 조합(linear combination)이란 실수 α에 대해서 $q=\alpha p_1+(1-\alpha)p_2$인 모든 점 q의 집합이다. 이는 점 p_1과 점 p_2를 통과하는 선(line)을 의미하고 p_1p_2로 나타낸다. 또한 2개의 서로 다른 점 $p_1=(x_1, y_1)$과 $p_2=(x_2, y_2)$의 볼록 조합(convex combination)이란 $0 \le \alpha \le 1$인 실수 α에 대해서 $q=\alpha p_1+(1-\alpha)p_2$인 점 q의 집합이다. 이는 점 p_1과 점 p_2를 끝점(endpoint)으로 하는 선분(line segment)을 의미하고 $\overline{p_1p_2}$로 나타낸다. p_1과 p_2의 순서가 중요한 경우라면 방향 선분(벡터) $\overrightarrow{p_1p_2}$을 이용해서 정의한다. 만약 p_1이 원점이라면 방향 선분 $\overrightarrow{p_1p_2}$를 $\overrightarrow{p_2}$로 나타낸다.

경로(path) $(p_1, p_2, \cdots, p_n)$은 연속된 선분 $(\overline{p_1p_2}, \overline{p_2p_3}, \cdots, \overline{p_{n-1}p_n})$을 의미한다. 또한 닫힌 경로(closed path)란 시작 점과 마지막 점이 같은 경로를 말한다. 따라서 n개의 점으로 구성된 닫힌 경로는 $(\overline{p_1p_2}, \overline{p_2p_3}, \cdots, \overline{p_{n-1}p_n}, \overline{p_np_1})$와 같이 나타낼 수 있고 이를 다각형(polygon)이라고도 한다. 단순 다각형(simple polygon)이란 다각형을 구성하는 인접한 선분들의 양 끝점을 제외하고 다른 선분들끼리는 서로 교차하지 않는 다각형을 말한다. 따라서 단순 다각형의 닫힌 경로를 시계 방향의 점 순서로 나타낼 때 다각형의 내부는 각 방향 선분 $\overrightarrow{p_ip_{i+1}}$의 오른쪽에 있고 반시계 방향으로 점 순서를 나타낼 때 내부는 각 방향 선분의 왼쪽에 있게 된다. 여기서는 단순 다각형을 표현할 때 그 닫힌 경로를 반시계 방향으로 나타내고자 한다. 단순 다각형에서 인접한 모든 두 선분의 내각이 180도 이하인 경우를 볼록 다각형(convex polygon)이라 한다(〈그림 10.1〉 참조). 다각형을 구성하는 점 $p_1, p_2, \cdots, p_n$을 정점(vertex)라고도 부르며 선분 $\overline{p_1p_2}$, $\overline{p_2p_3}$, $\cdots$, $\overline{p_{n-1}p_n}$을 에지(edge)라고도 부른다.

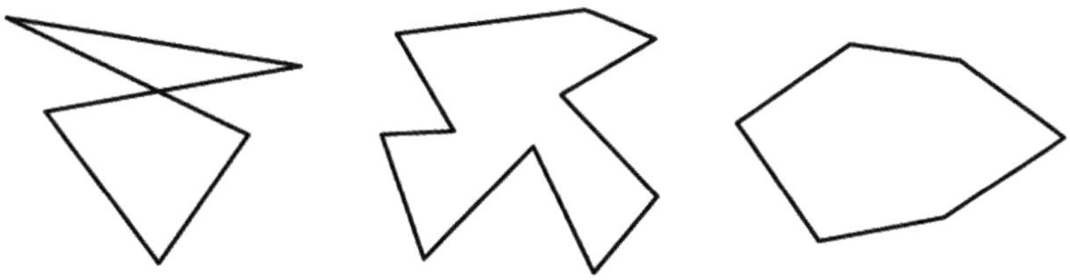

(a) 다각형 (b) 단순 다각형 (c) 볼록 다각형

그림 10.1 다각형, 단순 다각형과 볼록 다각형

(1) 벡터의 외적(cross product)

2개의 방향 선분(벡터) $\overrightarrow{p_1}$, $\overrightarrow{p_2}$의 외적 $\overrightarrow{p_1} \times \overrightarrow{p_2}$에 대해서 고려해본다. $\overrightarrow{p_1} \times \overrightarrow{p_2}$는 〈그림 10.2〉와 같이 네 점 $(0,0)$, p_1, p_2, $p_1 + p_2 = (x_1 + x_2,\ y_1 + y_2)$로 이루어진 평행사변형의 부호 면적이다.

동일한 의미이긴 하지만 $\overrightarrow{p_1} \times \overrightarrow{p_2}$를 다음과 같은 행렬식으로도 나타낼 수 있다.

$$\begin{aligned} \overrightarrow{p_1} \times \overrightarrow{p_2} &= \begin{vmatrix} x_1 & x_2 \\ y_1 & y_2 \end{vmatrix} = x_1 y_2 - x_2 y_1 \\ &= -\overrightarrow{p_2} \times \overrightarrow{p_1} \end{aligned}$$

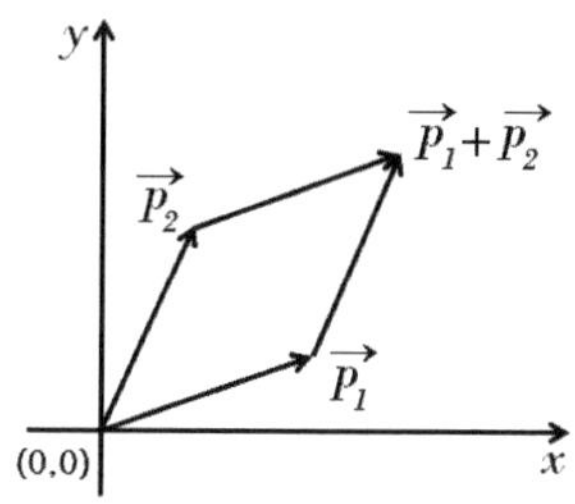

그림 10.2 두 벡터의 외적 $\overrightarrow{p_1} \times \overrightarrow{p_2}$

만약 $\overrightarrow{p_1} \times \overrightarrow{p_2}$가 양수이면 원점 (0, 0)에 대해 $\overrightarrow{p_1}$은 $\overrightarrow{p_2}$로부터 시계 방향에 있고, $\overrightarrow{p_1} \times \overrightarrow{p_2}$가 음수이면 $\overrightarrow{p_1}$은 $\overrightarrow{p_2}$로부터 반시계 방향에 있다. 또한 $\overrightarrow{p_1} \times \overrightarrow{p_2} = 0$이면 $\overrightarrow{p_1}$, $\overrightarrow{p_2}$는 동일 선상(collinear)에 있게 된다. 다음과 같이 원점 $O = (0, 0)$를 점 $p_0 = (x_0, y_0)$으로 일반화할 수 있다. 즉 벡터 $(\overrightarrow{p_1 - p_0})$와 벡터 $(\overrightarrow{p_2 - p_0})$의 외적은

$$(\overrightarrow{p_1 - p_0}) \times (\overrightarrow{p_2 - p_0}) = (x_1 - x_0)(y_2 - y_0) - (x_2 - x_0)(y_1 - y_0)$$

이 되며 이 외적의 값이 양수이면 $\overrightarrow{p_0 p_1}$은 $\overrightarrow{p_0 p_2}$로부터 시계 방향에 있고, 음수이면 반시계 방향에 있다.

(2) 두 선분의 교차

만약 점 p_1이 어떤 선을 기준으로 한쪽에 있고 점 p_2가 다른 쪽에 있다면 선분 $\overline{p_1 p_2}$가 그 선에 걸쳐 있다고 하자. 두 선분이 교차하는지를 결정하기 위해서는 한 선분이 다른 선분을 포함하는 선에 걸쳐 있는지 테스트해야 한다. 점 p_1이나 p_2가 어떤 선 위에 놓여 있는 경우도 교차한다고 볼 수 있다. 따라서 두 선분이 교차하기 위한 필요충분조건은 〈그림 10.3〉에서 보듯이

(i) 각 선분이 다른 선분을 포함하는 선에 걸쳐 있거나,

(ii) 한 선분의 끝점이 다른 선분 위에 놓여 있는 경우이다.

(a)는 교차하는 경우로서 선분 $\overline{p_1 p_2}$와 $\overline{p_3 p_4}$가 각각 다른 선분을 포함하는 선에 걸쳐 있으므로 외적 $(\overrightarrow{p_3 - p_1}) \times (\overrightarrow{p_2 - p_1})$과 $(\overrightarrow{p_4 - p_1}) \times (\overrightarrow{p_2 - p_1})$의 부호가 서로 다르고, $(\overrightarrow{p_1 - p_3}) \times (\overrightarrow{p_4 - p_3})$와 $(\overrightarrow{p_2 - p_3}) \times (\overrightarrow{p_4 - p_3})$의 부호가 서로 다르다. (b)는 교차하지 않는 경우로서 선분 $\overline{p_3 p_4}$는 $\overline{p_1 p_2}$를 포함하는 선에 걸쳐 있지만 선분 $\overline{p_1 p_2}$는 $\overline{p_3 p_4}$를 포함하는 선에 걸쳐 있지 않다. 따라서 $(\overrightarrow{p_1 - p_3}) \times (\overrightarrow{p_4 - p_3})$와 $(\overrightarrow{p_2 - p_3}) \times (\overrightarrow{p_4 - p_3})$의 부호는 같게 된다. (c)에서 점 p_3는 선분 $\overline{p_1 p_2}$와 동일 선상에 있고 p_1과 p_2 사이에 있으므로 필요충분조건 (ii)를 만족한다. (d)는 점 p_3가 선분 $\overline{p_1 p_2}$와 동일 선상에 있지만 p_1과 p_2 사이에 있지 않다. 따라서 두 선분은 교차하지 않는다.

다음의 〈알고리즘 10.1〉은 이러한 아이디어를 이용해서 두 선분 $\overline{p_1 p_2}$와 $\overline{p_3 p_4}$의 교차 여부

를 탐지하는 과정이다. 두 선분이 교차하면 true, 교차하지 않으면 false를 반환한다. 함수 cross_product를 호출해서 외적의 값이 양인지 음인지 혹은 0인지 체크하여 상대적인 방향을 계산한다.

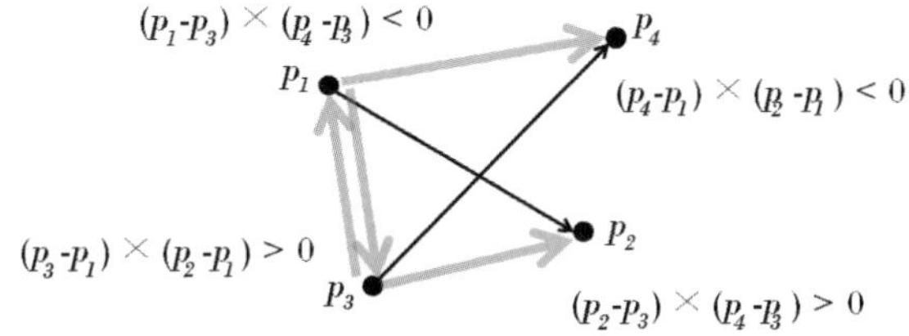

(a) 두 선분이 서로 걸쳐 있는 경우

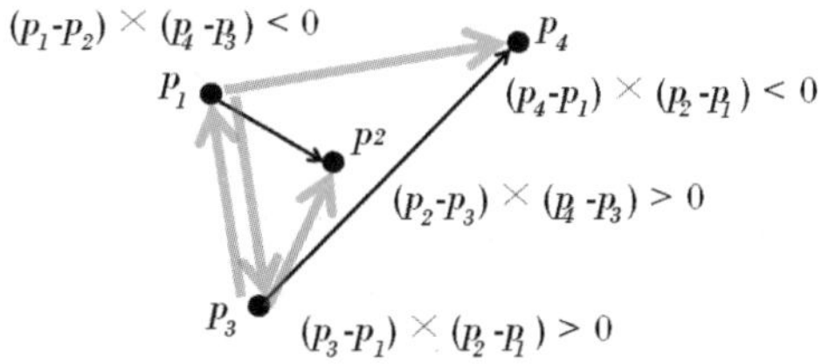

(b) 한 선분은 걸쳐 있지만 다른 선분이 걸쳐 있지 않은 경우

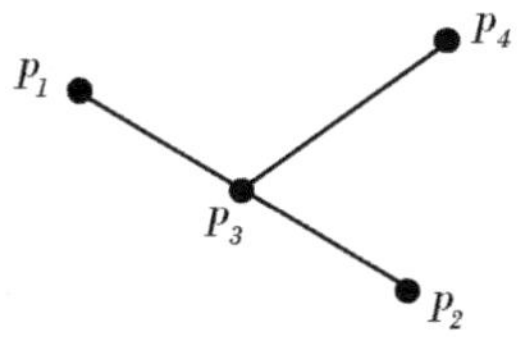

(c) 한 선분의 끝점이 다른 선분 위에 있는 경우

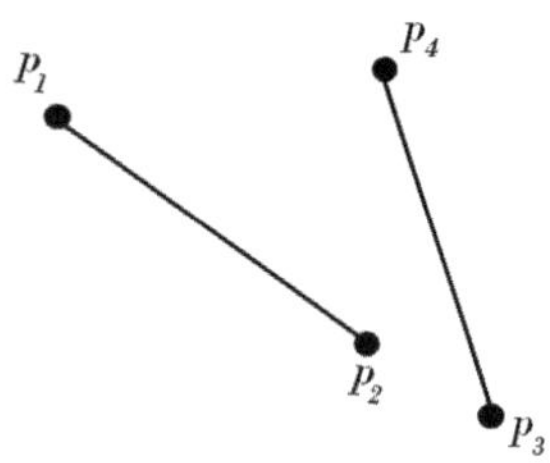

(d) 세 점이 동일 선상에 있지만 교차하지 않는 경우

그림 10.3 두 선분의 교차

알고리즘 10.1 ••• **두 선분의 교차 탐지**

- 입력: 두 선분 $\overline{p_1p_2}$와 $\overline{p_3p_4}$
- 출력: true 혹은 false

```
/* 두 선분의 교차 탐지 */

boolean segments_intersect (point p1, p2, p3, p4) {

 if (cross_product(p1 − p3,p4 − p3)*cross_product(p2 − p3,p4 − p3) > 0)
        return false                  // (b)의 경우
 else if (cross_product(p3 − p1,p2 − p1)*cross_product(p4 − p1,p2 − p1) < 0 &&
          cross_product(p1 − p3,p4 − p3)*cross_product(p2 − p3,p4 − p3) < 0)
        return true;                  // (a)의 경우
 // (c): 한 점이 다른 선분과 동일 선상에 있으면서 선분 사이에 있는 경우
 else if (cross_product(p1 − p3,p4 − p3)==0 && check_innerline(p1, p3, p4)==true)
        return true;
 else if (cross_product(p2 − p3,p4 − p3)==0 && check_innerline(p2, p3, p4)==true)
        return true;
 else if (cross_product(p3 − p1,p2 − p1)==0 && check_innerline(p3, p1, p2)==true)
        return true;
 else if (cross_product(p4 − p1,p2 − p1)==0 && check_innerline(p4, p1, p2)==true)
        return true;
 // (d): 한 점이 다른 선분과 동일 선상에 있지만 선분 사이에 있지 않은 경우
 else
        return false;
}

boolean check_innerline(point p, q, r) { // 점 p가 선분 qr 사이에 있는지 확인하는 함수

 if (((p.x>=q.x && p.x<=r.x) || (p.x<=q.x && p.x>=r.x)) && ((p.y>=q.y &&
     p.y<=r.y) || (p.y<=q.y && p.y>=r.y)))
```

```
        return true;            // 점 p가 선분 qr 사이에 있을 경우
    else
        return false;           // 점 p가 선분 qr 사이에 없을 경우
}
```

(3) 단순 포함 문제

단순 포함 문제란 2차원 평면상에 n개의 정점으로 구성된 볼록 다각형 P와 임의의 점 q가 질의점으로 주어졌을 때, q가 P의 내부에 있는지 혹은 외부에 있는지 결정하는 문제이다. 단, 점 q가 P의 경계선상에 있으면 포함된 것으로 간주한다. 먼저 전처리 과정을 하지 않는 두 가지 $\Theta(n)$-시간 알고리즘을 살펴보기로 한다.

첫 번째 방법은 점 q에서 시작하여 임의의 방향으로 반직선(ray)을 그어 P와 그 반직선이 교차 여부와 교차하는 경우 몇 번 교차하는가를 알아내는 것이다. 〈그림 10.4〉의 (a)와 같이 만약 한 번 교차하는 경우는 q가 P의 내부에 있고, (b)와 같이 교차하지 않거나 두 번 교차하는 경우는 q가 P의 외부에 있게 된다. 이 사실을 확장하면 〈알고리즘 10.2〉와 같이 P가 볼록 다각형이 아니고 일반적인 단순 다각형일 때도 교차하는 횟수가 홀수이면 q가 P의 내부에 있고 짝수이면 외부에 있다는 것을 알 수 있다(다만, 이 경우 몇 가지 특수한 상황을 고려해야 하지만 여기서는 언급하지 않는다).

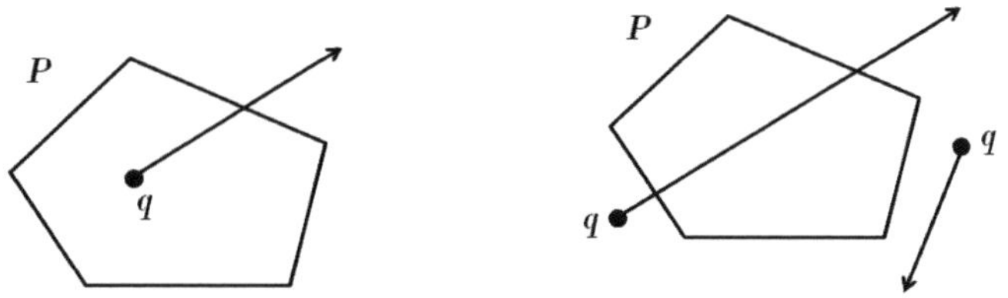

(a) q가 P의 내부에 있는 경우   (b) q가 P의 외부에 있는 경우

그림 10.4 볼록 다각형 P와 질의점 q

알고리즘 10.2 ··· 단순 다각형의 점 포함 여부 판정

- 입력: 점 $q=(x_0, y_0)$, 단순 다각형 $P=(p_1, p_2, \cdots, p_n)$, 단 $p_i=(x_i, y_i)$, $1 \le i \le n$
- 출력: q가 P의 내부에 있으면 true 아니면 false

```
/* 단순 다각형의 점 포함 여부 판정 */

boolean point_inclusion (polygon P, point q) {
 int count = 0;

 for all edges e_i of P
    if (the line x = q.x intersects e_i) {
        let y_i be the y-coordinate of intersection;
        if (y_i < q.y)
           count = count + 1;
    }
 if (count%2==1) then return true;
 else return false;
}
```

두 번째는 회전 방향을 체크하는 방법이다. 볼록 다각형 $P = (p_1,\ p_2,\ \cdots,\ p_n)$의 정점들이 반시계 방향의 순서로 되어 있으므로 $(q,\ p_i,\ p_{i+1})$의 회전 방향이 모든 i에 대해서 왼쪽이면 q가 P의 내부에 있고 하나라도 오른쪽 방향이면 q가 P의 외부에 있게 된다. 단, $1 \le i \le n$이고 $p_{n+1} = p_1$이다(〈그림 10.5〉 참조).

세 점의 회전 방향은 다음의 [정리 10.1]과 같이 $(p_1,\ p_2,\ p_3)$가 왼쪽 방향으로 회전을 하는지(left turn), 오른쪽 방향으로 회전(right turn)하는지 또는 동일 선상(collinear)에 있는지 확인할 수 있다.

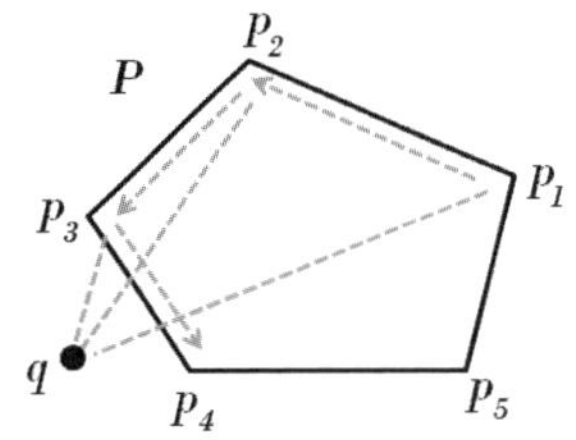

(a) q가 P의 외부에 있는 경우

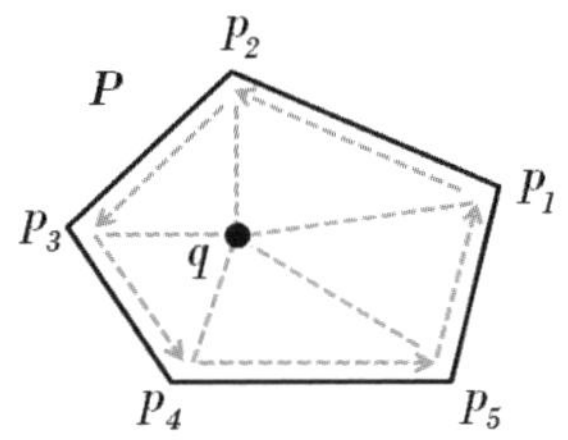

(b) q가 P의 내부에 있는 경우

그림 10.5 회전 방향의 체크

[정리 10.1] 세 점 $p_1=(x_1, y_1)$, $p_2=(x_2, y_2)$, $p_3=(x_3, y_3)$이고 $D=\begin{vmatrix} x_1 & y_1 & 1 \\ x_2 & y_2 & 1 \\ x_3 & y_3 & 1 \end{vmatrix}$이라 하자. 만약 $D>0$이면 (p_1,p_2,p_3)는 왼쪽 방향으로 회전을 하고, $D<0$이면 (p_1,p_2,p_3)는 오른쪽 방향으로 회전을 한다. 또한 $D=0$이면 (p_1,p_2,p_3)는 동일 선상에 있다.

(증명) 아래 〈그림 10.6〉과 같이 벡터 $u=(u_1, u_2)$가 벡터 $v=(v_1, v_2)$보다 원점 O에 대해서 반시계 방향으로 먼저 나온다고 하자. 그렇다면 부호 면적 $\triangle Ouv$는

$$\begin{aligned}\triangle Ouv &= \frac{1}{2}|u||v|\sin\phi \\ &= \frac{1}{2}\begin{vmatrix} u_1 & u_2 \\ v_1 & v_2 \end{vmatrix} \\ &= \frac{1}{2}(u_1v_2-u_2v_1)\end{aligned}$$

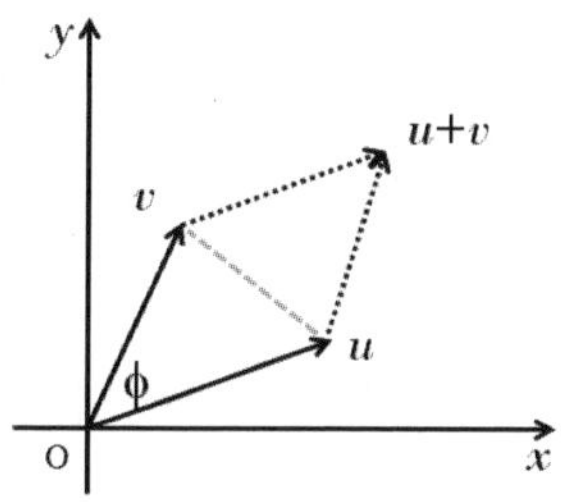

그림 10.6 두 벡터의 부호 면적

이 된다. 만약 반대로 벡터 v가 u보다 먼저 나온다면 부호가 바뀌게 된다. D는

$$D=\begin{vmatrix} x_1 & y_1 & 1 \\ x_2 & y_2 & 1 \\ x_3 & y_3 & 1 \end{vmatrix} = \begin{vmatrix} x_1 & y_1 \\ x_2 & y_2 \end{vmatrix} + \begin{vmatrix} x_2 & y_2 \\ x_3 & y_3 \end{vmatrix} + \begin{vmatrix} x_3 & y_3 \\ x_1 & y_1 \end{vmatrix} = 2\triangle p_1p_2p_3$$

이다. 〈그림 10.7〉의 (a)를 보면 $\triangle Op_1p_2$의 면적이 $\triangle Op_1p_3+\triangle Op_3p_2$의 면적보다 크므로 D의 값이 양이 되고, (b)를 보면 $\triangle Op_1p_2$의 면적이 $\triangle Op_1p_3+\triangle Op_3p_2$의 면적보다 작으므로 D의 값이 음이 된다.

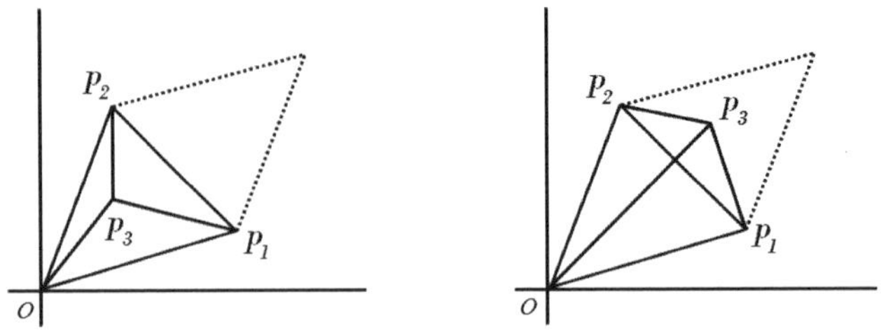

(a) $D > 0$ (b) $D < 0$

그림 10.7 $\triangle p_1p_2p_3$의 부호 면적

지금까지 살펴본 두 가지 방법은 하나의 점 q가 볼록 n-각형 P의 내부에 있는지 혹은 외부에 있는지에 대한 단독 질의를 $\Theta(n)$-시간에 판별하는 것이었다. 다음에는 k개의 점 q_1, q_2, $\cdots$, q_k에 대해서 하나의 같은 볼록 n-각형 P의 내부에 있는지 혹은 외부에 있는지 반복 질의를 하는 문제에 대해 살펴본다. 만약 이러한 반복 질의 문제에 대해서도 단독 질의와 같은 방법을 쓴다면 점 하나에 대해 $\Theta(n)$-시간이 걸리므로 전체 수행 시간은 $\Theta(kn)$이 된다. 이는 k가 큰 경우에 매우 비효율적이므로 볼록 다각형 P에 대해 전처리를 하면 좀 더 효율적으로 수행하는 방법을 설계할 수 있다.

〈그림 10.8〉과 같이 P에서 임의의 내부 점 O를 정한다. 예를 들어 P에서 임의의 세 정점을 선택하여 그 세 정점으로 이루어지는 삼각형의 중심을 선택한다. 점 O는 따라서 $\Theta(1)$-시간에 정할 수 있다. 이제 점 O에서 P의 각 정점을 통과하는 n개의 반직선을 고려한다. 그러면 이 반직선들은 전체 평면을 n개의 2차원 쐐기 모양의 웨지(wedge)로 나누게 된다. 또한 각 웨지는 P의 각 선분(에지)에 의해 둘로 나뉘는데 한쪽 부분은 P의 내부에 있고 다른 부분은 P의 외부에 있다.

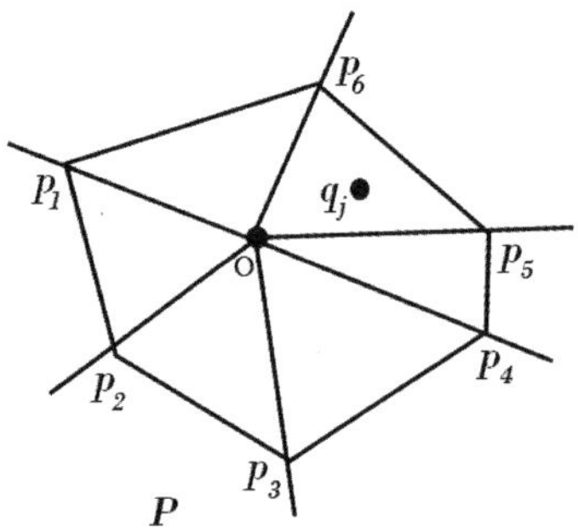

그림 10.8 P의 내부 점 O에 의한 반직선과 웨지들

이제 점 O를 극좌표상의 원점이라고 간주하면 각 반직선은 O에 대해 각 순서(angle order)로 존재하므로 이진 탐색에 의해 하나의 질의점 q_j가 속해 있는 웨지를 찾을 수 있다. 만약 해당 웨지가 P의 선분 $\overline{p_i p_{i+1}}$에 의해서 내부와 외부로 양분된다고 하자. 그러면 (q_j, p_i, p_{i+1})의 회전 방향을 체크하여 왼쪽 방향이면 q_j는 P의 내부에 있게 되고 오른쪽 방향이면 외부에 있게 된다. 전처리 과정에서 각 순서로 반직선을 정렬하는 것은 O의 가상 x축에 대해 제일 작은 각을 갖는 반직선을 선택하여 반시계 방향으로 반직선들을 나열하면 되므로 $\Theta(n)$-시간에 가능하다. 하나의 질의점 q에 대해 q가 어느 웨지에 속해 있는가는 한 번의 이진 탐색에 의해 $\Theta(\log n)$-시간에 찾을 수 있다.

10.2 볼록 헐

이 절에서는 2차원 평면상에 있는 n개의 점에 대한 볼록 헐(convex hull)을 구하는 몇 가지 알고리즘에 대해 설명한다. n개의 점으로 구성된 집합을 $S = \{p_1, p_2, \cdots, p_n\}$이라 할 때, S의 볼록 헐을 $CH(S)$라 표기하자. 수학적으로 $CH(S)$는 S를 포함하는 가장 작은 볼록 집합(convex set) 또는 S를 포함하는 모든 볼록 집합의 교집합이라고 정의될 수 있다. 그러나 S를 포함하는 볼록 집합은 무한히 많기 때문에 이 정의에 의해서는 계산적으로 $CH(S)$를 구할 수는 없다. 여기서 2차원 평면상의 볼록 집합이란 그 집합에 속하는 임의의 두 점을 끝점으로 하는 선분을 고려할 때 그 선분상의 모든 점이 다시 그 집합에 속하는 경우의 해당 집합을 볼록 집합이라고 부른다.

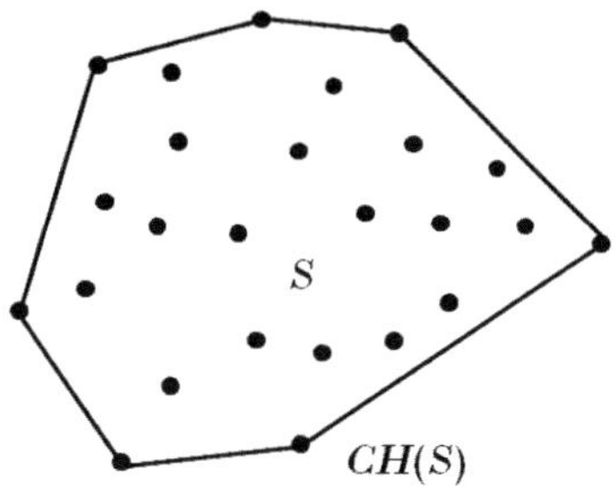

그림 10.9 S의 볼록 헐 $CH(S)$

우선 볼록 헐을 계산적으로 구하기 위해 다음과 같이 극점(extreme point)을 이용해서 구하는 방법을 살펴보자. 만약 점 p가 k개의 서로 다른 점 $p_1, p_2, \cdots, p_k$에 의해서 다음과 같이 표시될 수 있으면 p를 $p_1, p_2, \cdots, p_k$의 볼록 조합(convex combination)이라고 부른다.

$$p = \alpha_1 p_1 + \alpha_2 p_2 + \cdots + \alpha_k p_k, \text{ 단 } \alpha_i \geq 0 \text{인 실수이고 } \alpha_1 + \alpha_2 + \cdots + \alpha_k = 1$$

> **[정의 10.1]** S의 어떤 점이 S의 다른 점들에 의한 볼록 조합으로 표시되지 않는다면 그 점을 극점이라고 한다.

볼록 헐 $CH(S)$는 〈그림 10.9〉에서 보듯이 볼록 다각형 형태이다. 볼록 헐을 이루는 선분의 끝점들은 극점으로서 다른 점들에 의한 볼록 조합으로 표시될 수 없다. 또한 볼록 다각형은 반시계 방향으로 끝점이 나열되어 표현되므로 다음과 같은 과정에 의해 볼록 헐을 구할 수 있다.

1. 극점을 모두 찾는다.
2. 극점들이 볼록 다각형이 되도록 반시계 방향으로 각 정렬(angle sorting)을 한다.

극점이 아닌 점들은 다음과 같은 정리에 의해 제거될 수 있다.

> **[정리 10.2]** S의 점 p가 다음의 조건 중 하나를 만족하면 극점이 아니다.
> (1) p가 아닌 S의 서로 다른 세 점을 꼭지점으로 하는 삼각형 내부에 있거나,
> (2) p가 삼각형의 선분(에지) 위에 있는 경우

위의 정리에 의해서 모든 극점을 찾기 위해 체크해야 할 삼각형이 전체 $\binom{n}{3} = \Theta(n^3)$개이고, 각 삼각형마다 n개의 점에 대해 포함 여부를 체크해야 하므로 $\Theta(n^4)$-시간이 걸린다. 두 번째 단계에서는 각 정렬을 위한 내부의 원점을 찾기 위해서 임의의 세 점을 선택하여 그 세 점이 꼭지점을 이루는 삼각형의 중심을 구하여 원점 O로 간주한다. 그다음 모든 극점에 대해서 각 정렬을 해야 하므로 이 단계에서 $\Theta(n \log n)$-시간이 걸리게 된다.

(1) 증가 방법(incremental method)

점집합 S의 각 점들을 x좌표에 의해 오름차순으로 정렬한 점들을 $p_1,\ p_2,\ \cdots,\ p_n$이라 하자. 단 $n \geq 3$이라고 가정한다. 그렇다면 다음과 같은 증가 방법에 의해 점진적으로 볼록 헐 $CH(S)$를 구할 수 있다. $CH(S_{i-1})$을 점 $p_1,\ p_2,\ \cdots,\ p_{i-1}$에 대한 볼록 헐이라고 하면 $CH(S_i)$는 $p_1,\ p_2,\ \cdots,\ p_i$에 대한 볼록 헐로서 $CH(S_{i-1})$에 점 p_i만을 추가로 고려하여 쉽게 수정이 가능하며 결국 $CH(S)= CH(S_n)$이 된다.

1. 세 점 p_1, p_2, p_3으로 이루어진 삼각형으로 초기 볼록 헐 $CH(S_3)$를 구성한다.
2. for i = 4 to n do
   (i) p_i에서 $CH(S_{i-1})$로의 두 접선을 찾는다. 이때 두 접점을 p_s, p_t라 하자.
   (ii) $CH(S_{i-1})$에서 선분 $\overline{p_s p_{s+1}},\ \cdots,\ \overline{p_{t-1} p_t}$를 제거하고 $\overline{p_s p_i}, \overline{p_i p_t}$를 삽입하여 $CH(S_i)$로 한다(〈그림 10.10〉 참조).

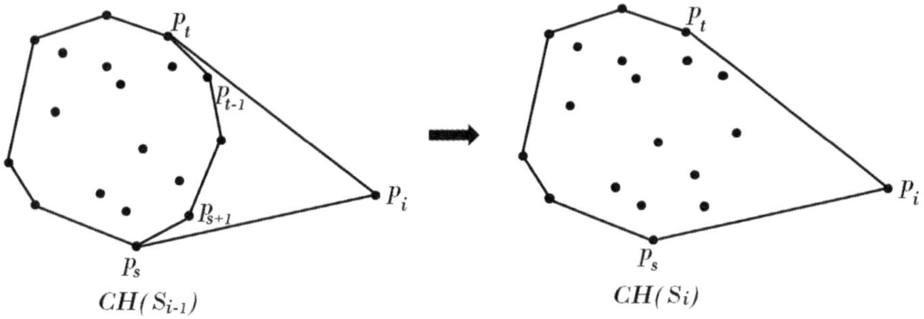

그림 10.10 증가 방법에 의한 볼록 헐

p_i에서 $CH(S_{i-1})$로의 두 접점 $p_s,\ p_t$를 찾는 방법은 앞에서 언급했던 회전 방향을 검사해서 알 수 있다. 위쪽에 있는 접점 p_t를 찾기 위해서 맨 처음 p_m을 p_i에 가장 가까운 점인 p_{i-1}이라 했을 때 $(p_i,\ p_m,\ p_{m+1})$부터 시작하여 위쪽으로 왼쪽 회전 방향이 나올 때까지 p_m을 찾아나간다면 그때의 p_m이 접점 p_t가 된다. 만약 $(p_i,\ p_m,\ p_{m+1})$이 오른쪽 회전 방향이라면 m을 증가시켜 p_m을 하나 위로 올린다. 아래쪽에 있는 접점 p_s를 찾을 때도 이와 유사한 방법으로 찾으면 된다.

다음으로는 이 알고리즘의 시간 복잡도를 분석해보자. 우선 세 점에 대한 초기 볼록 헐은 $\Theta(1)$-시간에 구성할 수 있다. 또한 $CH(S_{n-1})$로부터 $CH(S_n)$을 구하기 위해서는 회전 방향 체크를 최악의 경우 n번 해야 하므로 $T(n)$을 $CH(S_n)(=CH(S))$을 구성하기 위한 시간 복잡도라고 할 때,

$$T(3)=c_1,$$

$$T(n)=T(n-1)+c_2 n$$

이 되어 $T(n)\in\Theta(n^2)$이 된다. 단, c_1, c_2는 상수이다.

(2) 자비스의 행진법

자비스(Jarvis)의 행진법(march)은 마치 선물을 포장하듯이 주어진 점들에 대한 볼록 헐을 구한다. 〈그림 10.11〉에서 보는 바와 같이 S에서 y좌표가 최소인 점 p_1을 $CH(S)$의 처음 정점으로 선택한다. 이 p_1은 극점으로서 반드시 볼록 헐 $CH(S)$의 정점이 된다. 그다음으로 이 점을 원점으로 하여 x축으로부터 반시계 방향으로 최소 각을 이루는 점 p_2를 구한다. 그러면 점 p_2 또한 볼록 헐의 정점이 되며 다시 p_2를 원점으로 간주하여 이러한 과정을 반복한다. 이 과정을 반복하여 점 p_i가 처음 선택했던 p_1이 될 때 종료한다.

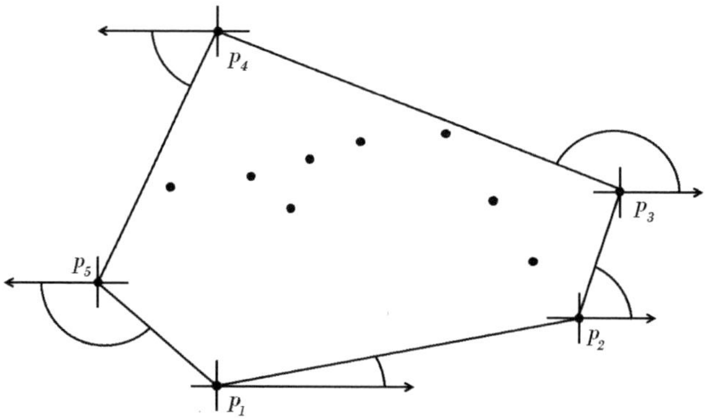

그림 10.11 자비스 행진법의 예

이를 개괄적인 알고리즘으로 기술하면 다음의 〈알고리즘 10.3〉과 같다.

알고리즘 10.3 ··· 자비스의 행진법

- 입력: 점집합 $S=(p_1, p_2, \cdots, p_n)$, 단 $p_i=(x_i, y_i)$, $1 \le i \le n$
- 출력: 볼록 헐 $CH(S)$

1. $CH(S)=\varnothing$;
2. 최소 y-좌표를 갖는 점 $p \in S$를 구한다. (같은 y-좌표를 갖는 점이 2개 이상인 경우 x-좌표가 가장 작은 점을 선택함)
3. p를 $CH(S)$에 추가한다.
4. p를 원점으로 하고 p를 통과하면서 x축에 평행한 선을 L이라고 하자.
5. **while** ($CH(S)$가 완성이 안 된 경우) {

    반시계 방향으로 $\measuredangle(L, \overline{pq})$이 최소가 되는 점 $q \in S$를 구한다.

    q를 $CH(S)$에 추가한다.

    $L=q$를 원점으로 하고 q를 통과하면서 x축에 평행한 선;

    $p=q$;

   } // end of while

이 알고리즘에 대한 시간 분석을 하면 다음과 같다. 단계 2에서 최소 y-좌표를 갖는 점은 $\Theta(n)$-시간에 구할 수 있다. 단계 5의 while 루프는 선택한 점 q가 하나씩 $CH(S)$에 추가되므로 볼록 헐을 구성하는 정점의 개수를 h라 할 때 h번 수행된다. 각 while 루프 안에서는 S의 각 점 q에 대해 $\overline{pq}$가 L과 이루는 각도가 최소인 것을 $\Theta(n)$-시간에 선택할 수 있다. 따라서, 이 알고리즘의 시간 복잡도는 $\Theta(nh)$가 된다. h는 최대 n이므로 이를 n에 대한 함수로만 표시한다면 $\Theta(n^2)$이다.

(3) 그레이엄의 알고리즘

그레이엄(Graham)의 알고리즘에서도 자비스의 행진법과 마찬가지로 먼저 y-좌표가 자장 작은 점을 찾는다. 만약 같은 y-좌표를 갖는 점이 2개 이상인 경우는 마찬가지로 x-좌표가 가장 작은 점을 먼저 선택한다. 선택한 점을 원점으로 하여 나머지 모든 점들을 각에 의해 정렬한다. 이때 각이 같은 점이 2개 이상인 경우는 원점으로부터 거리가 작은 순으로 한다. 이렇게 하면 y-좌표가 가장 작은 점부터 시작하여 반시계 방향으로 점들이 각에 의해 정렬된다. 이렇게 정렬된 점들을 일단 스택에 저장한다. 그 다음으로 스택에 저장된 점들에 대해 그레이엄의 스캔을 적용하면 볼록 헐을 이루는 점이 아닌 점들은 스택에서 제거된다. 즉 연속된 세 점의 방향 전환을 체크하여 왼쪽 방향 전환이면 체크하는 세 점을 앞으로 하나 전진시키고 오른쪽 방향 전환이면 세 점 중에서 가운데 점을 스택에서 제거하여 다시 연속된 다음 세 점의 방향 전환을 체크해나간다.

이를 개괄적인 알고리즘으로 기술하면 다음과 같다. 이 알고리즘에서 사용하는 함수 top ($Stack$)은 $Stack$의 top 위치에 있는 점을 반환하며 함수 below_top($Stack$)은 top의 바로 아래에 있는 점을 반환하는 함수이다. 물론 함수 호출 후 스택의 내용에는 변화가 없다.

알고리즘 10.4 ••• **그레이엄의 알고리즘**

- 입력: 점집합 $S=(p_1,\ p_2,\ \cdots,\ p_n)$, 단 $p_i=(x_i,\ y_i)$, $1 \le i \le n$
- 출력: 볼록 헐 $CH(S)$

1. 최소 y-좌표를 갖는 점 $p \in S$를 구한다.
2. p를 원점으로 하여 나머지 모든 점들을 각으로 정렬한다. $p_1 = p$로 하고 나머지 정점들의 각 정렬된 순서를 $p_2,\ p_3,\ \cdots,\ p_n$이라 하자.
3. (Graham의 스캔)

```
push(p1,Stack); push(p2,Stack);
for (i = 3; i ≤ n; i++) {
    while (세 점 (below_top(Stack),top(Stack),pi)가 왼쪽 방향 회전이 아니면)
        pop(Stack);
    push(pi,Stack);
}
return Stack
```

〈그림 10.12〉는 그레이엄의 알고리즘을 적용시킨 예를 보여준 것이다. 단계 1은 $\Theta(n)$-시간이 걸리고, 단계 2에서는 p를 중심으로 $n-1$개의 점을 각에 의해 정렬해야 하므로 $\Theta(n\log n)$-시간이 걸린다. 단계 3의 그레이엄의 스캔에서는 각 점 p_i가 정확하게 한 번씩

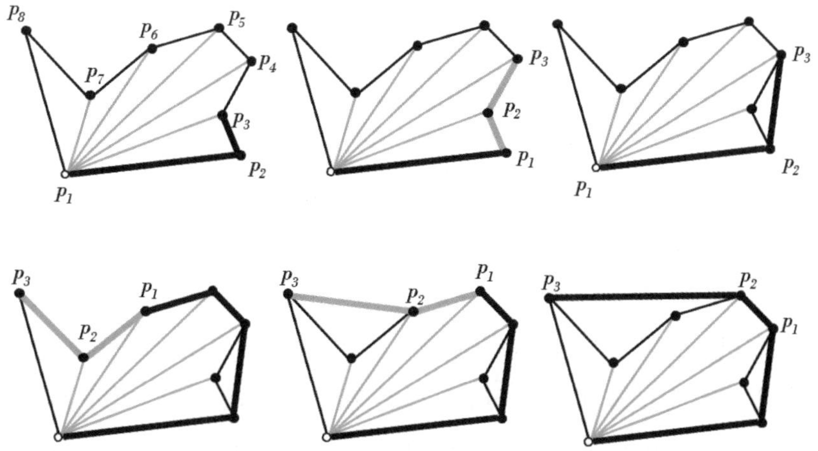

그림 10.12 그레이엄의 알고리즘의 예

$Stack$에 push되고 각 push 연산에 대해 최대 한 번의 pop 연산이 있게 된다. 즉 어떤 점이 push되고 한번 pop이 되면 그 점에 대해서는 더 이상 고려되지 않는다. 따라서 while 루프에서 pop되는 연산은 모두 합쳐봐야 최대 $n-2$번이 된다. 따라서 그레이엄의 스캔은 $\Theta(n)$-시간이 걸린다. 그러므로 전체 그레이엄의 알고리즘의 수행 시간은 $\Theta(n\log n)$이다.

(4) 분할 정복 방법

분할 정복 방법에 의해 볼록 헐을 구하는 알고리즘은 키의 비교에 의한 정렬 알고리즘 중에서 병합 정렬과 매우 유사하다. 즉 볼록 헐을 구하기 위한 점 집합 S를 2개의 부분 집합 S_l과 S_r로 나누고 재귀적으로 각 부분 집합의 볼록 헐을 구한 다음, S의 볼록 헐을 구하기 위해 부분 집합의 두 볼록 헐을 병합한다. 즉 〈그림 10.13〉과 같이 $S = S_l \cup S_r$라 할 때, $CH(S) = CH(CH(S_l) \cup CH(S_r))$이 된다.

이러한 분할 정복 방법은 임의로 주어진 점 집합 S에 대해 그대로 적용할 수 있거나(연습문제 1), S를 전처리하여 x-좌표값에 의해 정렬을 한 다음, 분할 정복 방식을 적용할 수 있다. 이 두 알고리즘은 두 볼록 헐이 겹치는 부분이 있느냐 없느냐에 따라 차이가 나는데 여기에서는 병합하는 두 볼록 헐이 겹치는 부분이 없도록 S를 미리 x-좌표값에 의해 정렬했다고 가정한다.

분할 정복 알고리즘을 개괄적으로 기술하면 다음과 같다. 편의상 $n \ge 3$이라고 가정한다.

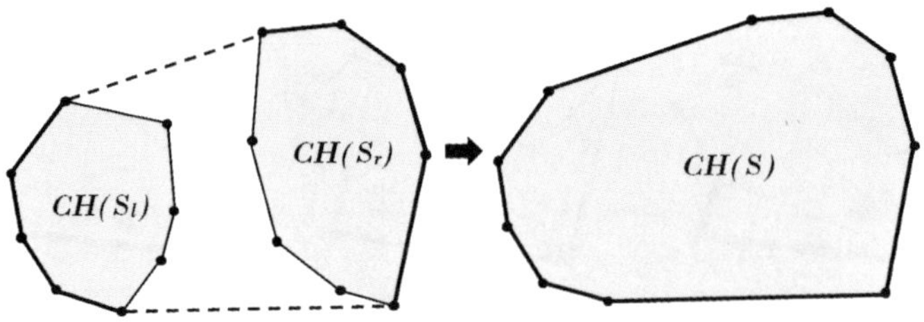

그림 10.13 $CH(S) = CH(CH(S_l) \cup CH(S_r))$

1. 집합 S의 원소 개수가 5개 이하인 경우는 $CH(S)$를 직접 구한다.
2. S를 2개의 부분 집합 S_l과 S_r로 균등하게 분할한다. 즉 $|S_l| = |S_r|$이거나 $|S_l| = |S_r| + 1$임
3. S_l의 볼록 헐 $CH(S_l)$과 S_r의 볼록 헐 $CH(S_r)$을 재귀적으로 구한다.
4. 2개의 볼록 헐 $CH(S_l)$과 $CH(S_r)$을 병합하여 $CH(S)$를 구한다.

단계 1은 분할 정복 방식의 최종 단계로서 더 이상 분할하지 않고 직접 볼록 헐을 구한다. 즉 점이 5개 이하인 경우 볼록 헐은 점들의 분포 상황에 따라 삼각형이거나 사각형 또는 오각형이 될 수 있다. 이 단계는 $n \le 5$이므로 앞에서 언급한 알고리즘 중 하나를 사용하면 $\Theta(1)$-시간에 구할 수 있다. 단계 2에서 S의 점들이 이미 x-좌표에 의해 정렬이 되었으므로 인덱스에 의해 2개의 부분 집합 S_l과 S_r로 균등하게 분할할 수 있다. 이 알고리즘에서 가장 어려운 부분이 두 볼록 헐을 병합하는 과정이다. 두 볼록 헐을 병합하기 위해서는 〈그림 10.13〉과 같이 상단과 하단의 두 접선을 구한 후 안쪽의 체인을 제거하고 바깥쪽 체인들과 두 접선을 연결하여 볼록 다각형 형태로 만들어주어야 한다.

이러한 병합 과정은 단순히 양쪽 볼록 헐의 모든 정점 쌍에 대해 접선 여부를 체크하면 최악의 경우 $\Theta(n^2)$-시간에 할 수 있지만, 분할 정복 알고리즘의 시간 복잡도가 $\Theta(n\log n)$이 되려면 병합을 $\Theta(n)$-시간에 할 수 있어야 한다. 즉 접선 및 접점은 다음과 같이 '언덕 오르기(hill climbing)' 기법을 사용하면 선형 시간에 찾을 수 있다. 여기에서 브리지(bridge)를 $CH(S_l)$의 정점과 $CH(S_r)$의 정점을 잇는 선분으로, 두 볼록 헐의 다른 부분과 교차하지 않는 선분이라고 하자. 다음은 브리지의 개념을 이용하여 하단의 접선 및 접점을 찾는 과정으로 상단의 접선 및 접점을 찾는 과정도 이와 유사하게 처리하면 된다.

1. $CH(S_l)$의 가장 오른쪽 정점과 $CH(S_r)$의 가장 왼쪽 정점을 잇는 브리지(bridge)를

고려한다.

2. 브리지의 왼쪽 끝점을 고정하고 브리지의 오른쪽 끝점과 $CH(S_r)$에서의 반시계 방향 정점 등 세 정점이 이루는 회전 방향이 오른쪽에서 왼쪽이 될 때까지 브리지의 오른쪽 끝점을 내려간다.
3. 이제 브리지의 오른쪽 끝점을 고정하고 브리지의 왼쪽 끝점과 $CH(S_l)$에서의 시계 방향 정점 등 세 정점이 이루는 회전 방향이 왼쪽에서 오른쪽이 될 때까지 브리지의 왼쪽 끝점을 내려간다.
4. 단계 2와 단계 3을 더 이상 내릴 수 없을 때까지 반복한다.

〈그림 10.14〉를 보면 이러한 과정에 의해 고려되는 브리지가 번호 순으로 표시되어 있다. 이 예에서는 8번 브리지가 하단의 접선에 해당된다. 이렇게 하면 상단과 하단의 두 브리지를 구하기 위해서 $CH(S_l)$과 $CH(S_r)$의 안쪽에 있는 체인들의 정점의 개수만큼만 체크하면 되므로 최악의 경우 $\Theta(n)$-시간이 걸리게 된다. 따라서, 이 알고리즘의 개략적인 시간 복잡도 함수 $T(n)$은

$$T(n)=\begin{cases}c_1, & n\le 5\\ 2T(n/2)+c_2n, & n\ge 6\end{cases}$$

과 같다. 단 c_1, c_2는 상수이다. 그러므로 $T(n)=\Theta(n\log n)$이 된다.

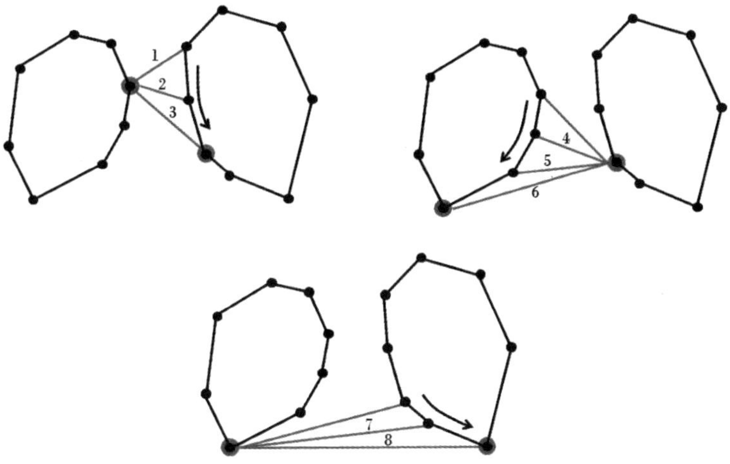

그림 10.14 두 볼록 헐의 병합과 브리지

(5) 볼록 헐 문제의 하한선

여기에서는 5.2절에서 다루었던 문제 변환의 개념과 7.5절에서 다루었던 키의 비교에 의한 정렬 문제의 하한선을 이용하여 볼록 헐 문제의 하한선이 키의 비교에 의한 정렬 문제의 하한선과 동일하다는 것을 밝힌다.

> **[정리 10.3]** 키의 비교에 의한 정렬 문제(이하 정렬 문제)는 볼록 헐 문제로 선형 시간에 문제 변환이 가능하다.

(증명) 정렬 문제를 해결하는 임의의 알고리즘에 대한 입력이 서로 다른 정수 $x_1, x_2, \cdots, x_n$이라고 하자. 그러면 이에 대한 출력은 $x_{\pi(1)}, x_{\pi(2)}, \cdots, x_{\pi(n)}$이 되어야 한다. 단, $x_{\pi(1)} < x_{\pi(2)} < \cdots < x_{\pi(n)}$이다. 볼록 헐 문제를 해결하는 알고리즘의 입력은 2차원상의 점이 되어야 하므로 입력 변환함수 T_I를 모든 $1 \le i \le n$에 대해 정수 x_i를 점 (x_i, x_i^2)로 변환하는 함수라고 하자(〈그림 10.15〉의 (a), (b) 참조). 그러면 변환 T_I는 당연히 $\Theta(n)$-시간에 가능하다. 볼록 헐 문제를 해결하는 알고리즘은 x-좌표가 가장 작은 점부터 시작하여 반시계 방향으로 볼록 헐을 출력해야 하므로 그 출력은 $(x_{\pi(1)}, x_{\pi(1)}^2), (x_{\pi(2)}, x_{\pi(2)}^2), \cdots, (x_{\pi(n)}, x_{\pi(n)}^2)$이다. 그러면 출력 변환 함수 T_O는 볼록 헐의 출력으로부터 x-좌표값만 읽어오면 되므로 당연히 $\Theta(n)$-시간에 가능하다. 또한

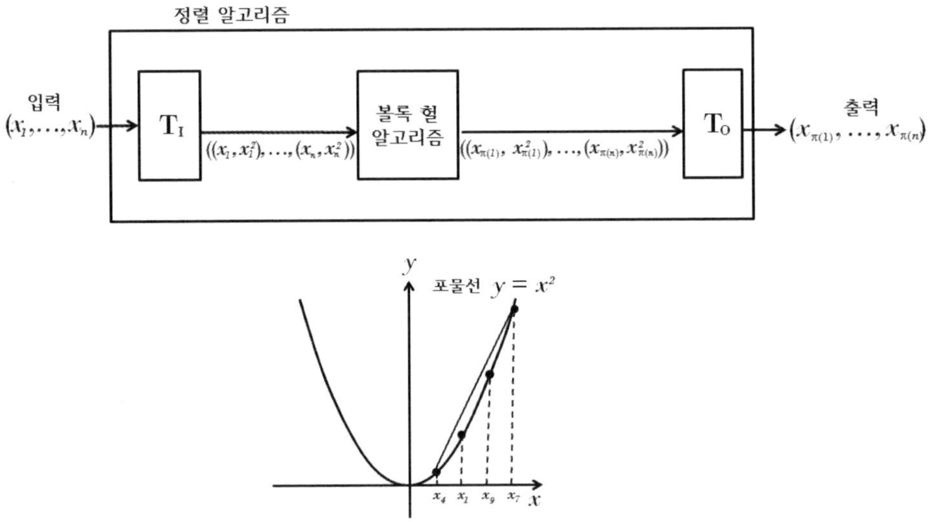

(b) 입력 변환 및 출력 변환을 위한 포물선 $y = x^2$

그림 10.15 [정리 10.3]의 증명을 위한 그림

볼록 헐 알고리즘의 결과가 옳다면 항상 정렬 알고리즘의 출력도 옳다는 것을 쉽게 알 수 있다. 따라서 정렬 문제는 볼록 헐 문제로 선형 시간에 문제 변환이 가능하다. ■

7.5절에서 정렬 문제의 하한선이 $\Omega(n \log n)$임을 증명했다. 만약 볼록 헐 문제를 $\Theta(n \log n)$-시간보다 더 적은 시간으로, 예를 들어 $\Theta(n)$-시간에 해결할 수 있다면 〈그림 10.15〉의 (a)와 같은 문제 변환을 이용하여 입력 변환 및 출력 변환이 $\Theta(n)$-시간에 가능하다. 따라서 정렬 문제를 $\Theta(n)$-시간에 해결할 수 있게 된다. 이러한 사실은 정렬 문제의 하한선이 $\Omega(n \log n)$라는 것에 모순이 되므로 볼록 헐 문제도 $\Theta(n \log n)$-시간보다 더 효율적으로 해결할 수가 없다. 따라서 볼록 헐 문제의 하한선도 $\Omega(n \log n)$임을 알 수 있다.

10.3 선분들의 교차 탐지

이 절에서는 주어진 n개의 선분 $S = (s_1, s_2, \cdots, s_n)$에서 서로 교차하는 선분의 쌍이 존재하는지 탐지하는 문제에 대해서 다룬다. 물론 $\binom{n}{2} = \frac{n(n-1)}{2}$개의 모든 선분의 쌍에 대해서 교차 테스트를 하게 되면 최악의 경우 $\Theta(n^2)$-시간에 해결될 수 있으나 여기에서는 평면일소법(plane sweep)을 사용하여 $\Theta(n \log n)$-시간에 이 문제를 해결할 수 있는 알고리즘을 소개한다. 평면일소법은 이 문제 이외에도 다른 여러 가지 기하학적인 문제들을 효율적으로 해결하는 중요한 방법 중 하나이다.

2차원의 평면일소법에서는 가상적인 수직의 일소선(sweep line)을 생각한다. 즉 y축과 평행한 수직선을 x축의 $-\infty$에서 $+\infty$로 움직여가면서 점이나 선분, 다각형과 같은 기하학적인 물체를 새로 만나거나 빠져나갈 때 동적 자료 구조를 관리하면서 물체들의 순서 등과 같이 필요한 상태를 유지시켜준다. 선분들의 교차 문제에서는 물체를 새로 만나거나 빠져나가는 이벤트의 발생이 선분들의 끝점에서 발생한다. 즉 일소선이 선분의 왼쪽 끝점을 만나면 새로운 선분이 삽입되고 오른쪽 끝점을 만나면 선분이 제거된다. 이러한 끝점을 만날 때마다 교차가 가능한 적절한 선분 쌍에 대한 테스트를 하게 되면 선분들의 교차 여부를 효율적으로 탐지할 수 있다.

문제를 간단히 하기 위해서 수직으로 된 선분은 없다고 가정한다. 또 어떠한 3개의 선분도 하나의 점에서 교차하지 않는다고 가정한다. 그러면 일소선이 $-\infty$ 에서 $+\infty$ 로 움직일 때의 어떤 시점에서 보면, 일소선과 교차하는 선분들을 그 교차점의 y-좌표값에 의해 순서화시킬 수 있다. 예를 들어 〈그림 10.16〉에서 일소선이 선분 b의 왼쪽 끝점을 지나면 선분들의 순서는 $b <_{t_2} a$가 되고 c의 왼쪽 끝점을 지나면 $b <_{t_3} c <_{t_3} a$가 된다. 또한 일소선이 a의 오른쪽 끝점을 지나면 $d <_{t_6} c$가 됨을 알 수 있다. 여기서 순서 관계 $a <_t b$는 일소선이 시간 t의 위치에 있을 때 일소선과 선분 b가 교차하는 교차점의 y-좌표가 선분 a가 교차하는 교차점의 y-좌표보다 크다는 의미이다. 이러한 순서 $<_t$는 주어진 t에서 일소선과 교차하는 선분들에 대한 전순서(total order)가 되어 일렬로 나열할 수가 있다.

평면일소법에 의한 알고리즘은 보통 다음과 같은 두 가지 종류의 자료 구조를 유지한다.

1. X-구조: 일소선이 $-\infty$ 에서 $+\infty$ 로 움직일 때 Y-구조가 바뀌는 이벤트가 발생하는 지점의 위치와 물체의 성질 등을 저장하는 구조이다.
2. Y-구조: 일소선과 선분들의 교차점을 y-좌표값에 의해 순서적으로 유지하는 동적 자료 구조이다. 일소선이 선분의 왼쪽 끝점을 만나면 그 선분이 Y-구조에 효율적으로 삽입되어야 하며 일소선이 선분의 오른쪽 끝점을 만나면 그 선분은 Y-구조에서 효율적으로 제거되어야 한다.

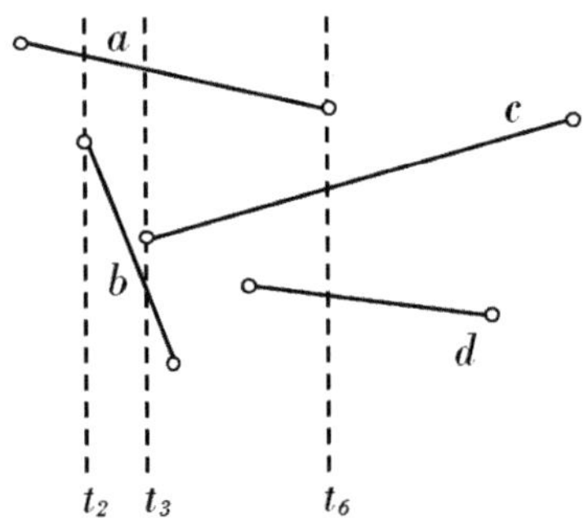

그림 10.16 일소선의 이동에 따른 선분들의 순서 변화

이 문제에서 X-구조는 선분들의 양 끝점을 끝점의 유형과 함께 x-좌표 순으로 정렬하여 배열에 저장하면 된다. 그러나 어떤 응용 문제에 따라서는 이벤트가 발생하는 점들의 삽입이나 제거가 필요해져서 동적으로 관리되어야 하는 경우도 있다. 또한 Y-구조는 선분의 삽입

과 제거와 함께 어떤 선분에 대해서 순서 $<_t$에 의해 바로 위에 있는 선분과 바로 아래에 있는 선분을 효율적으로 탐색할 수 있는 구조이어야 한다. 즉 다음과 같은 연산이 효율적으로 지원되어야 한다.

- insert(T, s): 선분 s를 Y-구조 T에 삽입한다.
- delete(T, s): 선분 s를 Y-구조 T에서 제거한다.
- above(T, s): Y-구조 T에서 선분 s의 바로 위에 있는 선분을 반환한다.
- below(T, s): Y-구조 T에서 선분 s의 바로 아래에 있는 선분을 반환한다.

T를 AVL 트리, 2-3 트리 혹은 레드블랙(red-black) 트리와 같은 높이 균형 트리 형태로 구현한다면 위 연산들은 모두 $O(\log n)$-시간에 수행할 수 있다.

다음의 개괄적인 알고리즘은 만약 주어진 n개의 선분들 중에서 교차하는 선분 쌍이 존재하는 경우 yes, 존재하지 않는 경우 no를 반환한다.

알고리즘 10.5 ••• **선분들의 교차 탐지 알고리즘**

- 입력: n개의 선분 $S = (s_1, s_2, \cdots, s_n)$
- 출력: yes 혹은 no

```
1. T = ∅;
2. 주어진 n개의 선분에 대한 양 끝점들을 x-좌표값이 증가하는 순서로 정렬한다.
3. for (정렬된 각 끝점 p_i에 대해서) {
       if (p_i가 선분 s의 왼쪽 끝점) {
           insert(T,s);
           if (above(T, s)가 존재하고 s와 교차 혹은 below(T, s)가 존재하고 s와 교차)
               return yes
       }
       if (p_i가 선분 s의 오른쪽 끝점) {
           if (above(T, s)와 below(T, s)가 존재하면서 서로 교차)
               return yes
           delete(T, s);
```

```
    }
4. return no
   }
```

〈그림 10.17〉은 위 알고리즘의 수행 예를 보여주고 있다. 단계 1에서 Y-구조 T는 초기 상태이다. 단계 2는 X-구조로서 $2n$개의 끝점을 x-좌표에 의해 정렬하여 각 끝점의 유형(왼쪽 끝점 혹은 오른쪽 끝점)과 어느 선분의 끝점인지를 저장한다. 단계 3에서는 각 이벤트에 대한 처리를 한다. 즉 어떤 선분 s의 왼쪽 끝점을 만난 경우 s를 Y-구조 T에 삽입하고 s의 바로 위에 있는 선분 혹은 바로 아래에 있는 선분과 교차하는지 체크한다. 또한 어떤 선분 s의 오른쪽 끝점을 만난 경우에는 s의 바로 위와 바로 아래에 있는 선분끼리 서로 교차할 수가 있으므로 교차 여부를 체크하고 Y-구조 T에서 제거하게 된다(〈그림 10.17〉에서 선분 a 및 d의 오른쪽 끝점).

단계 2에서 $2n$개의 끝점을 정렬해야 하므로 힙 정렬이나 병합 정렬을 사용하면 $\Theta(n\log n)$-시간이 걸린다. 또한 단계 3의 for 루프는 최대 $2n$번 반복하는데, 각 반복에서는 Y-구조 T로서 높이 균형 트리를 사용하면 insert(T, s), delete(T, s), above(T, s), below(T,s) 함수가 모두 $O(\log n)$-시간에 수행 가능하므로 전체 $\Theta(n\log n)$-시간에 이 문제를 해결할 수 있다.

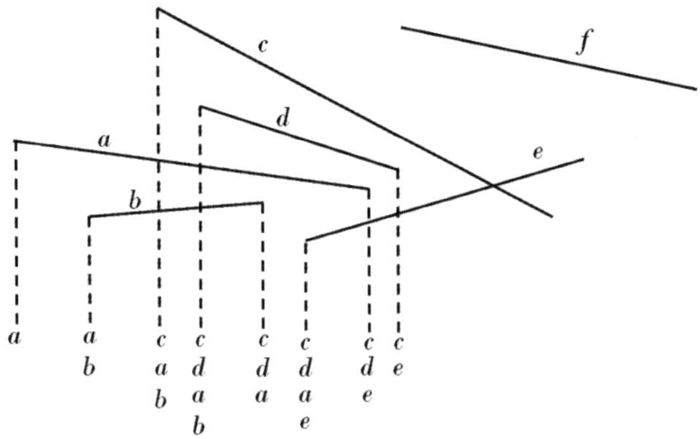

그림 10.17 선분들의 교차 탐지 알고리즘의 수행 예

10.4 최근접 쌍

이 절에서는 2차원 평면상에 n개의 점 $S=\{p_1, p_2, \cdots, p_n\}$이 주어져 있을 때 거리가 가장 가까운 두 점 및 그 거리를 찾는 문제를 다룬다. 두 점 $p_1=(x_1, y_1)$, $p_2=(x_2, y_2)$ 사이의 거리는 여러 가지 형태로 정의될 수 있으나 여기에서는 유클리드 거리인 $\sqrt{(x_1-x_2)^2+(y_1-y_2)^2}$로 정의한다. 이 문제를 해결하는 가장 단순한 방법은 $\binom{n}{2}=\frac{n(n-1)}{2}$개의 모든 쌍의 점에 대해서 거리를 구해보는 것이다. 이는 당연히 $\Theta(n^2)$-시간이 걸린다. 여기에서는 우리가 2장에서 배운 분할 정복 방식 및 2차원에서의 기하학적인 사실을 이용한 $\Theta(n\log n)$-시간의 알고리즘을 기술한다.

우선 2차원 문제를 다루기 전에 좀더 간단한 1차원 문제를 살펴보자. 여기서 1차원 문제란 1차원 직선, 즉 x축상에 n개의 점 $S=\{x_1, x_2, \cdots, x_n\}$이 주어져 있을 때 거리가 가장 가까운 두 점을 찾는 것이다. 이 문제를 해결할 때는 당연히 $\binom{n}{2}=\frac{n(n-1)}{2}$개의 모든 쌍에 대해서 거리를 구할 필요가 없다. 즉 이 점들을 정렬하여 인접한 점끼리의 거리를 구한 후 $(n-1)$개의 거리 중에서 가장 작은 값을 갖는 점들의 쌍을 찾으면 된다. 이렇게 하면 $\Theta(n\log n)$-시간에 쉽게 해결할 수 있다. 그러나 이러한 방식은 2차원으로 확장할 수가 없다.

2차원 문제를 분할 정복 방식으로 해결하기 위해서 먼저 1차원 문제에 대해서 다음과 같은 분할 정복 방식으로 접근해보자. 우선 전처리 과정으로 집합 S를 정렬한다. 정렬된 S를 어떤 x-좌표값 m에 의해 2개의 부분 집합 S_l과 S_r로 균등하게 분할하여 S_l과 S_r에 대해서 다시 재귀적으로 문제를 해결한다. S_l에서 최근접 쌍의 거리를 δ_l이라 하고 $\delta_l=|p_2-p_1|$이라 하자. 또한 S_r에서 최근접 쌍 거리를 δ_r이라 하고 $\delta_r=|q_2-q_1|$이라 하자(〈그림 10.18〉 참조). 그렇다면 S의 최근접 쌍은 $\{p_1, p_2\}$이거나 $\{q_1, q_2\}$ 또는 $\{p_3, q_3\}$가 될 것이다. 여기

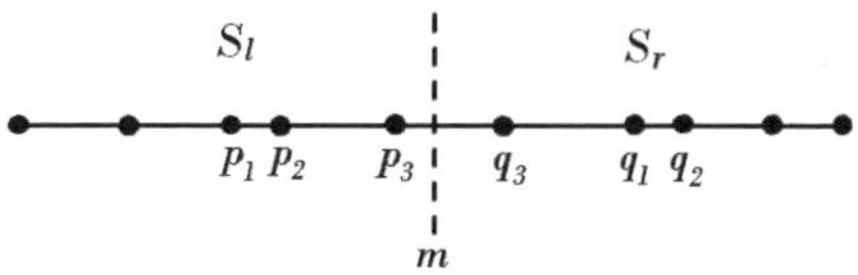

그림 10.18 1차원 최근접 쌍 문제

에서 p_3는 S_l의 점이고 q_3는 S_r의 점이다. $\delta = \min(\delta_l, \delta_r)$이라고 할 때 구간 $(m-\delta, m]$에는 S_l의 점이 최대 하나만 존재할 수 있고 마찬가지로 구간 $[m, m+\delta)$에도 S_r의 점이 최대 하나만 존재할 수 있다. 이는 δ의 정의에 의해 명백해진다.

따라서 개괄적으로 알고리즘을 기술하면 다음과 같다.

알고리즘 10.6 ••• **1차원 최근접 쌍의 거리를 구하는 알고리즘**

- 입력: x축상에 n개의 점 $S = \{x_1, x_2, \ldots, x_n\}$
- 출력: 최근접 쌍의 거리

알고리즘 Closest_Pair_1 (S)

1. $|S|$=1인 경우 $\delta = \infty$, $|S| = 2$인 경우 $\delta = |p_i - p_j|$;
2. x-좌표값 m에 의해 S를 S_l과 S_r로 균등하게 분할; // $|S_l| = |S_r|$ 혹은 $|S_l| = |S_r| + 1$
3. $\delta_l =$ Closest_Pair_1 (S_l);
4. $\delta_r =$ Closest_Pair_1 (S_r);
5. $\delta_t = |p_{k+1} - p_k|$; // S_l의 최우측 점과 S_r의 최좌측 점 사이의 거리;
6. $\delta = \min(\delta_l, \delta_r, \delta_t)$;
7. **return** δ

이 알고리즘을 분석해보면, 우선 전처리 과정에서 정렬을 해야 하므로 $\Theta(n\log n)$-시간이 걸린다. 또한 위의 재귀 알고리즘의 수행 시간을 $T(n)$이라 할 때,

$$T(n) = \begin{cases} c_1, & n = 1 \text{ or } 2 \\ 2T(n/2) + c_2, & n > 2 \end{cases}$$

가 되므로 $T(n) \in \Theta(n)$이 된다. 단, c_1, c_2는 상수임. 따라서 전체 수행 시간은 전처리 시간을 포함하여 $\Theta(n\log n)$이다.

이제 2차원인 경우를 생각해보자. 우선 1차원인 경우와 마찬가지로 전처리 과정에 의해 집합 S를 x좌표에 의해 정렬한다. 〈그림 10.19〉와 같이 정렬된 S를 수직선 m에 의해 2개

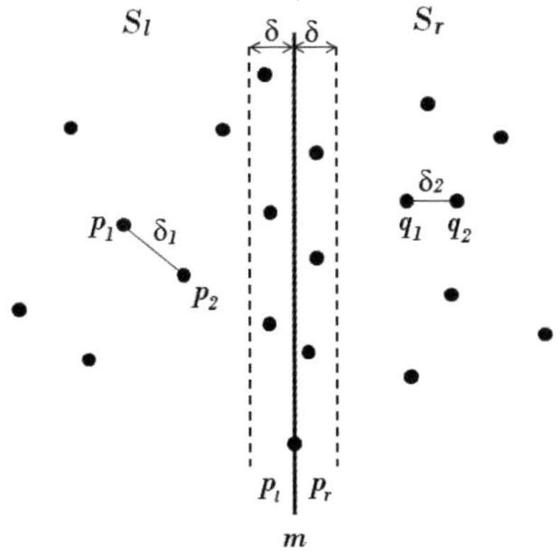

그림 10.19 2차원 문제에서의 최근접 쌍

의 집합 S_l과 S_r로 균등하게 분할한 후, S_l과 S_r에 대해서 각각 재귀적으로 문제를 해결한다. S_l에서 최근접 쌍의 거리를 δ_l, S_r에서 최근접 쌍의 거리를 δ_r이라 하고 $\delta = \min(\delta_l, \delta_r)$이라고 하자.

이제 1차원 문제를 해결할 때와 유사하게 S_l과 S_r에 있는 각 점들 사이의 거리 중에서 최소값을 구해야 한다. 그러나 S_l과 S_r에 있는 모든 점들의 쌍에 대해서 거리를 계산할 필요는 없고, 수직선 m에서 거리가 δ 이내의 점들만 고려하면 될 것이다. 하지만 그렇게 하더라도 최악의 경우 그러한 점들이 S_l과 S_r에 각각 $n/2$개씩 있을 수 있으므로 약 $n^2/4$번의 계산이 필요하게 된다. 이렇게 되면

$$T(n) = \begin{cases} c_1, & n = 1 \text{ 혹은 } 2 \\ 2T(n/2) + c_2 n^2, & n > 2\text{인 경우} \end{cases}$$

이 되어 $T(n) \in \Theta(n^2)$이다. 따라서 분할 정복 방식을 이용한 문제 해결의 이점이 없게 된다. 그러나 다행스럽게도 양쪽 δ-구간 사이에 있는 점들이 특별한 기하학적인 성질을 갖게 되어 정복 단계를 매우 효율적으로 수행할 수 있다. S_l의 점들 중에서 m으로부터 δ 이내에 있는 점들을 P_l이라 하고, S_r의 점들 중에서 m으로부터 δ 이내에 있는 점들을 P_r이라 하자. P_l에 있는 임의의 점 p를 고려해보자. 이때 p로부터 거리가 δ 이내에 있는 P_r의 점들은 〈그림 10.20〉과 같이 크기가 $\delta \times 2\delta$인 직사각형 R 안에 있어야 한다. 이러한 점들은 R 안에 최대 6개가 있을 수 있다. 만약 R 안에 점들이 6개보다 많다면 $\delta = \min(\delta_l, \delta_r)$일 수가 없다.

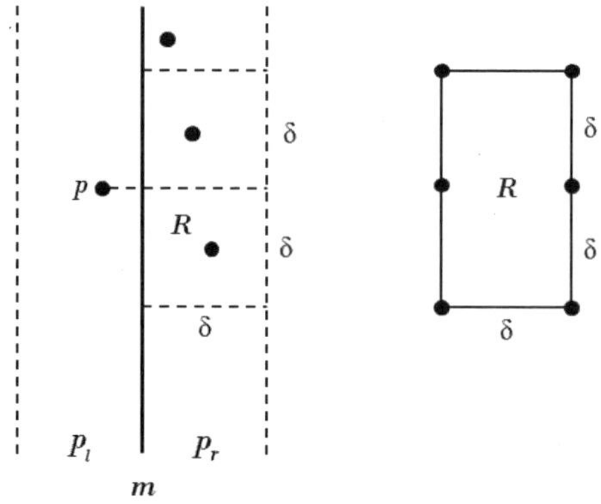

그림 10.20 크기 $\delta \times 2\delta$인 직사각형 R

따라서 S_l과 S_r 사이에 있는 점들에 대한 거리 계산은 최대 $6 \times n/2$번만 수행하면 된다.

이렇게 P_l의 각 점마다 P_r의 최대 6개의 점들을 결정하기 위해서는 점 p와 함께 P_r의 점들을 직선 $x = m$에 투영(projection)해야 한다. 그런 다음 p로부터 거리가 δ 이내인 점들을 선택한다. 이러한 과정을 정렬된 P_l과 P_r에 있는 모든 점에 대해서 수행하면 $\Theta(n)$-시간이 걸린다. P_l과 P_r의 정렬된 리스트는 S_l과 S_r을 미리 정렬해놓음으로써 얻을 수 있다. 따라서 전체 수행 시간 $T(n)$는

$$T(n) = \begin{cases} \Theta(1), & n = 1 \text{ 혹은 } 2 \\ 2T(n/2) + \Theta(n), & n > 2\text{인 경우} \end{cases}$$

이므로 $T(n) = \Theta(n \log n)$이다. 알고리즘을 간단히 기술하면 아래 〈알고리즘 10.7〉과 같다.

알고리즘 10.7 ••• 2차원 최근접 쌍의 거리를 구하는 알고리즘

- 입력: 평면상의 n개의 점 $S = \{p_1, p_2, \dots, p_n\}$
- 출력: 최근접 쌍의 거리

알고리즘 Closest_Pair_2 (S)

1. $|S|$=1인 경우 $\delta = \infty$, $|S| = 2$인 경우 $\delta = distance(p_i, p_j)$;

2. 수직선 m에 의해 S를 S_l과 S_r로 균등하게 분할; // $|S_l| = |S_r|$ 혹은 $|S_l| = |S_r| + 1$
3. $\delta_l =$ Closest_Pair_2 (S_l);
4. $\delta_r =$ Closest_Pair_2 (S_r);
5. $\delta = \mathrm{min}imum(\delta_l, \delta_r)$
6. P_l은 S_l 중에서 m으로부터 거리가 δ 이내인 점의 집합;
   P_r은 S_r 중에서 m으로부터 거리가 δ 이내인 점의 집합;
   P_l^*과 P_r^*은 각각 P_l과 P_r을 수직선 $x = m$에 투영하여 y좌표 순으로 정렬한 점의 집합;
7. P_l^*에 있는 각 점으로부터 거리가 δ, 폭이 2δ 이내인 P_r^*의 점들을 조사함;
   그중에서 최단 거리를 δ_t라 함;
8. $\delta = \min(\delta, \delta_t)$

연습 문제

*1. 이 책에서는 분할 정복 방식에 의해서 볼록 헐을 구할 때 전처리 과정으로 점들을 x좌표에 의해 정렬한 후 적용했다. 만약 정렬을 하지 않고 분할 정복 방식을 적용하는 경우에는 두 볼록 헐의 병합 과정을 어떻게 할지 설명하라(힌트: 이 경우는 두 볼록 헐이 교차할 수 있다).

2. 평면상의 두 점 $p_1 = (x_1, y_1)$, $p_2 = (x_2, y_2)$ 사이의 거리를 나타낼 때, L_1-거리 또는 맨하튼(Manhattan) 거리는 $(|x_1 - x_2| + |y_1 - y_2|)$로 나타낸다.
   (1) 임의의 두 점 p_1, p_2가 있을 때 p_1과 p_2에서 거리가 같은 점의 궤적(locus)을 구하라.
   (2) 원점 (0, 0)이 중심이고 반지름이 1인 원을 그려라.

3. 두 선분이 주어져 있을 때 이 두 선분이 평행한가를 결정하는 효율적인 방법을 설계하라. 단, 나눗셈은 하지 않아야 한다.

4. 평면상에 n개의 점이 주어져 있을 때 그 점들을 정점으로 하는 단순 다각형을 구성하고자 한다.
   (1) 이 문제의 하한선(lower bound)이 $\Omega(n\log n)$임을 증명하라.
   (2) 이러한 단순 다각형을 구성하는 알고리즘을 설계하라(힌트: 그레이엄의 스캔).

**5. 평면상에 n개의 점이 주어져 있을 때 다음 물음에 답하라.
   (1) n개의 점을 모두 포함하는 지름이 가장 작은 원을 구하는 효율적인 알고리즘을 설계하라.
   (2) n개의 점이 모두 원의 바깥에 있는 가장 큰 원을 구하는 효율적인 알고리즘을 설계하라. 단, 원의 중심은 볼록 헐의 내부에 있어야 한다.

6. 평면상에 n개의 선분이 있을 때 $\Theta(n^2)$개의 교차가 일어날 수 있는 경우는 어떤 경우인가?

*7. 평면상에 n개의 선분이 있을 때 교차점을 모두 찾아 출력하는 평면 일소 알고리즘을 제

시하고 그 시간 복잡도와 공간 복잡도를 분석하라. 단, 교차점의 개수를 k라고 가정한다.

8. P_1, P_2를 볼록 다각형이라고 하고 두 다각형의 정점의 개수의 합을 N이라고 하자. 이때 P_1, P_2의 교집합인 볼록 다각형 $P_1 \cap P_2$를 구하는 $\Theta(N)$-시간 알고리즘을 다음과 같은 단계로 설계해보라.

(1) 평면 일소법을 이용하여 P_1, P_2의 교차점을 모두 구한다.

(2) (1)에서 구한 교차점을 이용하여 $P_1 \cap P_2$를 구한다.

9. 정점의 개수가 n인 다각형 P가 단순 다각형(simple polygon)임을 결정하는 평면 일소 알고리즘을 설계하고 시간 복잡도 및 공간 복잡도를 분석해보라.

★10. 평면상에 n개의 점이 주어져 있을 때 각 점에 대해서 거리가 가장 가까운 점을 찾는 효율적인 알고리즘을 설계하고 시간 복잡도를 분석하라.

11. 평면상의 n개의 점에 대한 볼록 헐이 삼각형임이 알려져 있다고 가정한다. 이때 이러한 볼록 헐을 쉽게 구할 수 있는 알고리즘을 설계하라.

프로그래밍 과제

1. n개($2 \le n \le 1{,}000$)의 선분이 주어질 때, 이 선분들이 서로 교차하는 교차점의 개수와 교차점들의 좌표를 모두 출력하는 프로그램을 작성하라.
   (1) X-구조는 construct(), deleteMin() 등의 연산을 효율적으로 수행할 수 있는 구조이어야 한다.
   (2) Y-구조는 insert, delete, above, below 등의 연산을 효율적으로 수행할 수 있는 구조이어야 한다.

   $n = 5$, 10, 50, 100, 500, 1,000개의 데이터를 랜덤하게 생성하여 각각의 경우의 수행 시간을 체크한다. 교차점의 개수가 많은 경우(예를 들어, 100개 이상), 출력은 개수를 정확히 출력하되 교차점의 좌표는 x-좌표 순으로 100개 정도만 출력해도 된다.

   - 입력 :

   5 // n: 선분의 개수
   12 −3 // 선분 s_1의 x-좌표 및 y-좌표 (정수로 가정함)
   3 7
   100 25
   21 46
   33 −66 // s_n의 x-좌표 및 y-좌표

2. [바늘 들어내기] 평면에 여러 개의 바늘이 수평 혹은 수직으로 놓여 있다. 각 바늘의 위치는 그 바늘의 이름(머리 좌표)-(끝 좌표)로 표시된다. 예를 들어, $x(3, 5)$-$(10, 5)$는 머리 좌표가 (3, 5)이고 끝 좌표가 (10, 5)인 수평으로 놓이고 길이 7인 바늘 x를 의미한다. 바늘은 그 귀가 놓인 방향으로만 움직일 수 있다. 아래 그림이라면 바늘 a는 왼쪽, b는 위쪽, c는 아래쪽, g는 위쪽으로만 움직인다. 문제는 이렇게 놓인 바늘들을 적당한 차례대로 움직여서 주어진 특정한 바늘을 들어내고자 한다. 바늘을 움직일 때는 그 움직이는 방향으로 다른 바늘이 놓여 있으면 움직일 수가 없다. 아래 그림에서 b는 a가 제거되지 않는 한 움직일 수 없다. 그리고 c는 e가 제거되어야만 한다. 단, 바늘은 한 번 움직이면 완전히

제거될 때까지 움직여야 하며 부분적으로 옮겨질 수는 없다. 문제는 어떤 특정한 바늘을 들어내기 위해서 옮겨야 할 바늘의 수를 최소로 하는 횟수와 그 순서를 출력하는 것이다.

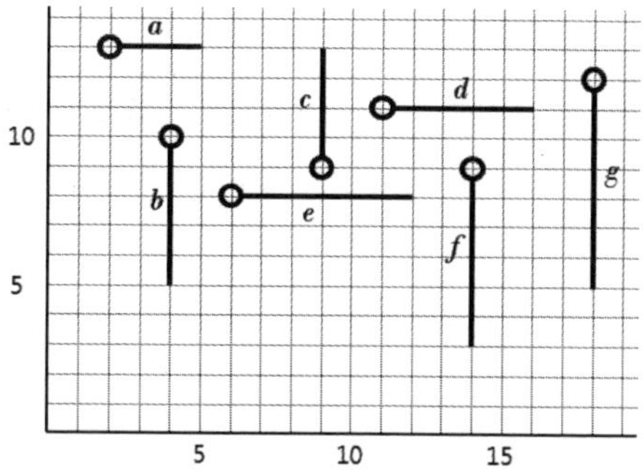

입력은 다음과 같다, 첫 줄에는 놓인 전체 바늘의 수와 최종적으로 들어낼 바늘이 표시된다. 이 예는 7개의 바늘이 있으며, 마지막에 들어내야 할 바늘이 e임을 나타낸다. 그다음에는 각 바늘의 이름(알파벳 한 글자)과 그 바늘의 머리 좌표와 꼬리 좌표가 순서대로 나타난다.

출력은 들어내야 할 바늘의 최소 개수와 그 순서를 출력한다. 만약 바늘의 제거가 불가능할 경우에는 "Impossible"이라고 출력하면 된다. 입력으로 들어오는 바늘의 수는 30개를 넘지 않으며 모든 바늘의 좌표는 1에서 100까지의 양의 정수이다. 그리고 어떤 2개의 바늘도 서로 겹쳐 있지 않다고 가정한다.

- 입력의 예

```
7 e
a  2 13  5 13    // 바늘 a의 머리 좌표 (2, 13), 꼬리 좌표 (5, 13)
b  4 10  4  5
c  9  9  9 13
d 11 11 16 11
e  6  8 12  8
f 14  9 14  3
g 18 12 18  5    // 바늘 g의 머리 좌표 (18, 12), 꼬리 좌표 (18, 5)
```

- 출력의 예

```
3
```

a

b

e

3. 다음의 볼록 헐을 구하는 알고리즘을 구현하여 $n = 5$, 10, 50, 100, 500, 1,000, 10,000 개의 데이터를 랜덤하게 생성하여 실험해보고 각각의 수행 시간을 알아보라.

(1) 증가 방법

(2) 자비스의 행진법

(3) 그레이엄의 스캔

프로그래밍에 관한 격언 10

올바르게 작성된 자료 구조는 프로그램의 나머지를 절로 짜준다.

- 테스팅은 버그의 존재를 확인시켜주는 것이지, 버그가 없다는 것을 말해주는 것은 아니다.
- A4의 원리: 프로그램 사양이나 설계 원리, 테스트 계획이 A4 용지 한 장으로 설명되지 못한다면 결코 이해될 수 없다.
- 훌륭한 판단은 좋은 경험으로부터 오고, 좋은 경험은 잘못된 판단으로부터 온다.
- 4인치 반사망원경을 만든 뒤 6인치 반사망원경을 만드는 것이 처음부터 6인치 반사망원경을 만드는 것보다 빠르다.
- 프로그래밍 과제의 법칙: 모든 프로그래밍 과제는 기간에 상관없이 마감 3일 전부터 시작된다.

찾아보기

[ㅇ]

[ㅈ]

[기타]

컴퓨터 알고리즘의 이해

펴낸날 초판 1쇄 2015년 10월 12일
지은이 이상호
펴낸이 김훈순
펴낸곳 이화여자대학교출판부
주소 서울특별시 서대문구 이화여대길 52(우120-750)
등록 1954년 7월 6일 제9-61호
전화 02) 3277-2965(편집), 02) 362-6076(마케팅)
팩스 02) 312-4312
전자우편 press@ewha.ac.kr
홈페이지 www.ewhapress.com
책임편집 이정원
디자인 신성기획
찍은곳 한영문화사

ISBN 979-11-5890-119-6 93560
값 20,000원

이 도서의 국립중앙도서관 출판시도서목록(CIP)은 서지정보유통지원시스템 홈페이지(http://seoji.nl.go.kr)와 국가자료공동목록시스템(http://www.nl.go.kr/kolisnet)에서 이용하실 수 있습니다.(CIP제어번호: CIP2015026247)